U0804732

朱正昌 主编

齐鲁商贾传统

先秦秦汉卷

李金山 著

齊魯書社

本书为山东省东方文化研究基地重大项目
(项目批号：03ALJ01)最终成果

总　序

朱正昌

近些年来，各地都非常注重对地域商人群体及其文化的研究和宣传，明清以来名声显赫的徽商、晋商自不待言，甚至对闽商、粤商、浙商都有不少研究论著或文艺作品问世。传统地域商人群体及其文化之所以受到重视，是各地为了发掘他们所依托的地域文化对当地经济发展的重要推动作用，以期能够为当地经济的持续发展找到文化支持和精神动力。与徽商、晋商等地域商人群体所依托的地域文化相比，齐鲁商贾所依托的齐鲁文化对经济发展的影响既深远且广泛。言其深远，是指齐鲁文化源远流长，在先秦时期就达到了极为发达的程度，出现了子贡、范蠡等早期齐鲁商贾的杰出代表，其影响直至于今天；言其广泛，是指齐鲁文化从秦汉以后由一种地域文化发展成为中国传统思想文化的核心和主干①，其影响不再仅仅限于齐鲁一隅，而是广及于中华大地，甚至全世界。成为“儒商”，即在商业活动中将儒家思想和商贾精神结合起来，以

① 参见安作璋、王志民主编《齐鲁文化通史》总序，中华书局2004年版，第13页；孟祥才、胡新生《齐鲁思想文化史·先秦秦汉卷》，山东大学出版社2002年版。

求实现“义以生利”①，一直是中华文化影响下的商人孜孜不倦的高层次追求。“儒商”一语就充分证明了诞生于齐鲁大地的儒家文化对经济发展既深远且广泛的影响。对于齐鲁商贾的研究和宣传，近年来虽有不小进展，对其依托的齐鲁文化与经济发展的关系却关注不够。充分发掘齐鲁文化发展史上有利于经济发展的积极因素，对于寻求山东经济强省建设的文化动力，提高齐鲁商贾群体的声誉和推动山东企业文化建设等都具有重要意义。选择“齐鲁商贾传统”这样一个课题进行研究就是我们为此所做的努力和尝试。

首先对“齐鲁商贾传统”做一解释。齐、鲁是先秦时期位于今山东地区的两个主要的诸侯国的名称，后世习惯以“齐鲁”来指代山东。我们这里使用“齐鲁”，不只是对地域或空间的界定，也指代齐文化和鲁文化两种风格迥异的文化传统。商贾，中国素有“行商坐贾”之说，“商之为言商也。商其远近，度其有亡，通四方之物，故谓之商也。贾之为言固也。固其有用之物，以待民来，以求其利者也。行曰商，止曰贾”②，可知其本意是指根据经营方式划分的不同类别的商人，后世往往用来指代整个商人群体。我们在这里既用以指代商人这个社会群体，也用以指代所有的商业贸易活动，由此后文的论述不仅仅包括专职商人及其活动，也涉及从事商贸活动的农民、出售自己的劳动产品的手工业者，甚至还包括经营典当及高利贷者。传统，是指人类创造的不同形态的特质经由历史凝聚而沿传着、流变着的诸文化因素构成的有机系统，包括人的心态、伦理道德、宗教信仰、思维、审美及风俗习惯、礼仪制

① 《左传·成公二年》。
② 《白虎通义·商贾》。

度、行为模式等。[①] 所谓"齐鲁商贾传统",就是齐鲁商贾在长期的商业贸易活动中形成并延续下来的诸种文化因素及齐鲁文化发展过程中产生的与商业贸易、商人、财富等相关的诸种文化因素组成的系统。

概括而言,齐鲁商贾传统的研究主要包括以下两方面的内容:

一是齐鲁商贾传统形成和发展的环境。这里的环境既包括自然地理环境,也包括社会文化环境。

首先看齐鲁商贾传统形成和发展的自然地理环境。齐鲁大地位于北温带季风气候区,既有辽阔的陆地,又有漫长的海岸线,泰沂山脉横踞其中,河流湖泊纵横交错,土地广阔肥沃,地貌多种多样,矿产资源丰富,自古以来就为人们发展农、林、牧、副、渔和工商各业提供了优良的自然环境。西汉司马迁在《史记·货殖列传》中叙述各地商业文化传统时就是从自然地理环境入手的,如他论述齐地和鲁地的商业文化传统称:

> 齐带山海,膏壤千里,宜桑麻,人民多文彩布帛鱼盐。临菑亦海岱之间一都会也。其俗宽缓阔达而足智,好议论,地重,难动摇,怯于众斗,勇于持刺,故多劫人者,大国之风也。其中具五民。而邹、鲁滨洙、泗,犹有周公遗风,俗好儒,备于礼,故其民龊龊。颇有桑麻之业,无林泽之饶。地小人众,俭啬,畏罪远邪。

接下来再看齐鲁商贾传统形成和发展的社会文化环境,其组成要素比较多,主要包括:1. 不同历史时期商品经济的发展水平。这决定着齐鲁商贾传统内涵的丰富与深刻程度。魏晋南北朝时期

① 参见张立文《传统学引论:中国传统文化的多维反思》,中国人民大学出版社1989年版,第5页。

北方地区的商品经济受到战乱等的很大影响,发展水平较低,市场上的经营活动主要是个体农民将剩余农产品和副业产品运到市场上出售,致使这一时期的商业经营技巧及商业思想较多的是围绕着个体农民与市场的关系展开。到了明清时期,随着商品经济的逐渐繁盛,商贾传统的内涵已经非常丰富,达到了中国传统社会中商业文化的最高水平。2. 国家关于商品经济的制度、政策和法令。这对于齐鲁商贾传统的发展具有导向性作用。齐国的工商业传统就是在其建立者姜太公的"通商工之业,便鱼盐之利"①的国策下产生并发展的。宋代酒业经营中实行买扑制,即允许民户向官府缴纳固定的钱物,获得某些酒坊场务的经营权,熙宁年间又实行了类似于现代投标法的实封投状制,都极大地刺激了齐鲁商人的竞争意识。3. 不同历史阶段齐鲁文化的发展演变。齐鲁商贾传统的发展不仅受限于各个历史时期商品经济的发展水平,也深受当时齐鲁文化发展的影响,可以说它主要是在二者共同作用下形成并发展的。春秋战国时期的齐鲁文化中兵学的成就非常突出,姜太公、司马穰苴、孙武、吴起、孙膑和田单等都是兵学史上不可忽略的人物,其著作《六韬》、《司马法》、《孙子兵法》和《孙膑兵法》亦都是久享声誉的兵学经典。商场如战场。以上述著作为代表的军事思想无疑是子贡、范蠡等齐鲁商人杰出的经营策略形成的重要文化给养。齐地自古以来就有深厚的巫卜传统,到魏晋南北朝时期依旧兴盛,并与商业经营和各种求利活动结合在一起,使各种求利巫术成为魏晋南北朝时齐鲁商贾传统的重要组成部分。4. 不同时期社会风气和风俗习惯的变化。从明代中期开始,山东运河地区出现了一股"逐末"趋利之风。在以山东运河区域为地域背景的小说

① 《史记》卷三二《齐太公世家》。

《金瓶梅》中，西门庆和应伯爵等十人结拜为兄弟，大伙一致推西门庆居长，“西门庆道：‘这还是叙齿，应二哥大如我，是应二哥居长。’伯爵伸着舌头道：‘爷可不折杀小人罢了！如今年时，只好叙些财势，那里好叙齿？’”①这就是对当时重商逐利风气的生动反映。再如，峄县在弘治、正德以前，“人情简朴，务稼穑”，到嘉靖、万历年间已变得“民弃本业，好浮游”②。博平县在明中后期“务本者消，逐末者日盛”③。这股重商逐利之风一直到清代都很盛行，逐渐成了当地的一种“传统”。一个地区的社会风气和风俗习惯对人们的消费心理有很大影响。它们构成了商业活动的社会心理环境。商人如果不对某一地区的社会心理环境加以考察和把握，了解该处民众的喜好和禁忌，商业经营活动在该地区就很难成功。5. 商业观念或商业思想的发展。商业观念或商业思想是在商品经济发展基础上产生的人们对于商业和商品流通的各种认识，其中既包括政治家、思想家等对商业、商人在社会经济中的地位和作用及商品流通规律的认识和其关于商业政策的各种建议和主张，也包括商人阶层对自身及所从事的事业的地位和作用的认识与态度。社会各阶层的义利观、消费观、财富观等也是商业思想的重要内容。这些思想观念既是商贾传统的重要内容，也是商贾传统发展的重要文化土壤。历史上山东地区的商业思想有其特色。古代国家关于工商业的基本理论“轻重论”就是齐文化的产物，并对后世山东的政治家影响巨大，三国时诸葛亮和宋代山东许多政治家的商业思想就深受“轻重论”的影响，唐代的刘晏则对传统的轻重论有很大发展。贾思勰、王祯等山东农学家虽然都强调以农为本，但其不仅不

① 《金瓶梅》第一回《西门热结十兄弟　武二郎冷遇亲哥嫂》。
② 《古今图书集成·方舆汇编·职方典》卷二三〇《兖州府风俗考》。
③ 万历《东昌府志》卷二《地理志·风俗》。

排斥商业，反而将商业或市场视为实现其富民主张的途径，在传统的农商关系思想史上写下了独特的一笔。①

二是商业活动的主体即商人阶层在商业经营过程中形成的各种具有特色的文化现象，大致包括商人的经营文化、日常生活、社会活动和精神世界等四个方面。

首先是商人的经营文化。探讨商人的经营文化，要从其来源、资本积累方式和过程、经营行业、涉足地域及交易方式等谈起。一旦以农民、普通士人、官员等身份投身商海，不仅面临着人生道路的转折，还面临着如何筹集资本、选择何种行业及到何处经营等一系列经商的基本问题，最终反映出的就是商人在经营方面的眼光。商人在长期的商业经营实践中，会逐渐摸索到商业流通和市场运行的一些基本规律，积累一些行之有效的管理经验和营销技巧，最终形成一套关于商品、流通和市场等元素的完整的经营策略。

其次是商人的日常生活。探究商人阶层日常生活的特点及其与商业经营活动的关系，无疑是商贾传统研究应当关注的内容之一。最能反映商人阶层特征的日常生活就是他们从事的商贸经营活动。商人往往需要呕心沥血地筹划，不顾辛劳，多方奔波，历经坎坷和艰辛，最终才可能获得预期的利益。衣食住行是任何人生存都要面对的，商人亦不例外，但商人阶层有相对较好的经济条件，其在衣食住行上往往追求奢侈与享受，即使是小商人在这些方面的消费水平也要超过普通民众。在解决温饱后，商人还往往追求精神享受和文化娱乐。家庭是人生活于其中的最小社会单位，剖析商人的家庭结构，了解其婚姻生活、财产及家庭伦理等，对于

① 此处关于商业观念或商业思想的论述，参见姜生等《鲁商文化史·引言》，山东人民出版社2010年版，第4~5页。

研究商贾传统亦是十分必要的。

再次是商人的社会活动。商人的社会活动包括其人际交往、结成社团组织和对社会公共事务的参与等。商人的人际交往主要是指其在经营活动中与顾客、同行及其他利益相关者的交往。这种交往的目的仍是为了更好地开展商贸活动或获得更多的利润，传统社会中有许多商人为了能“借着衙门中势力”，就想方设法与官员结交。商人为交流信息、协调竞争和加强团结，会结成各种社团组织，如以业缘关系结成的行会、商会或同业公会，以地缘关系组织的会馆或商帮等。由于商人阶层有较强的经济实力，为了凸显自己的存在和增强自己的社会影响，他们会参与社会救济、兴办教育、修桥铺路和兴建寺庙等社会公共事务。

最后是商人的精神世界。商人的精神世界涉及的内容较广，如：宗教信仰，即商人在商业经营活动中对超自然和超社会力量的崇拜，主要是对财神和行业神的信仰，目的主要是获得更多利润；还会祈求神灵保佑自己出行平安，最终目的仍是获利。商业观念，即商人对自己所从事的职业的态度和认识，如商业的目的是什么、经商获得利润是否正当、自己的社会地位和声誉如何、经商是否值得子孙继承和发扬等。商业精神，即对财富的渴望与追求，也包含等价交换的商业原则和按照财富多寡评价事物的价值准则。[①] 商人的义利观、价值观、财富观、社会责任感、伦理观念等亦是商人精神世界研究应当关注的内容。

齐鲁商贾传统的发展离不开齐鲁文化的滋润与供养。它实际上又成为齐鲁文化的一个组成部分。研究齐鲁商贾传统，实际上就

① 参见王德敏、庄春波《齐文化与中国传统文化》，《齐文化丛书》第20册，齐鲁书社1997年版，第127页。

是要发掘齐鲁文化中有利于经济发展的积极因素。其实,在整个齐鲁文化中这样的积极因素很多,下文通过几个例子具体加以说明。

一是齐文化与鲁文化的交融和延续对塑造当代齐鲁商贾精神的意义。

齐、鲁两国由于文化渊源、自然环境、历史传统和治国方针的差异,使齐文化与鲁文化在文化价值观念上呈现出较大的差异。大致说来,齐地"负海舄卤,少五谷而人民寡"①,不宜发展农业,故齐自建国始,就实行"通商工之业,便鱼盐之利"②的政策。齐以工商立国的方针使"利"在齐人心中有十分重要的地位。鲁国地处内陆,地貌以平原为主,宜于农业,在"尊尊亲亲"的以礼治国的方针下,原本就重稼穑、尚耕织的周人传统在鲁地得以发扬,形成了男耕女织的以农业为主的经济传统。与之相适应,人们形成了崇尚礼节的风俗,"不学礼,无以立"③。正是以上区别,使齐地和鲁地的民风产生了很大差异:一方面是功利型的齐人。他们积极逐利,爱慕虚荣,追求铺张奢侈,善言辩,多智谋,正如《汉书·地理志》所言:

> 太公以齐地负海舄卤,少五谷而人民寡,乃劝以女工之业,通鱼盐之利,而人物辐凑……其俗弥侈,织作冰纨绮绣纯丽之物,号为冠带衣履天下。
>
> 初太公治齐,修道术,尊贤智,赏有功,故至今其土多好经术,矜功名,舒缓阔达而足智。其失夸奢朋党,言与行缪,虚诈不情,急之则离散,缓之则放纵。

一方面是道德型的鲁人。他们崇儒好学,遵守礼法,淳厚朴实,崇尚节俭,正如《史记·货殖列传》所言:

---

① 《汉书》卷二八下《地理志下》。
② 《史记》卷三二《齐太公世家》。
③ 《论语·季氏》。

邹、鲁滨洙、泗，犹有周公遗风，俗好儒，备于礼，故其民龊龊。颇有桑麻之业，无林泽之饶。地小人众，俭啬，畏罪远邪。

秦始皇统一六国后，齐、鲁都被纳入了始皇帝的统治之下。作为秦基本国策之一的重农抑商之策开始广泛推行，“上农除末”的主张甚至被刻到了琅琊台（在今山东青岛市黄岛区）上。很明显，重视工商业的齐人是秦这一政策整顿和改造的重点。西汉武帝时奉行“独尊儒术”的国策，重本抑末的正统经济思想也在西汉后期形成，由此农耕和儒家本位主义正式确立，一个从经济上，一个从思想上，犹如一把双刃剑，开始大规模地修剪齐人性格中的非正统性，“易青齐为邹鲁”①，齐、鲁文化在国家政权力量的推动下开始了融合的漫长历程。② 至隋朝建立后，齐人性格已发生了很大改变，由“功利型”变成了“道德型”，齐、鲁民风趋于一致。《隋书·地理志》称齐地风俗“在汉之时，俗弥侈泰，织作冰纨绮绣纯丽之物……大抵数郡风俗，与古不殊，男子多务农桑，崇尚学业，其归于俭约，则颇变旧风。东莱人尤朴鲁，故特少文义”；兖州一带“兼得邹、鲁、齐、卫之交，旧传太公唐叔之教，亦有周孔遗风。今此数郡（按：指东郡、东平、济北、武阳、平原等），其人尚多好儒学，性质直怀义，有古之风烈矣”；鲁郡、琅琊等徐州一带的诸郡“皆得齐、鲁之所尚。莫不贱商贾，务稼穑，尊儒慕学，得洙泗之俗焉”。然而民风是长期积累起来的较为稳固的文化现象，不是朝夕形成的，也不是朝夕可以更易的。直到北宋，齐州一带仍旧“俗凶悍，轻为盗劫屠贩”③。曾巩就称：“齐故为文学之国，然亦以朋比夸诈见于习

① 乾隆《威海卫志》卷一《风俗》。
② 参见刘德增《解读山东人》，中国文联出版社2006年版，第112~133页。
③ 李之仪《范忠宣公行状》，载范纯仁《范忠宣公文集》卷一九。

俗。”[1]近代以来，胶东地区的崛起与繁荣，似乎使我们又看到了当初齐人商业精神的复活。

总之，齐文化与鲁文化的交融虽然使齐、鲁民风趋于一致，都转向了道德型，但齐人的逐利意识、多智谋或“夸诈”等并未消磨殆尽，而是潜藏在人们的血脉和灵魂中，一旦有了合适的土壤，仍会破土而出。有人将义和利对立起来，认为山东人因重义轻利而不适合经商。这种认识并不妥当。“义”实即商业伦理，“利”即商业精神。今天若能继承和发扬齐文化重利与鲁文化重义的传统，将两者有机结合在一起，使商人既坚持商业伦理观念，又充满逐利精神，既敦厚诚信，又具备商战所需的智谋，这岂不正是我们所呼唤的具有现代商业精神的商人吗？

二是热情好客习俗的继承对齐鲁商贾经营文化的影响。

待客热情可以增强顾客的购买欲，和气生财已是商家的共识。山东地区一直有热情好客的传统。孔子“有朋自远方来，不亦乐乎”[2]和“四海之内，皆兄弟也”[3]两句名言充分反映了这一传统的悠久。据唐代《贞观政要》卷一载，贞观年间“入山东村落，行客经过者，必厚加供待，或发时有赠遗”。此处“山东”虽是指包括今天的山东在内的太行山以东的广大地区，但并非这一广大地区的民众都能热情待客。唐文宗开成年间来华的日本僧人圆仁在其《入唐求法巡礼行记》一书中记录了自己从登州经山东、河北、山西等地到长安的旅程，对所经地区的待客习俗有详细记述，相比之下，山东民众待客是最为热情的。这一传统历宋元明清而未衰，一直延续到今天。下面这个流传于山东地区的民间故事就充分说明了这一点：

① 《曾巩集》卷一三《齐州杂诗序》。
② 《论语·学而》。
③ 《论语·颜渊》。

一个外地人路过本乡,碰上大雪天气。向一位老者请问什么地方能找到旅馆,老者摇头不答。那人又向老者求宿,老者说:"你张口就找旅馆,俺当你嫌恶俺家里肮脏,容不得你这个贵客呢!"老者把客人安置在客房里,脸色冷冷的往里院去了,客人不敢再兴求食之想。就饿着肚子睡了。一会儿,老者转来,一看客人上了床,勃然大怒,骂道:"你怎的这么看不起人?当俺一顿饭也管不起你?"客人举眼一看,竟然摆下好几样菜肴,有酒有肉。大雪数日不停,老者天天酒肉招待。①

老者话虽难听,热情待客之意却发自内心。

三是讲究信用传统的发扬对齐鲁商贾经营伦理的影响。

有人认为山东人是道德型、情感型的人,其文化缺乏具备法治内涵的现代"契约"精神②,就是说山东人不注重使用契约。这种认识实际上是夸大了契约的作用。契约最终还是要靠人来执行的,即使签订了契约,不守合同的商业欺诈行为仍层出不穷,由此还是要求人们要讲信用。讲究信用的道德约束是建立社会信用体系的基础,契约或法律等只是制度保障。齐鲁文化中就有讲究信用的传统。首先来看两个例子,一个是把"与朋友交而不信"当成每天都必须自我反省的重要事情之一、对小孩都坚守承诺的曾子:

曾子之妻之市,其子随之而泣。其母曰:"女还,顾反为女杀彘。"妻适市来,曾子欲捕彘杀之。妻止之曰:"特与婴儿戏耳。"曾子曰:"婴儿非与戏也。婴儿非有知也,待父母而学者也,听父母之教。今子欺之,是教子欺也。母欺子,子而不信

① 杨念慈《故乡的民性》,载邓九平主编《中国文化名人谈故乡》下册,大众文艺出版社 2000 年版,第 500~501 页。

② 参见张西庭、张炯《山东人还缺什么》,黄河出版社 2006 年版,第 225 页。

其母，非以成教也。”遂烹彘也。[①]

另一个是为信守承诺而丢掉了性命的鲁国人尾生高：

尾生与女子期于梁下，女子不来，水至不去，抱梁柱而死。[②]

先秦齐鲁诸子对“信”亦多有论述，如孔子曰“人而无信，不知其可也”[③]，对言而无信者持坚决否定的态度，强调“言必信，行必果”[④]；孟子把“朋友有信”提到“五伦”之一的高度；墨子称“言不信者行不果”，“行不信者名必秏”[⑤]。这一传统在山东地区一直十分盛行。宋金之际章丘人王京家中有一橘园，收购其橘者预付了1/3货款，后来橘因霜而凋落，他“遽以所入归其人”[⑥]。道光《重修胶州志》卷一五记该处商人“交易皆一言为券，无悔改者”。近代烟台泰生东染料庄的创办者牟平人张颜山常说：“讲信用能把死买卖做活，不讲信用能把活买卖做死，信用是买卖人的第一生命。”[⑦]我们今天只有发扬齐鲁文化中讲究信用的传统，将其与契约精神结合起来，才能构建出符合现代市场经济要求的商业信用体系。

总之，通过对齐鲁商贾传统的研究，发掘齐鲁文化中有利于经济发展的积极因素，以求为推动山东经济持续发展，提高当代齐鲁商人群体的声誉，培育符合时代需要的齐鲁商贾精神尽一份力，既是我们今天研究齐鲁商贾传统的意义和价值所在，也是我们的深切期待！

---

① 《韩非子·外储说左上》。
② 《庄子·盗跖》。
③ 《论语·为政》。
④ 《论语·子路》。
⑤ 《墨子·修身》。
⑥ 刘敏中《中庵先生刘文简公文集》卷九《济南王氏先德碑铭》。
⑦ 张绪谱《张颜山和泰生东染料庄》，载山东省政协文史资料委员会编《山东工商经济史料集萃》第3辑，山东人民出版社1989年版，第16页。

目　录

第一章　先秦秦汉时期齐鲁商贾的起源、形成与发展

中国素有“行商坐贾”之说,“行商”多指那些走卒商贩或从事长途贩运活动的商人;“坐贾”也叫坐商,是指有店肆等固定经营场所,从事居货待售活动的商人。后来商贾义同,泛称商人。本书指称的齐鲁商贾,从地域上讲既指代齐鲁之地的坐商,也包括经常往来于齐鲁之地与境外的行旅商人;从时段上讲,它不局限于齐国和鲁国从立国到消亡的短暂历史时期,而是贯穿于整个齐鲁文化发展变化的宏大历史长河中。

齐与鲁,是西周初年分封的两大诸侯国,两国在中国历史上曾发挥过重大影响,并形成了独具特色的齐鲁文化,因此我们常将这一地域称为“齐鲁大地”、“齐鲁之邦”。齐鲁,作为一个历史概念,具有两层内涵:一是纯地域上的界定。它由西周初年的齐、鲁两国发展而来,经过春秋战国时代长期的兼并战争,疆域不断得以拓展和扩大,基本扩及今天山东省全境之范围。齐是周初异姓功臣的首封之国,具有重要的战略意义。《史记·齐太公世家》记载周成王少时,三监作乱,淮夷畔周,周天子乃使召康公命太公曰:“东至海,西至河,南至穆陵,北至无棣,五侯九伯,实得征之。”齐国由此

享有抚镇东夷、佐助周室，替周天子征讨不令之臣的特殊权力。鲁国作为周公的封国，都曲阜，春秋时期兼有极、项、鄟、邿、根牟、向、须句、鄫、鄅九国之地，为褒尚周公之德以别于其他诸侯。成王规定鲁国有配享天子礼乐的特殊政治权力，可以说鲁国是姬姓的"宗邦"、诸侯的"望国"。二是指齐鲁文化圈。齐鲁不局限于地理区域上的界定，它还具有文化阐释学上的内涵。齐、鲁两国是华夏势力范围内的两大重要封国，在固有的东夷文化的基础上，作为接壤邻邦，两国长期共存交融，形成了有别于中原、燕赵、秦晋、吴越、荆楚等的齐鲁地域文化圈。

齐文化与鲁文化两者之间既有互通性，也存在较大差别，但这并不妨碍两者的共存共融，各自的文化特性在齐鲁商贾身上都得到了表达和体现。总体上讲，鲁文化是典型的伦理型文化，尚仁、好礼、重义，遵奉传统；齐文化则是典型的功利型文化，尚功、好智、重利，力求革新。两者在长期的交融互动中彼此影响，形成了气质沉敛、积极实践风格的齐鲁文化。在这种文化格局下，以齐都临淄为中心的齐鲁境内外的商品贸易关系逐渐形成，并在战国时代得到了初兴，至两汉时期出现新的发展与转型。齐鲁商贾在长期的商业经营实践中形成了内涵丰富、颇具特点的齐鲁商贾文化传统，它是我国古代经济文化中的一份珍贵遗产。

先秦秦汉时期是我国古代商品经济发展的重要阶段，第三次社会大分工的出现促使商品交换关系和商品经济向纵深发展，独立自由的商贾群体在这一时期逐步形成并成长起来。齐鲁大地作为大陆东方最重要的经济区，有着浓厚的商业文明，其商业发展水平在这一时期处于全国的领先地位。齐鲁商贾作为东方区域文明下的一个独立的社会阶层从无到有、从弱到强，逐渐发展壮大，他们的命运契合着时代发展的趋势，推动着区域社会格局的变迁。

第一节　上古商业传说与齐鲁商贾的起源

中国古有士、农、工、商所谓“四民”的划分，而事实上，商人的出现与商品经济的产生经历过一个漫长的历史过程，他们是社会生产力发展到一定历史阶段的产物。生产力的发展推动了社会大分工的出现，使得劳动产品的交换成为可能，由此产生了最初级的带有偶然性的直接物物交换活动，后来逐渐发展为经常性的以货币为媒介的商品交换行为，由此商品经济诞生了。它一旦形成，就在社会经济生活中承担了极为重要的角色。

一、史前时期的商业传说

我国关于商业传说的年代可以远溯到三代之前。《周易·系辞下》即有记载：“包牺氏没，神农氏作……日中为市，致天下之民，聚天下之货，交易而退，各得其所。”这里的“日中为市”就是史前时期集市形态的反映，它有相对固定的时间和地点，人们把“日行正中”作为集市交易的时间标志，互市所需，调剂余缺，解决了先民生产和生活用品的剩余和不足。神农之后，黄帝、尧、舜前后相继，教民变通，“刳木为舟，剡木为楫，舟楫之利以济不通，致远以利天下”、“服牛乘马，引重致远，以利天下”[①]。此时的商业活动的范围大大地扩展开来，交通运输工具变得相对便捷，舟车相济，水陆并进，能够从事长途贩运等交易活动，商品交换的规模大大加强。

到了大禹时代，随着军事民主制部落联盟政权的成熟，原始社

① 《周易·系辞下》。

会共同体内部的生产关系进一步发展，各氏族部落间的联系得到了空前加强。史载大禹曾会盟诸侯，娶妻涂山。在这种背景下，因地理环境差异、出产物品不同的各氏族部落之间就有可能更加频繁、便捷地交换各自所需。《尚书·皋陶谟》即记载："暨稷播，奏庶艰食鲜食。懋迁有无化居。烝民乃粒，万邦作乂。""懋"通贸，"化"是古货字。意思是说，禹和后稷一起，教民播种百谷，给人民提供粮食，由于粮食较为紧缺，就发展贸易往来以互通有无，这样人民才得以安居乐业，各邦国才得以治理。不仅如此，禹夏部落的政权组织形态比较完善，形成一套专负其责的职能部门。《尚书·大禹谟》云："德惟善政，政在养民。水、火、金、木、土、谷，惟修；正德、利用、厚生，惟和；九功惟叙，九叙惟歌。"这里是说要改进金、木、水、火、土、谷六个职能部门，即"六府"的工作，要自正其身（"正德"）以率万民、利民之用（"利用"）以殖财富、丰衣足食（"厚生"）以养百姓，此为"三事"，加上"六府"，总为"九功"。要使"九功"发挥最大程度、最好的作用，使人民得到最大化、最多的利益。其中的"利民"，具体说来就是："利用者，工作什器，商通货财之类，所以利民之用也。"[1]主要是关乎民生的工商业活动。

《淮南子》对上古时期的商业传说也进行过理想化的描述。如《淮南子·览冥训》记载黄帝时"道不拾遗，市不豫贾，城郭不关，邑无盗贼，鄙旅之人相让以财"，描绘出上古圣王统治时期民风淳朴的社会升平景象，这里的"市不豫贾"是指不哄抬物价，不干涉市场交易的秩序。《淮南子·齐俗训》云："尧之治天下也……其导万民也，水处者渔，山处者木，谷处者牧，陆处者农。地宜其事，事宜其械，械宜其用，用宜其人。泽皋织网，陵阪耕田，得以所有易所

① 蔡沈《书集传》卷一《大禹谟》。

无，以所工易所拙。”这里描绘帝尧治天下善于因地制宜，明确了社会分工与商品交换。

以上节录的文献分别出于《易传》、《尚书》和《淮南子》，这些古籍皆成书于西周之后，它们关于商业起源的记载尚不可以直接作为信史，但作为上古时期商业起源的传说和对先民生活的一种追述，在一定程度上反映出传说时代社会生产力的发展进步以及原始社会后期商品交换思想的萌芽。

目前学术界对于中国商业始祖的研究结论说法不一，可归纳为以下四种观点，即“祝融说”、“西周初年殷民说”、“白主说”和“先商王亥说”①。“祝融说”的主要依据是《世本·作篇》记载有“祝融作市”的说法，三国蜀汉人谯周在《古史考》中也有“祝融修市”的说法。祝融，是传说中的高辛氏之火正，为东方夷人部属的领袖，约生活在原始社会末期的炎黄时期。这种说法尚缺乏必要的考古资料的佐证。“西周初年殷民说”认为周公平息武庚叛乱后，迁殷民于成周洛阳，“成周居四方之中，可耕之土田少，又压迫于异族之下，力耕不足资生存，故多转而为商贾。商贾之名，疑即由殷民而起”②。周初文献《尚书·酒诰》记载殷民“肇牵车牛，远服贾，用孝养厥父母”，即在农事活动结束后，这些殷民常常赶着牛车，载其所有，易其所无，从事买卖活动，用他们的所得来孝养自己的父母。由于他们经营活动的影响，人们即把从事这种职业的人称为“商人”。这种说法比较具有代表性，但商业行为决非来自周人灭商之后，而商贾之名来自善于经商之殷民的说法，亦恐有望文

① 参见李可亭《中国商业起源漫谈》，载《寻根》2005 年第 3 期。

② 徐中舒《从古书中推测之殷周民族》，载《徐中舒历史论文选辑》，中华书局 1998 年版，第 29 页。

生义之嫌。徐复观先生对此已经做过批驳论证。[①]“白圭说”是依据《史记·货殖列传》的材料。白圭是战国人,善于囤积居奇,所谓“天下言治生者祖白圭”。但很显然,白圭并非中国最早的商人,他应是在古代商业已经高度发展的基础上提出过比较成熟的商品经营理论的代表人物之一。

近年来,关于我国商业始祖的研究,学者还提出了“先商王亥说”,王亥是商族先公之一。商丘举办了“中国·商丘与商业起源研讨会”,认为商丘是中国商业的起源地,王亥为中国最早的商人。[②] 这对于我国商业起源的研究,不失为一种新的见解。

上古商业起源的传说丰富多彩,以上的论述只是就主要有代表性的传说进行了归纳。学术界结合文献记载和相关的考古发现,对我国商贾起源进行了多方面研究,提出了不同的观点。事实上,后世文献上的这些记载尚不能准确清晰地说明问题,只能作为商业传说来看待。想要得到可靠的结论,还有待于大规模的考古发掘和研究。这些文献记载,一方面,从先秦至两汉,时代愈后,对上古商业传说的刻画愈发条理清晰,这是我国文化传统“崇古”思维的深刻印证,反映出古人对于先民时代的崇敬和对美好理想社会的追求,也说明了顾颉刚先生“层累地造成的古史说”观点的某些合理性。另一方面,虽然我们不可以把它们完全当做信史看待,但它们确实反映出了时代先后的历史继承性,体现了当时的社会生产力发展进步到了一定的水平。我们能从中钩沉出上古时代先民生活模糊的发展轨迹,这又是不争的事实。

---

① 参见徐复观《两汉思想史》第1卷,华东师范大学出版社2001年版,第48~52页。

② 参见张新斌《由中原大商文化论商丘与商业起源》,载《殷都学刊》2009年第3期。

二、齐鲁商贾的起源

关于齐鲁商贾传统起源的考察需要从东夷古部族谈起。史前时期，山东境内主要生存着东夷部族。从考古来看，距今几十万年以前活动于泰沂山区的沂源猿人是现今所知最早的“东夷人”。东夷部族在自身的发展过程中，创造了与中原文化并驾齐驱的光辉灿烂的史前文明，即东夷文化。东夷文化是中国古文明的源头之一。进入新石器时代后，北辛文化、大汶口文化、龙山文化和岳石文化前后相继，构成了山东境内的古文化发展序列，形成了东夷部族独特的历史文化景观。原始社会末期，随着社会生产力的不断发展，人类活动的空间迅速扩大，部族的迁徙、部落间的战争变得十分频繁，各部族间的地域阻隔局面终被打破，东夷与邻近的中原、南蛮等部族间的交流得以加强。

山东大汶口—龙山文化时期（约公元前 4300 ~ 公元前 1900 年），是东夷社会古部族发展过程中特别重要的时期。它贯穿了母系氏族社会后期和整个父系氏族社会时期，其下限已经相当于中原夏王朝的中期。这一时期东夷部族已经发展到了锄耕的农业经济阶段，其文化遗址出土了大量的陶器；手工业已从农业中分离出来，朝着半专业化和专业化的方向发展；细石器的使用大大提高了生产效率，剩余产品不断增多；尤其是私有制出现并进一步发展，劳动产品为私人所占有，贫富分化现象日益明显。在龙山文化时期的墓葬资料中，随葬品的多寡与种类的不同反映了墓主人生前身份地位的差别与贫富差距的悬殊。这一时期社会生产力的发展和父权制兴盛，使得人口增多并出现了较大规模的原始村落，父权制个体小家庭逐渐增多。这一切为商品交换的发生提供了充分的条件。特别是这一时期军事民主制的发展，使得大小方国林立，各部落间的战争频繁，太昊、少昊、蚩尤和舜、后羿等都是东夷族著名的军事首领。战争是掠夺财富和劳动产品的主要方式。在伴随战争掠夺的同时，以和平方式进行的产品交换活动至迟在这一时期已经出现。

东夷文化亦被称为海岱文化，岱，指泰山，海岱意谓其地理分布沿海靠岱，可见东夷文化与海洋的关系密切。《越绝书·吴内传》提到越人："习之于夷，夷，海也。"东夷人习于海上活动，他们创造出的海岱文明与同时期的内陆文明之间应该有较为频繁的交流。在远离渤海230多公里的鲁西平原上的茌平县尚庄龙山文化遗址中，出土了数量丰富的蚌类贝壳，除淡水蚌外，还有不少的海产蚌，这说明当时沿海地区与山东内地有了水产品交流活动。[①] 在晚期的中原文化遗址中发现有大量的海贝，比如，20世纪60年代在河南偃师二里头遗址发掘中，有不少墓葬出土了玉、贝、绿松石等物，专家推断这些出土的考古实物"非本地所产，应该是通过交换和贸易得来的"[②]；殷商时期的中原墓葬遗址发现有数量更多的海贝，如1976年发掘的殷墟妇好墓棺内随葬海贝竟多达6880枚。[③] 1965年至1966年发掘的山东益都苏埠屯大墓随葬贝也多达3790枚。[④] 殷墟妇好墓发掘于河南安阳所在的中原地区，益都即今日山东青州，位于山东半岛中部，都不直接临海，海贝均非当地所产，它们显然是从东部或南部沿海辗转被运来。数目如此庞

① 参见逄振镐《东夷文化史》，中国社会科学出版社1995年版，第94～95页。

② 中国科学院考古研究所洛阳发掘队《河南偃师二里头遗址发掘简报》，载《考古》1965年第5期。

③ 参见中国社会科学院考古研究所安阳工作队《安阳殷墟五号墓的发掘》，载《考古学报》1977年第2期。

④ 参见山东省博物馆《山东益都苏埠屯第一号奴隶殉葬墓》，载《文物》1972年第8期。

大的海贝一定不会仅仅只作为装饰品，而应该是财富的象征，并且通过交换途径获得的可能性极大。

古文献也有上古时期关于经济交流活动的记载。相传舜曾经"耕历山，渔雷泽，陶河滨，作什器于寿丘，就时于负夏"①，"顿邱买贵，于是贩于顿邱；传虚卖贱，于是债于传虚"②，这说明此时人们已经懂得了观察市场行情的变化，"乘时射利"，进行商业贩运活动。

约成书于战国时代的《禹贡》③，是我国最早的地理学著作，记载了九州的风土物产、水道交通等情况，其内容虽然不能作为信史，但在一定程度上能反映出当时人们对地理知识的关注和掌握程度已远胜于前。先民在治水活动中积累了丰富的地理知识，为各地区、各部落之间加强经济交流和产品交换提供了条件。所谓"九州来贡、四夷来朝"，没有必要的交通设施是无法实现的。在东夷与中原的交通方面，《尚书·禹贡》记载：

> 济河惟兖州：九河既道，雷夏既泽，灉沮会同。……厥贡漆丝，厥篚织文。浮于济、漯，达于河。
>
> 海岱惟青州：嵎夷既略，潍淄其道。厥土白坟，海滨广斥。厥田惟上下，厥赋中上。厥贡盐絺，海物惟错，岱畎丝枲，铅松怪石，莱夷作牧。厥篚檿丝。浮于汶，达于济。
>
> 海岱及淮惟徐州：淮沂其乂，蒙羽其艺。大野既猪，东原厎平。厥土赤埴坟，草木渐包。厥田惟上中，厥赋中中。厥贡

① 《史记》卷一《五帝本纪》。

② 《尸子·存疑》。

③ 顾颉刚先生认为《尚书·禹贡》是战国时代的作品，并得到学界多数人的赞同，本书亦采此说。参见侯仁之主编《中国古代地理名著选读》第1辑，科学出版社1959年版，第4页。

惟土五色,羽畎夏翟,峄阳孤桐,泗滨浮磬,淮夷玭珠暨鱼。厥篚玄纤缟。浮于淮、泗,达于河。

海岱是东夷部族生存活动的地区,包括今日山东省全境,这里提及的兖州、雷夏泽、蒙、大野、济、漯、泗等都在山东境内或流经山东。海岱地区丰富的物产可以通过这些水道运往中原、淮夷等地。除了向中原地区强盛的夏部族朝贡和接受其馈赠外,东夷部落与相邻的其他部落间必有商品贸易交换活动。孟子说:“禹疏九河,瀹济、漯,而注诸海;决汝、汉,排淮、泗,而注之江,然后中国可得而食也。”①大禹治水,疏通九河,不仅为农业经济的发展提供了保障,也密切了各地的物资交流。蜀汉谯周《古史考》云:“黄帝作车,引重致远。少昊时略加牛,禹时奚仲加马。”“少昊时略加牛”这种传说是大致可信的。从文献记载看,最迟在商代后期牛车已经很普遍了,而从考古资料来看,在龙山文化时期,畜牧已经出现,后世所谓的“六畜”也已经出现。由此,我们可以推断,在东夷原始社会末期的军事民主制时代至夏代中期,与交通条件的进步相伴随的山东境内的原始商品交换活动已经产生,而齐鲁商业传统的源头可以远溯于此。

夏王朝统治时期,东方海岱地区与中原政权有着密切的经济交流。当夏王朝统一中原后,海岱地区的文化发展也进入一个新的阶段,即岳石文化时期。夏朝建立后,中原文化迅速东进,山东西部地近河南、河北的部分本就属于夏的统治范围,山东境内还分布有不少夏姒姓诸侯国,夷夏杂居局面形成。应该说,这一时期东方夷人的物质文化发展水平,在当时处于明显的领先地位,考古发现证明,岳石文化已有青铜冶炼技术,步入青铜时代。另外,夷人

① 《孟子·滕文公上》。

有占卜风俗传统，这些文化对夏人形成强大的吸引力，在某种程度上可以说，夏代的整个历史时期，对外关系的主要内容就是同东方夷人的社会交往或剧烈争斗。[①] 强大的夏王朝积极经营东方，多位君王对东夷发动了一系列的战争，如帝相征淮夷、风夷、黄夷，帝杼征东海，桀伐岷山，等等。[②] 这些战事客观上促进了中原与山东两大地域间的文化交流。在军事征服的基础上，夏朝还建立了朝聘、会盟与贡赋制度，古本《纪年》有关于九夷来朝的记载，这些既是加强和调整族群关系的政治手段，也带有明显的经济功能，密切了地域间的经济文化交流。

商王朝与东夷关系十分密切，商族是由东夷族玄鸟氏的一支发展而来。[③] 山东西部是商王朝统治区域，商文化遗址在山东境内分布较广，从山东西部延伸到东部的青州一带。山东境内分布的商氏后国有七国，商王朝分封的侯爵伯爵之国有八国。[④] 殷商之民是一支善于经商的族群，《管子·地数》曰："昔者，桀霸有天下而用不足，汤有七十里之薄而用有余。天非独为汤雨菽粟，而地非独为汤出财物也。伊尹善通移、轻重、开阖、决塞，通于高下徐疾之策，坐起之弗背时也。""通移、轻重、开阖、决塞"即关涉货物流通和贸易活动，它是国家掌握轻重之法，通过抛售或收购谷物等重要商品，以调节物价和增加财政收入的经济调控手段，由此可见殷商王朝在早期就把通商贸易作为一项基本的国策来执行了，这对殷商王朝社会经济产生了重要影响，促进了商业贸易活动在更大的

① 参见宋镇豪《夏商社会生活史》，中国社会科学出版社 1994 年版，第 199 页。

② 关于淮夷、岷山等的地望，参见周书灿《夏代对东方地区的经营和夷夏民族整合》，载《山东大学学报》2008 年第 5 期。

③ 参见逄振镐《东夷文化史》，中国社会科学出版社 1995 年版。

④ 参见逄振镐《东夷文化史》，中国社会科学出版社 1995 年版。

范围内展开。《尚书》里记载殷民常在农事生产活动完成后，赶着牛车，载着货物，远行贾卖，并以交换所得奉养他们的父母。他们在与东方夷人融合杂处的过程中，相互之间有着经常性的商品交换行为发生。以海盐为例，山东地区是我国海盐生产的重要基地之一。早在史前时期，鲁北一带已经有了原始的海盐生产活动了。《世本·作篇》载："夙沙氏，始煮海为盐。"据考证，宿沙氏是一个长期居住在山东半岛上的古老部落①，其考古遗存应位于山东北部，属于大汶口文化中期或略早，它也是我国文献记载中最早从事海盐生产的部落，被尊为"盐宗"；另外，生活于商末周初的胶鬲，在未被重用以前，当在沿海一带从事与鱼盐有关的行业。《孟子·告子下》云："舜发于畎亩之中，傅说举于版筑之间，胶鬲举于鱼盐之中。"据学者考证，胶鬲的本族应是以制作陶鬲而闻名的，这就与有鬲氏产生了一定联系。而胶鬲曾从事鱼盐行业，有鬲氏则地处鲁西北距海不远之地，二者在地理环境上也相符合。因此，夏初有鬲氏很可能是商周之际胶鬲的远祖，在考古学上相当于龙山文化晚期，其活动地域应在鲁西北沿海一带。② 依据考古调查，鲁北地区确实发现了大量商周时期的盔形器，据考证多是用来煮制海盐的专用工具，与上述文献记载能够吻合，表明当时山东沿海一带盐业生产具有悠久历史和相当的规模。③ 当时当地生产出的食盐自然不可能都用于自销，其绝大部分当是与中原地区和其他非产盐区进行交换。据学者推算，由于商代王都的人口数字庞大，整个王畿地区每年的食盐需求可高达上千吨，还不包括祭祀用盐。如此大

① 参见郭正忠主编《中国盐业史·古代编》，人民出版社1997年版，第21页。

② 参见李慧竹、王青《山东北部海盐业起源的历史与考古学探索》，载《管子学刊》2007年第2期。

③ 参见王青《〈管子〉所载海盐生产的考古学新证》，载《东岳论丛》2005年第6期。

的需求量是当地资源无法满足的,因此,商代王都的食盐供给至少一部分当来自山东北部沿海一带。[①] 另外,《禹贡》所载的地理交通条件与山东境内古济水、徒骇河的走向也能使得鲁北地区的食盐比较便捷地输往中原地区。这些材料都有力地证明着上古时期的山东境内即与周边地区发生着较为频繁的经济交流,随着社会生产力的持续发展和人类活动空间的不断拓展,这种经济交流会进一步增强,为齐鲁商贾的萌生奠定了坚实的基础。

公元前11世纪中叶,周武王姬发联合诸侯,在商郊牧野一举灭了商朝大军,西周宣告建立。西周社会虽然以农立国,但对于商业是持肯定态度的。比如,《周礼·天官·太宰》载:"以九职任万民……六曰商贾,阜通货贿。"《周礼·冬官考工记·总叙》曰:"通四方之珍异以资之,谓之商旅。"周人看到商旅对于经济发展的重要性,认为"四方来集,远乡皆至,则财不匮,上无乏用,百事乃遂"[②]。商业活动既然如此重要,周代统治者便通过官方行为,积极鼓励和扶持商业活动,从制度上保证商业交换场所的建立,并对商贾的身份予以认同。比如,《逸周书·大匡解》记载周文王曾发布过这样一个招商文告:"游旅旁生忻通,津济道宿,所至如归。币租轻,乃作母以行其子。易资,贵贱以均,游旅使无滞。无粥熟,无室市。权内外以立均,无蚤暮,闾次均行。"意思是说,各位经商之人可以放心前来,政府会为他们提供方便,渡口让他们通行,旅道中途为他们提供食宿,使他们就像回到家里一样;铸造母子钱,使之流通,物轻则行子钱交易,物重则用母钱交易,子母相通,方便商旅经营;货通有无而禁止投机贸易,以保证商贸交换的公平有序进

① 参见方辉《商周时期鲁北地区海盐业的考古学研究》,载《考古》2004年第4期。

② 《礼记·月令》。

行，切实保护商人的正当利益。《逸周书·大聚解》载："乃命县鄙商旅曰：'能来三室者，与之一室之禄。'辟开修道，五里有郊，十里有井，二十里有舍。远旅来至，关人易资。舍有委，市有五均，早暮为一，送行逆来。"政府规定"能来三室者"，其中一家生活所需由国家提供俸禄，甚至实行"市有五均"之制度，即在市场上设立平均物价的官员。可见，国家是非常重视和支持工商业活动的，其"振乏救穷"的效果也是很显著的。《周礼·天官·内宰》也记载"凡建国，佐后立市，设其次，置其叙，正其肆，陈其货贿"，以保证商品交易活动规范有序地进行。

在这些积极因素的推动下，西周的商业开始兴起。周初文献《尚书·酒诰》载："肇牵牛车，远服贾，用孝养厥父母。"西周晚期文献《诗经·大雅·瞻卬》载："如贾三倍，君子是识。"这些文献材料的记载足以说明西周时代商贾活动的大量存在。这些商人通过商品交易谋取利益，致身富贵，连那些在朝执政的"君子"们也十分羡慕。《诗经·小雅·正月》载："佌佌彼有屋，蔌蔌方有谷；民今之无禄，天夭是椓。哿矣富人，哀此惸独！"诗人在诗文中流露出对那些居身华屋、百谷满仓的富人的无奈，他们过着欢乐逍遥的日子，穷人们却横遭不幸，孤苦无依！诗人愤世嫉俗，发而为歌。

西周时期东方的山东半岛一带，是商业起步较早和发展稳定的地区。我们从十分有限的考古资料和历史文献中仍然可以捕捉到有关东方地区的商人和商贸交换活动的信息。西周金文中已多有"贾"字出现，见图1－1。

经过学者考证，西周金文中的"贾"字，有交易、交换之意[1]，比

① 参见彭裕商《西周金文中的"贾"》，载《考古》2003年第2期。

1. 兮甲盘　2. 颂鼎　3. 五祀卫鼎　4. 裘卫盉

图1-1　西周金文中的“贾”字

如五祀卫鼎铭文中的“贾”字；或可解释为交易的标准，即价格，比如裘卫盉铭文中的“贾”字；或可解释作商人，比如颂鼎铭文中的“贾”字。西周晚期的青铜器兮甲盘，共有铭文133字，其中后半部分有类似后代诏令的文字：

> 淮夷旧我□畮人，毋敢不出其□，其责。其进人，其贮，毋敢不即□，即市，敢不用命则即刑□伐。其我诸侯，百姓厥贮毋不即市，毋敢或入蛮□贮，则亦刑。①

根据这些铭文，我们可以判断西周中叶的淮夷已成为从事农耕的民族，男耕女织，与周族的生产情况相去不远。淮夷本为东夷

① 兮甲盘铭文见中国社会科学院考古研究所编《殷周金文集成》第16册，中华书局1994年版，第179页。释文参见高明《从金文资料谈西周商业》，载《传统文化与现代化》1999年第1期。

部族中的一支，周东征后，东夷集团遭受重创，淮夷才不得不南迁。[①] 淮夷对周负担粟米之征和布帛之征，并且这种贡纳关系为时已久；其中的铭文还提到淮夷与周人的交易必须在固定的市场上进行，而严禁在指定之外的地方或蛮夷之间进行交易活动，否则要受到严厉的处罚。这些规定说明当时淮夷与周人之间已经建立起了密切的商贸往来活动，而禁令的推出正从侧面反映出当时不仅有固定的经营商业的市场，而且民间的私人商业贸易活动也并不鲜见了，铭文中的禁令显然是针对私营商业活动而言的。[②]

1981 年，在陕西岐山县流龙咀村西出土了鲁方彝盖（见封面图），为西周中期的青铜器，有铭文 50 字，记述齐生鲁在经商获利后，为纪念父亲“乙公”的教诲而铸此器：

佳（惟）八年十又二月初
吉丁亥，齐生鲁肇贾
休多赢，佳（惟）朕文考乙
公永启余。鲁用乍（作）朕
文考乙公宝隮彝，鲁
其万年子子孙孙永宝用。

据学者考证，方彝器主齐生鲁为齐国齐乙公得之子。铭文记载他努力经营商业，把获得的丰厚赢利用来制作文考乙公方彝以传于后代。他从事经商之事，显然表明西周时期的齐国已有经商传统了。[③]

① 参见张懋镕《西周南淮夷称名与军事考》，载《人文杂志》1990 年第 4 期。
② 参见陈连庆《兮甲盘考释》，载《东北师大学报》1978 年第 4 期。
③ 参见李学勤《鲁方彝与西周商贾》，载《史学月刊》1985 年第 1 期。

第二节 春秋战国时期齐鲁商贾的形成与迅速发展

西周立国后，周王大行分封，当时诸侯分封的情况归纳起来可分为三种类型：一是周王室的宗族子弟等同姓诸侯。他们形成分封诸侯国的主体，所谓周公"兼制天下，立七十一国，姬姓独居五十三人"①。他们与王室关系相对更为密切，其代表有封于曲阜的鲁国。二是异姓诸侯。他们并非王室子弟，但与周人保持同盟关系，代表周室去统治所在辖地，其代表有封于营丘的齐国。三是古代圣王后裔和夏、商遗民的封国。为了追思先圣，武王"乃褒封神农之后于焦，黄帝之后于祝，帝尧之后于蓟，帝舜之后于陈，大禹之后于杞"②。这类封国一般封地较小，势力较弱，在西周政治活动中作用不大。今山东境内的封国主要是以齐、鲁为主，还包括曹、郕、滕、郜、郭、邢、茅等同姓诸侯和莒、邾、杞、纪、薛等异姓诸侯，以及其他一些未受分封的东夷古国等，如莱、谭、牟、根牟、介根等，这些小诸侯国中有许多后来相继为齐、鲁所吞并。齐、鲁立国后，在多种因素的促成下，经过数百年的发展，到春秋中期以后，地域性的齐鲁商贾正式形成了。

一、春秋中期以后齐鲁地域商贾的形成

春秋时期是我国古代社会变革转型的过渡时期，随着社会生产力的发展，"工商食官"的制度逐步解体，大大地释放了商业经营

① 《荀子·儒效》。
② 《史记》卷四《周本纪》。

的空间，促进了民间商业力量的汇聚融合。到了春秋中期以后，齐鲁地域商贾基本形成。

（一）齐鲁地域商贾形成的主要因素

其一，齐鲁优越的地理环境和丰富的鱼盐资源为商业的兴起和齐鲁地域商贾的形成奠定了最基本的物质基础。齐、鲁是在东夷古国旧地的基础上建立起来的，有着特殊的历史地理环境。据《史记·货殖列传》记载：“泰山之阳则鲁，其阴则齐。”齐地与鲁地紧邻相接，以泰山为界。从地理环境上看，齐鲁之地属暖温带季风气候，既傍依绵延起伏的巍巍山脉，又濒临波澜壮阔的滔滔大海；既有交织如网的河湖水泊，又有辽阔坦荡的冲积平原。其东临大海，中部为隆起的山地，以泰山和沂蒙山系为主，东部和南部为和缓起伏的丘陵区，北部和西北部为平坦的平原地带。齐、鲁两国西接卫、晋，与郑国相通；北临渤海，与燕国接壤；南通宋国，与淮水相济。齐鲁大地物产资源十分丰富，宜于桑麻，富于渔盐，这些为商品经济的大发展提供了必要条件。到了春秋时期，生产力的发展、便捷的交通，日益转变为商品经济大发展的强大动力，为春秋中期以后齐鲁地域商贾的形成奠定了坚实的基础。

其二，立国方针上的通商、利商的政策导向，为地域商贾的出现发挥了积极作用。齐、鲁两国在立国之初实行了不同的建国方针：

> 太公至国，修政，因其俗，简其礼，通商工之业，便鱼盐之利，而人民多归齐，齐为大国。①
>
> 周公卒，子伯禽固已前受封，是为鲁公。鲁公伯禽之初受封之鲁，三年而后报政周公。周公曰：“何迟也？”伯禽曰：“变

① 《史记》卷三二《齐太公世家》。

其俗，革其礼，丧三年然后除之，故迟。”太公亦封于齐，五月而报政周公。周公曰：“何疾也？”曰：“吾简其君臣礼，从其俗为也。”及后闻伯禽报政迟，乃叹曰：“呜呼，鲁后世其北面事齐矣！夫政不简不易，民不有近；平易近民，民必归之。”①

齐国自姜太公吕尚开国之初，即推行了因俗简礼、通商尚功的治国方略。太公的先祖就是东夷人，而他的封国又建在东夷旧地，因此他面对东夷人与其争国的严峻局势，为了更好地巩固封国统治，便对东夷故有的简朴、尚功的文化传统采取因袭优化的政策，对周王朝复杂繁琐的礼仪制度未加以严格地推行，并且因地制宜，根据“齐地负海舄卤，少五谷而人民寡”②的现实自然条件，扬长避短，将其丰富的鱼盐资源，通过商品贸易活动，变为富民利国、治世安邦的重要法宝。其因地制宜、通权达变的灵活治国思想和鼓励通商的政策给齐国的社会经济带来了繁荣。通过这一系列的举措，齐国奠定了建国之本，赢得了其他东夷部族人民的归附，跻身强国之列。

鲁国是周公封地，周公辅佐武王、成王，其子伯禽代周公受封于鲁。鲁国与齐国在建国之初都是不足百里的侯国，都是在夷人聚居之地封邦立国的。与齐国相比，鲁地的自然地理条件相对优越，地势平坦，土质肥沃，河网密布，十分适宜于农业生产。鲁国作为同姓诸侯，并因周公的特殊地位，得以配享天子礼乐、立文王之庙。这一套礼仪制度，是鲁国在政治权力上优越于其他诸侯的标志所在，特别受到鲁国历代君主的重视，所以鲁国在立国之初即忠实虔诚地大力推行周代的礼乐制度，革除旧有的夷人部族的文化

① 《史记》卷三三《鲁周公世家》。

② 《汉书》卷二八下《地理志下》。

传统和礼仪习俗。这种治国方针影响和决定了鲁人的性格:重伦理、尚道德;再加上其自然地理上的条件,鲁人重视农业生产,相对缺乏经济变通的商业智慧,故鲁国营商之风的兴起要晚于齐国。齐、鲁两国地理位置紧邻,但两者之间濒海与内陆的环境差异、资源分布的不同、出产物品的自然分别等因素,有利于促成齐地与鲁地在商品种类上的互济互补,使彼此间得以形成频繁的物资交流。虽然鲁地自由商贾之风晚兴①,但处于齐地商品经济发展业已名冠诸侯的大形势下,鲁地商贾一经形成,就与邻邦的齐地商贾基本合流了。

其三,“工商食官”制度的逐渐式微,为齐鲁地域商贾的形成消解了制度上的束缚。“工商食官”是我国先秦时期推行的一项重要的工商业管理制度,早在夏商时期业已出现,西周时期达到鼎盛。②从文献和金文资料中,我们可以发现,西周时期的商业可以分为两类:一类是“工商食官”制度下的各级官府商业,这一体制下的商人常常以家族经营为基本单位,职业世袭,比如周初分给鲁国的“殷民六族”、分给卫国的“殷民七族”等;一类是民间经营的私营商业,相对自由,服务对象没有严格的限制。商人身份由此可划分为国家任命的管理商贾的官吏和经营商业的一般平民。他们主要的活动地点是“市”,居住地也往往被限定在国中,他们是构成国人的重要成员。西周的“工商食官”制度是与井田制度、宗法制度密切相关的。学者们指出“工商食官”制度下的工商业者“还未能脱离农业而独立,所以还要居乡耕种”③;“周制,贾人无论在官在市,本

① 《史记》卷一二九《货殖列传》曰:“及其衰,好贾趋利,甚于周人。”

② 参见朱红林《周代“工商食官”制度再研究》,载《人文杂志》2004 年第 1 期。

③ 徐中舒《试论周代田制及其社会性质》,载《徐中舒历史论文选辑》,中华书局 1998 年版,第 860 页。

身皆不受田，其家则受田”①。《周礼·地官·载师》曰：“以宅田、士田、贾田任近郊之地，以官田、牛田、赏田、牧田任远郊之地。”这里提到的“贾田”就是授给民间商人家属的土地。由此可见，西周“工商食官”制度的推行是以农村公社下的井田制度为基础的。另外，西周社会的宗法制度，尚能凝聚血缘家族的向心力，便于相关的职业家族能够较好地组织、从事工商业生产经营活动。

到了春秋中后期，社会生产力和行业分工进一步发展，尤其是井田制度和宗法制度加速瓦解，势必导致“工商食官”制度的破坏。井田制度是周代社会经济制度的根本，它的破坏直接影响到农业人口的稳定，部分失去土地的公社农民逐渐流向手工业和商业以及其他领域。这必然对原有的工商业组织造成巨大冲击。另外，宗法制度不断遭到破坏，极大地削弱了职业家族的血缘凝聚力，必然使得原来的工商业家族不能再一如既往地维持下去，商人“群萃而周处”、“商之子恒为商”当然就不能保证了。

从大量的文献中我们可以了解到，春秋中后期的列国统治者都一再呼吁“商农工贾”不变其业，实质上暗示当时农工商职业世袭的体制已经开始遭到破坏。比如，《左传·宣公十二年》载楚国：“荆尸而举，商、农、工、贾，不败其业。”《左传·襄公九年》载晋国：“商工皂隶不知迁业。”《左传·昭公二十六年》载齐国晏子认为国家稳定的标志之一就是：“在礼，家施不及国，民不迁，农不移，工贾不变，士不滥，官不滔，大夫不收公利。”“工商食官”制度的式微为齐鲁民间商贾力量的融合形成解除了限制。在春秋前期，私营商贾已经存在，齐国发达的商品经济绝非全部的官营商业，但官营工商业由于占有绝对优势，极大地排挤了私营商贾力量的发展空间；

① 孙诒让《周礼正义》卷二四《地官·载师》疏，中华书局1987年版，第942页。

鲁国的商风晚兴，民间商贾在春秋前期更是难有作为，直到春秋中期后，随着工商食官制度的式微，鲁地商贾才发展起来，并与齐地商贾合流，形成齐鲁地域商贾。

（二）齐鲁地域商贾形成的表现

春秋时期是我国奴隶制生产关系逐渐瓦解并开始向新的封建制生产关系过渡的历史时期。这一时期，生产力的进步推动地域间商品贸易活动的发展，从事商业活动的人数逐渐增多，到了春秋中后期，以东周洛阳为中心，形成初具地方特色的几大商业经济区。在洛阳之东，齐、鲁两国在长期的共存交融中，相互影响，互为补充，逐渐形成了特色鲜明的齐鲁地域商贾，主要表现为三大方面。

其一，形成规模化的颇具地域特色的商品生产与商品贸易，成为全国最主要的桑麻纺织品生产基地和鱼盐资源输出基地。齐鲁商贾依据本地的气候特征和地理物产，进行相关的大宗商品贸易活动。

齐地和鲁地都十分适宜于桑麻的种植，两国统治者均重视和鼓励种植桑麻。桑田麻田可谓接阡连陌，桑麻等经济作物的种植形成了初步的规模化生产，颇具地方特色。《史记·货殖列传》记载："安邑千树枣；燕、秦千树栗；蜀、汉、江陵千树橘；淮北、常山已南，河、济之间千树萩；陈、夏千亩漆；齐、鲁千亩桑麻；渭川千亩竹。"桑麻的大规模种植，结合齐鲁传统发达的纺织业，使得丝麻类的纺织品不仅种类繁多而且制作精美，名冠天下。1971 年至 1972 年在临淄郎家庄一号东周墓即出土了品种丰富的各式丝织品和麻织品。[①] 这些手工业品的商品化程度比较高，统治者往往把它们作

① 参见山东省博物馆《临淄郎家庄一号东周殉人墓》，载《考古学报》1977 年第 1 期。

为交通诸侯的重要媒介。如晏子出使郑国时,就曾赠送数十匹白经赤纬的彩绸作为重礼给郑相子产。《左传·成公二年》记载了楚国伐鲁之事,鲁国为求和,派孟孙以"执针、织纴,皆百人"去贿赂楚军。大商人子贡曾在曹国、鲁国等地做生意,常常"结驷连骑,束帛之币以聘享诸侯"①,这里的"束帛"就是较珍贵的丝织品。

除了丝麻织品外,齐地临海,鱼盐的生产规模也十分可观,海盐的商品交易活动频繁,成为齐鲁商贾的特色优势贸易。《管子·轻重甲》记载:"楚有汝、汉之黄金,而齐有渠展之盐,燕有辽东之煮,此阴王之国也。"楚、齐、燕三国都是各擅地利的诸侯国,其中齐国的盐业资源十分丰富,这在考古发掘上也能得到佐证。自20世纪50年代山东沾化县杨家遗址发掘始,考古学家陆续在鲁北地区

图1-2 山东滨州阳信李屋遗址出土的商代盔形器(采自谢治秀主编《辉煌三十年:山东考古成就巡礼》,科学出版社2008年版)

① 《史记》卷一二九《货殖列传》。

发掘了大量的盔形器[①],其中今滨州与潍坊两个临海地区是盔形器分布最为集中的地区。根据考古学家的研究分析,这样的盔形器应该是生产海盐的重要器具。2001 年 3 月至 5 月,山东大学考古系和寿光市博物馆对位于寿光市卧铺乡郭井子村西南 2 公里处的大荒北央遗址进行了发掘,出土了大量的盔形器,并发现了灰沟和白色沉淀物硬面的堆积,经过检测验证,是海盐生产过程中“摊灰刮卤”的产物,进一步证实了上述推断。从各地出土的盔形器年代上看,大致上起商末,下至春秋战国时期。战国及其后,这种煮盐工具为更加实用的大平底青铜牢盆所取代,从而退出了历史舞台。[②] 大量煮盐工具的发掘出土,说明当时盐业生产盛况空前。丝麻纺织业与渔盐业遂成为齐鲁商品经济区的特色优势产业。

其二,商品贸易环境的改善和商业政策上的变革,以及对商品经济地位的肯定,促进了齐鲁地域商贾的形成。春秋时期,齐、鲁两国的社会生产力都得到了发展,旧有的井田制被打破,鲁国实行“初税亩”,齐国管仲“相地而衰征”,实质上都逐步承认了土地私有,为商品经济的发展创造了有利的环境。齐国为促进本国商品经济的发展,还从国家政策制度上积极变革。早在春秋前期,管仲为相就提倡发展经济,积财通货,设立“轻重九府”,职司商品货币和财政经济;在全国设立专门适宜于商品贸易的区域,即“工商之乡”和“聚市”。工商之乡六,工与商各占其三。工就官府,商处市井,工商之乡的设立不仅有利于国家对商品贸易进行管理,而且大大方便了各国商贾的往来和各地物资的集中汇通。除此之外,齐

① 参见山东大学东方考古研究中心、寿光市博物馆《山东寿光市大荒北央西周遗址的发掘》,载《考古》2005 年第 2 期。

② 参见于嘉芳《牢盆与沛水:关于齐国的制盐技术》,载台北《故宫文物月刊》19 卷第 7 期,2001 年;曹元启《试论西周至战国时代的盔形器》,载《北方文物》1996 年第 3 期。

国乡村边鄙地区还有“聚市”。《管子·乘马》曰:“聚者有市,无市则民乏。”这里的聚市就是分布于广大乡村地区的相对分散的临时性农村交易市场,如泰山郡的菟裘聚,据考证,其历史可上溯至春秋初年。这类聚市为远离国都的乡村农户之间的产品交易提供了一定的便利。

管仲提出将工、商列为四民之一,认为其与士、农一样都是国家的柱石之民。《管子·小匡》曰:“士农工商,四民者,国之石民也。”由此肯定了商品经济的地位。不仅如此,齐国还减少关税,立客舍,多方吸引外来客商。《国语·齐语》曰:“通齐国之鱼盐于东莱,使关市几而不征,以为诸侯利,诸侯称广焉。”为了让外商安居乐业,齐国还进一步推出轻税收的优惠政策。《管子·大匡》曰:“桓公践位十九年,弛关市之征,五十而取一。”《管子·幼官》中记载:“市赋百取二,关赋百取一”;《管仲·轻重乙》曰:“请以令为诸侯之商贾立客舍,一乘者有食,三乘者有刍菽,五乘者有伍养。”意思是要求齐桓公下令为客商设立客舍,对于带一辆马车来齐国经商的商人,除了免费提供住所,还免费供给食物;对于带三辆马车来的,除了免费提供住所、食物,还免费提供马的饲料;对于带五辆马车来的,另外还提供仆人为之服务。同时,为了保证贸易正常进行,保护齐国商贾的境外商旅贸易,齐国还同各国签订了类似于今天所谓的“关贸协定”之类有关盟约,如“无贮粟”①、“毋讫籴”②、“毋蕴年”③,即要求盟国之间畅通粮食贸易往来,不许囤积居奇。鲁僖公九年,齐桓公在蔡丘会盟周、鲁、宋、卫、郑、许、曹诸国,订立

① 《春秋公羊传·僖公三年》。
② 《春秋谷梁传·僖公九年》。
③ 《左传·襄公十一年》。

盟约,“无忘商旅”①,保护商旅的商贸往来。齐国的重商传统和一系列的惠商政策,为齐地民间商贾的孕育成长创造了极为有利的市场环境。当“工商食官”制度在齐国走向衰落时,有着良好基础的齐地民间商贾力量与走出食官制度束缚的部分工贾迅速融合,齐地自由私营的商贾力量便形成并快速发展起来。

其三,春秋后期,齐、鲁两国产生了具有代表性的自由身份的独立大商人,在城市规模、集市贸易、交通条件、人口数量等方面都反映出商品经济的强大活力。商业利润的极大诱惑使得从事商业活动的人越来越多,许多人因此累至千金、富甲一方。如春秋末年著名的大商人范蠡,他前期是一位政治家,后来离开越国专事商业,曾经在齐地营商,后移居陶(今山东定陶),由于经营得力,积累起巨额家资,成为后世商人效仿的典范:

范蠡既雪会稽之耻,乃喟然而叹曰:“计然之策七,越用其五而得意。既已施于国,吾欲用之家。”乃乘扁舟浮于江湖,变名易姓,适齐为鸱夷子皮,之陶为朱公。朱公以为:陶,天下之中,诸侯四通,货物所交易也。乃治产积居,与时逐而不责于人。故善治生者,能择人而任时,十九年之中三致千金,再分散与贫交疏昆弟。此所谓富好行其德者也。后年衰老而听子孙,子孙修业而息之,遂至巨万。故言富者皆称陶朱公。②

另一位著名的大商人是子贡,他是孔子的高足,随孔子周游列国,信奉并积极推行孔子的学说思想,同时子贡还是一位成功的商人,经常在曹、鲁之间往返经营,成为孔门众弟子中最为富有的学生:

① 《孟子·告子下》。

② 《史记》卷一二九《货殖列传》。

> 子赣既学于仲尼，退而仕于卫，废著鬻财于曹、鲁之间，七十子之徒，赐最为饶益。原宪不厌糟糠，匿于穷巷。子贡结驷连骑，束帛之币以聘享诸侯，所至，国君无不分庭与之抗礼。……此所谓得势而益彰者乎？[①]

孔子一生的政治活动并不成功，“斥乎齐，逐乎宋、卫，困于陈、蔡之间”[②]，甚至落魄至“累累若丧家之狗”[③]的地步，但最终能够名布天下，一定程度上得益于子贡的接济和帮助，所谓“夫使孔子名布扬于天下者，子贡先后之也”[④]。

春秋时期齐鲁商品经济的发展，促使工商业城市逐步兴起，城市规模较前有了很大的扩展，城市人口也快速增加。比如，陶地是曹国的都城，不仅是政治中心，更是春秋时期著名的商业都市，在今山东定陶县，为天下之中，水陆皆通达，交通极为便捷；齐国都城临淄也是海岱之间的一大都会，始建于西周后期，春秋时期已经发展成为当时特色鲜明的工商业城市，当代人在故城内发现了多处这一时期的炼铜遗址和炼铁遗址。临淄城的规模十分可观，据考古发现，故城总面积达到15平方公里、大小城相连。[⑤] 春秋时期鲁国的工商业发展总体上滞后于齐国，但鲁地也是重要的商品交易区，是齐国与中原各诸侯国及周都洛阳之间商贸来往的重要通道，上文提到的子贡就经常在鲁地从事经营活动。考古发掘的曲阜鲁国故城，环绕宫殿的东、西、北三面，有铸铜、制陶、制骨等手工业作

① 《史记》卷一二九《货殖列传》。

② 《史记》卷四七《孔子世家》。

③ 《史记》卷四七《孔子世家》。

④ 《史记》卷一二九《货殖列传》。

⑤ 参见刘敦愿《春秋时期齐国故城的复原与城市布局》，载《历史地理》创刊号，上海人民出版社1981年版，第158页。

坊和居住遗址。[1] 春秋后期，鲁国三桓势力兴盛，形成“公室衰而三桓强”的局面，三家的封邑都超过了“百雉”。《公羊传·定公十二年》就记载了孔子堕三都之事，说明当时城邑规模不断扩大。

此外，值得一提的是在春秋中晚期齐国的金属铸币已经出现，即齐国的姜齐刀币。学者考证认为带“之”字的法化币是姜齐时代所铸的货币。田氏代齐发生于战国初年[2]，因此姜齐铸币至迟当在春秋中后期。齐国故城出土的春秋时期的铸币还包括燕国刀币，地方货币的出现在一定程度上反映了齐鲁地域商品经济的发展状况。

综上所述，可见到春秋中期以后，齐鲁地域商贾已基本形成，他们有着自己的特色优势产业，出现了私营大商人的代表，城邑规模和人口数量不断扩大增多，其商业经济功能开始突显。但将齐、鲁作对比，我们不难发现，齐的商业传统一直胜于鲁国，它对齐鲁地域商贾的形成贡献更大，两国在商业传统上的差异深深影响了两国后来的发展命运。

二、战国时期齐鲁商贾的迅速发展

战国时期，随着社会生产力的发展和封建制生产关系在各诸侯国的进一步巩固，各国的工商业蓬勃发展起来。齐国跃居于战国七雄之一。鲁国国势渐衰，于鲁顷公二十四年(公元前 249 年)为楚所灭，鲁地入楚，然而境内除齐长城以南少数地区归楚外，其余大部地区先已属齐。这一时期土地私有制及商品化进程加快，

① 参见中国社会科学院考古研究所编《中国考古学·两周卷》，中国社会科学出版社 2004 年版，第 254 页。

② 公元前 386 年，周室册命田和为齐侯，正式将他列为诸侯。公元前 379 年，齐康公病逝，姜氏遂绝其祀，齐国为田氏所统治，史称“田氏代齐”。

货币经济飞速发展，齐鲁商贾的发展迎来了大好时机。

（一）战国时期齐鲁商贾迅速发展的背景

战国时代齐、鲁两国都曾积极进行变法改革，以图自强。鲁国在公元前483年即鲁哀公十二年，实行“用田赋”，按田亩征发赋税，这是继“初税亩”之后，进一步承认土地私有的合法性。战国初年，田氏代齐，姜齐绝祀，为怀抚齐民，田氏十分注重招揽士人，齐威王时任用驺忌等人进行改革，大力整顿政治，鼓励臣民进谏，更新法律，招抚流亡；同时继承了齐国的重商传统，商品流通更加活跃，经济迅速发展，齐国国力蒸蒸日上。

齐地在春秋时期已经成为重要的商品经济区，齐鲁地域商贾在春秋中期以后业已形成，至战国时代，虽然诸侯间频繁的兼并战争对社会经济有所破坏，但齐地在整体上相对偏安，没有遭受破坏性很大的军事侵略，社会经济进一步发展壮大。农业上，铁制农具普遍使用，牛耕技术广泛推广，粮食产量明显增长[①]，“粟如丘山”[②]；手工业方面，冶铁业十分发达，齐都临淄是当时最大的冶铁中心之一，目前考古发现战国时期临淄的冶铁遗址有四处之多，面积达40万平方米；鲁国虽然国力式微，至悼公之时“三桓胜，鲁如小侯，卑于三桓之家”[③]，但其社会经济仍在进一步发展，今天在鲁都曲阜故城发掘出两处冶铁遗址，面积达10万平方米，炼铜、制陶、制骨等其他遗址也有不少发现。齐、鲁两国社会生产力的发展，和农业、手工业经济的进步加速了产品的商品化进程，促进了工商业的勃兴。另外，战国时期列国间的交通运输条件进一步完善，长期的大规模战争造就了便捷的军事交通路线，成为各国运输

① 可参见王阁森、唐致卿《齐国史》，山东人民出版社1992年版，第442页。

② 《战国策》卷八《齐策一》。

③ 《史记》卷三三《鲁周公世家》。

军需物资的重要通道，这些军事要道也兼具经济商业功能，成为长途贩运和各种商贸往来的交通命脉。可见，战国时期，齐、鲁两国政治上的改革和经济上农业与工业生产的发展以及交通进一步便捷都为齐鲁商贾的兴起与地域商品经济的大发展创造了极为有利的条件。

（二）战国时期齐鲁商贾发展的表现

战国时期齐鲁地区的商品贸易十分发达，同各地的商贸往来频繁，齐鲁商贾迅速兴盛起来。他们引领社会风气，使得当时的社会形成了一股从商务贾的风潮。

其一，战国时期齐鲁商品经济的兴盛发展首先表现于货币的快速增加和广泛流通。货币是商品交换长期发展的产物，是商品交换的媒介，充当一般等价物，能反映商品交换的水平和商品经济发展的程度。战国时期以齐、燕为代表的刀币系统已经发展成为当时的四大货币体系之一。[①] 在齐国故城临淄发现了不少田齐时代的齐法化刀币和齐刀范母；另外在今山东海阳、崂山、即墨、栖霞、日照、博兴以及济南等地都发现了数目不少的齐法化货币。齐刀币在山东地区的大量出土，佐证了齐鲁商品经济区的进一步发展和商品贸易交流的扩大。我们知道，春秋时期已经出现了铸币，但使用得并不普遍，李剑农先生对此作过细致的统计研究。[②] 然而战国时代四大货币体系的形成反映了当时的货币使用已经相当普遍，客观地反映出战国时代各地商品经济的繁荣。《史记·货殖列传》记载："洛阳东贾齐、鲁，南贾梁、楚。"可见，齐鲁两国作为当时

① 四大货币体系分别是中原地区的东周和三晋为代表的布币系统；东部的齐、燕为代表的刀币系统；西部秦国为代表的圜钱系统以及南方楚国为代表的蚁鼻钱。

② 参见李剑农《中国古代经济史稿》第1卷，武汉大学出版社2005年版，第62页。

东方最大的诸侯国，同中原各地建立起密切的贸易往来关系。《管子·轻重甲》记载管子利用齐国出产的渠展之盐，准确地把握商业时机，"粜之梁、赵、宋、卫、濮阳"而得"成金万一千余斤"。带有高利贷性质的货币关系在战国时代的齐国也出现了，这是货币经济发展提升到新层次上的重要标志。《史记·孟尝君列传》称"其食客三千人，邑入不足以奉客，使人出钱于薛"。这是典型的货币融通行为。

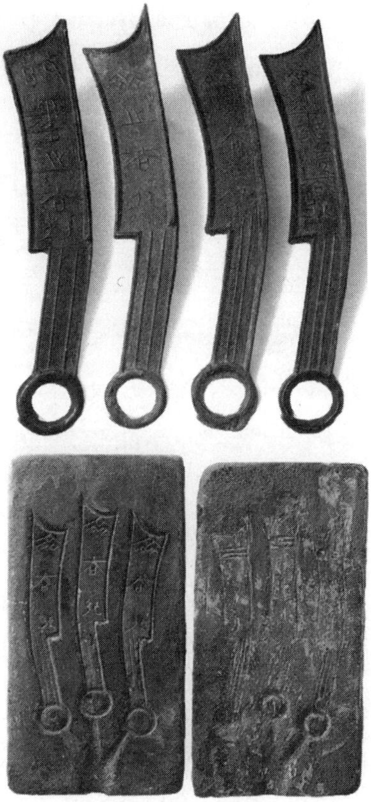

图1－3　临淄齐故城出土的齐刀币及刀币陶范（采自刘振清主编《齐鲁文化：东方思想的摇篮》，山东美术出版社等1997年版）

其二，城市经济空前发展，城市规模大大超前，城市人口急剧增加，这是齐、鲁两国商品经济发展的另一个重要表现。春秋时期各诸侯国"城虽大，无过三百丈者；人虽众，无过三千家者"①。所谓"都城过百雉，国之害也。先王之制：大都，不过叁国之一；中，五之一；小，九之一"②，可见西周时期诸侯都邑的建制有着一定的标准。而在战国后，周王室进一步衰落，诸侯间的兼并争夺频繁，越制建都屡见不鲜，"今千丈之城，万家之邑相望也"③。齐

① 《战国策》卷二〇《赵策三》。
② 《左传·隐公元年》。
③ 《战国策》卷二〇《赵策三》。

国都城临淄更显示出大国都城的繁荣,《战国策·齐策一》曰:“临淄甚富而实,其民无不吹竽、鼓瑟、击筑、弹琴、斗鸡、走犬、六博、蹹鞠者。临淄之途,车毂击,人肩摩,连衽成帷,举袂成幕,挥汗成雨,家敦而富,志高而扬。”这里苏秦游说齐王而描绘齐都临淄的情况,虽有溢美之词,但还是大致地反映了商业大发展下的城市景观:市貌繁盛,人口众多,市民生活内容丰富多彩。战国时期齐人从商致富的观念已深入人心,商业十分发达,除齐都临淄以外,齐国的中小城市也兴盛发展起来。“今齐地方千里,百二十城。”①“三里之城,七里之郭,环而攻之而不胜……必有得天时者矣。”②齐国的即墨即有“三里之城,五里之郭”③,城指内城,郭指外城,这类中小城市已经十分普遍,城市的经济功能进一步凸现。这一时期还出现了“军市”,它是在军队驻扎地附近,由军队出面设置并管理的市场,军市的租税收入供给军用。《战国策·齐策五》记载苏秦游说齐闵王时提到“士闻战则输私财而富军市,输饮食而待死士。”人们听说要进行战争,就把私人财货输送到军市上,充实军市,又输送饮食以款待死士。军市的出现是战国时代频繁的兼并战争所催生的产物,而其自身所具备的一定的经济功能又必须是在商品经济和商品交易市场普遍发展的大背景中才能实现的。齐国广袤的土地和丰富的物产以及发达的工商业为齐国的强盛奠定了坚实的基础。地方诸侯城邑的兴起,一方面反映了成周与地方诸侯之间实力的消长变化,另一方面这也是社会生产力,尤其是工商业经济发展推动的直接结果。

其三,齐鲁富商巨贾的出现与职业商人群体的崛起。战国时

① 《战国策》卷八《齐策一》。
② 《孟子·公孙丑下》。
③ 《战国策》卷一三《齐策六》。

期，社会生产力继续快速发展，消费需求和商品供给规模不断扩大，这为商品市场带来了蓬勃的生机，职业商人群体乘时逐利，浮游商海，不仅积累起雄厚的财富资本，壮大了自身的力量，而且蔚然成风，引领一股前所未有的从商务贾的热潮。

《史记·货殖列传》曰："猗顿用盐起。"裴骃《集解》引《孔丛子》曰："猗顿，鲁之穷士也。耕则常饥，桑则常寒。闻朱公富，往而问术焉。朱公告之曰：'子欲速富，当畜五牸。'于是乃适西河，大畜牛羊于猗氏之南，十年之间其息不可计，赀拟王公，驰名天下。以兴富于猗氏，故曰猗顿。"这里记述了猗顿的发家事迹。他原来是鲁国的一个穷士，常年勤劳耕作，却仍苦于不能解决温饱问题，"耕而无食，蚕而无衣"，于是他奔走天涯，寻求致富之路。他听说定陶的陶朱公，原来是在越王勾践手下做官，后弃官从商，通过经商致富，于是去定陶求教于陶朱公，向他寻求致富之道。受陶朱公的启发，猗顿决定移居猗氏（猗氏县与临晋县合并为今山西运城市临猗县），经营畜牧业。经过数年经营，很快摆脱贫困的窘境。后又转而经营盐业。猗氏一带正是闻名的池盐盛产地，有大量可以开发的池盐资源。猗顿因此得以致富，成为战国时期驰名的大盐商。

战国时期齐鲁职业商人群体正式崛起。他们在列国之间的商品贸易交流中发挥了重大作用。根据《荀子·王制篇》的记载："北海则有走马吠犬焉，然而中国得而畜使之；南海则有羽翮、齿革、曾青、丹干焉，然而中国得而财之；东海则有紫紶、鱼盐焉，然而中国得而衣食之；西海则有皮革、文旄焉，然而中国得而用之。"职业商人群体辗转于全国各地，互通有无，扩大了商品贸易交流的范围，加强了各地市场间的联系。

自春秋后期直至整个战国时代，是我国古代商品经济发展的第一个高峰期，职业商人群体的力量发展壮大，成长为一支重要的社会力量，上者"富至巨万"，甚至"国君无不分庭与之抗礼"①；下者"坐列贩卖"，而所获丰盈。齐鲁商贾是当时从事商品贸易活动的商人群体中最为活跃和强盛的一支。早在春秋时期，郑、卫、齐等国的商业发展程度即已相对较高，尤以郑国最为突出，商人弦高的事迹和"郑卫之音"的风靡即是佐证。发展到战国时代，齐鲁商贾的整体实力进一步增强，声名远播。从司马迁《史记·货殖列传》的记载来看，他所提及的身份可考的战国时代具有代表性的大商人有四人：白圭（周人）、猗顿（鲁之穷士）、郭纵（赵国邯郸人）、范蠡（春秋末至战国初在齐地经商者），齐鲁商贾占其二，反映出齐鲁商贾在战国时期的商人群体中实力的提升和他们所具有的举足轻重的地位。

第三节　秦汉时期齐鲁商贾的曲折发展

公元前221年，秦国扫灭六国，建立了中国历史上第一个封建制王朝。秦王朝二世而亡，继秦以后，刘邦又建立一统的汉王朝，中历新莽政权，至公元220年东汉结束，前后长达四个多世纪。这是漫长的帝制中国社会的前期阶段，是历经春秋战国长期割据混战达五百余年之久以后我国历史进入大一统的政治格局稳定期。通观秦汉整个历史时期，伴随着封建制生产关系的正式确立，齐鲁地区的商品经济在曲折中继续向前发展。

① 《史记》卷一二九《货殖列传》。

一、秦朝对社会经济的破坏和其在商品经济制度上的客观建树

千古一帝的秦始皇是一位功过难断的历史人物。他一方面顺应历史发展形势，变法革新，选贤任能，奖励耕战，富国强兵；历经10年的统一战争，先后灭掉六国，结束了自春秋战国以来长达数百年之久的分裂割据局面，建立起统一的中央集权帝国，加强了各地域、各民族的互动融合；废封国，设郡县；统一全国的度量衡，车同轨[①]，书同文；以秦“半两”钱为流通货币，并制定了全国统一的法律等。另一方面，又大兴土木，修驰道，建阿房，治骊山，筑长城；严刑峻法，导致人人自危；横征暴敛，导致民不聊生；五次巡游，劳师动众；焚书坑儒，钳制思想。这一切严重地摧残了社会经济，破坏了生产发展，阻碍了文化进步。秦王朝因此年祚短暂，仅历十五个春秋便土崩瓦解，国灭祀绝。短秦十五年的统治既对社会经济造成了严重的破坏，使得战国以来社会生产发展所培育出的第一次商业高峰遭受重创，但又在客观上对商品经济的制度规范有了一定的建树。齐鲁商贾在这样的大背景下艰难地生存。

（一）秦代齐鲁商贾的艰难境遇

完成统一后的秦王朝为巩固统治，布扬威德，十分重视对山东地区的控制，这主要是基于三方面的考虑。

其一，在政治方面，齐国是秦最后灭掉的诸侯国，齐国的旧贵

① 对于秦王朝“车同轨”的理解，学术界尚有争论，主要有两种观点：一是把它理解为“统一轨道交通”，参见王云度、张文立《秦帝国史》，陕西人民教育出版社1997年版，这是为主流所认可的说法；二是把它理解为区分等级特权而制定的车辆的形制和规格，参见上海社会科学院经济研究所经济思想史研究室编《秦汉经济思想史》，中华书局1989年版，第35～36页。兹从前说。

族残余势力还比较强，秦王朝为防止东方燕齐旧贵族的武装叛乱，在山东境内设置了齐郡、琅琊郡、东海郡、薛郡、济北郡以及东郡的一部。秦始皇曾五次出游，“亲巡天下，周览远方”[①]，其中三次来到山东，公元前219年上泰山、封梁父；公元前218年，登之罘；公元前210年，北之琅琊。他还刻石颂德，“巡行郡县，以示强，威服海内”[②]；下令拆除山东境内的齐长城，以消除燕、齐等反秦势力可资利用的战略屏障，加强对山东地区的控制。

其二，在经济方面，齐国是六国旧地中最为富庶的地区之一，物产丰富，经济繁盛，齐王建统治时期，贪利而不事武备，“王建立四十余年不受兵。君王后死，后胜相齐，多受秦间金，多使宾客入秦，秦又多予金，客皆为反间，劝王去从朝秦，不修攻战之备，不助五国攻秦”[③]，秦国忙于对其他诸侯国的兼并，而对齐国采取笼络的政策，使得战国末年齐国的国内形势相对安定。齐王不助五国攻秦，而“务爱粟”[④]的政策又为齐国社会经济和工商业发展创造了长期的和平发展的良好环境。齐国成为东方最为富庶之地。秦统一之后为了加强对山东的经济控制与掠夺，堑山堙谷，绝通川防，修筑自咸阳至齐境内的东西向驰道，使得齐国的海盐、丘山之粟等丰富的物产资源得以往输咸阳，同时便于在山东境内征发士卒、役夫，调集转运粮饷。“使天下飞刍挽粟，起于黄、腄、琅琊负海之郡，转输北河，率三十钟而致一石。男子疾耕不足于粮饷，女子纺绩不足于帷幕。百姓靡敝，孤寡老弱不能相养，道死者相望，盖天下始

① 《史记》卷六《秦始皇本纪》。
② 《史记》卷六《秦始皇本纪》。
③ 《史记》卷四六《田敬仲完世家》。
④ 《史记》卷四六《田敬仲完世家》。

叛也。”[①]黄,即古黄县,位于今山东龙口市,腄县在今山东烟台福山区,琅琊在今山东胶南市南,皆在今胶东半岛上。短秦王朝对山东地区敲骨吸髓式的经济压榨与掠夺,使得战国以来较为富庶的齐鲁地域经济区遭受重创,社会生产和工商业发展受到严重阻碍,齐鲁商贾也惨淡经营。这一时期的山东商贾考之《史记·货殖列传》,难觅踪影,而巴蜀、西陲之地的商贾活动则多见诸史籍,如乌氏倮、巴寡妇清、蜀郡卓氏、临邛程郑、宛县孔氏等。一方面由于巴蜀之地曾是秦国势力所能及的范围。另一方面秦统一六国后,出于政治、经济上的考虑,将山东六国的豪民商贾迁徙至此,实民于边疆。这种政策有力地促进了巴蜀南越等地的开发。但是,由于商贾是商品经济活动的主体,迁移大批的齐地豪民商贾至咸阳、河南、蜀地、南越等处,对于齐鲁地区的商品经济而言无疑是一种巨大破坏。再者,徐福东渡带走了许多工贾之人[②],其中不少当为齐人。秦统治者多次大规模移民,使移民在一定程度上蒙受较大的经济损失。

其三,在文化方面,齐鲁的儒生方士与法家在政治思想上彼此对立,秦朝在文化方面对齐鲁儒生加强专制统治。自商鞅变法以来,秦国就力图推行法教,秦王嬴政更是信奉和推崇韩非的法家刑名之术,“海内为郡县,法令由一统”,“刚毅戾深,事皆决于法”[③]。儒生的举政建议未得到始皇的重视,比如,代表儒生意见的丞相绾提议在燕、齐、荆地请立诸子,分封立国,就未得到采纳;在泰山封

---

① 《汉书》卷六四上《主父偃传》。

② 《史记》卷一一八《淮南王列传》引伍被语:“昔秦绝先王之道……又使徐福入海求神异物,还为伪辞曰:臣见海中大神,言曰:‘汝西皇之使邪?’臣答曰:‘然。’‘汝何求?’曰:‘愿请延年益寿药。’……于是臣再拜问曰:‘宜何资以献?’海神曰:‘以令名男子若振女与百工之事,即得之矣。’秦始皇大悦,遣振男女三千,资之五谷种种百工而行。”

③ 《史记》卷六《秦始皇本纪》。

禅祭祀的仪式上，秦始皇反感儒生的繁文缛节。《史记·封禅书》载：

（秦始皇）即帝位三年，东巡郡县，祠驺峄山，颂秦功业。于是征从齐、鲁之儒生博士七十人，至乎泰山下。诸儒生或议曰："古者封禅为蒲车，恶伤山之土、石、草、木；扫地而祭，席用葅稭，言其易遵也。"始皇闻此议各乖异，难施用，由此绌儒生。

秦始皇的一系列专断独行及黜儒举措引起了齐鲁儒生方士内心的不满。正如方士侯生、卢生所说："始皇为人，天性刚戾自用，起诸侯，并天下，意得欲从，以为自古莫及己。专任狱吏，狱吏得亲幸。博士虽七十人，特备员弗用。"①一些儒生和方士颂法孔子、针砭时弊，与法家的法教思想形成对立，而方士求仙骗局的暴露更引起秦始皇的震怒，"焚书坑儒"在这种背景下发生了，它是对上古以来的文化的一次严重破坏，阻断了春秋战国以来自由昌明的文化氛围。

短秦王朝对齐鲁地区的政治压迫、经济压榨与文化压制，使得齐鲁地域经济区的社会生产和经济发展均受到严重阻碍，失却了战国以来的蓬勃生机和活力。而秦国自商鞅变法起，就推行严厉的"重农抑商"政策，秦王朝时期，商人的地位十分低下，与罪犯和"赘婿"②同列，因此，短秦王朝统治期间，齐鲁商贾的发展遭受重

---

① 《史记》卷六《秦始皇本纪》。

② 赘婿是秦汉时奴婢的一种。男子因就婚于主家之女，被称为"赘婿"。贫民质子于富家，过期不能赎身，遂被招赘。赘婿地位低下，被剃去头发，为服役戍边对象之一。典籍中多有记载，如《云梦秦简释文一·为吏之道》曰："自今以来，叚（假）门逆吕（旅），赘婿后父，勿令为户。勿鼠（予）田宇。三枼（世）之后，欲士（仕）士（仕）之，乃（仍）署其籍曰：故某虑赘婿某叟之乃（仍）孙。"《史记》卷一二六《滑稽列传》记："淳于髡者，齐之赘婿也。"司马贞索引："女之夫也，比于子，如人疣赘，是余剩之物也。"《汉书》卷四九《晁错传》曰："先发吏有谪及赘婿、贾人，后以尝有市籍者，又后以大父母、父母尝有市籍者，后入闾，取其左。"

创，而暂时转入低潮。

（二）秦朝在商品经济制度上的客观建树

我们必须看到，秦统一六国后，着手进行了一系列的制度建设，其中有不少举措对商品经济的发展十分有利，秦王朝在商品经济制度上的客观建树主要表现于以下几个方面：

首先，在度量衡方面，秦统一前，各国的度量衡制度并不统一，六国之间的单位度量制度存在较大区别。以计量长短的铜尺为例，长沙出土的楚国铜尺竟比洛阳金村出土的铜尺每尺长出 0.6 厘米。就具体量制而言，显得更加混乱，不仅各国的公制度量标准不统一，而且私家大族还私自制造量具，即“私量”，进一步加剧了量制的不规范性。比如齐国田氏，据《左传·昭公三年》记载：“齐旧四量：豆、区、釜、钟。四升为豆，各自其四以登于釜，釜十则钟。陈氏三量，皆登一焉，钟乃大矣。以家量贷，而以公量收之。”这段

图1-4　邹县邾国故城出土的秦诏陶量及其铭文（采自谢治秀主编《辉煌三十年：山东考古成就巡礼》，科学出版社2008年版）

记载说明齐国除了存在四进一级的公量标准外，陈氏家族出于政治野心，还私自制造了五进一级量具，并以十釜为一钟，显然陈氏所用的钟比齐国公量的钟容积要大。衡制也不例外，既有以铢、两、斤为计量单位的，也有用镒为计量单位的。秦并吞六国后，嬴政下令，以秦国的度量衡为标准，统一其他六国的度量衡器，并将统一度量衡的诏书全文刻在新制作的度量衡标准器上，从而正式规范了度量标准。

其次，在货币方面，春秋战国时期商品经济的迅速发展促使各国货币发行量大大增加，货币流通也在加速。当时流通领域里的主要货币是铜币，但各国的币制不一，货币形态又存在很大的差异，有刀形的刀币，有类似农具的布币，有贝状的铜贝，有圆形圆孔或圆形方孔的圜钱，等等，形成并行的四大货币体系。它们在形状、大小、轻重以及计算单位上都有很大区别，这些都给各地的经济交往和商品流通带来了诸多不便。在这种情势下，统一后的秦帝国便在全国推行使用统一的货币。秦朝的法定货币为黄金和铜钱，黄金属于上币，按重量使用，是称量货币；铜钱属于下币，外圆内方，铸有“半两”字样，按枚使用；还发行了作为衡量标准的重四两的秦权钱，监督规范钱币流通，并将铸币权收归国有，严禁私铸；废除原来六国使用的各种货币，不准以龟贝、珠玉、银锡等充当货币。秦始皇统一货币，是我国古代货币史上的一个重大进步，消除了各地域间币制的不统一状态，他所确立的圆形方孔的钱币形态，成为中国封建社会货币的基本形制，沿用了两千余年。

再次，在文字方面，秦灭六国前，各国的文字不统一，字体和读音存在不同，所谓“言语异声，文字异形”[①]，如“马”字当时就有七

① 《说文解字》卷一五上。

种不同的写法。这种状况不仅阻碍了文化的发展和各地人民之间的交流，而且严重影响了中央政令的畅通，统一文字遂成为一项迫切的政治任务。公元前221年，秦始皇接受李斯的建议，发布"书同文"的诏令，规定以秦国小篆作为统一的标准文字，废除与秦文不同者。由李斯、赵高、胡毋敬等人整理文字，分别用小篆字体书写的《仓颉》、《爰历》、《博学》[①]三篇作为文字范本，在原来六国之地推广使用。后来又出现"隶书"。文字的统一，有利于统一的多民族国家的巩固发展，对文化的传播有着积极意义。从此，汉字的结构基本定型。

最后，在交通和地域间的联系上，秦王朝修筑驰道，拆关防，推行郡县制，强制的移民实边等政策在一定程度上打破了地域阻隔，加强了各地的经济文化联系，使得齐鲁等原六国旧地的先进生产方式和发达昌明的经济文化得以传播到南越、巴蜀、西陲、北鄙等地，为全国性商品市场的培育提供了有利条件。

秦王朝一统天下，废封国，设郡县，打破了春秋战国以来长期的诸侯分裂割据的政治局面，推行了统一度量衡、货币、文字的措施，这些举措都为齐鲁地区商品经济的发展在制度上提供了重要的保障。但可惜的是，由于秦王朝的横征暴敛，这些制度举措还未来得及显现成效，盛极一时的秦王朝便在秦末战火中灰飞烟灭了。

二、西汉前期社会经济的恢复、发展与齐鲁商贾的振兴

在秦末战火中崛起的刘邦军事集团最终打败项羽，建立了统一的汉帝国，定都长安，史称西汉。在经历秦王朝的横征暴敛和秦

① 《说文解字》卷一五上。

末农民战争、楚汉战争的破坏后，西汉初年社会经济十分凋敝。《史记·平准书》记载："汉兴，接秦之弊，丈夫从军旅，老弱转粮饷，作业剧而财匮，自天子不能具钧驷，而将相或乘牛车，齐民无藏盖。"恢复生产、发展经济成为新立的汉王朝面临的最紧迫的任务。山东是秦末农民战争的主要战场之一，社会经济遭受破坏的程度尤为严重。从刘邦建国至武帝即位初年大约六十余年的时间里，汉朝统治者始终奉行无为政策，作为治国方略，与民休养生息，减轻赋税剥削，奖励增殖人口，这些立足现实的治国方略举措得当，初见成效。

首先，社会经济的全面恢复。汉高祖、惠帝、吕后、文帝、景帝等汉初几代统治者都着力于恢复农业生产，稳定社会秩序，轻徭薄赋，与民休息，收到了显著成效，成就了西汉历史上的第一个治世时代，即"文景之治"。至武帝时期，西汉社会经济已经得到了全面的恢复，农业生产发展起来。另外，西汉政府招抚流亡、奖励垦荒的政策，促使民户人口快速增长。经济的恢复发展造就了汉帝国的强盛国力。《汉书·食货志上》记载：

至武帝之初七十年间，国家亡事。非遇水旱，则民人给家足，都鄙廪庾尽满，而府库余财。京师之钱，累百钜万，贯朽而不可校。太仓之粟，陈陈相因，充溢露积于外，腐败不可食。众庶街巷有马，仟伯之间成群，乘牸牝者，摈而不得会聚。守闾阎者食粱肉，为吏者长子孙，居官者以为姓号。人人自爱而重犯法，先行谊而黜愧辱焉。于是罔疏而民富，役财骄溢，或至并兼；豪党之徒，以武断于乡曲。宗室有土，公卿大夫以下争于奢侈，室庐车服僭上亡限。物盛而衰，固其变也。

这段文字生动地描绘出一幅国强民富、欣欣向荣的盛世美景，士、农、工、商各阶层乐业安居，相对和平的社会环境与富庶繁荣的社会经济潜移默化地影响着人们的世俗观念。当时的关东齐地凭借优势资源和宽松自由的发展环境，区域社会经济迅速恢复，成为西汉前期最为发达的经济区之一。武帝为王夫人之子刘闳立王时认为："关东之国无大于齐者，齐东负海而城郭大，古时独临菑中十万户，天下膏腴地莫盛于齐者矣。"[①]这从侧面反映出关东齐地的富庶程度和经济发展水平。

其次，工商业的发展状况。西汉时期社会经济的恢复发展为齐鲁工商业的兴盛繁荣奠定了坚实的基础，尤其齐地的富庶更是为西汉前期齐鲁商贾的振兴与地域商品经济的腾飞提供了内在动力。齐鲁之地宜植桑麻，纺织业成为齐鲁经济区的传统产业，发展至西汉时期，无论是生产规模还是技术水平，较秦代都有了长足的进步。《汉书·食货志上》记载："妇人同巷，相从夜绩。女工一月得四十五日。必相从者，所以省费燎火，同巧拙而合习俗也。"说明随着家庭纺织业的兴盛，女工结伴纺织不仅可以节省照明费用，而且方便她们之间的技术交流。汉初还在临淄设立三服官，齐地所在的山东地区成为汉代丝织品的主产地，所谓"织作冰纨绮绣纯丽之物，号为冠带衣履天下"[②]，颜师古曰："天下之人冠带衣履，皆仰齐地。"[③]齐地的丝织品源源不断地输往各地，其中有许多还沿着"丝绸之路"远销境外，齐地成为"丝路"源头之一。[④] 齐地的工商业城市历经秦末战火的浩劫，大多残破疮痍，"天下初定，故大城名都散亡，户口可得而数者十二三，是以大侯不过万家，小者五六百

① 《史记》卷六〇《三王世家》。

② 《汉书》卷二八下《地理志下》。

③ 《汉书》卷二八下《地理志下》。

④ 参见逄振镐《秦汉时期山东纺织手工业的发展》，载《齐鲁学刊》1983 年第 1 期；逄振镐《"丝绸之路"与山东的丝织业："丝路"探源》，载《丝绸史研究》1991 年第 2 期。

户”①。到了西汉时期，经过一个时段的生息休养，这些地方又恢复了往日的繁盛景象，并且城市经济、规模和人口都已胜于前。《盐铁论·力耕》曰：“自京师东西南北，历山川，经郡国，诸殷富大都，无非街衢五通，商贾之所臻，万物之所殖者。”齐地的临淄富冠海内，成为天下名都。当时临淄人主父偃新得武帝恩宠，在向武帝进谏时说：“齐临菑十万户，市租千金，人众殷富，巨于长安。”②由此足见西汉时期齐地临淄的繁盛景象，当时人口众多，工商业发达，户数和商业发达程度都胜于京师长安。

再次，齐鲁商贾势力的重新崛起与发展。西汉前期距离战国时代未远，战国时期蔚为风气的经商热潮，在短秦的残暴统治时期转入低潮，但这一传统依然薪火相传，西汉立国后，相对宽松稳定的政治环境和社会经济的恢复发展为商贾势力的抬头创造了条件。班固在《汉书·食货志上》中指出了汉初商品贸易活动频繁，在社会生活中影响很大，所谓“时民近战国，皆背本去末”。尤其是在经济富庶、有着重商传统的齐地，商业经营活动更是很快恢复发展起来，齐鲁商贾重新崛起，并成为一支活跃的社会力量。

《史记·货殖列传》记述了西汉初年齐地富商刁间的事迹：

> 齐俗贱奴虏，而刁间独爱贵之。桀黠奴，人之所患也，唯刁间收取，使之逐渔盐商贾之利，或连车骑，交守相，然愈益任之。终得其力，起富数千万。故曰“宁爵毋刁”，言其能使豪奴自饶而尽其力。

齐地刁间有着过人的商业智慧，敢于挑选出桀骜不驯却精明强干的人才，委派他们交通守相、结附权贵，谋求商业利益，刁间因得到

① 《史记》卷一八《高祖功臣侯年表》。

② 《史记》卷五二《齐悼惠王世家》。

他们的帮助而致富,拥有数千万的巨额财产。

此外,经营铁业,兼营贳贷、贩运的鲁国大商人曹邴氏,由于经营有方,积累起巨万资财,也是西汉前期齐鲁商贾的典型。

> 鲁人俗俭啬,而曹邴氏尤甚,以铁冶起,富至巨万。然家自父兄子孙约,俯有拾,仰有取,贳贷行贾遍郡国。邹、鲁以其故多去文学而趋利者,以曹邴氏也。[①]

在他的影响下,邹、鲁之地的许多文学之士纷纷效仿,趋利营商,兴起了从商务贾的经营热潮;一向以农立国的鲁国,在这种社会风气的熏陶下,转而"好贾趋利,甚于周人"。

除此之外,原山东境内的诸田势力在汉初被迁往关中各地,他们逐渐发展为关中资财雄厚、颇具影响的大商人,《汉书·地理志下》记载:"汉兴,立都长安,徙齐诸田,楚昭、屈、景及诸功臣家于长陵。后世世徙吏二千石、高訾富人及豪桀并兼之家于诸陵。盖亦以强干弱枝,非独为奉山园也。是故五方杂厝,风俗不纯。其世家则好礼文,富人则商贾为利,豪桀则游侠通奸。"他们虽然被迫离开了世代谨守的故齐旧地,但在新的环境中,能够较快地适应,并利用关中优越的地理条件肆力货殖,终亦富甲一方。故《史记·货殖列传》曰:"关中富商大贾,大抵尽诸田,田啬、田兰。"

汉初虽然在经济上短暂推行了"重租税以困辱之"[②]的抑商政策,但至惠帝吕后之时,随着社会秩序的恢复稳定,即"复弛商贾之律"[③],工商业迅速发展起来。文帝十二年,"除关无用传",放任商贾自由往来于各地。商品经济在文景时期有了迅猛发展,出现了

① 《史记》卷一二九《货殖列传》。
② 《史记》卷三〇《平准书》。
③ 《史记》卷三〇《平准书》。

"今法律贱商人,商人已富贵矣;尊农夫,农夫已贫贱矣"①的局面。农、商业的比例严重失衡,尤其是各地诸侯辖区的商品经济向纵深发展,成为瓦解专制政权的最活跃因素,成为地方诸侯对中央政权形成离心对立倾向的重要诱因之一。"七国之乱"的爆发以极端的方式警醒了当朝统治者,粉碎了汉代君主希图放任自由、无为而治的不合时宜的幻想。在初平七国之乱后,景帝就"复置诸关用传出入"②,并向商人征税,每万钱征一算即一百二十七钱。武帝即位后,"外事四夷,内兴功利",庞大的军政开支和穷奢极欲的生活作风耗费了巨额财富,使得"大农陈藏钱经耗,赋税既竭,犹不足以奉战士"③。面对日益严重的财政危机,汉武帝强力推行了一场声势浩大的经济改革。

三、西汉武帝推行的经济改革对齐鲁商贾的影响

武帝针对国家财政危机,断然推行了一系列经济改革措施,掀起了国家对商品经济领域的整顿风暴。这场风暴全面冲击到商贾势力的发展。齐鲁商贾在这样的背景下悲喜交错,风雨沉浮。

一方面,部分齐鲁大商人凭借其经济实力和营商经验,跻身官宦之列。他们在这场整顿风暴中不仅未受到冲击,反倒成为武帝时期执掌财政大权的兴利之臣,他们在国家政权的羽翼庇护下,继续谋求高额的商业利润。如元狩四年(公元前 119 年):

以东郭咸阳、孔仅为大农丞,领盐铁事;桑弘羊以计算用事,侍中。咸阳,齐之大煮盐,孔仅,南阳大冶,皆致生累千金,故郑当时进言之。弘羊,洛阳贾人子,以心计,年十

① 《汉书》卷二四上《食货志上》。

② 《汉书》卷五《景帝纪》。

③ 《史记》卷三〇《平准书》。

三侍中。故三人言利事析秋毫矣。[①]

大农丞东郭咸阳是齐人,他并非通晓经术的贤良文学之士,而是善于理财、资累千金的大盐商。他和孔仅一起向武帝提请了盐铁官营的方案,得到了武帝的批准采纳,“使孔仅、东郭咸阳乘传举行天下盐铁,作官府,除故盐铁家富者为吏。吏道益杂不选,而多贾人矣”[②]。齐鲁之地是盐铁的重要产地之一,汉政权在此设立了多处盐铁官,据《汉书·地理志》记载,武帝于元狩四年在全国置铁官达 49 处,这些铁官的分布,以今日政区而言,山东即占 12 处。[③] 盐官设置的具体地点,史无明记,齐国作为东方海盐的主产地,盐官设置必不在少数,因此颇有一批齐鲁盐铁富商成为盐铁官。这些盐铁官可以在特权保护下继续谋求高额的商业利润,“今弘羊令吏坐市列肆,贩物求利”[④],同时也为国库带来了滚滚财富。

图 1-5 莱州市出土的汉代右主盐官铜印印文(采自赖非主编《山东新出土古玺印》,齐鲁书社 1998 年版,第 21 页)

另一方面,大多数的中上层齐鲁富商大贾受到西汉政权的严厉打击,在这场整顿风暴中遭到了灭顶之灾。武帝垄断盐、铁、酒的生产和销售,对于盛产盐铁的齐鲁之地而言,由此堵塞了多数齐

① 《史记》卷三〇《平准书》。

② 《史记》卷三〇《平准书》。

③ 参见薛亚玲《中国历代冶铁生产的分布及其变迁述论》,载《殷都学刊》2001 年第 2 期。

④ 《史记》卷三〇《平准书》。

鲁盐铁商人致富获利的途径。不仅如此，汉武帝还推行均输、平准政策，由国家调输货物、平抑物价，节制市场，使得许多依靠长途贩运和转输商品牟利的齐鲁富商大贾的利益受损。武帝还颁行了“算缗”和“告缗”。“算缗”是对商人征收各种财产税，规定“诸贾人末作贳贷卖买，居邑稽诸物，及商以取利者，虽无市籍，各以其物自占，率缗钱二千而一算”[①]。商人的车船等物资也按相应的标准征税，造成“船有算，商者少，物贵”[②]的状况，这些比景帝时期的税商额度高出数倍。尤其严厉的是“告缗”，它鼓励检举那些财产呈报不实的商人，对于查实有隐报财产的，处罚没收这些商人的全部财产，并以其一半奖给检举者，由此“告缗”之风大行全国，使得“中家以上大抵皆遇告”[③]，中央政府还任用酷吏严厉推行这种政策，这使得中等以上的商贾家庭财产遭到大肆侵夺，“于是商贾中家以上大率破”[④]。齐鲁商贾也难逃此劫，许多人因此破产。此外《汉书·武帝纪》记天汉元年（公元前100年）秋，“闭城门大搜”，臣瓒注曰：“七月闭城门大搜，则搜索逾侈者也。”西汉政权通过这种强权专制性的措施大肆掠夺了一部分富商大贾的财产。

由上可见，武帝以刚猛手段推行的这场经济改革风暴，是希望借力打垮匈奴，成就一番宏图霸业，但改革中付出的很大一部分代价却是由商人来买单。《盐铁论·非鞅》曰：“利不从天来，不从地出，一取之民间。”在这里，“民”实际上主要指商人。对商人严厉的打压政策，一方面为武帝筹措了数以亿计的财物，使汉政权度过了因战争虚耗引起的财政危机；另一方面使得农商发展在封建制

① 《史记》卷三〇《平准书》。
② 《史记》卷三〇《平准书》。
③ 《汉书》卷二四下《食货志下》。
④ 《史记》卷三〇《平准书》。

生产关系的体制下趋于相对的平衡，也在一定程度上调整了国家经济与民间商业之间相互“争利”的紧张局面，沉重打击了“财或累万金，而不佐国家之急”[①]的富商大贾的势力。此外还暂时调节了官商与私商的消长关系，扶植官商，遏制了汉初以来民间商贾的肆意发展，引发了西汉中期以后齐鲁商贾的发展转型。

四、西汉中后期齐鲁商品经济的发展状况

告缗的推行，不仅沉重打击了商贾势力，而且其倡行的相互告讦揭发极易造成社会伦理的沉沦。正是由于其严重的破坏性，实行不久即废止。晚年的武帝，深刻认识到连年战争对社会造成的巨大创伤，而“悔征伐之事，乃封丞相为富民侯”[②]。与民休息，竭力恢复发展农业生产，下《轮台罪己诏》宣布“当今务在禁苛暴，止擅赋，力本农”[③]。经历了腥风血雨般的“告缗”风波之后，商贾生存的境地逐渐缓和。武帝以后的西汉中后期，社会经济继续向前发展，史称：

> 至昭帝时，流民稍还，田野益辟，颇有蓄积。宣帝即位，用吏多选贤良，百姓安土，岁数丰穰，谷至石五钱，农人少利。[④]

昭帝宣帝时期，安抚流民，稳定农业生产；元帝时，间遇水旱灾害，也能做到“转谷振贷穷乏”，“成帝时，天下亡兵革之事，号为安乐，然俗奢侈，不以蓄聚为意”[⑤]。至汉哀帝时期，西汉人口规模达到鼎盛。西汉中后期的社会稳定为齐鲁经济区的进一步发展创造了有

① 《史记》卷三〇《平准书》。
② 《汉书》卷二四上《食货志上》。
③ 《汉书》卷九六下《西域传下》。
④ 《汉书》卷二四上《食货志上》。
⑤ 《汉书》卷二四上《食货志上》。

利的环境。

但这一时期,齐鲁商品经济发展整体上呈现出官营商业抬升与垄断经营加强的态势。自昭帝后直至西汉灭亡,盐铁仍然为官府所经营垄断,“笼天下盐铁之利,以排富商大贾”①。这使得齐鲁传统的盐铁优势产业为官府所独占,普通的齐鲁商贾无缘插足经营,使得原来自由经营的齐鲁盐铁商之势力迅速萎缩。公元前81年秋七月,“罢榷酤官,令民得以律占租,卖酒升四钱”②,酒的专卖虽然废除了,改官营为民营,但明确限定酒价为每升四钱,且须按律向官府纳税,酒遂成为民间商业经营的重要项目,但利润空间也受到压制。此后著于史籍的西汉中后期的齐鲁大商贾仅有成、哀时期的临淄富商姓伟,《汉书·货殖传》曰:“至成、哀间,临淄姓伟訾五千万。”可见民间商贾的衰落走势。

西汉中后期,齐鲁乡村工商业和各种乡村副业遭受的官营冲击相对较小,作为小农经济的重要补充,其发展继续呈现出初兴局面。早在西汉初年,齐地淄川国薛县人公孙弘,少时曾从事商业经营活动,“家贫,牧豕海上”③。《盐铁论·散不足》云:“一豕之肉,得中年之收。”可见汉人养猪能获得比较丰厚的收益,是家庭副业的重要项目。宣帝时,龚遂为渤海太守,“见齐俗奢侈,好末技,不田作,乃躬率以俭约,劝民务农桑,令口种一树榆、百本薤、五十本葱、一畦韭,家二母彘、五鸡。民有带持刀剑者,使卖剑买牛,卖刀买犊,曰:‘何为带牛佩犊!’春夏不得不趋田亩,秋冬课收敛,益蓄果实菱芡。劳来循行,郡中皆有蓄积,吏民皆富实”④。这里同样

① 《盐铁论》卷三《轻重》。
② 《汉书》卷七《昭帝纪》。
③ 《史记》卷一一二《公孙弘传》。
④ 《汉书》卷八九《龚遂传》。

是在鼓励乡民经营各种副业,以殖货利。《盐铁论·本议》记载:“间者,郡国或令民作布絮,吏恣留难,与之为市。吏之所入,非独齐、阿之缣,蜀、汉之布也,亦民间之所为耳。”说明山东广大乡村的家庭纺织业生产的丝织品十分畅销,成为官府采买的重要商品。

西汉时期乡村借贷业兴盛不衰,齐鲁商贾或豪富地主利用手中的资财大肆放贷,不仅向城市中的各阶层借贷,而且还深入渗透到广大乡村。《汉书·货殖传》在描述农村高利贷状况时记载:“其余郡国富民兼业颛利,以货赂自行,取重于乡里者,不可胜数。”齐鲁商贾富豪的放贷取息活动,一方面为他们带来了丰厚的利润,其贷息较高,并且债权人的权利受到西汉政府的保护。① 另一方面,许多债务人(多数为贫穷的小自耕农)由于无力偿还,纷纷破产,“卖田宅、鬻子孙以偿债”②的现象不绝如缕,由此加速了土地兼并的过程和脆弱的小农经济的破产。

西汉末年,自然灾害频繁发生,一方面,由于吏治腐败,疏于水利工程的建设;另一方面,武帝时期在西北地区推行军事性的大量屯垦造成了严重的水土流失,使得黄河下游灾害频发,其中山东尤剧。这给齐鲁地区社会经济的发展造成了严重的破坏,大量的自耕农沦为流民或豪强地主的依附农。齐鲁富商大贾凭借其经济上的优势,乘机大肆兼并土地,由此社会危机更趋严峻,阶级矛盾日益激化。哀帝后,外戚王莽逐渐得势,在地主官僚的拥护下,最终代汉建立了新莽政权。

① 参见《汉书》卷一五《王子侯表》。
② 《汉书》卷二四上《食货志上》。

五、新莽政权与东汉齐鲁商贾的发展演变

从王莽居摄即真至新莽政权覆灭，仅有短暂的十几年，在此期间他效仿周代古制，推行了一系列改革，试图摆脱和解决自西汉末年以来日益严峻的社会危机，以巩固新立的政权。这一系列的改革措施很多涉及经济领域，它们对商品经济的发展和齐鲁商贾的命运起到了至关重要的作用。

（一）王莽改制与齐鲁商贾的命运

王莽代汉以后，着力推行了一系列改制举措，希图解决汉末以来的严重社会危机，其中影响商业发展的举措主要是他的经济改革措施，主要有以下几个方面：

首先，在货币改革方面，他反复多次更改币制。第一次，王莽居摄二年（公元 7 年）开始“更造大钱，径寸二分，重十二铢，文曰‘大钱五十’。又造契刀、错刀。契刀……文曰‘契刀五百’；错刀……曰‘一刀值五千’。与五铢钱凡四品，并行”。第二次，始建国元年（公元 9 年）罢“错刀”、“契刀”及“五铢”钱而更制“宝货”，即金、银、龟、贝、钱、布之品。其中，银货可细分为二品，龟宝可分为四品，贝货有五品，钱货有六品，布货有十品，再加上黄金，凡宝货共计有二十八品。第三次，始建国二年（公元 10 年），因为“宝货制”钱制繁杂，价值参差，难于行用，引起“百姓愦乱，其货不行”[①]，不久罢龟、贝、布等品，但行大、小钱。第四次，天凤元年（公元 14 年）王莽“复申下金、银、龟、贝之货，颇增减其贾直”[②]，罢大、小钱，改作“货布”、“货泉”。可见，币制改革几乎贯穿新莽政权之始终。

① 《汉书》卷二四下《食货志下》。

② 《汉书》卷二四下《食货志下》。

其次，在土地制度和奴婢买卖方面，于始建国元年（公元9年）颁布诏令，历数汉朝社会土地兼并的弊病，宣布推行“王田”、“私属”制，将天下田更名为“王田”，属于朝廷所有，不得自由买卖；奴仆改叫“私属”，也不得自由买卖；并仿效西周古法，希图在全国推行“井田制”：规定一家男子不满八人，占有土地超过一井（900亩）的，多余的田分给无地或少地的农民；无地的农民一夫一妻者按律可分得一百亩田。

再次，在工商经济管理方面，为限制商人对农民的兼并盘剥和增加国家税收，推行“五均”“六筦”制度。所谓“六筦”是指对六种经济活动实行管制，包括对盐、铁、酒实行专卖，政府铸钱，对名山大泽出产征税以及办理五均赊贷业务。当时实行“五均”的六个城市，称为“五均市”，分别指长安（今陕西西安西北）、洛阳（今河南洛阳东）、邯郸（今河北邯郸）、临淄（今山东淄博东）、宛（今河南南阳）、成都（今四川成都）。在这些城市设立五均司市师，下设交易丞五人，钱府丞一人，负责管理市场和征收工商各业税收。

王莽“好空言，慕古法”，其托古改制虽然触及了当时社会的重大问题，然而结果还是失败了，它不仅没有挽救社会危机，反而雪上加霜，进一步激化了社会矛盾，尤其对当时的社会经济和工商各业造成了严重的破坏。反复无常的货币改革违反经济规律，严重扰乱了当时的市场贸易和正常的社会生活秩序，使得通货膨胀，物价混乱，民生艰难，所谓“每壹易钱，民用破业，而大陷刑”①，以致“农商失业，食货俱废，民人涕泣于市道”②，造成了百业萧条的局面。齐鲁商贾在这样的社会环境下，其命运也是举步维艰。齐地

① 《汉书》卷二四下《食货志下》。

② 《汉书》卷九九中《王莽传中》。

本是富庶之地，而临淄工商业比较发达，王莽推行“五均”“六筦”，临淄便成为全国实行五均的六个城市之一。虽然“五均”“六筦”的出发点是希图限制商人对农民的苛敛盘剥，制止高利贷者牟取暴利的行为，以调整社会各阶层的经济关系，现实中却钳制了市场，对工商诸业的国家经营垄断，严重束缚了齐鲁商贾的手脚，使得他们难以自由营商。天凤五年（公元18年）费兴任荆州牧，朝见时，王莽问其到任的治理策略，费兴回答说：“间者，国张六筦，税山泽，妨夺民之利，连年久旱，百姓饥穷，故为盗贼。”①费兴所分析的原因同样适合于山东地区。森严的经济管制，沉重的赀税负担②，苛繁的禁令例律③，频发的自然灾害④，使得山东地区的社会经济遭受重创，社会矛盾迅速激化，齐鲁商贾也困顿穷乏，难以为继，而“明学男张邯、地理侯孙阳，造井田，使民弃土业；羲和鲁匡，设六筦，以穷工商”⑤。国家推行的错误改制举措严重挫伤了齐鲁工商业的发展势头。

同时却有少数齐鲁富商乘机与官吏勾结，巧取豪夺。《汉书·食货志下》曰：“羲和置命士督五均六斡，郡有数人，皆用富贾。洛

① 《汉书》卷九九下《王莽传下》。

② 《汉书》卷九九下《王莽传下》称“一切税天下吏民，訾（赀）三十取一”，财产税的征收远远高出西汉常制。

③ 《汉书》卷九九下《王莽传下》称“每一筦下，为设科条防禁，犯者罪至死，吏民抵罪者浸众”，使得人民摇手触禁。

④ 这一时期的自然灾害主要表现为水、旱、虫蝗等灾。如《汉书·王莽传》记载始建国三年（公元11年）“濒河郡蝗生。河决魏郡，泛清河以东数郡”。天凤元年（公元14年）“四月，陨霜，杀草木，海濒尤甚”。天凤三年（公元16年）“地震，大雨雪，关东尤甚”。天凤六年（公元19年）“关东饥旱数年”。地皇二年（公元21年）“秋，陨霜杀菽，关东大饥，蝗”。王莽自己也承认“惟即位以来，阴阳未和，风雨不时，数遇枯旱蝗螟为灾，谷稼鲜耗，百姓苦饥”。

⑤ 《汉书》卷九九下《王莽传下》。

阳薛子仲、张长叔、临菑姓伟等，乘传求利，交错天下。因与郡县通奸，多张空簿，府臧不实，百姓俞病。”五均官多任用富商，为这些富商谋求私利大开了方便之门，前述的临淄富商姓伟也摇身一变成为声名显赫的五均官，他们不仅没有忠于职守、按律管理好“五均”“六筦”事宜，反而把这种管理权力作为盘剥百姓的手段，竭尽敲诈勒索之能事，与地方官吏狼狈为奸，设立假账，侵吞国家财税，乘机搜刮人民。这些措施的本意是希望通过限制大工商业者的暴利行为，使国家与百姓获利，结果反倒成了摧残与勒索人民的酷政，造成了“百姓愈困”、“众庶各不安生”①的严重后果，大大激化了社会矛盾。天凤元年(公元14年)山东琅琊人吕母首先起义，揭开了王莽末年山东农民大起义的序幕。此后四年，琅琊人樊崇聚众起事，领导赤眉军转战各地，与南方的绿林军一起颠覆了新莽政权。王莽借改制之机篡汉称帝，又因改制失败而身灭国绝。齐鲁商贾在这样的重重桎梏之下惨淡经营。

绿林赤眉大起义以摧枯拉朽之势迅速覆灭了新莽政权，汉宗室刘秀利用地主武装，以复兴汉室为旗帜，乘机窃取农民战争的胜利果实，建立起东汉政权。在王莽末年战争频仍、饥荒连年的浩劫之下，山东地区的社会经济遭到严重破坏，“人庶相食，兵所屠灭，城邑丘墟”②。在硝烟战火中建立新政权的光武帝刘秀“长于民间，颇达情伪，见稼穑艰难，百姓病害。至天下已定，务用安静，解王莽之繁密，还汉世之轻法”③。他深刻认识到民众的巨大力量，稳定政权以后，着手调整社会经济，积极恢复发展农业生产。山东地区的大量流民得到了妥善安置，社会秩序渐趋安定，齐鲁社会经济

① 《汉书》卷二四下《食货志下》。
② 《后汉书》卷一三《公孙述传》。
③ 《后汉书》卷七六《循吏传》。

也相应地恢复生机并活跃起来。

（二）东汉时期齐鲁商贾的发展变化

1. 山东农业经济的恢复与发展

东汉前期山东农业经济逐渐恢复并有所发展。光武帝建国伊始，就着手解决奴婢问题，先后七次下诏释放奴婢和囚徒，恢复其编户齐民的身份，这为关东农业区生产的恢复增加了社会劳动力，同时还采取一系列赈贷贫民的举措，为小农经济的振兴发挥了积极作用。明帝永平十二年（公元69年）夏，东汉政府派著名的水利工程专家王景、王吴率领数十万士卒，对黄河进行修整治理。史载：

> 修渠筑堤，自荥阳东至千乘海口千余里。景乃商度地势，凿山阜，破砥绩，直截沟涧，防遏冲要，疏决壅积，十里立一水门，令更相洄注，无复溃漏之患。[1]

经过这次对黄河的综合治理，再加上黄河中游和河套地区变农为牧，移民屯垦相对减少，大大改善了这一地区的植被和水土流失状况，这对于处于黄河下游的全国重要的农业区山东而言，无疑具有十分重要的意义，它遏制了自西汉末年以来山东地区频发的水涝灾害，为农业生产的稳定和发展提供了保障。东汉时期农业经济的发展，不同于西汉，自耕农的农业经济往往在豪宗强族的兼并蚕食之下难以为继，东汉农业经济以豪强地主的田庄经济形态为主要模式继续发展。作为关东重要农业区的山东境内也是如此。东海相鲍永“坐度田事不实，被征，诸郡守多下狱”[2]；琅琊太守李章“坐度人田不实征，以章有功，但司寇论”[3]。接着青、徐两州也因

---

① 《后汉书》卷七六《循吏传》。

② 《后汉书》卷二九《鲍永传》。

③ 《后汉书》卷七七《酷吏传》。

度田发生骚动。度田失败和州民骚动反映出整个山东地区豪民势力的强大和田庄经济生产模式占据主要地位的现实。

2. 山东工商业的发展状况

随着山东农业生产的恢复发展，齐鲁工商业也逐渐活跃起来。王充在《论衡·程材》中提到“齐部(郡)世刺绣，恒女无不能”。东汉时齐锦依然驰名中外，通过“丝绸之路”远销各地。东汉明帝时曾实行“禁民二业”的政策——商者不农、农者不商，防止农民从事商业活动以妨碍农业生产。后屯骑校尉刘般向明帝上书请求解除“禁民二业”的诏令，认为“夫渔猎之利，为田除害，有助谷食，无关二业也”①。明帝采纳了他的建议。“禁民二业”诏令遂废除。这不仅有利于各种家庭副业的发展，对自耕农经济起到了有益的补充作用，而且使得农人能在农闲时期从事一定的小商品经营活动，丰富繁荣了东汉农村的集贸市场，齐鲁乡村集贸市场由此获益良多。

东汉时期造纸术得到了较大的改进。《后汉书·蔡伦传》云：“永元九年，监作秘剑及诸器械，莫不精工坚密，为后世法。自古书契多编以竹简，其用缣帛者谓之为纸。缣贵而简重，并不便于人。伦乃造意，用树肤、麻头及敝布、鱼网以为纸。元兴元年(公元105年)奏上之。帝善其能，自是莫不从用焉，故天下咸称‘蔡侯纸’。”约在蔡伦死后八十年，即东汉末年献帝时，又出了一位造纸能手，名叫左伯，他是今山东莱州人。唐代著名书法理论家张怀瓘著有《书断》，说道：“左伯字子邑，东莱人……汉兴，用纸代简，至和帝时蔡伦工为之，而子邑尤得其妙。”②他在蔡伦的基础上，进一步改

① 《后汉书》卷三九《刘般传》。

② 张怀瓘《书断》卷下，载上海书画出版社、华东师范大学古籍整理研究室选编、校点《历代书法论文选》，上海书画出版社1979年版，第195页。

良造纸方法，造出的纸厚薄均匀，质地细密，色泽鲜明，时人盛赞"子邑之纸，妍妙辉光"[①]。造纸术的改进，使得文书簿籍的书写由竹简木牍得以改为纸张，不仅节省开支、便于书写，而且携带便利，逐渐为人们所接受，从而为商人赢得了新的商机。东汉，造纸业成为新兴的手工业。由于官府并未垄断经营，而造纸原料以树皮、麻头、破布、旧渔网为主，这些原料易得，齐鲁商贾当有从事者。

东汉齐鲁地区乡村商业贸易活动比较频繁。王充《论衡·诘术》称"民间之宅，与乡、亭比屋相属，接界相连"。《汉书·百官表》载："大率十里一亭，十亭一乡。"民间的乡、亭周围比较容易形成乡村集市。《金石萃编》卷一三收录了立于灵帝建宁二年（公元169年）的《史晨飨孔庙后碑》，其中记载："史君念孔渎、颜母井去市辽远，百姓酤买，不能得香酒美肉，于昌平亭下立会市，因彼左右，咸所愿乐。"昌平在今山东曲阜东南。乡、里之市的形成展现了齐鲁乡村商品经济的发展状况，其所经营的商品多为切合乡民实际需要的生产生活用品。民间乡村集市贸易为乡民的日常生活带来了极大便利。乡村潜在的市场需求吸引了一批中小商品经营者。根据黄今言先生的推测，汉代乡市有6622个，里市（聚市）66220个。东汉的乡市3682个，里市36820个。[②] 乡村大田庄主还雇佣一批身份相对自由的贫困或少地失地的自耕农，同他们建立起类似于劳动力商品买卖的关系，此外还有许多因借贷而发生的以佣作偿贷的劳动关系。如承宫，东汉琅琊姑幕（今诸城）人，少时为人牧豕；大经学家郑玄，今山东高密人，曾客耕东莱。两汉时期

① 张怀瓘《书断》卷下，载上海书画出版社、华东师范大学古籍整理研究室选编、校点《历代书法论文选》，上海书画出版社1979年版，第195页。

② 参见黄今言《论秦汉商品市场发育水平的几个问题》，载《中国经济史研究》2003年第3期。

高利贷的经营活动十分盛行,我们熟知的民间传说中的董永,是汉代千乘(今属山东博兴)人,“父亡,无以葬,乃自卖为奴,以供丧事。主人知其贤,与钱一万,遣之”[①]。这则传说故事反映出东汉时期乡间的借贷状况。齐鲁商贾颇有从事借贷业者。东汉初年桓谭指陈时政,“今富商大贾,多放钱货,中家弟子为之保役,趋走与臣仆等勤,收税与封君比入,是以众人慕效,不耕而食”[②]。富商大贾将手中资财从事高利贷经营,以谋求高额收益,“中家弟子”也卷入其中,这种放贷风潮影响甚巨,乡村地主和富裕农户纷纷仿效,盘剥乡民,他们成为东汉的寄食阶层。

3. 东汉地方豪强的土地兼并对齐鲁商贾的影响

东汉时期,由于豪强地主大土地所有制的发展,山东地区的自耕农占有的土地逐渐被蚕食兼并,东汉和帝以后尤甚。当时外戚宦官执掌权柄,吏治腐败,政治黑暗,东汉政府已经无力控制国民经济的发展方向和秩序,郡国州县兼并盛行,齐鲁大地上演着一幕幕惨剧。光武帝建国初年,曾胙土分王。受封于山东境内的有琅琊孝王京和济南安王康,他们穷奢极欲、好兼并。琅琊孝王京“好修宫室,穷极伎巧,殿馆壁带皆饰以金银”[③]。济南安王康,“肃宗复还所削地,康遂多殖财货,大修宫室,奴婢至千四百人,厩马千二百匹,私田八百顷,奢侈恣欲,游观无节”[④]。汉末党人领袖之一的苑康曾出任太山太守,“郡内豪姓多不法……夺人田宅”[⑤]。东汉桓帝朝宦官侯览(今属山东单县人)“贪侈奢纵,前后请夺人宅三

① 干宝《搜神记》卷一。
② 《后汉书》卷二八上《桓谭传》。
③ 《后汉书》卷四二《琅邪孝王京传》。
④ 《后汉书》卷四二《济南安王康传》。
⑤ 《后汉书》卷六七《苑康传》。

百八十一所,田百一十八顷”[①]。小黄门段珪“家在济阴,与览并立田业,近济北界,仆从宾客侵犯百姓,劫掠行旅”[②]。地方豪门大族掀起的这种兼并风潮对东汉齐鲁商贾的发展产生了重要影响。

一方面是齐鲁境内的贵族豪强与富商地主利用手中的特权或经济优势肆意兼并,进行庄园化的货殖生产活动。他们在田庄之内以农业生产为主,并进行多元化经营,种植各种经济类作物、从事多种家庭副业经营。成书于东汉末年的《四民月令》比较典型地反映出东汉田庄的经营状况,齐鲁大田庄主的生产经营活动也大致如此。这里的“四民”即士、农、工、商。记载了该书对商业经营活动的安排,其中既有农产品的商业化经营活动,又有各种纺织品的生产贸易活动,甚至还进行酿造鬻贩活动(该书作者崔寔本人就曾“以酤酿鬻贩为业”)。地主商人化的倾向尤为明显。西晋江统曰:“秦汉以来,风俗转薄,公侯之尊,莫不殖园圃之田,而收市井之利,渐冉相放(仿),莫以为耻。”[③]《后汉书·张楷传》也记载:“车马填街,徒从无所止,黄门及贵戚之家,皆起舍巷次,以候过客往来之利。”说明贵族豪强经营田庄、兼营商业的现象已经蔚然成风。山阳高平(治今山东邹城西南)人仲长统在《昌言·理乱》中说:“汉兴以来,相与同为编户齐民,而以财力相君长者,世无数焉。……豪人之室,连栋数百,膏田满野,奴婢千群,徒附万计。船车贾贩,周于四方;废居积贮,满于都城。”并对其奢侈程度作了如下的描述:

琦赂宝货,巨室不能容。马牛羊豕,山谷不能受。妖童美妾,填乎绮室。倡讴(伎)乐,列乎深堂。宾客待见而不敢去,

① 《后汉书》卷七八《侯览传》。
② 《后汉书》卷七八《侯览传》。
③ 《晋书》卷五六《江统传》。

车骑交错而不敢进。三牲之肉,臭而不可食。清醇之酎,败而不可饮。睇盼则人从其目之所视,喜怒则人随其心之所虑。此皆公侯之广乐,君长之厚实也。①

仲长统不吝笔墨描述了大田庄主的生活画面:他们广占良田川泽,隐匿大量的原属国家编户的人口,生活奢侈,富拟王侯,并且从事大宗的商品贸易活动。大田庄遂成为农工商相结合的经济实体。

另一方面,兼并风行导致流民大量涌现,山东境内许多破产的自耕农被迫加入到商贾行列,游食四方,从事一些坐列贩卖的经营活动,以维持生计,使得商贾的人数激增。崔寔在《政论》中说:"今青、徐、兖、冀,人稠土狭,不足相供。"导致"人稠土狭"的原因,固然是由于人口的自然增长超过垦地面积的增加而出现了土地供应紧张的局面,更重要的原因是豪强地主的兼并导致大量的失地农出现,山东成为这一现象的重灾区。两汉时期的自耕农田租负担并不算沉重,但国家租税征收的相对优惠政策并没有给自耕农带来多少实际益处,国家让渡的利益实际上为豪强地主所窃取了。东汉末年的荀悦针砭时弊,说:

古者什一而税,以为天下之中正也。今汉民或百一而税,可谓鲜矣。然豪强富人占田逾侈,输其赋太半。官收百一之税,民收太半之赋。官家之惠优于三代,豪强之暴酷于亡秦。是上惠不通,威福分于豪强也。②

东汉时期,从事商业经营活动的人数十分庞大,王符在《潜夫论·浮侈》中云:"今举世舍农桑,趋商贾,牛马车舆,填塞道路,游手为巧,充盈都邑。治本者少,浮食者众,'商邑翼翼,四方是极。'……

① 《后汉书》卷四九《仲长统传》。

② 荀悦《前汉纪》卷八《文帝纪下》。

天下百郡千县，市邑万数，类皆如此。”[1]这里描绘的商业繁盛景象，堪比西汉前期“天下熙熙，皆为利来；天下攘攘，皆为利往”的局势，一定程度上反映出东汉时期商品经济的发展态势。《后汉书·和帝纪》记载：“诏流民所过郡国皆实禀之，其有贩卖者勿出租税。”这说明在庞大的流民群体中确实有不少从事商业活动者。但对于广大中小齐鲁商贾来说，他们的商业经营活动受到诸多限制，难以发展壮大，多数是在封建田庄地主和豪商大贾的双重压制下艰难生存。如《后汉书·灵帝纪》记载：“初置騄骥厩丞，领受郡国调马，豪右辜榷，马一匹至二百万。”这说明豪商大贾操纵市场物价，使得中小商贩根本无力染指。

上述东汉齐鲁工商业的情况能大略地反映出东汉一朝商业发展的基本态势：既有资财巨万的豪商大贾，又有人数庞大的广大中小商贾群体，他们共同促成了东汉时代商业的繁盛景象。究其原因，主要是东汉政府对商业活动采取较为宽容的政策，如光武帝平息度田风波后，表示“吾理天下，亦欲以柔道行之”[2]，申明今后无为而治、与民休息的方针。明帝废除“禁民二业”的政策。章帝时也“务休力役”，此后诸帝也都未推行高强度的打压工商的措施。这为齐鲁工商业恢复发展提供了有利的社会环境。另外东汉政权一系列的工商管理政策有利于商品经济的恢复与发展：东汉建国以后，废止了均输官营商业活动，为民间释放出巨大的商业空间；另外东汉政权立国之初虽间或施行盐铁专营[3]，但到和帝时，正式罢盐铁之禁，纵民煮铸，其设立的盐铁官主要负责征税而已，关于沽酒的禁令，和帝、顺帝、桓帝都曾推行过，但管制不力，民间酿制

① 《后汉书》卷四九《王符传》。

② 《后汉书》卷一下《光武帝纪下》。

③ 东汉时期的盐铁政策，可参见《文献通考》卷五《征榷考二》。

和私营活动依然盛行。这些工商政策为东汉商业的发展推波助澜。

4. 两汉齐鲁商业发展的比较

比起西汉以前的商贾发展状况，东汉商贾的发展属于表层上的虚假繁荣。[①] 东汉一朝，虽然从事商业活动的大小商贾数目远胜于前，商品经济的质量却是在低层面上徘徊，主要有以下三个方面的表现：

其一，与西汉的货币流通量比较，东汉的货币经济呈现衰落之势。无论是贵金属，还是各种铸币，用量比西汉时期大大减少。西汉时期的史料记载多见黄金等贵金属的用量甚巨，皇帝常以大量黄金赐赏臣下和外域诸国。铸币铜钱的用量同样十分惊人，《西汉会要》卷五三《食货四》记载从武帝元狩五年（公元前 118 年）至平帝元始中（公元 1～5 年），计成钱二百八十亿万余。赐钱数目十分庞大，甚至一次达百万之巨。如《汉书·昭帝纪》记载公元 86 年八月，"齐孝王孙刘泽谋反，欲杀青州刺史隽不疑，发觉，皆伏诛。迁不疑为京兆尹，赐钱百万"。东汉时期，如此大量的黄金或铸币用以作为赏赐则难见于记载。尤其是到了东汉中后期，外戚宦官交替专权，政治腐败，流民日多，豪强地主荫庇大量人口，国家税源日益枯竭，出现"府帑空竭"的局面，加上军阀混战，货币经济加速衰落，《后汉书·朱晖传》记载东汉章帝诏行"布帛为租"的政策，可见货币经济衰退之象。赋税征收和商品交换直接采取实物征收或物物交换方式，进一步淡化了货币的功能。

其二，这一时期齐鲁的职业商贾见诸记载的也不多见，职业商

① 这一点已有学者作过评论，参见冷鹏飞《中国秦汉经济史》，人民出版社 1994 年版，第 196～202 页。

人的式微是东汉商品经济衰落的又一大表征。权贵豪门依势凌人、鱼肉百姓,职业商人难以自由发展。《后汉书·刘陶传》说的"(今)牧守长吏,上下交竞,封豕长蛇,蚕食天下。货殖者为穷冤之魂,贫馁者作饥寒之鬼",反映出当时职业商人的艰难处境。伴随职业商人式微的另一个社会现象是豪人货殖之风的兴盛。这在上文已作过论述。这些豪人往往多是拥有大土地的豪强地主和权势阶层,他们虽兼营商业,但并非职业商人,而是特权阶层利益的代表。正是豪人货殖之风的兴盛填补了因职业商人式微造成的流通领域中的真空。在这样的背景下,少数发展壮大的富商大贾为谋求货殖之利,也不得不向政治权力靠拢。《后汉书·方术传》记载:

> 公沙穆字文乂,北海胶东人也。家贫贱。……后遂隐居东莱山,学者自远而至。有富人王仲,致产千金。谓穆曰:"方今之世,以货自通,吾奉百万与子为资,何如?"

公沙穆在当时虽为一介布衣,但渊博的学识、远播的声名,必使其政治前途为人所看好。正是基于这一点,富人王仲才愿意主动向他提供资助,一方面帮助他尽快登上政坛,另一方面也为自己结纳权贵打下基础。由此可见当时豪商大贾利用资财,"以货求位",与封建政权的勾结,业已成为一种社会现象。富商大贾试图通过与封建政权的结缘,来求得政治庇护和牟利的捷径,从而更好地生存发展。这是由封建经济制度的特性所决定的,合乎传统社会的历史发展逻辑。

其三,东汉时期城市数目减少。虽然东汉的行政建置使得过去的部分郡国城邑得以合并①,但市镇数量减少的主要原因是社会经济的衰退。据《汉书·地理志》记载,汉代城市数量在西汉末年

① 参见徐天麟《东汉会要》,上海古籍出版社1978年版,第536~537页。

达到巅峰,全国城市计有1587座。而后因战争的破坏,“及王莽篡位,续以更始、赤眉之乱,至光武中兴,百姓虚耗,十有二存”[①]。至东汉初年,“全国城市数目大约在1100个左右”;此后,随着社会经济的不断调整,城市虽有恢复,但始终达不到西汉的城市数量,至顺帝时,天下民户已达9698630,人口49150222,但城市总数仍保持在1180。[②]

至于两汉时期城市发展的分布,参见下表:

表1-1 两汉城市分布状况表[③]

州　名	西　汉		东　汉	
	城市数	城市数/万平方公里	城市数	城市数/万平方公里
司隶	132	8.48	106	6.81
豫州	125	14.71	99	11.32
冀州	129	19.97	100	11
兖州	92	13.81	80	11.6
徐州	132	15.42	62	7.85
青州	125	22.48	65	12.37
荆州	115	2.41	117	2.45
扬州	93	1.78	92	1.77
益州	128	1.46	118	1.1
凉州	115	3.5	98	2.77
并州	157	5.3	98	3.31
幽州	180	4.16	90	2.95
交州	55	1.1	56	1.16

① 《后汉书·郡国志一》引《帝王世记》。

② 参见周长山《汉代城市研究》,人民出版社2001年版,第8~10页。

③ 此表参见周长山《汉代城市研究》,人民出版社2001版,第16页。

通过上表，可以清楚地看出东汉时代全国除南方的交州、扬州、荆州等地区外，其他各地的城市发展基本处于明显衰落的趋势，关东所属豫、兖、青、徐、冀五州表现尤甚。城市发展水平是商品经济发展和社会繁荣程度的晴雨表，此表直观地反映出东汉商品经济水平的整体下滑。齐鲁职业商贾势力亦难脱此社会大势的影响而走向衰落。

第二章 先秦秦汉时期的齐鲁商贾与东方海上贸易

山东半岛的早期先民对海洋资源的开发利用很早，对于这一点，有大量的考古资料可以佐证。山东半岛三面环海，得天独厚的自然环境不仅为早期先民提供了丰富的渔业资源、盐业资源，而且随着生产力的发展和航海技术的进步，自先秦以来，山东半岛与大陆北部的辽东地区、隔海相望的朝鲜半岛以及一衣带水的日本列岛之间，有了密切的经济文化交流。

第一节 史前时期山东半岛的海上交流

山东半岛为中国第一大半岛，从地理位置上看，北至河北黄骅，南抵江苏连云港，但在习惯上我们常把今天山东省泰安和济南以东地区都称作山东半岛。山东半岛的东端是胶东半岛，即胶莱河以东地区，隔渤海海峡与辽东半岛遥遥相对。大量考古发现证实，山东半岛与近邻辽东半岛及朝鲜半岛、日本列岛的文化和经济交流早在史前文化时期就已经开始，这在东端的胶东半岛表现得尤为明显。

远古时期的交通条件十分落后，地区间经济文化交流往往因高山大川、海洋湖泊等自然地理因素的阻隔而变得非常困难。那么史前时期的山东半岛与近邻辽东半岛及朝鲜、日本之间的经济文化交流又何以能够实现呢？我们知道，今天的山东半岛与辽东半岛、朝鲜半岛、日本列岛之间横亘着辽阔的渤海与黄海，海上补给可能是三地间航行往来中遇到的最大难题。只有克服这个困难，海上交流才有可能。依据我国古气候、古交通、古地理的研究，目前大致形成这样三种推断，即克服困难的三种途径。

首先，在旧石器时代晚期，气候变化导致我国东部海平面大幅下降，亚洲大陆与日本列岛可以由陆地相通。根据地质、海洋科学工作者的考察研究，我国华北平原与黄渤海周边地区的古文化发展在近几万年间屡次受到海侵、海退的影响，大约在一万六千年前后，海面急剧下降，黄渤海地区成为一片平原[①]，朝鲜、日本均可与我国大陆直接相连，往来行程中的补给较为容易，大大便捷了三地的往来交通，使得三地之间古文化交流得以彼此沟通。从目前胶东半岛发现的旧石器时代晚期的打制石器来看，其制法与形制“不但与我国旧石器文化有许多相同的特征，而且与朝鲜、日本的旧石器文化有许多联系”，“这不但为我们解释日本、朝鲜旧石器文化是从华北地区传入的提供了更近的地点，而且说明了这条通道是经过胶东半岛与黄、渤海平原到达日本与朝鲜的”[②]。

另外，从古生物物种交流的情况来看，中国史籍文献资料关于

---

① 参见赵希涛等《中国东部 20000 年来的海平面变化》，载《海洋学报》1979 年第 2 期。

② 王锡平《胶东半岛在东北亚考古学研究中的地位》，载烟台市文物管理委员会、烟台市博物馆编《胶东考古研究文集》，齐鲁书社 2004 年版，第 76 页。

东亚滨海诸岛屿的记载，称其“法俗多同”①，无牛、羊、驴、马等物，如《后汉书·东夷传》记载：“倭在韩东南大海中，依山岛为居，凡百余国。……无牛马虎豹羊鹊。”日本在史前时代已有牛、羊、马等物，并发现有马的化石，但与今日之种不同。地质学家和古生物学家依据中日两国动植物的现生种与化石种的对比关系，通过对海底地貌与沉积物情况等多种因素的分析，提出这样的结论：“更新世晚期，现在把日本列岛与亚洲大陆隔开的诸海域（包括海峡）都不存在，它们不过是一片草木茂盛、动物出没的陆地。那时，日本列岛与亚洲大陆相互连接，成为亚洲大陆的一部分。这样，就为旧石器时代晚期人类在中日之间的迁徙、中日文化的交流，提供了地理上的可能。”②著名考古学家、古生物学家裴文中先生也指出：“在最大的海退时期，这个海峡（朝鲜海峡——笔者注）可能露出了海底，通过朝鲜半岛南端的古海岸线，由陆化的朝鲜海峡、对马海峡至日本九州形成一片陆地，把华北与日本九州连接起来”，“在这个时期，华北的黄土期（或马兰期）的动物群可以比较自由地进入日本九州，然后再由九州分布到本州”③。在这个物种交流过程中，渤海之滨的山东半岛应该也是重要的基地之一。

其次，在山东半岛史前的海上文化交流中，庙岛群岛起到了关键性的作用。庙岛群岛，通常又称作长岛，即传说中的海外仙山，位于渤海、黄海交汇处，胶东半岛和辽东半岛之间，它由南、北长山岛，庙岛，大小黑山岛，大小竹山岛，大小钦岛，砣矶岛，南北隍城岛

---

① 《后汉书》卷八五《东夷传》。

② 戴国华《旧石器时代中日文化交流的古地理证据》，载《史前研究》1984年第1期。

③ 裴文中《从古文化及古生物上看中日的古交通》，载《科学通报》1978年第12期。

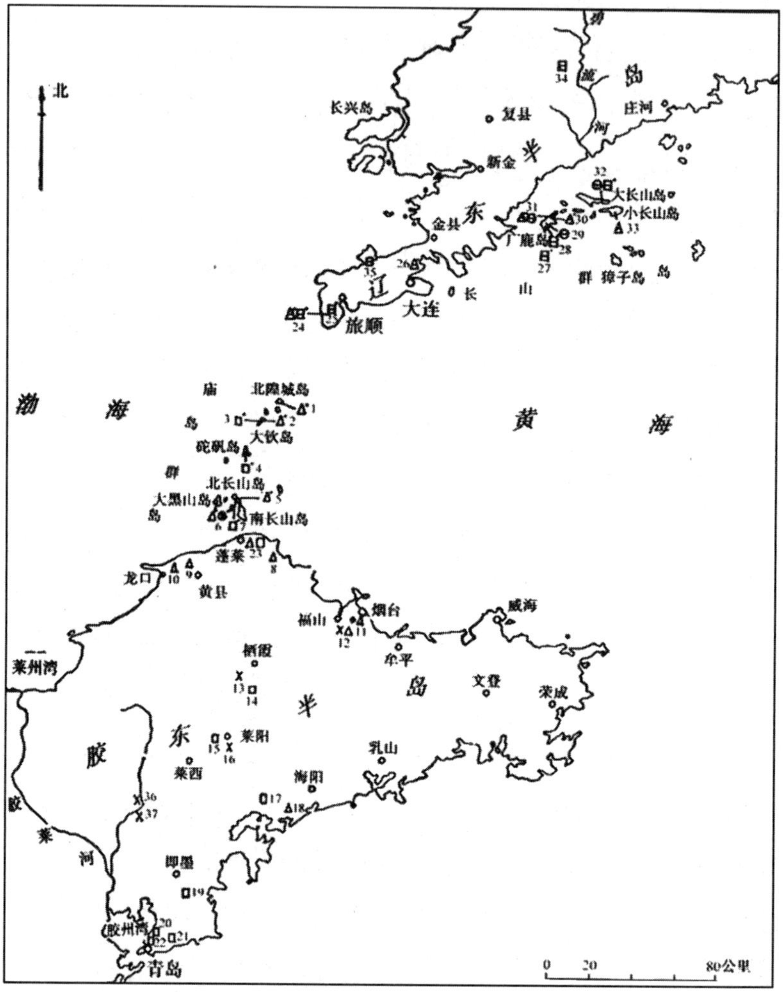

图2-1　胶东半岛与辽东半岛主要原始文化遗址分布图（采自佟伟华《胶东半岛与辽东半岛原始文化的交流》，载烟台市文物管理委员会、烟台市博物馆编《胶东考古研究文集》，齐鲁书社2004年版）

等20个岛屿组成，呈南北纵列分布，如一串珍珠镶嵌在渤海海面上。早在20世纪70年代末，著名考古学家苏秉琦先生就曾指出胶东、辽东两大半岛以及位于其间的庙岛群岛在渤海海峡两岸的原始文化交流上的重要性。“考虑到这两个半岛作为我国腹地与我国东北部以及东北亚之间的重要通道，在我国古代的特殊地理位置与特殊作用，不能说它是次要问题。”①庙岛群岛就像一块块跳板，将山东半岛与辽东半岛紧密连接起来，有利于远古时期出海航行的先民们及时补充物资给养，并作短暂停驻。庙岛群岛的存在，使得远古时期胶东半岛的先人在原始的航海技术条件下通过海上航行至辽东半岛成为可能，故而在文化交流中成为沟通彼此的必要中间环节。

再次，古代的中、日、韩三地间可以“循海岸水行”而彼此交流。进入新石器时代后，今天的山东半岛与辽东半岛、朝鲜半岛和日本之间，出现了广阔的水域。渤海海峡横亘在胶东半岛与辽东半岛之间，但因为有庙岛群岛的存在，两者仍可以相连。同样，朝鲜半岛与日本南部九州岛之间虽有朝鲜海峡的阻隔，但因为有巨济岛、对马岛、壹岐岛等岛屿横跨朝鲜海峡，两地也可以彼此沟通。朝鲜海峡本不甚阔，中间又有对马岛将其一分为二。对马岛向西与朝鲜半岛南岸之间的海峡仅宽 50 公里，其间尚有巨济岛；对马岛之东的对马海峡，即对马岛南端至壹岐岛之间的海峡最窄处仅宽约 40 多公里；而壹岐岛距九州海岸仅 16 公里。这样的岛屿分布使得乘船横渡朝鲜海峡并不十分困难。

著名东夷古国史研究专家逄振镐先生指出：“从山东大汶口——龙山文化时期起，具有发达航海业的胶东半岛地区与辽东半岛、朝鲜半岛直至日本之间的‘循海岸水行’的海路就有可能开辟。这是东夷（主要是莱夷）人长期海上航行实践的结果。正是这

---

① 苏秉琦《略谈我国东南沿海地区的新石器时代考古——在长江下游新石器时代文化学术讨论会上的一次发言提纲》，载《苏秉琦考古学论述选集》，文物出版社 1984 年版，第 192 页。

条'循海岸水行'的海路沟通了山东半岛即东夷与朝鲜、日本之间古人类的来往和文化交流。"[①]这里所谓的"循海岸水行",是指先民沿着近陆地的海边航行,可由胶东半岛东端的烟台蓬莱出发,北行经庙岛群岛,到达辽东半岛最南端,然后沿着辽东半岛的东岸向北,到达西朝鲜湾,再折向南行,沿朝鲜半岛西海岸的近海处可航行至半岛最南端海南半岛一带,再沿朝鲜半岛南岸可航行至今天韩国的忠武一带,然后再经巨济岛、对马岛、壹岐岛等岛屿,横渡朝鲜海鲜,到达日本九州岛。"循海岸水行"的方式不需要发达的交通工具,较大一点的独木舟即可胜任,所以在当时的技术条件下,完全有可能通过这样的航行方式,实现中、韩、日三地间海上交流的目的。

史前时期,山东半岛的胶东地区与辽东半岛及朝鲜、日本都有相当程度上的交流活动,这已为考古发现所证实。从旧石器文化来看,华北地区出土的打制石器与日本出土的打制石器之间有着明显的联系,两地间石器的形制与制造工艺具有相同特征。如我国山西阳高许家窑村的旧石器时代晚期遗址发掘出土的石球与日本鹿儿岛上场遗址的石球十分相似,而尖状器、刮削器等,与日本枥木县星野遗址七、八层的同类石器也非常接近。裴文中先生曾指出:"近几年,在旧石器文化的研究工作中发现华北与日本的旧石器文化具有许多共同特征。""据目前已知的材料来看,在日本发现的时代较早的旧石器时代文化,毫无疑问地与东亚大陆的旧石器时代文化有密切的关系。因此,可以毫不犹豫地断定,在中更新世之末和晚更新世之初,在日本和华北之间没有古代人类不可逾越的天然障碍。"并且认为:"华北与日本的旧石器时代文化的相似

① 逄振镐《东夷文化研究》,齐鲁书社2007年版,第601页。

不是偶然的、个别的现象。从旧石器时代文化的发展顺序上、在石器的类型和加工技术上，都可以找到许多证据，说明中、日之间的旧石器时代文化，有很多的共同性和一致性。”①由此我们可以进一步推断，“胶东半岛作为我国腹地与朝鲜、日本的中间地带，在中朝、中日古文化传播交流中就起到了非常重要的桥梁作用”②。

进入新石器时代后，气候变化导致海平面上升，胶东半岛与辽东半岛、朝鲜半岛及日本列岛之间不再有陆路相通，各地间原始先民的文化交流面临新的难题。但这一时期早期先民的航海能力有很大提高，故相互间的海上文化交流十分密切。考古发掘资料证实在大汶口文化、龙山文化时期，胶东半岛已经有了比较先进的造船技术和发达的航海业了。“胶县三里河大汶口文化遗址出土大量海水鱼类的骨骼，特别是蓝点马鲛和鲫鱼为外海性游泳迅速的中、上层鱼类，渔场一般距岸较远。三里河大汶口文化居民是驾驶什么样的船只到外海捕鱼，未见实物，不得而知。便必有能到外海作业的捕鱼工具，这就是造船业的发展。龙山文化时期，胶东半岛的沿海一带就已有比较发达的航海业了。”③另外，“从（烟台）白石村遗址出土的网坠、红加吉鱼骨说明，距今五六千年前的人们已经有了航海工具，并且掌握了可以到远海深水进行捕捞的航海技术，因而与隔海相望的辽东半岛、朝鲜、日本以及东南沿海等地区发生了诸多的文化交流”④。

---

① 裴文中《从古文化及古生物上看中日的古交通》，载《科学通报》1978 年第 12 期。

② 王锡平《胶东半岛在东北亚考古学研究中的地位》，载烟台市文物管理委员会、烟台市博物馆编《胶东考古研究文集》，齐鲁书社 2004 年版，第 75 页。

③ 逄振镐《东夷文化研究》，齐鲁书社 2007 年版，第 600 页。

④ 王锡平《胶东半岛在东北亚考古学研究中的地位》，载烟台市文物管理委员会、烟台市博物馆编《胶东考古研究文集》，齐鲁书社 2004 年版，第 77 页。

首先,从胶东地区与辽东地区的新石器时代文化比较来看,两地间存在明显的文化因素的交流和相互影响。20 世纪 80 年代以来,考古专家在两地间陆续进行了数次较大规模的考古调查和发掘工作,经过分析研究,有学者提出把胶东地区与辽东地区的新石器文化交流情况大致分为三大阶段①:第一阶段,两大半岛成长起具有自身特征的原始文化,各自的文化面貌判然有别,看不出相互的交流与影响。但到了第二阶段,胶东半岛一方面受到来自鲁西南大汶口文化的强烈影响,另一方面它又与隔海相望的辽东半岛发生着南北交流和相互影响。辽东郭家村下层文化中出现的大汶口文化因素,就是经由胶东作间接媒介而传承过去的。同时辽东的某些文化因素也逐渐南传,影响到胶东地区。比如,辽东地区特征明显并一脉相传的筒形罐,在两大半岛间的庙岛群岛上就有发现。到了第三阶段,胶东地区由于受到龙山文化强烈的辐射影响,原来的文化特征逐渐消失,不再明显。这一时期胶莱地区的龙山遗址分布广泛,并且胶东半岛的龙山文化对辽东半岛的影响非常强烈。辽东半岛发现了不少显见有龙山文化特征的器物,如在旅顺老铁山积石墓发现的平底单耳杯②、辽东广鹿岛砺碴岗发掘的泥质磨光黑陶三足杯③、郭家村遗址出土的蛋壳陶④等,这些都是典型的受到龙山黑陶文化影响的产物。

就整体而言,在胶东半岛与辽东半岛的新石器文化交流过程

---

① 参见佟伟华《胶东半岛与辽东半岛原始文化的交流》,载烟台市文物管理委员会、烟台市博物馆编《胶东考古研究文集》,齐鲁书社 2004 年版,第 86 ~ 94 页。

② 参见旅大市文物管理组《旅顺老铁山积石墓》,载《考古》1978 年第 2 期。

③ 参见辽宁省博物馆、旅顺博物馆、长海县文化馆《长海县广鹿岛大长山岛贝丘遗址》,载《考古学报》1981 年第 1 期。

④ 参见辽宁省博物馆、旅顺博物馆《大连市郭家村新石器时代遗址》,载《考古学报》1984 年第 3 期。

中，前者起着主要作用，并将其先进的史前文化向北波及东北三省的东部沿海一带。①

另外，对于这种交流的路线和方式，我们根据考古遗存的分布特征可以作出一些可靠的判断。“在山东半岛长山列岛、辽东半岛的新石器文化遗址中发现的文物，如烟台白石村遗址、蓬莱紫荆山遗址，大黑山、砣矶岛遗址，旅顺北海镇王家村东岗遗址、郭家村一期文化遗址等所发现的陶器等遗物，都表明山东半岛的大汶口和龙山文化已交流渗透到了辽东半岛的沿海地区。值得注意的是，这种交流渗透仅见于辽南，不见于渤海北部其他地区。这表明辽东、山东两半岛的先民不是绕道渤海西岸，而是越过老铁山海峡直接往来的。这一切均表明，早在5000年前后，中国北方的先民已掌握了跨海交流的航海技术。”东夷先民的这种跨海交流的范围还扩大到了朝鲜半岛，“在朝鲜西海岸西浦项遗址，也发现了与山东半岛的蓬莱紫荆山遗址彩陶图案相似的陶片，说明那时的海上交流有可能已经延伸到了朝鲜半岛”②。

其次，从稻作农业的传播过程来看。一般认为，长江中下游地区是中国稻作农业起源和发展的中心，随着南北地区间文化交流的增强，至迟在北辛文化时期稻作已向北传入海岱地区。海岱地区的范围是以泰山为中心，包括山东全省、河北东南部、豫东、皖北和苏北的广大区域。但在北辛文化时期，海岱地区稻作农业的分布尚局限于南部的个别地点，即苏北一带，到了大汶口文化时期，山东境内的稻作遗址数量逐渐增多，如兖州的王因、蓬莱的大仲

① 参见王锡平《胶东半岛在东北亚考古学研究中的地位》，载烟台市文物管理委员会、烟台市博物馆编《胶东考古研究文集》，齐鲁书社2004年版，第78页。

② 曲金良《中国海洋文化的早期历史与地理格局》，载《浙江海洋学院学报》2007年第3期。

家、莒县盆地集西头和段家河等地均发现了稻类遗存。至龙山文化时期，山东半岛出土的稻作遗存地点更是迅速增加，如在鲁西茌平县教场铺遗址、滕州庄里西遗址均发现有炭化稻粒，在淄河流域的桐林遗址发现有贮藏稻谷的灰坑，在胶东栖霞杨家圈遗址草拌泥红烧土中发现了稻壳、稻茎和稻叶的痕迹，在日照两城镇遗址发现了大量农作物遗存，其中有不少炭化稻粒和水稻植硅体，日照尧王城遗址还发现了保存较好的粳米炭化稻粒。[①] 据此，考古专家们推断，中国稻作农业由南向北逐渐推进，大汶口文化时期已经越过苏北，传到鲁南一带，而龙山文化时期，整个黄淮平原地区的稻作农业已经有相当规模的发展，业已形成了一定规模的稻作农业经济。

此后，以东部沿海地区为基点，中国的稻作农业进一步东传。在东传过程中，山东半岛成为最重要的基地之一，辽东半岛、朝鲜半岛、日本列岛的稻作农业很可能是从中国的山东半岛渡海传入的。目前日本境内的考古发现证明，至迟在绳文文化的后期到晚期已经有了稻作遗存，约相当于中国的西周初年。然而稻米对于日本来说是一种舶来品，“水稻，并不是日本列岛上所固有的，也不是由野生植物进化而成，而是从中国大陆传去的”[②]。对于稻作农业由大陆东传日本的路线，著名考古学家严文明先生指出，在胶东栖霞杨家圈遗址发现稻谷遗存后，“由于有这一发现，稻作农业最初传入日本的路线开始明朗化了。过去有所谓北路说、中路说和南路说，后二说事实上不大可能，而前一说又缺乏证据。杨家圈的发现证明北路说是有道理的。如前所述，从大汶口文化直到岳石文化的长时期中，山东半岛的史前文化是单方面向辽东半岛传播

① 参见栾丰实《海岱地区史前时期稻作农业的产生、发展和扩散》，载《文史哲》2005 年第 6 期。

② 汪向荣《古代中日关系史话》，时事出版社 1986 年版，第 20 页。

的，而辽东半岛史前文化对朝鲜半岛的影响也是很明显的。因此我提出了一个从山东半岛经辽东半岛、朝鲜半岛再到日本九州，以接力棒的方式传播过去的说法，简称为'北路接力棒说'，此说后来因为大连大嘴子遗址和朝鲜平壤附近的南京遗址都发现了稻谷遗存而得到了相当的证实"①。稻作农业的东传是一个漫长而艰辛的历程，是一种间接的交流方式，它再次证明了史前时期山东半岛通过海上交流与辽东、朝鲜及日本列岛之间有了较为密切的经济文化往来。

再次，从拔齿、图腾等原始文化习俗对比来看，山东半岛与隔海相望的朝鲜半岛及日本也有文化交流的存在。

山东大汶口文化时期原始先民盛行拔齿习俗，发现最早的拔牙遗存的年代可追溯至北辛文化中期的鲁西南一带②，距今已有六千八百年，"再晚一些时候在江苏省的湖熟文化、福建省的昙石山文化以及广东和台湾等省的史前文化遗存中屡见不鲜。中国古代拔牙习俗的分布区域，基本上是在东部地区以及东南沿海各个省市，内陆地区则比较少见"③。而隔海的日本也存在拔齿习俗，盛行于绳文时代的中、后、晚期，在年代上要晚于大陆发现的遗存，因此可以推断，"这二者之间很可能存在着某种内在的联系"④，"日本的拔齿习俗可能也是由山东传播过去的"⑤。目前关于日本拔齿习俗的源流尚存在争议，以东京大学教授铃木尚为首的考古学专家们

① 严文明《胶东考古记》，载北京大学考古学系、烟台市博物馆编《胶东考古》，文物出版社2000年版，第3页。

② 参见中国社会科学院考古研究所山东工作队《山东汶上县东贾柏村新石器时代遗址发掘简报》，载《考古》1993年第6期。

③ 参见蔡凤书《中日交流的考古研究》，齐鲁书社1999年版，第29页。

④ 蔡凤书《中日交流的考古研究》，齐鲁书社1999年版，第30页。

⑤ 逄振镐《东夷文化研究》，齐鲁书社2007年版，第602页。

提出，日本“拔齿习俗是在绳文中期以后同原始农业一起由中国东南沿海地区为主的南方传入日本的”①，但考古的新发现证明日本拔齿习俗最初产生于绳文文化的前期或更早的旧石器晚期，如冲绳岛港川遗址就发现了距今一万六千年以前的旧石器时代晚期人工拔齿的证据，而中国至今尚未发现这样年代久远的拔齿遗存，有人据此提出“东亚拔牙的风俗很可能发源于冲绳，后来向北、向西分别传播到日本列岛和中国的东部和南部沿海，再传向内地”②。无论人工拔齿习俗以何种路线传播，至少都能说明一个问题，即在史前时期，山东半岛与日本已经存在一定程度上的原始文化习俗的交流。

图2－2　长岛北庄遗址出土的大汶口文化时期的鸟形陶鬶（采自安家正《胶东半岛鸟文化》，中国旅游出版社2008年版）

另外，从鸟图腾崇拜来看，古代中国人的鸟崇拜意识有着悠久的历史传统。从实物资料上讲，无论是新石器时代黄河流域的仰韶文化、大汶口文化、龙山文化，还是长江流域的河姆渡文化，都发现了不少鸟纹遗存，尤其在大汶口文化和龙山文化遗存中普遍可见的典型陶器——鬶，其造型就是模仿了鸟类的特征。从古文献来看，先秦时期的诗歌文学中，以鸟类起兴的诗篇也大量存在，如《诗经》中的《邶风·燕燕》、《邶风·凯风》、《唐风·鸨羽》、《小雅·伐木》、

① 肖平、徐冰《日本史前时代的拔齿习俗》，载《日本学论坛》1993年第4期。

② 吴新智《中国与日本石器时代晚期人类的关系》，载《人类学学报》1988年第3期。

《小雅·鸿雁》、《小雅·沔水》、《小雅·黄鸟》、《小雅·小宛》、《小雅·小旻》、《小雅·小弁》等都是以鸟类起兴，引发思古之幽情、咏怀之情思。上古时代的不少神话传说也与鸟崇拜关联密切，如，商族人的起源传说，有"天命玄鸟，降而生商"①的记载，追述有娀氏之女简狄吞下玄鸟产下的卵而生商祖契。春秋后期到鲁国访问的郯国(都治今山东郯城)国君郯子追述祖先少皞氏，"以鸟名官"②，郯子所述，正反映了东夷少昊部族以鸟为图腾的史实。

中国古代东方夷人传统的鸟图腾习俗很可能对近邻朝鲜、日本产生过某种程度的影响。有学者指出："流行于山东半岛、东北地区以及朝鲜半岛的卵生族源神话、鸟图腾——太阳崇拜、人工改变颅形之习俗，均为颛顼文化之遗绪。"③说明在上古时期，山东半岛、东北地区及朝鲜半岛皆有古文化习俗的交流，且古朝鲜文化的源头是中原华夏文化。中国吉林集安一带分布着大量高句丽时代的墓葬群，其中有20座价值很高的壁画墓。在这些题材丰富、技艺高超的壁画中，有不少描绘的是日神、月神、三足乌形象。④ 我们由此能直观地感受到高句丽民族也有崇拜日神、以鸟为图腾的传统。这与前述的以鸟为图腾的东夷少昊部族十分相似，并且太昊、少昊之名源起于太阳崇拜。⑤ 东夷少昊部族文化的繁盛时期虽然远在高句丽时代之前，但传统的积淀仍然可以跨越千年对东邻朝鲜产生影响。

日本弥生时代文化遗存中也发现了不少用木头刻成的鸟的形

① 《诗经·商颂·玄鸟》。

② 《左传·昭公十七年》。

③ 张碧波《古朝鲜文化探源》，载《北方论丛》2000年第1期。

④ 参见尹国有《高句丽墓室壁画中的鸟图腾》，载《吉林艺术学院学报》1996年第Z1期。

⑤ 参见唐兰《从大汶口文化的陶器文字看我国最早文化的年代》，载《光明日报》1977年7月14日第3版。

象，并供插于木杆之上，被称为“招神之鸟”，山口县土井浜弥生文化墓地发掘出鱼鹰形象的遗存，这都说明这一时期日本列岛居民有鸟崇拜的习俗。不少学者将其对比中原文化，尤其是东夷文化传统的鸟图腾习俗，提出日本人的崇鸟习俗必有其古老的渊源，很可能与东亚地区的文化交流有关。[①]

第二节　夏商周时期山东半岛的海上交流与海上贸易

夏商周时期，中原社会走向强大鼎盛的奴隶制王朝，东方滨海的山东半岛在这一时期也建立起为数众多的方国诸侯。尤其是西周初年的大分封，促使这一地区逐渐形成以齐、鲁为代表的东方诸侯并立的格局。中原文化在这一时期不断东进，与山东半岛的东夷土著文化发生交流、融合，到了春秋战国之际，形成蔚为壮观的齐、鲁文化。夏商周时期山东半岛海上交流的文献史料十分有限，但我们结合近年来的考古新发现，仍然可以捕捉到滨海山东与辽东、东南沿海地区、朝鲜半岛及日本列岛之间通过海上活动进行经济文化交流的不少信息。

夏王朝统治时期，山东境内的东方夷人文化在考古学上大体处在岳石文化时期。岳石文化在时间上晚于龙山文化而早于商代，其遗址以胶东发现的居多，山东其它地方及苏北一带也有分布，大体上与当时夷人活动的范围吻合，说明岳石文化属于夏代东方夷人的文化。[②] 岳石文化有其独特的文化面貌，它与中原的二里

---

① 参见蔡凤书《中日交流的考古研究》，齐鲁书社 1999 年版，第 33～34 页。

② 参见严文明《夏代的东方》，载烟台市文物管理委员会、烟台市博物馆编《胶东考古研究文集》，齐鲁书社 2004 年版，第 175 页。

头文化是社会发展阶段相当的两种古代文化，岳石文化的陶器形制、纹饰均与中原地区被视为典型夏文化遗存的二里头文化风格迥异，不属于同一系统，这说明岳石文化的发展具有相对的独立性。但两者在各自体现本文化独特面貌的同时，又不可避免地反映出时代共同性和文化之间的交流关系。比如，二里头文化遗存中可以显见有来自岳石文化的因素。[①] 另外，“发展到二里头文化和岳石文化时代，陶器已失去龙山时代那种‘黑、光、亮’、制作精细的风采，而变得厚重、呆板，陶色变浅且多不纯，陶器的制作趋向于实用。这也正是二里头文化与岳石文化时代陶器的共性”[②]。此外，夷、夏之间的经济文化交流，从文献记载中也能找到相应的证据。《史记·夏本纪》记载兖州贡漆丝、青州贡盐絺海物等。唐杜佑的《通典》卷四《食货四·赋税上》曰：“禹定九州，量远近，制五服，任土作贡，分田定税，十一而赋。”就是说夏王朝根据各地离京畿的远近，土质的肥瘠、高下，评定土地等级，用贡赋形式向臣民征收收获量十分之一的税，这里包括对东方夷人的征税。

山东境内的东方夷人除了与中原夏王朝发生联系外，他们同海外也建立了一定层次上的经济文化交流。从文献上看，有关夏史的资料多次提到海的概念。如：《尚书·禹贡》称“东渐于海，西被于流沙，朔南暨，声教讫于四海”；《尚书·皋陶谟》言禹“外薄四海”；《大戴礼记·少闲》谓禹“修德使力，民明教通于四海”；《淮南子·原道训》载禹“施之以德，海外宾服，四夷纳职”等。夏人的“四海观”是他们朦胧的交通地理意识的反映，宋镇豪先生认为它们“其实就是东方观，是夏人沟通东部滨海地区，着力于自西向东

① 参见栾丰实《二里头遗址中的东方文化因素》，载《华夏考古》2006年第3期。
② 方辉《二里头文化与岳石文化》，载《中原文物》1987年第1期。

横向发展的产物”①。从考古资料上看，前文已述胶东与辽东两个半岛之间的密切交往从新石器时代已经开始，至夏代，胶东地区夷人与辽东居民的海上交通是在原有基础上的继续发展。为了便于说明这个问题，我们依据绝对年代和考古层位，将胶东半岛、辽东半岛（南部）、中原地区三地之间文化发展序列的大体对应关系列表如下：

表2－1　胶东半岛、辽东半岛南部与中原地区考古学文化对照表

地域 年代	胶东半岛	辽东半岛（南部）	中原地区
7000	白石文化	小珠山一期文化	仰韶文化
6000	邱家庄期文化	小珠山二期文化	
5000	北庄期文化		王湾二期⑥
4600 4500	海岱龙山文化②	小珠山三期文化	河南龙山文化
4000	岳石文化③	双砣子二期文化	二里头文化 （夏文化）
3600			商文化
3200	珍珠门文化④	双砣子三期文化	西周文化
3000	南黄庄文化	双房文化早期⑤	

① 宋镇豪《夏商社会生活史》，中国社会科学出版社1994年版，第280页。

② 龙山文化的年代参见高广仁、邵望平《海岱文化与齐鲁文明》，江苏教育出版社2005年版，第123页。

③ 岳石文化的年代参见栾丰实《东夷考古》，山东大学出版社1996年版，第311页。岳石文化在胶东地区延续的时间比其他各地要长，参见张学海《试析岳石文化的年代》，载烟台市文物管理委员会、烟台市博物馆编《胶东考古研究文集》，齐鲁书社2004年版，第234页。

④ 珍珠门文化的年代参见刘延常《珍珠门文化初探》，载《华夏考古》2001年第4期。

⑤ 关于双房文化的分期，参见赵宾福《以陶器为视角的双房文化分期研究》，载《考古与文物》2008年第1期。

⑥ 关于王湾二期文化作为中原仰韶文化与河南龙山文化的过渡类型，可参见北京大学考古实习队《洛阳王湾遗址发掘简报》，载《考古》1961年第4期。

如上表所示，对应于中原夏王朝统治时期，胶东半岛的岳石文化与辽东半岛的双砣子二期文化时代相当。双砣子二期文化以大连市双砣子遗址中层为代表，是辽东半岛青铜时代文化的重要遗址。辽东半岛南部地区地处两大文化区的交界地带，其北面受到来自东北文化区的影响，其南面受到海岱文化区熏染，故其文化面貌颇具特色。相对而言，辽东半岛南部地区与山东半岛的联系更为密切。至岳石文化前后，辽东与胶东之间的交往已成为现实，在龙山文化时代交往的基础上，继续呈现两地之间海上文化交流频繁的态势。这可以从两地出土器物的特征明显地反映出来，双砣子二期文化出土的陶器，具有浓厚的岳石文化因素。比如，器物中出现了大量的甗、三足罐、直领罐、豆、子母口器盖以及双孔石片等典型的岳石文化器物；陶器以泥质黑灰陶为主，多为轮制，夹砂褐陶次之，多为手制；器表装饰以素面磨光占绝对优势，纹饰有附加堆纹，器物流行子母口，这与岳石文化照格庄类型的同类器极为相似①，显然是受到胶东半岛文化强烈影响的结果。

近年来，在庙岛群岛周围海域不断地发现一些陶器和石锚等物。石锚一般重达十余斤，可以停泊两三吨的船只，说明当时胶东夷人造船技术已经大有发展，完全具备了在两个半岛间的海上进行往来航行交流的能力。另外，从大钦岛东约二百米的海底曾经捞起一个三足深腹盆，夹细砂质，表里黑灰色，这些特征与旅顺于家村下层的深腹盆相似，但该器物的三足呈舌形外撇，则属于岳石文化的典型风格，因此，可以推测它可能是辽东居民受岳石陶器文化影响的产物，在航经靠近胶东的大钦岛时沉入海底的，这些现象

① 参见中国社会科学院考古研究所山东队、烟台市文物管理委员会《山东牟平照格庄遗址》，载《考古学报》1986 年第 4 期。

足见两个半岛之间的交流已十分频繁。[①]

此外,胶东半岛还可能与东南沿海的江浙一带发生过海上交流活动。早在夏代以前,江浙一带的良渚文化就很可能与胶东半岛有过交流。1981 年在栖霞杨家圈和莱阳于家店的遗址中,考古人员发现了一种属于大汶口晚期的鼎式甗,其外观像罐形鼎,而里面有一圈箅托着;并且在杨家圈遗址还发现了剖面呈 T 字形的鼎足。这些器物的外形特征反映出的是江浙一带良渚文化中典型器物的文化面貌。它们能在数千里之外的胶东半岛出现,显然说明在公元前两千七八百年的时代,江南的影响就达到了这个地方。到了夏代,两地间的交流关系继续发展,江南一带的湖熟文化遗存就含有岳石文化的因素,如江苏镇江马迹山遗址、句容城头山遗址[②],并且在陆上交通的基础上,开辟了直接的海上交通,这在考古发掘中也被证实。1982 年 10 月,在山东烟台长岛大竹山岛以南约 30 米的海底打捞起一批陶器。其中一件为圜底釜,泥质灰陶,略夹细砂,只口沿轮制,宽斜缘,最大腹径明显下垂,腹部饰松散的竖绳纹和数道弦纹。这样的器物只在苏南和浙江北部一带才有发现,是当地的一种传统器物,可能是当地印纹陶文化的产物,碳—14 测量的年代数据,恰与岳石文化相合,类似的器物在胶东一带未曾发现过。由此可以推测,夏王朝统治时期,胶东夷人在海上的交往已经远至长江口以南的沿海一带了。[③]

胶东半岛可以确认的商文化遗存虽然不多,但半岛地区的珍珠

---

① 参见严文明《夏代的东方》,载烟台市文物管理委员会、烟台市博物馆编《胶东考古研究文集》,齐鲁书社 2004 年版,第 177 页。

② 参见赵海涛《试论岳石文化与周围同时期文化的关系》,中国社会科学院研究生院硕士学位论文,2002 年,第 22 页。

③ 参见严文明《夏代的东方》,载烟台市文物管理委员会、烟台市博物馆编《胶东考古研究文集》,齐鲁书社 2004 年版,第 178 页。

门文化一般被视为商代时期夷人文化的重要遗存①,其年代大体上与中原地区商王朝中晚期相当。胶东珍珠门文化的时间与辽东半岛的双砣子三期文化相当,属于这一时期的辽东文化遗存主要有于家村上层、于家村砣头积石墓②、上马石上层③等。但考古专家将两地出土器物进行对比分析后,得出的结论是:“这个时期两个半岛的文化交流开始减少,二者自身的文化特征突出了,相互影响的因素仅占整体文化的一小部分。”“胶东半岛反映的是衰落、闭关自守的文化面貌,与辽东半岛的文化交流也就很少了。”④尽管如此,随着水上运输能力的增强,商王朝时期的胶东半岛与内地之间,或者与周边沿海一带的海上商品交换活动一定程度上仍然存在。“到了商朝,人们已能利用舟船进行商业活动。据上海博物馆所藏殷商时饕餮纹大铜鼎的一个铭文‘盨’字可知当时商品交换和水上运输的关系。这个字形是告诉人们在木板船上乘着两个人,其中一个人以手执楫在撑船,一个人挑着贝币或货物,说明当时生产和交换的发展已需要经常使

图2-3　商代饕餮纹鼎上的铭文“盨”(采自张静芬《中国古代的造船与航海》,商务印书馆1997年版)

① 参见北京大学考古实习队、烟台地区文管会、长岛县博物馆《山东长岛史前遗址》,载《史前研究》1983年创刊号。

② 参见旅顺博物馆、辽宁省博物馆《大连于家村砣头积石墓》,载《文物》1983年第9期。

③ 参见辽宁省博物馆、旅顺博物馆、长海县文化馆《长海县广鹿岛大长山岛贝丘遗址》,载《考古学报》1981年第1期。

④ 李步青、王锡平《试论胶东半岛与辽东半岛史前文化的交流》,载烟台市文物管理委员会、烟台市博物馆编《胶东考古研究文集》,齐鲁书社2004年版,第101页。

用木板船了。在河南安阳商朝遗址及墓葬中都出土过许多海贝、象牙、鲸鱼骨，这些都是海中产物或海外交换而来的产物，没有航海事业，这是不可能的。”①

西周大分封，逐渐演变成春秋时代的列国形势，当时山东境内的诸侯国分为三类。第一类是周封姬姓诸侯，主要有鲁、曹、滕、郭、郜、费等 17 国；第二类是周封异姓诸侯，主要有齐、纪、莒、杞、薛、郯、邾、宿、任等 24 国；第三类是其他未受周封的古国，如，莱、谭、介、遂、安丘等。② 其中的莱国是东方夷人的古国，《尚书·禹贡》云：“海岱惟青州……莱夷作牧，厥篚檿丝。浮于汶，达于济。”莱夷是古东夷部族中重要的一支，活动于山东东部一带，莱国即是莱夷建立的古国。莱国在商末周初时势力强大。《史记·齐太公世家》载齐国初封营丘之时，“莱侯来伐，与之争营丘。营丘边莱。”可知莱国非周的封国，当是殷商所封的侯爵旧国，并不服从周的约束，且自恃强大的军力足以与周的势力相抗衡，故而前来与“太公争国”。莱夷与莱国创造了辉煌先进的古文化，“厥篚檿丝”是说要缴纳蚕丝作为贡赋，说明莱人已经从事蚕桑养殖业和丝业，较早进入了定居的农业经济时代。莱人有发达的丝织业和染织业，《管子·轻重丁》载：“昔莱人善染，练茈之于莱，纯锱，緺绶之于莱，亦纯锱也。其周中十金。莱人知之，间纂茈空。”说明莱人擅长染色工艺，紫色的绢、紫青色的丝绦价格均比周地便宜很多，故莱地商人将其收购一空，与周人交易。莱人还具备先进的造船业、捕捞业与航海业，长岛大浩遗址发现了龙山时代的船尾和石锚③，

① 张静芬《中国古代的造船与航海》，商务印书馆 1997 年版，第 16 页。

② 参见逄振镐《东夷文化研究》，齐鲁书社 2007 年版，第 516～518 页。

③ 参见宋承钧、史明《胶东史前文化与莱夷的历史贡献》，载《东岳论丛》1984 年第 1 期。

证明了莱夷航海业之发达。另外莱国所居之地有丰富的水产资源和矿产资源,《国语·齐语》载:“通齐国之鱼盐于东莱,使关市几而不征,以为诸侯利。”资源丰富、交通发达又有商业氛围的滨海莱人,可谓占尽天时地利,故而极有可能开展渡海贸易。正如学者指出的那样:“早在春秋战国时期,山东半岛的齐国,甚至在齐之前的莱国就开始了与朝鲜半岛及日本列岛的商业活动。”①

西周中晚期胶东半岛的考古遗存被称为“南黄庄文化”②,于20世纪70年代末在山东乳山一带被陆续发现。南黄庄遗址出土器物具有典型的夷人文化风貌,其时山东境内的绝大部分地区已经成为周人的势力范围,南黄庄文化当是被周人势力迫居海隅的东夷部落集团在最后盘踞的聚集地所形成的独具特色的土著文化。南黄庄文化虽然是夷人文化苟延残喘、濒临消亡的最后遗存,但细心比较的话,我们仍可比较容易地看出南黄庄文化因素越海对周边地区考古学文化的影响与渗透。南黄庄遗址的墓葬形制特殊,大型墓地中墓葬排列较整齐,墓壁四周多以自然石块砌筑,墓盖以天然石板封顶,这与周代中原地区盛行的土坑墓的墓葬形制区别明显。这种独特的墓葬形制倒是“与辽东半岛、朝鲜半岛比较常见的石棺墓有近似之处,只不过其墓壁四周以较平整的小石板或石块砌成,目前一般认为它是支石墓即石棚的进一步发展,日本、韩国部分学者甚至把它归入广义的支石墓当中。南黄庄文化还有一个比较重要的现象,就是它的分布范围与现今山东半岛保存的石棚地名的分布范围比较重合,即都以山东半岛东部的荣成、文登和乳山为分布重心。所有这些可能同样意味着它与韩国的棋

① 刘凤鸣《山东半岛与东方海上丝绸之路》,人民出版社2007年版,第23页。

② 参见北京大学考古实习队、烟台市文物管理委员会《乳山南黄庄石椁墓》,载北京大学考古学系、烟台市博物馆编《胶东考古》,文物出版社2000年版,第260页。

盘式支石墓及其发展形态石棺墓有一定联系"[①]。所谓"支石墓",是日本、韩国、朝鲜学界指称周代至秦汉时期广泛分布于中国东北南部、朝鲜半岛和日本的一种以四周立石、上盖巨石板为基本特征的墓葬形制。相关学者研究认为,中国、朝鲜半岛和日本列岛三者的支石墓在文化渊源上存在着密切的关系。[②] 蔡凤书先生对中国辽东半岛、朝鲜半岛与日本列岛三地发掘的支石墓进行了编年:辽东半岛的支石墓存续时间为公元前 11 世纪至 6 世纪;朝鲜半岛的支石墓存续时间为公元前 5 世纪至 3 世纪;日本九州的支石墓存续时间为公元前 3 世纪至 2 世纪。[③] 而乳山南黄庄南斜山墓地年代大约在西周中早期。[④] 可见,山东半岛的这种墓葬形制明显早于朝鲜半岛和日本列岛,其上限与辽东的支石墓接近,由此我们有理由推断"中国东北南部、朝鲜半岛和日本的支石墓与山东半岛'南黄庄文化'有一定的联系"[⑤]。关于辽东地区的支石墓与山东半岛的支石墓之间具体存在怎样的关系,目前尚不能有效解决这一问题。[⑥] 这样就导致在朝鲜半岛支石墓的起源问题上存在意见分歧。一种观点认为朝鲜南部的支石墓方式系由中国山东半岛传去,而北部的形式是由辽东半岛传入的;另一种观点则认为支石墓这种

---

① 李慧竹《汉代以前山东与朝鲜半岛南部的交往》,载《北方文物》2004 年第 1 期。

② 参见蔡凤书《支石墓之谜与古代中、韩、日的文化交流》,载《山东大学学报》1996 年第 2 期。

③ 参见蔡凤书《支石墓之谜与古代中、韩、日的文化交流》,载《山东大学学报》1996 年第 2 期。

④ 参见北京大学考古系、烟台文管会、乳山县文管所《山东乳山县南黄庄西周石板墓发掘简报》,载《考古》1991 年第 4 期。

⑤ 刘凤鸣《山东半岛与东方海上丝绸之路》,人民出版社 2007 年版,第 11 页。

⑥ 参见华玉冰《中国东北地区石棚研究》,吉林大学博士学位论文,2008 年,第 256 页。

墓葬形式是由朝鲜半岛传入中国的。[1] 无论这种墓葬习俗以何种方式进行传播和交流，至少可以表明西周以来的山东半岛与辽东半岛、朝鲜半岛乃至日本之间继续保持着海上文化交流的畅通，并且这种交流方式为春秋战国时期商业大潮背景下东方齐国的海上贸易开了先河。

春秋战国时期，山东半岛的海上商贸活动当以齐国为中心。齐国是当时周王朝版图中的东方大国，自太公治齐以来逐渐培育了齐地浓厚的商业氛围，一方面，齐地商人在齐国重商政策的引导下积极开展海外贸易活动；另一方面，齐国政府也积极同海上邻国展开贸易交流，利用商业手段，富国强兵。由于丝绸纺织品是古代中外贸易通道上的大宗商品，这种贸易往来必然伴随着多方面的文化交流，故而学界习惯上将涵盖贸易与文化多方面交流的通道统称作“丝绸之路”。“丝绸之路”最初主要指自汉武帝以来逐渐开辟的以长安为起点，沿河西走廊西行，经昆仑山北麓或天山南麓，一直通向中亚、西亚乃至远达地中海东港口的陆上贸易和文化通道。但随着海底考古发掘工作的不断发展，古代中国的海上贸易通道也逐渐清晰起来，北京大学教授陈炎先生由此提出“海上丝绸之路”的概念[2]，并把中国与朝鲜、日本的海上贸易通道称作“东海丝绸之路”[3]，即“东方海上丝绸之路”。春秋战国时期东方的齐国恰恰是这条丝路上最重要的枢纽。

齐国奉行农工商三业并举的治国之策，利用周王赋予的在东方地区的征伐特权，经过几百年的发展，至春秋前期不仅成为众诸

① 参见蒋非非、王小甫等《中韩关系史》(古代卷)，社会科学文献出版社 1998 年版，第 5 页。

② 参见陈炎《略论海上丝绸之路》，载《历史研究》1982 年第 3 期。

③ 参见陈炎《东海丝绸之路和中外文化交流》，载《史学月刊》1991 年第 1 期。

侯中的强国，而且还是东方地区的贸易中心和商品集散地，时谓“天下之商贾归齐若流水”①。公元前7世纪中叶，齐桓公拜政治家管仲为相，整理国政，进一步贯彻推动齐国因地制宜、注重发展商品经济的基本国策，高度重视利用商业和市场来发展本国经济。《国语·齐语》记载管仲治齐，分全国为二十一乡，其中“工商之乡”有六。为吸引外国客商来齐地经商，齐国政府还出台许多优惠政策，并为客商提供客舍等多方面的周到服务。除了政策、服务层面上的优厚条件外，齐国还有成为商品经济强国的内在经济基础。齐国占鱼盐之利，“齐有渠展之盐”②，另外齐国于公元前567年征服莱国以后，更是广占东方膏腴之地，使得桑麻种植有了更大的拓展空间，齐国纺织业在众诸侯间的影响力进一步提升，有了“齐冠带衣履天下”③的盛誉。齐国优势产业资源也得到考古资料的证实。今天鲁北地区沿渤海南岸一带发现了大量的煮盐专用工具——盔形器，遗址分布多达数十处，其年代上限可断自商末，下限则已经进入战国时期。④ 这与文献中关于周代齐国境内海盐生产的记载能够吻合。

齐国滨海的优越地理环境、合适的天然良港为它的海上贸易活动提供了极大的便利，使其赢得“海王之国”的美誉。自太公立国直至春秋前期，齐国面向东方通往大海的途径为由莱夷等东夷土著所组成的莱国所阻。管仲相齐，助桓公成为东方霸主后，“通齐国之鱼盐于东莱”⑤，逐渐将势力范围向东扩展。征服莱国以后，

---

① 《管子·轻重乙》。

② 《管子·地数》。

③ 《史记》卷一二九《货殖列传》。

④ 参见方辉《商周时期鲁北地区海盐业的考古学研究》，载《考古》2004年第4期；王青《〈管子〉所载海盐生产的考古学新证》，载《东岳论丛》2005年第6期。

⑤ 《国语》卷六《齐语》。

齐国更是将环山东半岛的重要海上航路尽操己手。《孟子·梁惠王下》载齐景公打算出游前，曾问于齐臣晏婴："吾欲观于转附、朝儛，遵海而南，放于琅邪。吾何修而可以比于先王观也?"转附、朝儛皆山名，前者在今山东省烟台市芝罘区，后者为今山东半岛东北端的成山；琅邪即琅琊，在今山东胶南，是当时齐国南部的濒海门户。[①] 齐景公欲效仿古代圣王的巡游，想到转附、朝儛两座名山上去游览，然后沿着海边南下一直到琅琊山。《说苑·正谏》载齐景公"游于海上而乐之，六月不归"，《韩非子·外储说右上》也载"景公与晏子游于少海"。少海，即今之渤海。古籍文献的这些记载充分说明齐国的势力已经扩展至山东沿海一带，占有了不少港湾条件与设施优良的出海港口，并且齐国必定有较强的造船技术和出色的航海能力。若不具备这些条件的话，景公的海上巡游恐怕难以逍遥自在地长达六月不归。齐国优惠的政策引导、优越的地理环境、优势的产业资源，加上发达的造船技术和出色的航海能力，必能使其称雄于东方海上丝绸之路。

结合文献和考古材料，我们可发现春秋战国时期的齐国已经主动开展了对朝鲜的海上贸易活动。这一时期古朝鲜一般被称作"箕氏朝鲜"，箕氏朝鲜自西周初出现于东北历史舞台，经历了西周、春秋战国大约近千余年的历史。战国末年，燕国统一东北前，箕氏朝鲜以西周侯国的身份活跃于东北东南部及朝鲜半岛北部。[②]这里称"箕氏"，是和西周初年的商朝遗臣箕子有关。箕子，相传为商纣王之叔父，于殷商灭亡后，率部分商朝遗民东迁至朝鲜半岛，联合土著居民建立了箕氏侯国，并得到周朝承认。朝鲜半岛上的

① 关于春秋战国时期琅琊的历史沿革问题，参见孙天胜《琅琊沿革》，载《管子学刊》1999 年第 2 期。今从其说。

② 参见王成国《关于古朝鲜研究的几个问题》，载《社会科学辑刊》2004 年第 3 期。

土著居民本属于东夷族系的一支，与殷商同一族源。箕子东迁，将商代的礼仪制度带到了朝鲜半岛北部，行“八条之教”，并与当地原有的道德规范和风俗准则融合起来，迅速巩固了统治基础。可以说，“箕子的教化，使古朝鲜族的政治、经济、文化诸方面都‘侔似中华’”[①]。文化上的接近，加之又有庙岛群岛这样的通往海外的便捷通道，可以说诸方面所具备的条件非常有利于两地间的商贸往来。

《管子·揆度》篇载：

> 桓公问管子曰：“吾闻海内玉币有七策，可得而闻乎？”
>
> 管子对曰：“阴山之礝碈，一策也；燕之紫山白金，一策也；发、朝鲜之文皮，一策也；汝、汉水之右衢黄金，一策也；江阳之珠，一策也；秦明山之曾青，一策也；禺氏边山之玉，一策也。此谓以寡为多，以狭为广。天下之数，尽于轻重矣。”

齐桓公向管仲询问可以适合用作珍贵货币的七种事物，管仲的回答提到了发和朝鲜出产的文皮，即有文彩的兽皮，可作为玉币之一，可见文皮在当时被视为十分珍贵的商品，并且极有可能是齐国从朝鲜输入的重要商品之一，否则难有这样高的知名度，连身在齐国临淄的管仲也能知闻。

另外，《管子·轻重甲》也记述了齐国与朝鲜之间的商业往来情况：

> 桓公曰：“四夷不服，恐其逆政游于天下而伤寡人。寡人之行，为此有道乎？”
>
> 管子对曰：“吴越不朝，（请）珠象而以为币乎？发、朝鲜不朝，请文皮、毤服而为币乎？禺氏不朝，请以白璧为币乎？

① 李德山《关于古朝鲜几个问题的研究》，载《中国边疆史地研究》2002年第6期。

昆仑之虚不朝,请以璆琳、琅玕为币乎?故夫握而不见于手,含而不见于口,而辟千金者,珠也;然后,八千里之吴越可得而朝也。一豹之皮,容金而金也;然后,八千里之发、朝鲜可得而朝也。怀而不见于抱,挟而不见于掖,而辟千金者,白璧也;然后,八千里之禺氏可得而朝也。簪珥而辟千金者,璆琳、琅玕也;然后,八千里之昆仑之虚可得而朝也。故物无主,事无接,远近无以相因,则四夷不得而朝矣。"

这段文字讲述齐桓公担心四夷不臣服于齐,可能会伤害到齐国安全,询问管仲有何应对之策。管仲则向桓公表达了他的怀夷之谋,即通过经济交往和商贸往来作为手段,与吴、越、发、朝鲜等四方之国各自的宝贵特产互相交换,从而达到睦邻友好、怀柔远人的目的。马非百先生曾对此做过这样的评断:"此言四方之国皆各有其所宝贵之特产,如欲使其朝服,即当利用此等特产作为与各该国互相交换之媒介。否则远近无以相因,而国交亦不可得而睦矣。"[①]可谓一语中的。文中提及的四方之国,均距离齐国遥远,故都虚指为"八千里",并且海路通航当是齐国与海东之国和大陆东南沿海诸国商贸交往的重要途径。

既然中朝之间的正式商贸往来关系在春秋时期的齐国已经开始了,那么当时载运商品货物的船只可能停泊的港口在何地呢?《尔雅·释地》记载:"东北之美者,有斥山之文皮焉。"经考证,斥山,位于今日山东荣成南部石岛港西北,是环境优良的出海口。因斥山多石而林木稀少,故也称"赤山"。斥山这样的自然环境并不合适虎豹等大型兽类出没栖息,因此那些珍贵的有文彩的兽皮当非斥山所出,而应该是从外地输入,斥山不过是充当了这些珍贵兽

① 马非百《管子轻重篇新诠》,中华书局1979年版,第562页。

皮交易的集散地而已。结合上述文献可知,这些珍贵兽皮盛产于朝鲜,因此"'斥山之文皮'就是'朝鲜之文皮'"[①]。由此可以推断,春秋时期,山东半岛东端的斥山港和朝鲜半岛的海上交通线已经开辟了;斥山港优越的港湾环境,同样使其成为当时山东半岛连接东南沿海的著名港口。[②]

春秋战国时期齐国与朝鲜半岛的海上商贸往来现在得到了文物考古上的证实。山东半岛是我国掌握养蚕织绸技术最早的地区,有学者提出公元前5世纪左右中国丝绸就已经传到了朝鲜[③],山东半岛应该是丝绸东传的重要基地;朝鲜半岛出土了不少中国式铜剑,如,韩国全罗道南的上林里遗址曾出土三把直刃青铜剑,它们与同时期朝鲜半岛南部常见的细形铜剑在形制和铸造上截然不同。专家经过比较分析,认为上林里铜剑不是来自与朝鲜半岛毗邻并有陆地相连的燕国,因为在具体形制和铸造细节上,上林里铜剑与燕国铜剑不甚相同,倒是与齐国常见的铜剑非常相似,如,首、茎与剑身连铸,血槽宽浅;韩国庆尚南道的蔚山市下岱遗址第23号墓曾出土一件铜鼎,专家考证认为,这件铜鼎当属于战国时期的齐式鼎,是由齐地辗转流入当地的。另外,韩国庆尚南道的金海市良东里(又作良洞里)遗址第322号墓曾出土一件铜鼎和一串包括两颗水晶珠在内的项链,据相关考证,它们也是来自战国时期的齐国。[④] 齐国的考古实物出现在隔海相对的韩国境内,充分说明至晚在战国时期,山东半岛与朝鲜半岛之间的海上文化交往和经贸

① 张政烺等《五千年来的中朝友好关系》,开明书店1951年版,第9页。

② 参见刘凤鸣《山东半岛与东方海上丝绸之路》,人民出版社2007年版,第28页。

③ 参见赵丰《古代中朝丝绸文化的交流》,载《海交史研究》1987年第2期。

④ 参见李慧竹《汉代以前山东与朝鲜半岛南部的交往》,载《北方文物》2004年第1期。

活动已经开始了。

据学者考证分析，战国时期齐地与朝鲜半岛的沟通，主要是通过海路来完成的。其主要的判断依据是战国时期齐国的考古实物主要发现于朝鲜半岛南部的韩国境内，而朝鲜半岛北部出土的这一时期的考古实物主要出自燕、赵等北方国家。比如，朝鲜平安北道、朝鲜慈江道多处遗址均发现了大量的战国时期燕国的明刀币，黄海南道则发现了战国时期无血槽中原式铜剑，地处鸭绿江北岸的中国吉林省集安市发现了战国晚期的赵国有铭文铜剑等。[①] 这些考古实物证明战国时期燕、赵、齐三国均与朝鲜半岛有密切的经济文化往来，但三国与朝鲜交往的路线有区别：燕赵两国走陆路，自北方南下进入朝鲜半岛；而齐国走海路，从朝鲜半岛南部西海岸进入今韩国境内。因此可以推断，战国时期，齐国与朝鲜的商贸往来与文化交流，可能已经开辟了从山东半岛的港口出发，直接横渡黄海到达朝鲜半岛的航线。

春秋战国时期山东半岛与日本列岛之间海上商贸交往情况虽然没有直接载于史书，但我们通过爬梳文献，结合中日之间的考古发掘，仍可以捕捉到不少有价值的能反映两地交往情况的证据。

首先，从文献来看。成书于先秦秦汉时期的中国早期文献多次提到“倭”字或其他与日本有关的地名。《山海经·海内北经》记载：“盖国在钜燕南，倭北。倭属燕。”钜燕，指战国时代的燕国；盖国，地在辽东和朝鲜北部；倭，则是指日本。郭璞注云：“倭国在带方东大海内，以女为王。”带方，指汉代的带方郡，即今朝鲜平壤西南地区。《山海经·海内经》也载：“东海之内，北海之隅，有国名曰朝鲜、天毒，其人水居，偎人爱之。”这里的偎，音通委，解释为

① 参见刘凤鸣《山东半岛与东方海上丝绸之路》，人民出版社2007年版，第30页。

倨，“爱”则可读作挨或依。参证《玉篇》“北海之倨，有国曰倨人”，这个地处东、北海之上，靠近朝鲜的“倨人国”，实际也是指日本。[①]《山海经》还记载了一个神秘的黑齿国，如《海外东经》云：“汤谷上有扶桑，十日所浴，在黑齿北。居水中，有大木，九日居下枝，一日居上枝。”《大荒东经》亦云：“有黑齿之国。帝俊生黑齿，姜姓，黍食，使四鸟。”黑齿，郭璞注：“齿如漆也。”刘黎明先生考证黑齿国为古代日本列岛之本州岛上的一个方国，古代日本的确有染齿为黑的旧俗；参证《三国志·魏书·东夷传》的记载：“女王国东渡海千余里，复有国，皆倭种。……黑齿国复在其东南，船行一年可至。”女王国，经学者考证为古代日本九州岛上的一个强国。[②] 这些文献记载说明，战国时代的中国地理名著——《山海经》的作者不仅了解日本的存在，而且还能较准确地指明日本的地理位置，这显然是中、朝、日之间某种程度上的古文化交流的结果。东汉王充的《论衡》多次提到倭人与周王朝的朝贡贸易活动。比如，《恢国》篇记载西周成王之时“越常献雉，倭人贡畅”。《儒增》篇云：“周时天下太平，越裳献白雉，倭人贡鬯草。”畅与鬯，古字相通，指郁金香草，周代常用它制造香酒，用以祭祀；越裳，是秦汉以前活跃于长江流域以南广大地区的一个古老部族。[③]《逸周书·王会》也称，周成王时，有黑齿国入贡，献白鹿、白马。这些文献内容充分说明早在三千多年前的西周初年，遥远的日本列岛上的倭人就远涉重洋，与中国有了正式的朝贡往来。学者推论，这一时期日本与中国的交往路线，走的是“循海岸水行”的海路方式，即沿着朝鲜半岛西海

① 参见何新《扶桑神话与日本民族起源》，载《学习与探索》1989 年第 Z1 期。

② 参见刘黎明《〈山海经〉里的“黑齿国”与日本古俗》，载《文史杂志》1993 年第 5 期。

③ 参见程爱勤《古越裳考》，载《东南亚纵横》1991 年第 3 期。

岸北上，经庙岛群岛，走海路进入山东半岛。这是一条比较安全、便捷的航路，还可以节省大量时间。[①]

其次，从考古实物证据来看。这一时期日本的考古学文化处于绳纹文化末期至弥生文化初期，中日之间的经济文化交流得到了考古资料的佐证。比如，日本西海岸北部山阴北路地区出土了中国春秋时期的青铜铎350件，与朝鲜半岛上庆尚南道出土的青铜铎完全相同，据日本学者栗山周一考证，这些青铜铎的形状、花纹与中国己侯钟十分相似，而己侯钟是春秋时期登州的己侯国所铸，因此可以推断，日本、朝鲜出土的己侯钟起源于中国沿海的东夷文化[②]。1922年在日本列岛最南端的冲绳县那霸市，发掘了属于绳文文化晚期的城岳贝冢遗址，找到一枚属于中国战国时期燕国的货币——明刀。[③] 这种明刀钱在山东龙口也曾出土过。另外，齐地的丝绸纺织品也在日本被发现，“在佐贺县高来郡三会树景化园弥生文化的墓葬中发掘出了最早的纺织品。它是被放在墓葬的陶瓮中的，是一寸见方的残布片，经测定，经线40至50根，纬线30根，与齐地所产丝绢大体相同”[④]。这些考古证据充分说明两千多年以前的春秋战国时期中日之间已经存在海上文化交流和贸易往来了。尽管这种交流是否要经由朝鲜海峡的航道，或中日间商贸往来是否要经由朝鲜商人的中转，目前还不能确知，但至少证实一点：中日之间已经开辟了连接山东半岛与日本的海上通道。

至迟自春秋战国以来，中韩、中日之间的交往很可能伴随着较

---

① 参见刘凤鸣《山东半岛与东方海上丝绸之路》，人民出版社2007年版，第39页。

② 参见朱龙、董韶华《登州港与东方海上丝绸之路》，载《中国海洋大学学报》2004年第4期。

③ 参见蔡凤书《中日交流的考古研究》，齐鲁书社1999年版，第104页。

④ 李英森等《齐国经济史》，《齐文化丛书》第14册，齐鲁书社1997年版，第566页。

大规模的人口迁徙，这一点在弥生时代的日本表现得尤为明显。学术界普遍认为，弥生文化并非日本土生土长的文化，而是舶来品，是自公元前3世纪前后吸收外来文化而形成的。比如，日本著名历史学家井上清提出："弥生时代文化，完全是生产力发展的结果，而其发展是外来文化构成的，弥生文化不是绳纹文化的继续和发展，而是外来文化，这是无可置疑的。"①这里所说的"外来文化"与大陆文化关联密切，受中国和朝鲜文化的影响很大。

春秋战国以来，大陆地区五霸争雄，七国斗胜，狼烟四起，兵祸交残，导致战乱区百姓纷纷逃亡以避祸，不少亡民或从陆路、或自海上辗转流寓到朝鲜和日本等地。其中，滨海的山东半岛是大量流民逃亡朝鲜、日本的前沿基地。文化先进、技术发达的山东半岛亡民在迁居到朝鲜和日本以后，必然把各种新的物产和生产技术带到新家园，促进当地技术革新和生产发展，这一点在为海域隔绝的日本列岛表现得尤为显著。日本在绳纹文化时代尚处于刀耕火种的原始发展阶段，可是一进入弥生时代，青铜器、铁器几乎同时出现了，这与旧大陆文明国家的物质文化发展道路沿着石器时代—青铜时代—铁器时代的惯例显然不同②；此外，弥生文化时期日本的缫丝生产技术也已经出现，弥生文化中期的青铜铎上面就刻有缫丝生产的劳动场面，可以推测日本的缫丝生产技术当在弥生文化前期应该已经传入，距今2300年左右。虽然比起中国和朝鲜半岛，日本的纺织业起步很晚，但纵向比较的话，仍然可以看出弥生文化时期日本社会比起绳纹时期有显著变化，技术革新的速度令人称奇。可以说"绳纹文化的进展是以千年为单位来计算的，

① [日]井上清著、天津市历史研究所译校《日本历史》(上册)，天津人民出版社1974年版，第15页。

② 参见蔡凤书《中日交流的考古研究》，齐鲁书社1999年版，第121页。

但弥生时代文化进步之快，就是以百年为单位来计算也感到不妥当了”[①]。这样的发展速度，显然是受到外来族群的先进文化影响的结果。

来自人骨鉴定的信息也可以佐证弥生文化时期中日文化交流过程中存在较明显的人员往来情况。1994年，中日双方达成协议，利用临淄出土的周—汉代的人骨资料与日本西部绳纹人骨、弥生人骨进行对比综合研究，发现日本新石器时代的绳纹人与年代相当于周—汉代的西弥生人有很大不同，当研究者把临淄周—汉代人骨的综合测量数据和日本西部的弥生人、绳纹人的测量数据进行比较时，出现了一个非常有意思的结果。即在脑颅、面颅的26项测量数据中，临淄人与日本西部弥生人之间相对接近的有20项，占全部测量数据的77%，而与绳纹人之间相对接近的只有6项，仅占全部测量数据的23%。其中除了临淄周—汉代人与日本西部弥生人的一些共同特征是绳纹人所没有的以外，值得注意的是临淄周—汉代人与日本绳纹人头骨之间的综合差异与日本西部弥生人和绳纹人头骨之间的综合差异相似。而且根据多种形态量化及作图法的比较证实，日本西部弥生人类群与临淄周—汉代人群具有相近的种族形态学基础，因而他们在种族人类学上应该同属蒙古人种的东亚类群。据此推测他们在东亚大陆应该有最直接的共同或非常相似的祖源关系。同时，临淄周—汉代人的身高（男性身高平均为1.64米，女性身高约为1.59米）和日本西部弥生人的身高（平均1.63米）也很接近。牙齿人类学的研究亦证明了临淄周—汉代人与日本西部弥生人的接近程度明显大于绳纹人。依

① ［日］井上清著、天津市历史研究所译校《日本历史》（上册），天津人民出版社1974年版，第18页。

据上述体质人类学的研究已经可以证明，日本人的祖先中应该有相当一部分是来源于华北地区。[①] 中国考古学家后来利用眶上孔和舌下神经管二分这两个解剖学特征的变异进一步对临淄人骨进行统计分析，研究结论是："在日本人的起源过程中，与中国大陆东部沿海地区的周—汉代人类型的人口之间存在密切的联系，他们在弥生时代以后至现代日本人的形成过程中，有过重要的遗传贡献。"[②]这些研究结论都一致证明日本弥生人中的一部分来自中国大陆的东部地区，应该与山东半岛的先民有某种程度上的亲缘关系。

另外，春秋战国时期，山东半岛与东南沿海地区的吴越等地应该已经开辟了海上的贸易通道。吴越之地自古就是以素习航海、擅长舟楫而著称海内。越王句践曾自称其民是"水行而山处，以船为车，以楫为马，往若飘风"[③]；而吴国也被称为"不能一日而废舟楫之用"[④]的国家。吴越之地制造舟船的历史不仅悠久，而且技术先进，故文献中记载周成王之时即有"于越献舟"[⑤]之事。东周以来，小国图存，大国争霸，战争频仍，时局的需要迫使吴越两国都高度重视水军建设、发展船舶技术。当时吴越已经能够制造分别长十丈的"大翼"、九丈六寸的"中翼"、九丈的"小翼"等各类船只。[⑥]吴越发达的造船技术、丰富的航海经验及壮大的军事力量，使得他们亦有野心角逐中原霸权。《史记·吴太伯世家》记载吴王曾率军

---

① 韩康信、袁靖《日本人起源新证》，载《中国文物报》1996 年 1 月 14 日第 3 版。

② 韩康信《山东临淄周—汉代人骨眶上孔和舌下神经管二分的观察与日本人起源问题》，载《考古》1997 年第 4 期。

③ 《越绝书》卷八《越绝外传记地传第十》。

④ 《春秋大事表》卷三三。

⑤ 《艺文类聚》卷七一引《周书》。

⑥ 参见永瑢等《四库全书总目》卷六六"《越绝书》提要"。

“从海上攻齐，齐人败吴，吴王乃引兵归”。《左传·哀公十年》也记载，吴国“徐承帅舟师，将自海入齐，齐人败之，吴师乃还”。吴人能沿海北上袭齐，说明连接山东半岛与东南沿海地区的海上航线已经开辟，这条航线战时可用作行军水路，平时则可充作贸易通道。《史记·越王句践世家》载吴亡以后，范蠡“乃装其轻宝珠玉，自与其私徒属乘舟浮海以行，终不反”，“范蠡浮海出齐，变姓名”，说明这条沿海航线确实是连接南北的重要民间贸易航道，去越之齐的范蠡后来成为积资数十万、名声远扬的大商人。

第三节　秦汉时期的齐鲁商贾与海上贸易

公元前221年，秦将王贲攻齐，俘齐王建，齐亡。至此秦灭六国，一匡天下，建立起我国封建社会历史上的第一个帝制王朝——秦王朝，开启了后来秦汉长达四百余年的大一统局面。秦汉时期是我国封建大一统社会的草创和初步发展时期，新兴的封建帝国积极向周围邻邦布宣威德，而东临的朝鲜半岛和日本在原来与大陆经济文化交往的基础上，受到海上求仙、移民热潮、商贸需求等因素刺激，中、朝、日之间的经济文化交流在这一时期又跃升到一个新阶段，展现出新面貌。

秦汉时期，山东半岛成为帝国统治下最重要的东方经济区。秦王朝曾在此设立了胶东郡、琅琊郡和临淄郡，任用官吏，实施行政管理。汉代前期，山东境内形成郡国并行格局，分封了齐国、淄川国、济南国、胶东国等，设立东莱郡、琅琊郡、北海郡等。汉景帝时吴、楚等七国发动对抗中央的叛乱事件，山东地区是叛乱的重要策源地，七国之中有四国来自齐鲁之地。汉帝国最终平息叛乱，并着手解决王国问题，颁行“推恩令”、“附益法”等多种措施对诸侯王削爵夺地，行政体制由原来的王国—郡—县的三级制变成王国（郡）—县两级制，国与郡基本趋于一致，并设青州、徐州刺史对山东郡国进行行政监察。

一般认为，春秋战国以来，海上探险、海上运输、海外贸易以及频繁海战等多种因素推动了我国古代航海事业的初步繁荣。[①] 秦灭六国，继承整合了巴蜀地区以及齐、楚、吴、越等造船业发达地区的先进技术，促使统一后的秦王朝水上运输及航海能力得到进一步加强，表现在以下几个方面：

第一，秦王朝军队设有水军，规模宏大，战斗力大大增强。

秦王朝军制与战国时秦国军队相同，分为陆军与水军两个军种。陆军包括步兵、车兵和骑兵；秦时的水军常被称为楼船士，它是秦朝武装力量的重要组成部分。文献中关于秦朝水军记载的内容并不多见，但有限的记述仍然可反映出秦朝水军力量的强大：水军在秦王朝平百越过程中发挥了重要作用，《史记·平津侯主父列传》、《淮南子·人间训》、《汉书·严安传》中都提到了始皇帝派遣尉屠睢率领50万大军南征百越，楼船士是这次军事行动的主力，他们既可以完成水上作战任务，也可以完成登陆作战任务；水军的战船主要分为大型的楼船和轻捷的艨艟、斗舰等种类；水军的武器装备齐全，除水战特用的钩拒等武器外，还配备有陆上作战使用的弓弩、长短兵器、火攻用具等，这些装备大大增强了水军的战斗力。《墨子·鲁问》篇记述公输般游楚，“始为舟战之器，作为钩强之备，退者钩之，进者强之，量其钩强之长，而制为之兵。”钩强即是钩拒，据说是由公输般发明的一种水上作战的专用武器，它可以在敌人舟师后退时把它钩住。在敌人舟师前

① 参见张静芬《中国古代的造船与航海》，商务印书馆1997年版，第30页。

进时把它挡住。钩拒在楚国被应用后，一举扭转了楚国在楚越水战中的不利局面。秦灭六国后，其水军应该装备有这样的武器。《史记·秦始皇本纪》记载始皇帝最后一次出巡，来到山东半岛的沿海一带，“令入海者赍捕巨鱼具，而自以连弩候大鱼出射之。自琅邪北至荣成山，弗见。至之罘，见巨鱼，射杀一鱼”。这说明始皇帝的海上卫队也配备有矢弩这样的武器。这些武器装备可以使得其水军在战斗中应付自如，远则以矢弩交射，近则以钩拒、五兵进行攻守格斗，另外可利用艨艟、斗舰进行猛烈的冲角战和船舷战，一旦有机可乘，还可以火助攻。

第二，秦朝的造船技术发达，船队的载重运输能力进一步增强。

早在战国时期，纵横家张仪曾游说楚王道：“秦西有巴蜀，大船积粟，起于汶山，浮江已下，至楚三千余里。舫船载卒，一舫载五十人与三月之食，下水而浮，一日行三百余里，里数虽多，然而不费牛马之力，不至十日而距扞关。”①张仪的说辞虽有夸张的成分，但多少也能反映出统一前的秦国造船技术已经相当高超了。所谓“舫”，就是用木板或梁木之类的硬质材料横跨在两船之上，将其牢牢地联结起来，使两船并为一体，这样既可增加船的宽度，又能提高船的稳定性和载重量。一艘舫船可以载容五十人并三个月的粮食，可知舫船规格较大。《华阳国志·蜀志》也记载秦时司马错曾率巴蜀之众十万、大船舶万艘、米六百万斛浮江伐楚，足见秦国船队规模之大和水道通航能力之强。到了秦朝统一后，造船技术进一步提高。1974 年在广州发现了一处古代造船遗址，经鉴定为秦代官方造船工场。该工场共有三个平台，其设置可随意调节，既可

① 《史记》卷七〇《张仪列传》。

在各个平台上造小船,也可把三个平台联起来造大船,所造大船有八米宽,二十米长,载重可达三十吨。①

第三,秦朝船舶已经能够使用风帆和橹,利用风向、水流等自然因素做水道航行动力,大大节省人力,为远海航行提供了便利条件。

古人在对日常生活经验进行总结和对自然物细心观察后发现,物体所受到的风力大小跟物体的受风面积大小成正比关系,即物体的受风面积越大,受到的风力影响就越大,反之则小。据此,船只在航行时如果能得到有效风力的推动,就可以节约大量的人力,经过长时间的探索,古人终于发明了帆。目前关于帆的最早文字记载出现于东汉时期。东汉著名古文经学家马融曾向汉安帝呈《广成颂》一文,文中有“然后方余皇,连舼舟,张云帆”②的句子;汉末张熙《释名·释舟》曰:“随风张幔曰帆,帆,泛也,使舟疾泛泛然。”根据这些文献记载,我们可以最保守地断定至迟在东汉前期中国已有风帆了。③ 但风帆的最初出现当早于此,秦代能够使用风帆可能性很大。

早期的舟船推进工具是篙和桨,据浙江河姆渡遗址出土实物木桨残存的测定,使用划桨推进的航行起源于距今7000多年以前的新石器时代后期。桨既可使船前行,又可控制方向,是船舶航行的必备工具。随着船体的不断增大,橹应运而生。橹是一种拨水使船前行的工具,外形比桨要长,一端支在船边或船尾的橹担上,另一端则伸入水中,入水的一端呈弓形。用手摇动橹担绳,可使伸

① 参见金健人《古代东北亚海上交流史分期》,载《社会科学战线》2007年第1期。
② 《后汉书》卷六〇上《马融传》。
③ 参见文尚光《中国风帆出现的时代》,载《武汉水运工程学院学报》1983年第3期。

图 2-4 山东沂南东汉墓画像石中的船桨及船橹(采自彭德清主编《中国船谱》,人民交通出版社等 1988 年版)

入水中的橹板左右摆动,产生压力差,形成推动力。在 1983 年广州出土西汉南越王的铜器图纹上的船,船尾有大型推进工具,经考证是属于尾橹。因此,橹的出现不会晚于西汉,可上推至秦或者更早。橹比桨大,且可由桨的间歇划水转变为连续划水,大大提高功效,故有"一橹三桨"的说法,即橹的效率可以达到桨的三倍,更能满足楼船等大型船舶航行的动力需求。①

第四,先秦以来气象、天文知识的积累为秦王朝海上航行的气象预测、定向定位等起到了重要的指导作用。

春秋战国时期,人们逐渐认识到季节变化与风向转移有着密切的关系,并对这些变化的规律做了一定程度上的总结。成书于战国后期的《吕氏春秋·有始》曰:"何谓八风?东北曰炎风,东方曰滔风,东南曰熏风,南方曰巨风,西南曰凄风,西方曰飕风,西北曰厉风,北方曰寒风。"这里说的八风是指八种季候风,与四季中的春分、夏至、秋分、冬至、立春、立夏、立秋、立冬八个节气有着紧密的关系。这八风还与八音、八方、四季、八卦及人事相互配合,形成

① 参见张良群《从秦代航海条件看徐福东渡的可能性》,载《日本研究》1998 年第 1 期。

古人心目中的天人和谐的世界图式。《周礼·春官·保章氏》曰“以十有二风,察天地之和”,把风分为十二类,与十二地支、四季十二个月配合联系起来,形成十二辰风表。

表2-2 十二辰风表①

月份	地支	季节	风向
正月	子	春季	风向来自北(北风)
二月	丑		风向来自东北偏北
三月	寅		风向来自东北偏东
四月	卯	夏季	风向来自东(东风)
五月	辰		风向来自东南偏东
六月	巳		风向来自东南偏南
七月	午	秋季	风向来自南(南风)
八月	未		风向来自西南偏南
九月	申		风向来自西南偏西
十月	酉	冬季	风向来自西(西风)
十一月	戌		风向来自西北偏西
十二月	亥		风向来自西北偏北

八风、十二辰风的总结归类,反映出古人对季风变化的基本规律有了一定程度上的认知和把握,这对于海洋气象预测发挥了重要的作用,便于海上航行的船舶利用风力和海流。

另外,先秦时期,古人通过对星象的系统观察,很早就能认知并绘制出星象图式。1978 年在湖北省随县擂鼓墩发掘的战国早期

① 参见张静芬《中国古代的造船与航海》,商务印书馆 1997 年版,第 21 页。本书略有改动。

图 2-5　湖北随州曾侯乙墓出土的漆箱盖上的二十八宿星象图（采自彭林《文物精品与文化中国》，清华大学出版社 2002 年版）

曾侯乙墓中，有一件漆箱盖面绘有青龙、白虎的图像和完整的二十八宿星象图，并环绕在“斗”字周围。① 这里的“斗”指示北斗星。北斗星像个勺子，勺口正对着北极星。北斗七星（包括北极星）自远古以来就一直处于华夏民族视野的恒星圈内，中原地区的先民一年四季都能在晴朗的夜空中看到它们。古文献中也有关于它们的记载，《论语·为政》篇曰：“为政以德，譬如北辰，居其所而众星共之。”北辰，即北极星，古人常利用北极星、北斗七星来辨明方向，“夫乘舟而惑者不知东西，见斗、极则寤也”②。战国以来涌现出不少善于观测天象的天文学家，他们初步掌握了日、月与金、木、水、火、土五大行星的基本运行规律，如齐人甘德（一说为楚人或鲁

① 参见王健民、梁柱、王胜利《曾侯乙墓出土的二十八宿青龙白虎图象》，载《文物》1979 年第 7 期。

② 《淮南子·齐俗训》。

人)、魏人石申、楚人唐昧、赵人尹皋等纷纷著书立说,比较知名的有甘德的《天文星占》,石申的《天文》,这些著作留下了不少关于早期星体运行变化的珍贵记载。古人通过观测天象来确定时令节气,指导农事活动。所谓"观象授时",正是这个道理。《周礼·考工记·匠人》曰:"昼,参诸日中之景,夜,考之极星,以正朝夕。"天文观测的功能除此之外,还有一个很重要的应用价值,即随着古代航海事业的发展,天文观测的重要成果可以服务于海上航行,帮助早期的航海家们用以定向定位,使他们在浩瀚的海上不至于轻易迷失方向,从而发挥了重要的导航作用。

第五,先秦以来,东部滨海和东南沿海地区逐渐形成了若干重要港口,秦汉大一统的行政格局进一步密切了各港口间的联系,使其逐渐发展为著名港市。

春秋战国时期,我国沿海地区业已形成了五大港口,分别为碣石(今河北秦皇岛)、转附(今山东烟台)、琅琊(今山东胶南)、会稽(今浙江绍兴)以及句章(今浙江宁波)。[1] 在这五大港口之中,山东境内占有两处。其中琅琊居南北海路的中枢,它作为著名海港很早就见诸史籍,"为海港而载于史乘者,以琅琊为始"[2]。秦始皇五次巡游三次到过这里,并曾在此驻跸三月之久,下令将黔首三万户迁居于此,充实和扩建琅琊港,这对于琅琊作为港市地位的孕育发展影响很大;山东烟台一带到秦朝时出现了之罘、黄、腄等重要港口,始皇帝第一次东巡,于登泰山禅梁父后,"乃并勃海以东,过黄、腄,穷成山,登之罘"[3],《史记·平津侯主父列传》载秦始皇帝

① 参见张良群《从秦代航海条件看徐福东渡的可能性》,载《日本研究》1998 年第 1 期。

② [日]藤田丰八著、何建民译《中国南海古代交通丛考》,商务印书馆 1936 年版,第 524 页。

③ 《史记》卷六《秦始皇本纪》。

“使天下蜚刍挽粟,起于黄、腄、琅邪负海之郡,转输北河”,可见山东半岛北部沿海一带的港口是秦王朝用以近海航行、转输粮草的北方航运基地。这些港口是滨海地区和内地之间经济、文化、商贸往来发展的结果,是连接内地河运和海运的交通枢纽,更是内地与海外展开商贸活动的前沿基地。秦王朝虽然统治短暂,但对东方滨海一带,尤其是山东半岛所属的齐鲁地区表现出极重的热忱,否则也不会在东巡过程中屡次途经此地。据文献记载,始皇帝在位时期共有五次出巡,除第一次是在公元前220年西巡陇西外,其余四次均是巡游海上,而这四次巡海行动中有三次是明确到达过山东沿海一带,这在客观上促进了山东滨海港口的进一步孕育发展。没有港湾设施及配套建设的初具完善,始皇帝不可能于此流连忘返、驻跸三月之久。

造船技术的高超发达、气象天文知识的丰富积累、港口航运设施的初具完善,加上水军武器装备的强大有力,为大秦帝国航海事业的发展备足了力量,也为这一时期山东半岛官方或民间的海上商贸活动和人员物资交流开拓了新局面。正是这样的背景造就了中、日、韩海上交流的先驱——徐福,徐福东渡成为中国海交史上的重大事件,从侧面反映出秦帝国统治下东方海上贸易的盛况。

徐福,亦称作徐市,是齐地方士,自幼生活于齐国后期胶东半岛的沿海地区,熟知燕齐一带海上神仙传说,他说服秦始皇资助他大量的人力物资“入海求仙”。徐福入海求仙活动的记载主要来自《史记》,根据文献,徐福曾两次入海求仙:第一次发生于公元前219年,这一年始皇帝东巡到山东琅琊一带,“齐人徐市等上书,言海中有三神山,名曰蓬莱、方丈、瀛洲,仙人居之”①。始皇帝对徐福

① 《史记》卷六《秦始皇本纪》。

图2-6 山东龙口徐福故里碑（采自朱亚非主编《徐福志》，山东人民出版社2009年版）

的说辞很感兴趣，于是派遣徐福率领数千童男童女出海寻觅；第二次发生于公元前210年，这一年始皇帝最后一次出巡，再次来到齐地琅琊，徐福诈称“蓬莱药可得，然常为大鲛鱼所苦，故不得至”①，始皇帝信以为真，“遣振男女三千人，资之五谷种种百工而行。徐福得平原广泽，止王不来”②。徐福的第二次入海求仙一去不返。徐福入海求仙的传说，引出许多值得研究的重要问题，如徐福的故里、东渡起航的地点、东渡登陆地点、航行路线等，目前关于这些问题的研究尚存有诸多争议，众说纷纭。③ 从客观上讲，要得到确切的结论还需要更多的科学而翔实的证据。但依据上文对秦王朝时代背景的评述，并对现有文献和中、日、韩三地出土文物进行综合分析，我们还是可以形成如下推测④：

其一，秦王朝的强大国力以及当时所具备的海洋知识和航海能力，使得徐福成功东渡完全可以成为现实。

其二，徐福东渡的起航地，极有可能是山东半岛的沿海一带的

① 《史记》卷六《秦始皇本纪》。

② 《史记》卷一一八《淮南衡山列传》。

③ 参见刘毅《徐福研究述评》，载《日本研究》1992年第1期。

④ 参见刘凤鸣《山东半岛与东方海上丝绸之路》，人民出版社2007年版，第42～77页。

港口，尤其是胶南琅琊港或地处烟台的古黄县沿海一带。

其三，徐福东渡的航行路线极有可能是从山东半岛北部入海，沿庙岛群岛，渡过渤海湾，沿辽东半岛、朝鲜半岛海岸线，循海岸水行南下。

其四，徐福东渡的船队至少有一批人到达了日本，而在东渡过程的沿途一带，如朝鲜半岛南部间或也有部分人员停留居住。

丁正华先生根据有关史料分析，概括了秦代徐福东渡时的船队盛况：船长十丈以上，宽约二丈，单桅，高十丈，布帆，能驶顺风及侧后风，两舷设橹六到十只，另有尾橹兼舵一只，船首有大索系石碇为锚；舱面甲板上三层，下二层，下二层每层分隔成五至七舱，分别为童男童女、百工、水柜等舱室，上通甲板，两侧舷板上开有等距离间隔小窗孔；甲板上面船首部分建有“兵甲宿棚”兼值卫、水手、瞭望岗室；中间为桅帆操作地区，船中部以后建舱室三重，下层宽敞区分隔几室为宫舱，上层为瞭望指挥之所，中层为舱楼即操驾尾橹掌握航向之所。其大号船可装官兵水手童男女百人左右，少数船只专用于装载马匹车辆及各种物资工具。徐福的全部船只至少在五十艘以上。①

徐福东渡的航海实践，是中国早期航海史上的壮举，是山东半岛齐文化向海外的一次大传播，也是当时山东半岛沿海一带与周边地区官方或民间海上交流活跃的典型反映。徐福船队给朝鲜半岛南部特别是相对落后的日本列岛带去了秦王朝高度发达的造船、航海技术以及先进的耕种方式、百工技艺等，全面推动了朝鲜和日本社会的进步，具有重大的历史意义。

① 参见张良群《从秦代航海条件看徐福东渡的可能性》，载《日本研究》1998 年第 1 期。

秦先消灭六国而旋即自身亦被灭亡,几乎战乱不息,加上帝国的高压暴政,迫使当时许多中原百姓为避开战乱和徭役往往取道燕、齐,或自陆路、或乘船渡海逃亡到朝鲜半岛定居,这些亡人中当有不少是来自山东半岛的百姓。《后汉书·循吏传》记述了王景家族的事迹:"王景,字仲通,乐浪誹邯人也。八世祖仲,本琅邪不其人。好道术,明天文。诸吕作乱,齐哀王襄谋发兵,而数问于仲。及济北王兴居反,欲委兵师仲,仲惧祸及,乃浮海东奔乐浪山中,因而家焉。"王景的先祖王仲,本是山东琅琊人,明晓天文,于西汉前期自海路逃亡到朝鲜半岛,他是这一时期山东半岛百姓浮海出逃到朝鲜半岛的典型个案。《三国志·魏书·东夷传》注引《魏略》云,在朝鲜王准统治时期,"陈、项起,天下乱,燕、齐、赵民愁苦,稍稍亡往准,准乃置之于西方。"《后汉书·东夷传》亦称:"汉初大乱,燕、齐、赵人往避地者数万口。"可见自秦末至汉初的十数年间,山东半岛一带出现过大规模的向朝鲜半岛的人口迁移,这些浮海流亡到朝鲜的山东半岛百姓,为了谋生,不少人继承了齐人"好贾趋利"的传统,在各地间从事商业贸易活动。在平壤大同江对岸的土城遗址发掘出秦朝的半两钱,证明当时这一地区的商业贸易活动相当活跃。① 朝鲜半岛的中南部地区也有不少自山东半岛渡海而来的中原百姓,这些移民被称为辰韩或秦韩。《后汉书》载:

辰韩,耆老自言秦之亡人,避苦役,适韩国,马韩割东界地与之。其名国为邦,弓为弧,贼为寇,行酒为行觞,相呼为徒,有似秦语,故或名之为秦韩。有城栅屋室。……土地肥美,宜五谷。知蚕桑,作缣布。乘驾牛马。嫁娶以礼。行者让路。

① 参见金荣国《中国古代货币制度对朝鲜、日本古代货币制度的影响》,载《延边大学学报》2000 年第 2 期。

国出铁。涉、倭、马韩并从市之。凡诸(货)[贸]易,皆以铁为货。①

从引文的描述中可以得知,辰韩人从事农业生产,种植五谷,学会纺织丝绸和麻布,用牛马作为运输工具,婚姻嫁娶都有可以遵照的礼俗,贸易则以铁作为通货。辰韩人的社会习俗和文化,尤其是其先进的农耕生产技术对半岛南部地区带来相当大的影响,他们与原住民共同生活、和睦相处,文化上发生交融,后发展为朝鲜半岛东南部的古三韩部落之一。

从半岛南部的辰韩继续南下向日本交流,这在当时是完全可以实现的。因为日本海有左旋环流,船只可以由朝鲜半岛南部自然漂流至日本,"从古时的辰韩出发,将会非常容易地到达日本的山阴、北陆地区"②。这种半漂流性质的航路当在远古时代就已经开辟,加上秦汉时期先进的造船技术和航海能力,使得朝鲜半岛通往日本的海上交通更加便捷,加强了中、韩、日三地间的经济文化交流。日本北九州一带发现了大量的铜剑、铜鉾,其制造年代最早距今已有两千几百年,在中国和朝鲜都发现了同样的遗物,说明中国的文化产品铜剑、铜鉾,远在两千几百年前的古代,就经过弁韩、辰韩、对马等地传到日本,并且当在同时发生着技术交流。③

西汉帝国建立后,山东半岛与隔海相望的辽东半岛以及朝鲜、日本的海上经济文化交流在秦代的基础上继续推进。汉初,燕人卫满乘燕地骚乱不安,率领移民东渡浿水(今清川江)进入朝鲜,先居住在秦代的旧障塞地带,暂时落脚后入见当时的箕氏朝鲜王准,

---

① 《后汉书》卷八五《东夷传》。

② [日]木宫泰彦著,胡锡年译《日中文化交流史》,商务印书馆1980年版,第2页。

③ 参见[日]木宫泰彦著,胡锡年译《日中文化交流史》,商务印书馆1980年版,第6~7页。

王准把卫满安置在朝鲜西部。卫满大诱亡党,积聚力量,待实力雄厚之后,驱逐王准,自立为朝鲜王,开始了卫氏朝鲜的统治。卫氏朝鲜政权的基础主要是来自两方面的民众:一是秦末汉初由大陆避乱迁居的中原亡人,二是原箕子朝鲜的族众。在卫氏政权统治下,这两部分居民逐渐融合。卫氏朝鲜为了发展壮大,急需物资支持,当与辽东乃至燕齐沿海一带发生着频繁的和平式或掠夺式的经济往来。《史记·朝鲜列传》记载:

> 会孝惠、高后时天下初定,辽东太守即约满为外臣,保塞外蛮夷,无使盗边;诸蛮夷君长欲入见天子,勿得禁止。以闻,上许之,以故满得兵威财物侵降其旁小邑,真番、临屯皆来服属,方数千里。

可惜辽东太守与卫满的约定并未切实得到实施,卫氏朝鲜阻塞真番、辰国等与汉朝的通商朝贡往来。随着西汉国力的逐渐恢复发展,西汉元封二年(公元前 109 年),负有雄才大略的汉武帝决定派遣水陆大军进讨卫氏朝鲜,“其秋,遣楼船将军杨仆从齐浮勃海,兵五万;左将军荀彘出辽东,讨右渠”①,经过一年的艰苦斗争,最终消灭卫氏朝鲜。平定卫氏朝鲜后,汉朝在其地设立了乐浪、临屯、真番、玄菟四郡。据考证,这四郡范围北至今朝鲜东北咸镜道,南至今朝鲜中部黄海道、京畿道一带。② 由于这一地区不少居民为中原移民,故而在语言习惯、文化风俗、生活方式等方面与中原相近,十分有利于两地间的商贸交流,尤其是后来因四郡人口稀少,汉昭帝曾“募郡国徒筑辽东玄菟城”③,使得不少内地官员、商贾、刑徒等

① 《史记》卷一一五《朝鲜列传》。

② 参见蒋非非、王小甫等《中韩关系史》(古代卷),社会科学文献出版社 1998 年版,第 32 页。

③ 《汉书》卷七《昭帝纪》。

纷纷进入四郡,中朝间的商业贸易因而进一步繁荣起来。这一时期的汉朝商人足迹遍于四郡之地,以至于影响当地风俗,足见其人数之众:"都邑颇放效吏及内郡贾人,往往以杯器食。"[①]杯器,是形似羽觞之类的平底器具,可置于几上。过去这里的都邑居民饮食常用笾、豆。笾和豆是古代高足食器,竹制为笾,木制为豆,饮食使用笾、豆是古代遗俗,可现在他们仿效汉朝官吏和商贾,使用杯器饮食了。另外,随着大量商贾的涌入,当地社会治安形势也在恶化。过去境内百姓"终不相盗,无门户之闭",而现在则出现"及贾人往者,夜则为盗,俗稍益薄。今于犯禁浸多,至六十余条"[②]的现象。据推测,可能是当地出产的一些土特产,如皮毛之类,容易被内地商人作为偷窃对象,这些土特产品在朝鲜半岛本地并无多大的商业价值,但一经转输到中原市场,则深受欢迎,可以获得高额利润。[③] 为了维护社会安定,当地不得不出台制定新的法令来遏制这种现象。

上述这些事实说明,汉四郡设立以后,中原地区与朝鲜半岛的商业贸易往来迅速发展起来,内地产品可以通过长途转输到半岛地区,并且这一时期的双边贸易应该已经突破先秦以来以土特产品为主要贸易对象的阶段,而扩展到一般商品的批量贸易,否则也不至于能让当地的风俗为之转变。半岛经济与中原地区建立起了稳定的经常性联系,这对于推动朝鲜半岛经济文化的发展起到了重要作用。在半岛地区与中原的经济联系中,拥有优越地理形势的山东半岛沿海一带当是这一时期中朝贸易的前沿基地和大宗商

① 《汉书》卷二八下《地理志下》。

② 《汉书》卷二八下《地理志下》。

③ 参见蒋非非、王小甫等《中韩关系史》(古代卷),社会科学文献出版社 1998 年版,第 33 页。

品集散地,齐鲁商贾在其中作出了重要的贡献。

汉代的山东半岛是纺织业发达地区,汉朝政府在临淄设立了官营纺织业机构——三服官。三服官的主要职能是供应汉朝皇室和大贵族春、夏、冬三季所需的纺织物。三服官设于齐地,对于进一步推动山东地区纺织业的发展有着极为重要的作用。三服官的规模不断扩大,《汉书·贡禹传》记载:"故时,齐三服官,输物不过十笥;方今齐三服官,作工各数千人,一岁费数巨万。"可见三服官由原先的每年生产十余箱丝织品发展到汉元帝时期拥有织工数千人、政府每年投资达数千万的规模。官营纺织业机构设于齐地也必然刺激山东地区民间纺织业的发展,其出产的纺织品不仅供应内地需求,还由齐鲁商人渡海远销韩、日等地。秦末汉初以来山东境内居民向朝鲜半岛的迁居,必然使得闻名天下的山东精美的纺织品在朝鲜半岛传播开来,它成为中朝、中日商人争相购买的商品。20 世纪初,日本人在平壤附近发掘多处古坟,出土了大量凌绢等丝织品残片,织工精细,经一些考古学家研究后认为是出自汉代齐地三服官的产品[①],这成为中朝之间商贸经济交流的物证。

从其他考古遗存也能看出这一时期中朝之间商贸交往的盛况。乐浪是当时朝鲜半岛的政治中心,这里与汉朝中原地区之间的商贸活动频繁,日本考古学家曾在乐浪郡遗址古坟中发掘出了大量的汉代遗物,包括各种精美的漆器、铜器、陶器、铁制农具等,甚至超出四郡范围在偏处半岛东南的庆尚南道也发现过同类器物,如庆尚南道金海贝冢发掘出王莽元凤元年所铸的货泉。[②] 钱币

① 参见朱亚非《山东早期的纺织业与北方海上丝绸之路》,载《管子学刊》1993 年第 1 期。

② 参见金荣国《中国古代货币制度对朝鲜、日本古代货币制度的影响》,载《延边大学学报》2000 年第 2 期。

是表现经济交流与商业往来的最有说服力的证据。汉朝的钱币在朝鲜半岛有不少发现,分布范围几乎遍布半岛南北:南部地区有济州岛山地港,全罗南道郡谷里、巨文岛,庆尚南道茶户里、城山贝丘、金海会岘里贝丘;西北地区有黄海北道凤山郡智塔里、黄州黑桥里,平壤土城里土城址及其周围墓葬等。发掘出土的钱币种类有半两、五铢、货泉、货布等,多为西汉中期以后的钱币。[①] 大量汉代钱币在朝鲜半岛被发现说明两汉时期中朝之间有着密切的经济和商贸往来这种经贸往来促进了两地间的物资交流,据说朝鲜和倭国出产一种形似鸡子但味道不美的栗子,这种栗子可能于此时传入山东半岛。

两汉时期,中、日之间也当有较为频繁的海上交流。文献中有关于这一时期日本与中国交往的记录。《汉书·地理志下》记载:"乐浪海中有倭人,分为百余国,以岁时来献见云。"《三国志·魏志·东夷传》载:"倭人在带方东南大海之中,依山岛为国邑。旧百余国,汉时有朝见者,今使译所通三十国。"多数学者认为两处引文中所记载的倭人是指日本九州北部的居民。成书晚于两者的《后汉书·东夷传》记载光武中元二年(公元 57 年)"倭奴国奉贡朝贺……光武赐以印绶",安帝永初元年(公元 107 年)"倭国王帅升等献生口百六十人"。这段文字记载得到了考古之物的证实。光格天皇天明四年(1784 年),日本九州福冈县志贺岛上发现一枚金印,上刻有"汉委奴国王"五个阴刻篆字,多数学者认为这就是后汉光武帝赐授给倭奴国的印绶。[②] 汉制金印在日本的发现,充分说明汉代中国的政治影响已经远及日本,中日之间有着友好往来。这

① 参见白云翔《汉代中国与朝鲜半岛关系的考古学观察》,载《北方文物》2001 年第 4 期。

② 参见汪向荣《古代中日关系史话》,时事出版社 1986 年版,第 64 页。

种往来必然伴随着文化、技术、经济、人员等诸方面的交流，中日间官方的朝贡贸易和民间的商品交流也自然存在。

秦汉时期大量中国货币涌入日本，进一步证实这一时期中日之间存在着密切的贸易联系。据日本的考古发掘，在备前邑久郡、备后三原町和冲绳县城岳贝冢有战国时代燕国的货币明刀钱出土，这见证了隔海相望的中日两国早在先秦时期就有频繁的经济交流了。至两汉时期，中日间的贸易关联保持不断，并继续发展。考古学家在日本山口县冲山遗迹发掘出土了116枚五铢钱和20枚半两钱，另外，在日本多达三十余处的遗址中均发掘出土了新莽时代的货泉，这些显然说明当时中国商人已与日本频繁交往了。① 值得注意的是，这一时期中日之间的商品贸易发展水平不及当时的中朝贸易，这些由中国流民和商人带进来的货币，在当时的日本本土并不直接进入流通领域，而可能作为它用。当时的日本商品经济刚刚起步，商品交换还没有发展到以货币为媒介的阶段，这些来自中国的大量货币常常被用来作为铸造青铜器的质料。日本出土的这一时期的青铜器，除了一部分来自中国外，也有属于自己铸造的，但当时日本列岛居民尚不具备从矿石中提取铜料的技术和条件，因此这些青铜货币就成了铸造青铜器的直接材料。日本学者金藤乔一发现日本青铜铎含有微量元素——亚铅，而亚铅又为西汉至王莽时代的中国货币所常有，故可以支持上述的推测。日本化学家马渊久夫通过对铅同位素进行分析比较后指出：日本出土的中期、晚期青铜铎所使用的铅的原产地是中国的华北地区。② 这些都说明当时的中日之间已经建立起稳定的海上经济贸易联

① 参见金荣国《中国古代货币制度对朝鲜、日本古代货币制度的影响》，载《延边大学学报》2000年第2期。

② 参见蔡凤书《中日交流的考古研究》，齐鲁书社1999年版，第119页。

系,中国华北地区的优质铜矿资源或这一地区生产的青铜器成为当时中日之间商贸交流的重要媒介。山东半岛位于华北大平原的东端,沿渤海,与辽东半岛形成了“C”字形。山东半岛的沿海港口是华北地区的物资渡海到达日本列岛的重要中转站和起航地,故而在中日商贸物资交流过程中齐鲁商贾扮演了重要角色。

另外,日本出土了大量的汉代铜镜也反映出中日商贸交流的情况。铜镜作为古人的日常生活用具,它的制作和使用在我国有着悠久的历史,我国古代铜镜在距今大约4000多年前就已经出现,经过商周时期的逐步发展,到两汉时期形成第一个发展高峰。目前国内出土的汉代铜镜不仅铸造精美、类型多样,而且数量庞大、分布广泛,说明当时铜镜的使用已经走向平民化,比较普遍了。铜镜制造业在当时成为十分重要的手工业之一,出产的铜镜自然成为广为流通的商品而远销各地。迄今所知,日本弥生时代(相当于中国两汉时期)的北九州一带出土的中国制铜镜就达300面之多。日本作为与中国一衣带水的邻邦,出土了大量汉代铜镜,说明当时中日之间商贸交流频繁。那么在这种铜镜贸易交流中山东半岛与齐鲁商贾发挥了怎样的作用呢?

近年来,中日学者共同对临淄齐国故城汉代铸镜作坊遗址作了深入调查,并对出土镜范做了细致研究,他们认为,临淄为西汉时期一个较大规模的铜镜铸造中心,出产的铜镜可能行销全国各地并远销到日本列岛的倭国。[①] 根据考古发现,临淄齐国故城遗址铸造的铜镜形制主要有两种:草叶纹和蟠螭纹,前者主要流行于西

① 参见白云翔《临淄齐国故城汉代镜范及相关问题研究》,载白云翔、[日]清水康二主编《山东省临淄齐国故城汉代镜范的考古学研究》,科学出版社2007年版,第95~133页;崔剑锋等《山东临淄齐国故城遗址出土西汉铜镜的铅同位素比值分析》,载《考古》2009年第4期。

汉中晚期,后者主要流行于西汉初期。① 其中草叶纹铜镜含锡量高出西汉铜镜平均含锡量的范围,具有较为明显的区域特征。同时,专家还对铜镜进行铅同位素比值分析,发现这种草叶纹铜镜具有典型的"华北铅"铅同位素组成特征,说明铸造这种铜镜的铜料来源于华北地区;这种草叶纹形制的铜镜在日本也被发现②,并且日本学者根据对日本国内出土的西汉至三国时代的铜镜的铅同位素比值的分析,将这些铅同位素比值的范围划分为西汉镜和东汉镜(包括王莽和三国时代的铜镜),根据研究,西汉镜的铅同位素比值范围指征的也是中国华北地区的矿料。③ 据此我们可以保守地推断:临淄作为大陆东方的铜镜铸造中心,在汉代中日贸易交流中其铸造的产品远销各地,其中有一部分是通过齐鲁商贾渡海辗转销往日本的。

① 参见白云翔、张光明《山东临淄齐国故城汉代镜范的发现与研究》,载《考古》2005 年第 12 期。

② 参见蔡凤书《中日交流的考古研究》,齐鲁书社 1999 年版,第 124 页。

③ 参见崔剑锋等《山东临淄齐国故城遗址出土西汉铜镜的铅同位素比值分析》,载《考古》2009 年第 4 期。

第三章　先秦秦汉时期齐鲁商贾的发展与区域社会变迁

美国学者柯文(Paul. A. Cohen)在其《在中国发现历史》一书中指出,20 世纪 70 年代以来美国的中国史研究的特征之一便是区域史研究。按他的理解,之所以这样的"主要依据是因为中国的区域性与地方性的变异幅度很大,要想对整体有一个轮廓更加分明,特点更加突出的了解——而不满足于平淡无味地反映各组成部分间的最小公分母——就必须标出这些变异的内容和程度"①。区域历史常常扮演着重要角色,为整体历史提供了更加多样化的图景,并常常给那些看似正确却又肤浅空泛的定论带来新的质疑。因此,从某种意义上说,区域的"微观"研究比起"宏观"的通史叙述具有更重要的学术价值。齐鲁地区作为传统中国的最重要的区域经济圈之一,其自身的经济发展,尤其是其商品经济的发展无疑是推动区域社会结构变迁的一条有力的动脉。深入探析齐鲁商贾的发展演变与齐鲁地区社会变迁之间的互动关系,对于梳理齐鲁商贾传统的积淀历程,展现齐鲁商贾传统的全貌,厘清齐鲁地区复杂

① ［美］柯文著,林同奇译《在中国发现历史》,中华书局 1989 年版,第 142 ~ 143 页。

的社会结构变动都具有十分重要的意义。

第一节　史前时期交换经济的发展与东夷社会变迁

史前时期，山东境内就有原始的土著部族在此居住，学界一般把他们称为“东夷人”。他们世代生息繁衍，创造出灿烂辉煌的史前文明成果，山东境内分布的大量新石器时代遗存证实了这一点。随着东夷社会生产力的发展和社会分工的出现，剩余产品开始大量增加，商品交换逐渐成为经常性的行为。从考古上看，大汶口文化时期，东夷社会的生产力得到了迅速发展，社会财富空前增多，私有制度进一步巩固发展，加上部落间的战争频繁发生，促使内外交流加强，文明因素不断涌现，这一时期东夷先民的社会生活已经明确地出现了商品生产活动。这主要表现在制陶业方面：快轮技术的发明与推广，大大提高了陶器生产的效率，制陶业日益脱离农业而成长为独立的手工业部门，出现了专业工匠。这一时期的墓葬普遍伴有陶制冥器，如没有多少实用价值的小鼎、小背壶、小瓶、小杯等小陶器。这类陶器形态大小一致，做工粗糙，火候较低，显然是专门为死者生产的，它们和实用陶器一样，应是由专业的制陶作坊生产，使用者通过流通渠道获得商品。[①] 制陶业在当时显然具有商品化生产的性质。

大汶口文化时期，以制陶业为代表的社会分工的出现，是当时社会生产的一个巨大进步，表明在野蛮时代的低级阶段出现的间或发生的交换行为已经发展成为经常性的行为。到了大汶口文化

① 参见栾丰实《东夷考古》，山东大学出版社 1996 年版，第 189 ~ 190 页。

的后期,贫富分化、阶级分化进一步加剧,促使制陶手工业内部分工也进一步深化,陶器产品有了明确的分流,一般日用品流向民间,高、精、尖陶器流向社会上层。继制陶业之后,制玉业、象牙骨雕业等,为适应社会上层的需要,也相继发展、独立出来。这一切使得商品交换成为当时东夷社会生活中不可或缺的重要社会内容。

东夷某些部落族群形成了因地制宜、特色鲜明的区域产业,如《韩非子·难一》云:"历山之农者侵畔,舜往耕焉,期年甽亩正;河滨之渔者争坻,舜往渔焉,期年而让长;东夷之陶者器苦窳,舜往陶焉,期年而器牢。"这段传说意在突出强调帝舜的丰功伟绩,不可作为信史,但它又确实从侧面反映出早期文明形态下的东夷部族依据自身所处的地理环境,因地制宜地从事相应的生产活动,形成了不同的特色产业。当时的鲁西南地区应是相对发达的农业产业区,社会分工已经出现,陶器手工业有了很大发展,滨河之地还有渔业生产活动。这些在考古发掘上也能找到证据。泰安大汶口文化遗址出土了石铲、石斧、石锛、石磨、牙刀等大量的农业生产工具。[①] 龙山文化时期的茌平遗址还出土了山东地区最早发现的木质农具[②]。东夷部族聚居的山东,地处黄河下游,山东半岛又三面环海,非常适合渔业的发展,在山东大汶口文化、龙山文化、岳石文化遗址中都发现了各种渔猎工具和各类鱼骨遗存;制陶业更是东夷部族最发达的手工业,各个文化期不仅有大量的陶片出土,而且陶器反映出的制陶技术十分发达,制陶工艺具备了相当高的水平,

① 参见山东省文物管理处、济南市博物馆编《大汶口——新石器时代墓葬发掘报告》,文物出版社 1974 年版,第 34~49 页。

② 参见山东省文物考古研究所《茌平尚庄新石器时代遗址》,载《考古学报》1985 年第 4 期。

驰名中外的蛋壳陶在山东境内出土,说明东夷部族的制陶工艺水平已经达到了中华史前制陶业的最高峰。

社会经济的迅猛发展与社会结构的变革互为表里。东夷部族相对发达的商品生产和社会经济,使得东夷文明长期处于中国上古文明发展的前列,它与中原文明并驾齐驱,成为中华文明的源头之一。具体而言,商品化生产的出现和社会分工的发展,首先给东夷社会内部阶级结构带来了巨大的变化。新石器时代初期的东夷社会,社会生产力发展水平极为有限,农业产品除去供应群体内部成员的生存必需外难有剩余,即使是部落氏族的酋长、首领或巫师,也必须和普通族众一样从事生产劳动,他们聚族而居、聚族而葬并平均分配,贫富分化与阶级分化均不明显。《礼记·礼运》篇云:

> 大道之行也,天下为公,选贤与能,讲信修睦。故人不独亲其亲,不独子其子,使老有所终,壮有所用,幼有所长,矜、寡、孤、独、废、疾者皆有所养。男有分,女有归。货恶其弃于地也,不必藏于己;力恶其不出于身也,不必为己。是故谋闭而不兴,盗窃乱贼而不作,故外户而不闭,是谓大同。

对“大同社会”的这种理想化的描绘与追忆,虽有溢美之词,但也从侧面反映出早期部落氏族内部社会生活的景象。但是到了大汶口文化时期,尤其在其中后期,商品化生产的发展和经济领域内社会分工的深化,使得相对独立的手工业者阶层开始兴起,改变了部落氏族内部原有的社会结构,东夷社会内部社会成员间的人际关系发生等级分化,阶级对立开始出现,氏族首领、军事头目和专职巫师等成为社会的特权阶层而逐步跻身至社会上层。这一时期的墓葬情况可以反映这种转变:大型墓和中小型墓采取了分区埋葬的方式,比如:前寨大型墓集中葬于中小型墓的东南,自成一区;陵阳河发现的45座墓葬可以分为四组,大中型墓均位于河滩的第一组,而小型墓则全葬于第二、三、四组。另外,陵阳河M6和M17,墓室分别为17.29和14.86平方米,随葬品均多达160余件,还各有数十件猪下颌骨,而同一时期的M2、63M6,墓室面积仅1平方米,随葬品只有五六件粗糙的陶器,这种差别已远远超出氏族社会内部一般财产分配上的不平等,而应该是阶级对立的反映。①

其次,商品化生产的发展和社会分工的深化,带来经济领域内的深刻变革,并引发人们思想观念的转变,追逐私有"财富"成为新的社会价值取向。大汶口文化后期的墓葬,随葬品多寡日益悬殊,多数的成人墓穴面积狭小,随葬品十分有限,但少数墓穴则情况不同。比如西夏侯墓地第一号墓出土了多达119件的随葬陶器;大汶口墓地第10号墓,墓穴面积约13.5平方米,死者的额部、颈部及胸前共佩戴由77个单件组成的三条串饰,头部还有象牙梳、骨簪,有玉臂环,有镶嵌绿松石的玉指环,(手握)獐牙,腹部有玉钺,右膝附近还有骨雕筒;此外还有象牙雕筒两个,鳄皮制品、石钺、玉环各一个,猪头两个,猪骨一堆;随葬的陶器共93件,其中有精美的彩陶背壶和磨光黑陶高柄杯等。② 随葬品多寡的差异不仅反映出社会成员间贫富地位的悬殊和阶级分化的加剧,也说明社会价值观念在悄然转变。丰富的随葬品是墓主用以夸富的一种物化手段,说明以富有为荣和追逐私利的社会风气已在大汶口文化后期形成了。这样的社会价值观念一旦形成,又势必促使以财富掠夺为目标的部落和氏族间的战争成为一种经常性职业,加剧了东夷社会的动荡、分化与改组。

① 参见栾丰实《东夷考古》,山东大学出版社1996年版,第189页。

② 参见高广仁、邵望平《海岱文化与齐鲁文明》,江苏教育出版社2005年版,第91~94页。

图3-1 海岱文化遗址中出土的陶豆、陶鼎、高柄杯(采自中国社会科学院考古研究所编《考古精华》,科学出版社1993年版)

再次,中心邑落的崛起与城乡分化的出现。山东境内出土的大汶口文化时期的墓葬遗址,是反映当时氏族、部落间优胜劣败和地区发展不平衡的最直接证据。大汶口文化分布区内,某些局部发展得快,某些局部发展得慢。比如,鲁中南地区发展较快,农业和手工业分工成熟,社会分化明显,尖端产品多见,较早出现氏族力量强大、人口相对众多、经济富有、居于优势的中心邑落;而同一时期鲁北地区、胶东地区、鲁西北地区等的社会发展程度则相对落后。这些局部发达地区和较富有的部落往往是商品化生产的先进地区,如大汶口和西夏侯等遗址分布区。局部发达地区的墓葬遗址,无论是随葬品的数量,还是质量,都与次发达地区和不发达地区有明显的差别。比如,西夏侯墓地第一次发掘的11座墓葬,不仅随葬品在20件以上的占到100%,而且随葬60件以上的有6座墓,超过半数,显然是一个富有的氏族(或家族)墓区;在枣庄建新墓地的92座墓中,随葬品在60件以上的仅2座,10件以下的占63%;广饶五村墓地的75座墓中,仅有28座墓有随葬品,最多的才只有3件陶器和1件石饰。[①] 这些数据清

① 参见高广仁、邵望平《海岱文化与齐鲁文明》,江苏教育出版社2005年版,第97页。

晰地反映出一般聚落与中心邑落在经济实力和社会地位上的悬殊。地区发展的不平衡和部落氏族间的优胜劣败，以及商品化生产的刺激，使得中心邑落在野蛮时代的后期出现，这是长期以来东夷社会聚落形态发展的一个重大变化，它为文明时代都城的出现奠定了基础。

进入龙山文化时期，海岱地区的社会经济在大汶口文化后期的基础上呈现高速发展的势头：稻作农业稳步发展；家畜饲养业明显进步，家畜种类增多；制陶业成就令人瞩目，制陶工艺登峰造极；冶铜业悄然兴起；石器、蚌器等的制作和以酿酒、纺织、木作等为代表的其他手工业也全面发展。综观龙山文化时期的社会经济，除了作为社会经济基础的农业有稳定、持续的发展外，集中表现于社会大分工的深化。尤其以制陶、制玉等为代表的手工业部门，在行业内进一步出现了民品生产与礼器生产的分化，礼器的生产受到王权的控制，"王室经济"出现，它们不仅是"财富"的象征，更是政治权力、身份等级的体现，这些情况反映出龙山时代商品生产和商品经济在持续发展和深化，社会经济结构发生新的质变。在经济高速发展的刺激下，伴随王权的出现和加强，龙山时代出现了城址，城乡分化萌芽。迄今为止，已发现龙山文化的城址十多处。比如寿光边线王古城、临淄田旺古城、邹县丁公村古城、章丘城子崖古城、茌平县的尚庄古城、乐平铺古城、大尉古城、教场铺古城、东阿县的王集古城、阳谷县的王家庄古城、景阳冈古城、皇姑冢古城等。学者通常按照规模大小和社会功能把这些城址分为三级形态，即都、邑、聚。① "都"是王的部落所在，是政治、军事、宗教和经济消费的中心，处于社会金字塔的顶尖；"邑"是王都所辖的次等聚

① 参见张学海《试论山东地区的龙山文化城》，载《文物》1996年第12期。

落，是中等规模的城邑；"聚"，是基层的设防聚落。"都"与"邑"，特别是与"聚"之间存在着鲜明的城乡对立和差别。一般来说，处于中心的王都城址出土的陶器等遗物，无论是数量还是质量，均明显超过四野的中小遗址所出。比如，章丘城子崖龙山古城遗址，出土了一批制作精美、形态多样的大型器物——瓮、罐、盆、甗等，这些器物的高度多在50厘米以上，给人以气势宏伟之感，据推测为"王者之器"；而城子崖龙山古城周围方圆百里之内分布的其他数十处龙山文化遗址，据考古分析，文化内涵一般，属于级别较低的村落遗址，它们与城子崖在规格上形成鲜明对照，城乡对立、"国野"分居共处的格局昭然若揭。①

最后，王权的形成与文明曙光的初现。大汶口文化后期，社会大分工的发展和深化，促使尖端产品和"剩余财富"向局部发达地区和社会上层集中，进一步加剧了阶级分化；进入龙山文化时期，掠夺和兼并战争有增无减，考古发现，龙山文化时期，以弓箭、镞为代表的杀伤性武器大量出土，在整个生产工具体系中所占比重急剧猛增，说明这一时期为掠夺财富和奴隶而爆发的战争十分频繁。战争的成败决定着氏族部落的兴衰沉浮，这些因素形成合力，加速了东夷社会的改组和革新，使得王权和早期邦国逐渐形成并确立起来。王权是早期邦国的核心象征，其主要功能是依靠武力和血缘传统，并利用各种法规、名分、礼仪等对社会整体进行有效控制，协调社会各集团，特别是贵族内部各阶层的利害冲突。应当说，商品交换的长期发展和社会大分工的深化是王权出现的最根本的经济动因和物质基础，而一旦王权确立，又反过来刺激商品经济发展出现新的变革，为某些手工业生产部门的技术改进带来动力。"王

① 参见栾丰实《东夷考古》，山东大学出版社1996年版，第277页。

室经济”的出现和逐渐独立便是显证，突出表现在制陶业和制玉业方面。社会上层政治的需要，刺激专业的陶工和制玉工匠在作坊生产过程中出现日用商品生产和特供商品生产的分化。比如，为适应社会生活复杂化的需要，龙山文化的陶器数量丰富、类别繁多，除了制作工艺相对粗糙的日用陶鬶、陶盆、陶鼎等器物外，还有不少精品出土，特别是那些黝黑光亮的蛋壳陶，器型很小，其陶壁厚度一般在0.5至1.5毫米之间，确实薄如蛋壳，名副其实。这些蛋壳陶的整体形象是头重脚轻，几乎不具备实用价值，而其制作工艺却又运用了当时顶级的技术，再联系它们通常出土于大中型墓葬的情况，据此我们可以推测，蛋壳陶作为龙山文化陶器的精品和代表，是当时社会的尖端产品，是由专业的陶器作坊特供生产，其主要流通目标不是面向民间，而是社会上层，尤其是王室成员和贵族阶层，这些都显示出它们作为礼器的社会功能，是身份等级和政治权力的象征。

前文提到龙山文化时期的考古遗址证实当时已经出现了城邑，城的产生是文明社会形成的重要标志。《礼记·礼运》篇云：

今大道既隐，天下为家，各亲其亲，各子其子，货力为己。大人世及以为礼，城郭沟池以为固，礼义以为纪。以正君臣，以笃父子，以睦兄弟，以和夫妇，以设制度，以立田里，以贤、勇、知，以功为己。故谋用是作，而兵由此起。

社会历史发展的车轮奔驰向前，原来的那个“大同社会”已经渐行渐远，龙山文化时期的东夷社会已经步入“小康社会”。“小康社会”显然是个文明社会，其标志之一就是“城郭沟池以为固”，龙山古城的发现说明当时的东夷社会已经迈入文明的门槛。另外，在这些古城遗址和龙山文化墓葬发掘中发现了大量的礼器，与之前相比，龙山文化时期的礼器日趋专门化①，礼器是礼制的载体，这与“小康社会”描绘的内容相符合，也证实当时的东夷社会已经初现文明的曙光。

东夷社会商品交换的发展还在一定程度上沟通和促进了东部地区与中原地区之间的经济和文化联系。通过对中原与东部地区两地古文化的对比，我们发现山东大汶口文化、龙山文化的影响曾深入到河南腹地，并通过豫西一直波及今陕西省境内。②史前时期，商品交换和社会分工的出现和发展，给东夷社会带来了深刻变革。总体上讲，殷周之前相当长的时期里，东夷地区的商业传统尽管随着社会大分工的深化而获得了较大的发展空间，但商品交换本身在整体上还是属于较低层次上的自发行为：即以获取对方劳动产品的使用价值为目的，而较少关注商品的利润；城市已经出现，但并非经济（主要指商业）中心，社会财富和各种剩余产品的集中还主要依赖于军事政治手段，而非商品交换③；商品交换形态处于实物交换的阶段，商品的价值还没有取得独立的形式；由于生产力水平的限制，这一阶段的商品经济还主要附着于农业（渔业）或手工业的基础上，尚没有成为独立的经济部门。

① 参见栾丰实《东夷考古》，山东大学出版社 1996 年版，第 283 页。

② 参见逄振镐《东夷文化研究》，齐鲁书社 2007 年版，第 487 页。

③ 高广仁、邵望平指出，中国古代的早期城市，似乎不具备经济（主要指商业）中心的功能，王室经济的产品不通过市场，而是直接由王室手工作坊生产获得。参见高广仁、邵望平《海岱文化与齐鲁文明》，江苏教育出版社 2005 年版，第 167～168 页。

第二节 夏商时期东土经济的发展与东夷社会变迁

夏商王朝的统治时期是我国奴隶制度形成和发展的重要阶段,这一时期社会生产力的不断进步和社会分工的深入发展,使得东夷社会的文明程度继续提升,奴隶制度在这一地区也确立起来[①],并加速融入到中原夏、商王朝的统治体系中。

一、夏王朝时的东方

中原夏王朝统治时期,东夷社会恰好处于考古学上的岳石文化时期。岳石文化遗址的分布范围是以泰沂山脉为中心,北起鲁北冀东,向南越过淮河,西自山东最西部、河南兰考、杞县、淮阳一带,东至黄海之滨。[②] 山东省正好处于岳石文化遗址分布的中心地区。20 世纪 80 年代以来,随着岳石文化遗址的发掘迅速增多,相关的考古研究也不断深入,其文化内涵开始逐步得到认识。一般认为,海岱龙山文化是海岱腹地的岳石文化的前身,两者有着明显的传承关系。比起龙山文化,岳石文化的一个很重要的特征是制陶业走向衰落,无论是制陶技术,还是器物种类,均体现出明显的倒退,制陶作风转向粗糙和草率,与山东龙山文化制陶的精致与认真形成鲜明反差,在一定程度上给人以文化衰退之感。"但是,从文化的整体上考察,情况恰恰相反。就是说,岳石文化的社会生产

① 逄振镐先生认为,大汶口文化晚期到龙山文化时期,东夷已经出现了奴隶制度。参见陈冬生、王赛时主编《山东经济史》(古代卷),济南出版社 1998 年版,第 60 ~ 61 页。

② 参见栾丰实《东夷考古》,山东大学出版社 1996 年版,第 291 页。

综合水平,与龙山文化相比又有较大进步与提高"①。

首先,表现为农业经济的继续发展。岳石文化的农业生产工具,在承继龙山文化的基础上,有所改进和创新。比如,用来收割粮食的工具石刀,其形制由龙山时期以长方形双孔为主演变为以半月形双孔为主,实用性更强,有利于提高使用效率;另外,岳石文化时期农业生产工具数量较多,占全部工具的比重为45%~55%,明显高于龙山文化晚期阶段农业工具的比重,这也从侧面反映出岳石文化时期农业生产水平相对较高。

其次,在青铜冶铸业方面,岳石文化取得了突出的成就。龙山文化时期就发现过少量的铜器残片,但岳石文化时期发掘的铜器数量和种类均大大超过了龙山时期的发现,青铜器遗址几乎遍及整个岳石文化的分布区,并且岳石文化时期青铜冶铸技术和工艺水平也有了明显进步,青铜合金技术已经走向成熟,单范铸造技术已被掌握。岳石文化青铜器的普遍出现,说明当时的东夷社会已经步入青铜时代,社会文明程度较龙山时期又向前跃进了一步。

再次,岳石文化时期的城建技术在龙山时代的基础上继续发展。在文明时代的早期,掠夺与兼并不断,战事频繁,因此为了维护已有的物质成果,加强防御工事、巩固城防建筑就成为当时的重要工作。龙山文化时期已经出现了堆筑打夯等筑城技术,而岳石文化时期又发明了版筑技术,即在城墙内外两侧用木板夹住,木板宽约20厘米、长约2米,在两板之间填土,层层夯实,并随着高度的增加而稍略收分。以此法筑成的墙体,内外壁陡直,夯层坚实,大大增强了防御功能,并且版筑技术比原来还能节省人力、物力。版筑技术的发明和使用为岳石文化防御体系的完善发挥了重要

① 栾丰实《东夷考古》,山东大学出版社1996年版,第318页。

作用。

综上可见，岳石文化时期东夷的社会经济比龙山文化处于更高的发展水平上，社会生产力水平有所提高。这些因素刺激着岳石文化时期的东夷社会比龙山时代以更强劲的势头向外传播文明、施加影响。我们从夷夏关系上看，夏以前，东方的经济文化已经发展到一个相当高的水平，当夏王朝在中原崛起时，富饶的东方自然对它产生强大的吸引力，而且最初的治水和水流东注等地理因素，促使夏人对东方产生强烈的兴趣；同时，有着坚实社会基础的东夷部族也在积蓄力量同中原夏王朝较量，故而有夏一代，中原王朝始终与东方不断发生剧烈的斗争和密切的交往。这可以从传世的有关夷夏关系的文献记载中获得证据。比如，与夏代的历史发展关联密切的诸多雄豪人物均来自东夷，皋陶、伯益就是其中的两位。传说皋陶出生于少昊之墟，即今山东曲阜一带，他是一位掌管刑狱司法的政治家；伯益是东夷部族另一位杰出首领，担任虞官，掌管山泽，繁育鸟兽，他还一度被大禹推举为践位天子的候选人。皋陶与伯益都生活于夏初，均协助过大禹治水并立下汗马之功。从这些传说中，我们可以捕捉到这样的历史讯息，即夏王朝建立前后，东夷族与地处中原的夏人有密切的友好往来，夷夏关系有过和睦共处的时代；另外，东夷部族的首领和显贵参与了“中央王朝”的治理，甚至有条件、有能力“代天子之位”①。这些活动彰显出东夷社会部族力量的强大以及它对中原社会的影响。

夏王朝时期，东夷社会已经步入方国林立、兼并激烈的时代。中原夏王朝的崛起和父死子继的“家天下”制度的确立对东夷社会

① 参见高广仁、邵望平《海岱文化与齐鲁文明》，江苏教育出版社 2005 年版，第 177 ~ 178 页。

产生不小的震动，致使夏王朝前期夷夏关系出现多次交恶的情况。《竹书纪年》记载伯益曾经阻挠大禹的儿子启继承帝位，结果为启所杀；夏王朝于帝相元年曾东征淮夷、畎夷，二年又征风夷、黄夷。夷夏交恶最典型的例证当属“夷羿代夏”和“少康中兴”。这里的羿，是生活于夏初的东夷部族一位首领，出自战斗力很强的有穷国。《左传·襄公四年》明确记载了他一生的事迹：太康在位纵情声色，失德丧政，致使夏王朝势衰，于是来自东夷有穷氏的首领后羿乘机逐太康而代夏政。后羿大权在握，立太康之弟仲康为王。仲康死后，后羿索性赶走了仲康之子相，自立为王，史称“夷羿代夏”。可惜后羿对太康失国的教训没有引以为鉴，只知穷兵黩武、淫游佚畋，把国事委托给一个叫寒浞的臣子去管理。寒浞依赖行媚施贿，获得后羿重用后，私植势力，施计杀害后羿，代羿为帝。寒浞对避居在外的相始终不放心，派儿子浇和豷带兵灭掉斟灌、斟寻氏，杀死相。相妻后缗怀孕在身，急忙从小洞钻出，逃回娘家有仍，生子少康。少康历经磨难，成人后在有虞氏首领虞思等的帮助下，收集夏人旧部，聚集力量，长期准备，在寒浞死后，终于讨灭了浇，少康之子杼率兵讨灭了豷，夏室由此得以光复，史称“少康中兴”。“夷羿代夏”和“少康中兴”是东夷部族以斗争方式向外扩张的例证，是夷夏关系的另一面。恰如傅斯年在《夷夏东西说》一文中谈到的那样，“至于夏后一代的大事现在可得而考见的，是些什么呢？答曰，统是和所谓夷人的斗争”①。

考古发现也证明，承大汶口文化和龙山文化之后发展起来的岳石文化，有着较高的经济发展水平和较大的物质文明成就，在当

① 傅斯年《夷夏东西说》，载欧阳哲生主编《傅斯年全集》第3卷，湖南教育出版社2003年版，第206页。

时的各区域文明中明显处于领先地位。东夷先民活动的山东地区是我国较早进入文明社会的中心地之一。以社会经济发展为基础的岳石文化,具有较强的内聚力,使得广袤的海岱地区的文化面貌呈现出高度的一致性;发达的东夷社会除了向西与夏人发生密切交往、影响波及太行山和豫西一带外,还积极向周边其他地区施加影响:岳石文化向北到达燕山南北的夏家店下层文化分布区,两个文化分布区出土的彩绘陶器有明显的相似性①;向东北方跨海到达辽东半岛,辽东半岛双砣子二期文化出土陶器具有浓厚的岳石文化因素,为岳石文化的地方变体②,岳石文化在东北方向的海外影响还可能远及朝鲜半岛和日本地区③;向南对江淮地区产生影响,表现为斗鸡台文化的形成,斗鸡台文化的分布以江淮地区为中心,“它主要包括三部分文化因素,即来自中原地区的河南龙山文化因素和二里头文化因素,安徽江淮地区的当地因素,来自山东、苏北的山东龙山文化因素和岳石文化因素”④,岳石文化向南还进一步越过长江,深入到湖熟文化和马桥文化之中。⑤

综合文献记载和考古发现,夏代东夷社会对同时期周边地区的文化影响常常是积极、主动和进取的,并且在与周边区域文化的相互交流和影响过程中能保持自身的独立性并彰显出优势竞争力。这一切都离不开东夷社会雄厚的物质文明基础和先进发达的东夷文化。

---

① 参见方辉《岳石文化》,山东文艺出版社2004年版,第43页。

② 参见陈光《羊头洼类型研究》,载苏秉琦主编《考古学文化论集》(二),文物出版社1989年版,第130页。

③ 参见方辉《岳石文化》,山东文艺出版社2004年版,第35页。

④ 王迅《东夷文化与淮夷文化研究》,北京大学出版社1994年版,第54页。

⑤ 参见栾丰实《东夷考古》,山东大学出版社1996年版,第334~335页。

二、商代东土的经济发展与社会变迁

公元前17世纪前后,商王朝代夏,成为中原地区的霸主。商人凭借其强大的势力迅速向外进行扩张殖民。商人称王畿地区为商,王畿以外的领土为“四方”,东部领土称为“东方”或“东土”。商代的东土方国就涵盖了山东境内的东夷古国,这些古国的准确数字和精确地望实难考证,各家之说也多有牴牾[①],但整体上商王朝时期的东夷社会已形成大小方国林立的态势,我们依据前人的研究成果和新近的考古发现,可以捕捉到这一时期东夷社会经济发展的不少信息。

首先,青铜铸造业成就突出。商代东土的青铜铸造水平进一步提升,在海岱区的几处高级贵族墓地出土了大量精美的铜器。[②]青铜器的制造生产是当时社会资源最集中、技术最先进的尖端部门,要经过找矿、采矿、熔炼、塑模、翻范、烘烤、合金、浇铸、打磨等一系列社会化、集约化、复杂化的工序。大量精美的青铜器出土向我们展示出商代时期的东夷社会经济达到龙山文化和岳石文化所不能达到的高度。东夷社会所在的海岱区是商代青铜器出土的重要地区,并且有着较为丰富的铜矿资源。“根据考古发掘资料,现已发现商代前半期铜器的地区有陕西、河南、河北、山东、安徽、江西、湖北等地区。这些地区的铜器都具有一定的地域性特点,并在

---

① 可参见陈冬生、王赛时主编《山东经济史》(古代卷),济南出版社1998年版,第63~64页;郑杰祥《商代地理概论》,中州古籍出版社1994年版,第157~220页;高广仁、邵望平《海岱文化与齐鲁文明》,江苏教育出版社2005年版,第227~259页。

② 详可参见齐文涛《概述山东近年来出土的商周青铜器》,载《文物》1972年第5期;赵宗秀《山东泗水发现商代青铜器》,载《考古》1988年第3期;滕州市博物馆《山东滕州市发现商代青铜器》,载《文物》1993年第6期;夏名采、刘华国《山东青州市苏埠屯墓群出土的青铜器》,载《考古》1996年第5期。

许多地区发现铸铜遗址，说明各地区的铜器大多是本地铸造的。”[①] 到了商代后期，铸铜业与前期相比有了很大的发展，进入青铜文化的鼎盛时期，海岱区仍然是这一时期重要的青铜文化分布区，尤其是以山东益都（青州）苏埠屯[②]和滕州前掌大[③]最为知名。

其次，社会分工继续深化。商王朝时期，社会分工继续深化，不仅手工业的不同部门之间存在社会分工，即便是同一部门内也存在细致明确的分工。从商代东土发掘的生产工具来看，数量庞大，种类丰富。比如济南大辛庄遗址出土了商代时期的农业工具多达 101 件，包括石斧、石刀、砺石、刀形器、铜镞、骨镞、蚌镞、蚌刀、陶弹丸等，手工业生产工具 49 件，包括铜锯、铜针、石凿、骨锥、骨针、蚌锯、陶纺轮、陶模子；泗水尹家城遗址商代文化遗存发掘农业工具 86 件，各类手工业生产工具 58 件。[④] 如此数量庞大的生产工具出土，反映出当时东夷社会的手工业生产部门具备较大规模，种类丰富说明工具生产部门的内部分工细致：劳动效率进一步提高。我们以青铜铸造业为例说明当时手工业内部分工的深化与细致：铸造青铜器一般要经过制模、翻范、浇铸三大工序，“在铸造之前，先用经过淘洗的泥土塑出想要铸的器物的形状，刻上花纹，稍加焙烤，即成陶模”，“陶模制成后，第二步是翻范。用淘洗过的泥土做成泥片捺到模上，用力挤压，使陶模上的花纹反印到泥片上，待泥片半干，用刀切开，放到阴凉处慢慢阴干或用火微烘，即成外

① 张之恒、周裕兴《夏商周考古》，南京大学出版社 1995 年版，第 76 页。

② 详请参见山东省博物馆《山东益都苏埠屯第一号奴隶殉葬墓》，载《文物》1972 年第 8 期。

③ 详请参见中国社会科学院考古研究所山东工作队《滕州前掌大商代墓葬》，载《考古学报》1992 年第 3 期。

④ 参见陈冬生、王赛时主编《山东经济史》（古代卷），济南出版社 1998 年版，第 66～67 页。

范”,“将外范拼合成器物的外腔,里面再加一略小的内范(即泥芯)作为器物的内腔,这时就可以浇铜铸器了”。“器物铸出后,还要打磨光滑,才算最后完工。”[①]这里还不包括炼铜的工序在内,可见,铸造出一件精美的青铜器是一件技术难度大、工序要求高、内部分工细的复杂工程。代表晚商青铜铸造水平的殷墟武官村出土的“司母戊”大方鼎,重达875公斤,通耳高133厘米,横长110厘米,宽78厘米,周身饰有兽面纹,形制雄伟,造型美观,据有关专家推测,这样大型的青铜器需要两三百个人密切合作才能制成,由此商代青铜业生产的规模和内部分工即可想见了。

再次,商品交换扩大,经济联系加强。商品经济的发展依赖于社会分工的深化,商代东土社会分工的继续深化,必然引起商品交换的扩大,方国之间、方国内部或因为产业优势的不同、或因为社会分工的差异,必然要进行商品交换。另外,东夷社会的方国与中原强盛的商王朝之间也存在商业往来。商王朝崛起于中原之时,商代东夷社会内部的众多方国之间为争夺彼此的土地财富,经常发生频繁的冲突和战争,同时,他们与中原殷商王朝也时有摩擦和矛盾,商王武丁曾出兵征伐东边的夷方,被征服国需要向商王献贡。到了商朝后期,海岱地区商贸活动的规模比之前更大,这主要表现在贝作为货币形态出现并大量使用上。“随着商品交换的发展”,“一般或社会等价物的形态”,“终于排他地固定在特种商品上,并结晶为货币形态”[②]。在山东境内发掘的商代墓葬发现有大量海贝,山东益都苏埠屯1号墓葬发掘随葬海贝达3790枚,在其他各地海贝出土的数量也十分惊人,在一些小型墓葬中也有海贝

① 北京大学历史系考古教研室《商周考古(讲义)》,1972年,第20~21页。
② 马克思《资本论》第1卷,人民出版社1965年版,第66页。

发现,这些情况说明海贝至迟在商代中晚期已经充当通货使用[①];商代晚期还出现了铜贝[②],这是我国早期的金属形态铸币。货币的出现标志着商业活动的兴起,这些出土之物充分说明商代东夷社会的商品经济有了长足的发展。

另外,殷商时期商业的发展还体现在商王朝成立了相关的专门管理机构——"多贾"和"贾师"。前者是商王朝设立的管理王室商业的机构;后者或为"多贾"的属官,主要管理其他各级商业市场。甲骨文曰:"甲申卜,出贞,令多贾及方。"[③]多贾具有相当高的政治地位,能够参与商王室的祭祀仪式。"甲戌贞,乙亥酒多贾于大乙鬯五,卯牛,祖乙鬯五……小乙鬯三。"[④]"多贾"参与王室祭祀,言其以"鬯"贡献于上甲、大乙、祖乙、小乙等先王。"贾师"则负责各级市场甚至从事其他方国的经营活动。"乙未卜……贾……吉。"[⑤]这里记载的即是师贾从外地贩运赤马进献商王的情况。

综上所述,商代东土的考古发现和相关文献资料为我们描绘出一幅远远高于龙山文化、岳石文化时期物质文明繁荣的历史画卷。殷商王朝的大宗商品交换基本上为贵族所垄断,东夷部族社

① 关于海贝的使用以及是否能作为货币看待,学术界尚有争议。千家驹、郭彦刚先生认为"中国的货币起源于夏代",将海贝作为中国最早的货币。参见千家驹、郭彦刚《中国货币演变史》,上海人民出版社 2005 年版,第 11 ~ 14 页。我们认为至迟到了商代,有充足的资料可以说明贝在当时的确已作为货币使用了。

② 1953 年和 1971 年分别在河南安阳、山西保德商代墓葬中发现 3 枚、109 枚铜贝。王毓铨先生认为"我国商末已有金属货币"。参见王毓铨《我国古代货币的起源和发展》,科学出版社 1957 年版,第 34 页。

③ [美]方法敛摹,白瑞华校《金璋所藏甲骨卜辞》第 413 片,美国纽约 1939 年影印本。

④ [美]方法敛摹,白瑞华校《金璋所藏甲骨卜辞》第 365 片,美国纽约 1939 年影印本。

⑤ 郭沫若《卜辞通纂》第 733 片考释,科学出版社 1983 年版,第 529 页。

会的商业活动也部分地为部族首领所把持,大批尖端的物质文明成果往往是“王室经济”的产物,主要是满足上层贵族的奢侈消费或供应政治、军事的特需,它们本身的商品化程度不高。但从整体上看,这一时期东夷社会商业贸易的活动范围在原有基础上进一步扩大,民间贸易渠道比此前有所拓展。“殷人贵富”,出土发现的卜辞中常反映出商王对商贾经营活动的重视与关注。[①] 商人热心商业活动。从农村市场上看,《尚书·酒诰》篇记载:“纯其艺黍稷,奔走事厥考厥长。肇牵车牛,远服贾,用孝养厥父母。”这些“纯其艺黍稷”的商族人是那些从事农业生产的自由民,他们利用农闲时间,用牛车拉着自己所生产的产品,远行至集市贸易场所,进行交易,以获得自己所需的其他生活用品,他们的足迹可能远涉东土。这里的文献记载反映出殷商时期农村集市贸易的情况。

有着发达的社会生产和繁荣的物质文明的东夷族民必然与中原或其他区域加强经济联系,进行商品交换。例如,商朝时期海岱地区的制陶业已经从社会经济的尖端位置上衰落下来,逐渐成为以民用品生产为主的门类,这类陶器的商品化程度高,通过民间贸易渠道流向四方。某些特殊的陶器如白陶仍然属于王公贵族才可享用的贵重之物,殷墟出土的白陶极为精美,在海岱区见于济南大辛庄等地,很可能是在海岱区内部生产的,通过某些特定渠道流向中原。[②] 从城市经济方面看,文献记载商代的都城设有市,《诗·商颂·殷武》篇曰:“商邑翼翼,四方之极。”《史记·殷本纪》正义引《帝王世纪》云:“宫中九市,车行酒,马行炙。”《太平御览》卷八二七《资产部七·市》云:“殷君善治宫室,大者百里,中有九市。”再

① 参见冷鹏飞《中国古代社会商品经济形态研究》,中华书局2002年版,第20页。

② 参见高广仁、邵望平《海岱文化与齐鲁文明》,江苏教育出版社2005年版,第271页。

联系《战国策·秦策五》的记载,“齐之逐夫”太公望(即姜尚)做过“朝歌之废屠”,曾“鼓刀扬声”①,是一位屠牲卖肉的商人。可以显示当时各地包括海岱地区的东夷社会也兴起一批中小城市,繁盛的商邑成为他们的榜样,这些文明因素的涌现都与商品交换的扩大和经济联系的加强有着难以摆脱的关系。

殷商时期海岱地区的社会经济整体向前迈进,与中原地区加强了彼此间的经济联系。随着殷商文化的东进,东夷社会发生了新的变化,主要表现为社会两极分化加剧,社会上层内部呈现出多级格局。殷商时期东夷社会大放异彩的高端文明成果远超龙山文化和岳石文化,但都集中在社会金字塔的顶端,大多数的社会财富只掌握在少数的贵族阶级手中,一般的基层庶众的生活水平并不比龙山—岳石文化时代有什么明显的进步。我们从山东平阴朱家桥商代聚落遗址可以看出,其建筑技术远不及龙山文化尹家城、尧王城的建筑技术高明,并且在发现的 8 座墓葬中,有 7 座无任何随葬品,另一座也仅有 2 件陶罐。② 这些事实说明商代东夷社会的基层庶众生活水平仍然十分落后,与贵族阶级生活的富丽堂皇形成强烈发差,反映了殷商时期东夷社会两极分化的加剧。

殷商时期,东夷社会贵族阶级内部也出现比较明显的等级分层。以山东青州商代苏埠屯大墓为例,我们依据墓圹面积的大小、墓道的有无、随葬品的多寡及人殉情况可以看出其中存在明显的等级分层。头等墓以一号奴隶殉葬墓为代表,其规格最高,有 4 条墓道,殉人多达 48 名;二等墓有两条墓道(未发表墓例);三等墓以八号墓为代表,墓室呈长方形,有一条墓道,有两椁一棺,发现有两只殉

① 《楚辞·天问》。

② 参见高广仁、邵望平《海岱文化与齐鲁文明》,江苏教育出版社 2005 年版,第 266 页。

图3-2 青州苏埠屯出土的商代亚丑铜钺(采自李建伟等编著《中国青铜器图录》,中国商业出版社2000年版)

狗,未见殉人,随葬品多达312件,其中兵器多达235件,有象征权威的铜钺;四等墓以7号墓为代表,无墓道,墓室为长方形竖穴墓,随葬器物只有35件,但有三个殉葬奴隶,可见地位也非同一般。① 苏埠屯商代墓地显然是一处贵族墓地,它的墓葬形制、埋葬制度、器物组合与器物特征等许多方面表现出与商文化的一致性,是商文化东扩背景下东夷社会上层内部等级分层的典型例证。

第三节 齐、鲁两国的经济抉择与社会变迁

武王灭商,西周建立。西周王朝为维护宗法礼制、屏藩周室大封诸侯。其中,为周王朝建有定鼎之功的太公望被封在齐国,武王母弟周公旦被封在鲁国。这两国的分封,目的是为了在夷人势力较强的东土海岱地区建立起南、北两大堡垒,以巩固东方战线。齐、鲁的受封是齐鲁商贾发展史上的重大事件。夏商时期,中原王朝的政权力量事实上对东夷部族所能发挥的直接影响还是相对有限,但到了西周立国后,尤其在周公东征戡乱以后,海岱地区的夷人反周势力遭到严重削弱,政治形势发生了急剧变化,一般的殷、夷旧国降到了附庸的地位,周王朝的军事、政治、经济、

① 参见山东省博物馆《山东益都苏埠屯第一号奴隶殉葬墓》,载《文物》1972年第8期;山东省文物考古研究所、青州市博物馆《青州市苏埠屯商代墓发掘报告》,载张学海主编《海岱考古》第1辑,山东大学出版社1989年版,第254~273页。

文化的影响延伸到了极东海滨。在这种情况下,夷人社会的传统习俗自然受到了空前的挑战。在这一关键时期,太公、伯禽的就封及其对齐、鲁地区旧有传统的因袭改造对后来的齐、鲁文明特质之形成与齐鲁商贾传统之积淀发挥了根本的奠基性影响。

齐国的肇基始祖太公为姜姓,名尚,是一位充满传奇色彩的人物。他的先祖是四岳,曾助大禹治水,立有大功,被封在吕,故太公亦被称作吕尚。又因为周文王姬昌曾对他说过"吾太公望子久矣",故他又得名太公望。太公望是大器晚成,他的前半生穷困潦倒,一直郁郁不得志,曾流落到商王畿一带寻找机会。为了谋生度日,他做过杀牛的屠夫和经营小买卖的商贩,直到他遇到周文王,才真正得到施展自己才华的机会。太公望长于谋断,在辅助文王、武王完成灭商大计和缔造周室的过程中,可谓"功冠群公":"天下三分,其二归周者,太公之谋计居多。"[①]杜佑《通典》卷一六二《兵十五》记载了一段生动的故事:

> 周武王伐纣,师至汜水牛头山,风甚雷疾,鼓旗毁折,王之骖乘惶震而死。太公曰:"用兵者,顺天之道未必吉,逆之不必凶,若失人事,则三军败亡。且天道鬼神,视之不见,听之不闻,智将不法,而愚将拘之。若乃好贤而能用,举事而得时,此则不看时日而事利,不假卜筮而事吉,不待祷祀而福从。"遂命驱之前进。周公曰:"今时逆太岁,龟灼告凶,卜筮不吉,星变为灾,请还师。"太公怒曰:"今纣刳比干、囚箕子,以飞廉为政,伐之有何不可?枯草朽骨,安可知乎!"乃焚龟折蓍,援枹而鼓,率众先涉河,武王从之,遂灭纣。

在三千多年前那个巫风盛行的时代,姜太公却能不拘泥于卜筮而

① 《史记》卷三二《齐太公世家》。

推重人事,敢于公然指斥占卜用的“龟甲”、“蓍草”为“枯草朽骨”,足见其远迈群伦的非凡胆略和深谋善断的果敢气魄。这样的思想高度,连周公这样杰出的人士也难以企及,而太公与周公两人气质心理之差异由此也得以窥见一斑。从某种程度上讲,太公与周公的这次较量暗寓了以后齐、鲁两国文化气质的分野与历史命运的差异。

太公初封齐国,在政治上,他身处殷夷旧势力的包围之中,并面临莱夷力量的军事对抗;在经济上,齐国基础薄弱,土地贫瘠,五谷难生。面对重重困难,务实豁达的太公望审时度势,为齐国制定出一条既能利国利民、改变生存现状,又能缓和族群矛盾、稳定齐国统治的基本国策。概括起来,这一国策有三项基本内容:其一,“因其俗,简其礼”;其二,“通商工之业,便鱼盐之利”;其三,“举贤而上功”。其中第二条是直接关乎社会经济发展的基本国策。“通商工之业,便鱼盐之利”显然是以富国富民为目的。在周初封建的众多诸侯国中,确定这样的经济发展方针是绝无仅有的。这种扬长避短的开放性经济发展方针,充分利用了滨海齐地的海产优势,大力发展鱼盐产业,有力地刺激了社会经济的发展。鱼盐之利是齐国得天独厚的自然资源,鱼类等海产品是营养十分丰富的食物,而盐又是人们日常生活的必需品,所以都有着广阔的市场空间;而煮盐和近海捕鱼又不需要过高的生产成本和技术要求,因此在国家的倡导下,能很快形成规模化的效应,取得良好的经济收益。

另外,“通商工之业”的政策,为齐国经济确立了一个很务实的发展导向,即鼓励发展通商贸易。这些无疑给齐国经济的繁荣与发展带来了无限生机,尤其为商品经济的大发展注入了强大动力,为齐地商贾群体的形成和崛起提供了制度上的保障。太公之后,西周时期的历代齐国国君均执行这一既定的经济发展方针,奖励工商,开发鱼盐产业,使得生产落后、基础薄弱的齐国逐渐发展为列国中的经济大国和政治强国,为春秋时代齐国的霸业打下了雄厚的物质基础。

太公治齐,在手工业方面的一个重要的具体措施就是大力发展桑麻纺织业,"劝其女功,极技巧"①。当时的纺织手工业主要有两项内容:一是葛麻纺织,一是丝绸纺织。前者是平民衣物的主要来源,其生产带有很强的自足性,与家庭的农业生产相结合;后者为当时的高端生产,带有较强的商品生产性质,其产品主要是为各级贵族统治者服务或用作缴纳赋税之用。在历代齐君的鼓励倡导下,齐国的纺织业走向发达,齐地出产的纺织品远近闻名,号为"冠带衣履天下"②。在西周末年的姜齐时代,齐国已经能生产出品质精美的"经锦"。这是一种运用织花刺绣技术而制成的新型丝质精品,它是由两组或两组以上不同颜色的经丝制成的,其中的一色做底纹,另一色或两色做花纹,直接在织机上织成花纹。③ 这种经锦在辽宁朝阳和陕西宝鸡等地的西周墓地中也有发现,说明当时齐地与域外地区一定发生着较为频繁的物品交换和技术交流。

在鼓励发展工商业的政策引导下,齐国的商品经济获得了长足发展,齐地商贾群体崛起,并成为社会中的一支重要力量参与到政治生活中。西周时期,商贾群体的主体应该是隶属于国人的范畴。"国人"因居于"国"而得名,"国"是国都大邑的意思。《周礼·地官司徒下》教官之职闾师条:"闾师,掌国中及四郊之人民、六畜之数,以任其力,以待其政令,以时征其赋。凡任民:任农以耕

① 《史记》卷一二九《货殖列传》。

② 《史记》卷一二九《货殖列传》。

③ 参见李英森等《齐国经济史》,《齐文化丛书》第 14 册,齐鲁书社 1997 年版,第 566 页。

事，贡九谷；任圃以树事，贡草木；任工以饬材事，贡器物；任商以市事，贡货贿……”国中及四郊之民归闾师管，包括农、圃、工、商各色人等。其中工与商主要活动于国中，这说明周代的工商业者群体隶属于“国人”的范畴。“国人”和“野人”是相对应的概念，两者居住地域不同，身份和社会地位也各不相同。“国人”，有议论国家大事的权利，即通过诉诸舆论的方式参与政治生活。《左传·襄公十四年》记载，晋平公询问著名乐师、身为晋大夫的师旷：“卫人出其君，不亦甚乎？”师旷则回答说：“或者其君实甚。……自王以下，各有父兄子弟，以补察其政。史为书，瞽为诗，工诵箴谏，大夫规诲，士传言，庶人谤，商旅（议）于市，百工献艺。”师旷认为卫国人之所以赶跑了卫君，是因为卫君有过失，这并不算过分、因为自古以来国人就有议论政治、监督政治、参与政治的权利。其中提到了“工”与“商”的参政权利，主要限于舆论批评。

《国语·齐语》记载管仲佐齐桓公改革，“制国以为二十一乡，工商之乡六，士乡十五”，《管子·小匡》说：“制国以为二十一乡，商工之乡六，士农之乡十五。”可见，齐国的商贾群体一直是国中人口的重要组成部分。韦昭注“工商之乡六”曰：“工、商各三也，二者不从戎役也。”可见属于“国人”的商贾群体没有执干戈以卫社稷的政治权利。但这并不代表他们被剥夺了政治参与权，身处政治、经济中心之国都大邑的商贾群体，自然有着较强的政治参与意识，尤其当国家政策举措触犯、干扰到他们的工商业经营活动时，他们极容易成为一支参与抵抗的力量。西周厉王贪图财利，重用穷于敛财的荣夷公为卿士，实行“专利”政策，将社会财富和资源垄断起来，导致贵族和国人的不满，“下民胥怨，财力单竭，手足靡措”[①]。利益

① 《逸周书·芮良夫解》。

受损的国人运用他们舆论批判的工具,公然谤王。厉王听闻"国人谤王"的消息后,十分震惊,便派人监视,谤则杀之。"国人莫敢言,道路以目"①。最终忍无可忍的国人终于起而暴动,与贵族共同发难,赶跑了周厉王。

就在周厉王统治发生变乱的前后,东方的齐国也不安宁。史书记载,齐哀公在位,荒淫失政。《诗经·齐风·还》毛诗序曰:"《还》,刺荒也。哀公好田猎,从禽兽而无厌,国人化之,遂成风俗。习于田猎谓之贤,闲于驰逐谓之好焉。"哀公统治不仅内政不修,而且外交关系也处置失当,齐国与邻近的同姓纪国交恶。于是纪侯向周夷王进谗言,结果齐哀公为周王烹杀,齐纪两国结仇。哀公死,其弟静立,是为胡公,他就是姜齐政权的第六代国君。为防纪国暗算,胡公即位后把都城从营丘迁到了薄姑(今山东高青境内)。此举引起了齐人的不满,齐哀公同母弟山与私党率营丘人杀死胡公,将胡公之子驱逐出境,又把首都从薄姑迁回营丘,并拓大其域,更名临淄,吕山就是齐献公。"九年,献公卒,子武公寿立。武公九年,周厉王出奔,居彘。十年,王室乱,大臣行政,号曰'共和'。二十四年,周宣王初立。二十六年,武公卒,子厉公无忌立。厉公暴虐,故胡公子复入齐,齐人欲立之,乃与攻杀厉公。胡公子亦战死。齐人乃立厉公子赤为君,是为文公,而诛杀厉公者七十人。"②在春秋之前姜齐政权的第六代至第十代,齐公室内部斗争激烈,三经变乱,二次迁都。毫无疑问,政治利益之争是齐国变乱发生最直接的动因。但仔细考察变乱发生的背景,经济利益也是其中的重要因素。胡公被杀的一个重要原因,是他擅自把都城从营

① 《国语》卷一《周语上》。
② 《史记》卷三二《齐太公世家》。

丘迁到了薄姑。营丘作为姜齐政权的都城从齐国受封开始到胡公迁都之前将近两百年之久,一直以来地位尊隆。在齐国重商传统的影响下,它无疑是当时齐国的经济中心和商品贸易集散地。身处营丘的国人中有相当一部分家族是世代从事手工业生产或经营商业活动,并以此谋生度日。现在以强制的行政手段决然迁都,让这些人一下子断了财路,同时迁都也势必触动很多贵族的经济利益,因此在齐国引起了很大的震动。怀有政治野心的齐贵族哀公同母弟吕山,应当已经察觉到国人的这种不满情绪,找到了可以帮助实现其政治野心的利用力量,于是就派遣私党积极联络国人,共同上演了周厉王"国人暴动"的前幕——齐国营丘的"国人暴动"。而政变成功后,作为回报,刚刚即位的齐献公便把都城从薄姑又迁回了故都,这种举措极有可能就是这次政变成功后对事前双方协定的履行与兑现。

鲁国是西周王朝控制东方的另一个最重要的诸侯国,它是周公的封国。但鲁国的实际始封君是周公之长子伯禽。伯禽在周公东征期间曾经指挥了平定徐淮一带的夷人的叛乱活动,参加了伐奄的战事,立下了卓越的战功。东征胜利后,周人控制了包括曲阜一带的东方地区,《史记·周本纪》载:"召公为保,周公为师,东伐淮夷,残奄,迁其君薄姑。"这样鲁国在东方逐渐扎稳根基。

伯禽是西周成、康两朝的重臣,作为始封君,执政鲁国又长达四十余年[①],可想而知,他的立国方针对鲁国社会必然产生深远影响。伯禽治鲁,在经济上表现为"以农立国"。伯禽是姬姓周人之后,而周人向以农业发达而著称,甲骨文中的"周"字,就像一块方田。获封鲁以后,他带领部分周人迁居封国,把周人先进的农业生

① 《汉书·律历志》载伯禽在位四十六年,康王十六年薨。

产技术带到山东。初封的鲁国在疆域上同齐国一样,是不足百里的侯国,但由于鲁、滕等姬姓国多获封在土质肥沃的平原地区,十分有利于农业生产活动的开展,所以伯禽自然会在鲁国不遗余力地推行发展农业的措施。然而可惜的是,伯禽未能像齐太公那样注意接纳本地殷夷旧俗中的商业因素,他没有适时地实施多方位、多渠道的经济发展战略,所以鲁国在后来长期的发展过程中,逐渐形成了单一的农业经济为主导的经济结构。由于鲁国立国以来就缺乏重商的传统,所以即便在土质宜于桑麻种植的鲁地出现了较为发达的纺织业,有"鲁缟"等精美丝织品名扬各地,但它主要是作为纺织业重要的原料产地与生产基地而存在,当时东方地区真正的纺织品交易中心仍在齐国,齐都无疑是整个东方地区最发达的纺织品交易市场,精美的丝织品多是放到齐国都城市场上交易,所以齐地才会有后来"冠带衣履天下"的誉称。有这样一则故事,形象地道出了鲁国商风不盛的情况。《韩非子·说林上》载:

> 鲁人身善织屦,妻善织缟,而欲徙于越。或谓之曰:"子必穷矣。"鲁人曰:"何也?"曰:"屦为履之也,而越人跣行;缟为冠之也,而越人被发。以子之所长,游于不用之国,欲使无穷,其可得乎?"

这则故事说明战国时期,鲁国家庭纺织业发展虽然已经超越了小农家庭的那种男耕女织的生产阶段,形成家庭成员通力合作、专务纺织的局面,但在缺乏商业开放气息熏陶的鲁国,其民众安土重迁、信息闭塞,所以才会闹出这样的笑话。

伯禽治鲁,在政治上表现为重视王道,崇尚礼仪,"尊尊亲亲",忠实推行周代的宗法制度和礼制,积极维护公族势力。我们知道,伯禽在周公东征胜利后得到了益封,即获得了东征所灭的奄国以及殷民六族。殷民六族分别是条氏、徐氏、萧氏、索氏、长勺氏、尾勺氏。“使帅其宗氏,辑其分族,将其类丑,以法则周公,用即命于周,是使之职事于鲁,以昭周公之明德。”[①]可见,殷民中此六族是被举族分给鲁公的,保留了原来的宗族结构,在鲁国的政治生活中应该具备较高的身份。周初金文《明公𣪘铭》载“王令明公遣三族,伐东国”,学者们推测这里的“明公”可能就是伯禽,而文中的“三族”或为“殷民六族”中的“三族”,他们是帮助鲁公统治人民、参与征伐之贵族自无疑问。[②] 但伯禽对这些殷夷旧部族采取了“变其俗,革其礼”的治理方针,主观上希望文化上多源的鲁国能够逐渐被周文化同化,尤其是要同化这些在习俗传统上与周人差异很大的殷夷部族。伯禽采取的处理夷夏、殷周关系的准则,显然与齐太公“因其俗,简其礼”的原则不同,而实际上也违背了周公的初衷。根据《史记·鲁周公世家》记载,周公得知伯禽报政迟的消息后,就感叹鲁国以后会有国力日衰、臣服于齐的结局。

伯禽治鲁,在上层建筑方面采取的变俗革礼、维护宗法的方针,对后来鲁国社会的发展产生了深远的影响。这一点我们可以从鲁与齐、晋、卫等列国的公族、世族力量差异上看出蛛丝马迹。周王朝在分封给伯禽以殷民六族的同时,还分封给康叔以殷民七族、分封唐叔以怀姓九族。康叔和唐叔分别是卫国、晋国的始封君,康叔是周武王少弟,唐叔是周成王之弟,然而作为西周重臣却身为异姓的太公并没有受到这样的益封待遇。可见,鲁、卫、晋三国是与周王朝关系最亲密的姬姓诸侯。这些举族被分封到三国的殷夏旧族遗民,其身份地位是相同的。根据《左传·隐公六

① 《左传·定公四年》。

② 参见童书业《春秋左传研究(校订本)》,中华书局 2006 年版,第 136 页。

年》载:“翼九宗、五正、顷父之子嘉父逆晋侯于随,纳诸鄂,晋人谓之鄂侯。”杜预注:“翼,晋旧都也。唐叔始封,受怀姓九宗,职官五正,遂世为晋强家。”当年分封给唐叔的怀姓九宗,后来成了晋国的强宗大族,约在周桓王时代,怀姓九宗的代表人物嘉父将晋侯由随安置到了鄂,改称鄂侯,可见他们亦参与晋国立君的政治活动中。随着周王室势力的衰落,周天子相对于众诸侯的“大宗”地位已经难以维持下去,列国与周王室的宗法关系随之破坏,自西周末年至春秋中叶,列国逐渐形成了自己的世家大族。这些世家大族世居高位,代代相传,成为各国的执政公卿,主导着国家的政治生活,形成了春秋时代的卿族政治。但仔细比较起来,鲁国的世家大族与卫、晋、齐等国的不同,鲁国的世家大族全部出自公族。比如臧孙氏、展氏、郈氏、众氏出自鲁孝公;施氏出自鲁惠公;孟孙氏、叔孙氏、季孙氏出自桓公等(详见表3－1)。那些举族来到鲁国的殷夏旧族并未发展成为鲁国政坛上的世卿大族,非公族的异姓别族也缺乏上升为卿族世家的机会。而卫国则有异姓卿族孔氏,孔达就是卫国历史上赫赫有名的别族卿大夫;晋国由于历史上发生“晋献公尽逐群公子”的事件,故而公族衰微,异姓卿族更是有着牢固的基础,在晋国屡居卿位的郤氏、赵氏、士氏、先氏、魏氏、狐氏、胥氏等虽与公族同姓,但因和武王之后的晋公室血缘关系相当疏远,所以严格说来也并非公族;而齐国之卿族同样有非公族的异姓存在,最著名的是管仲、鲍叔牙及后来取代姜氏的田氏。这些情况在一定程度上反映出鲁国宗法制度的深刻影响。

表3-1 鲁国世卿表

世卿大族	代表人物	掌权时期	源出谱系
臧孙氏	臧文仲	历事鲁庄公、闵公、僖公、文公四君	鲁孝公
展氏	展无骇	仕于鲁隐公时	鲁孝公
郈氏	郈昭伯	仕于鲁昭公时	鲁孝公
众氏	众仲	仕于鲁隐公时	鲁孝公
施氏	施伯	仕于鲁庄公时	鲁惠公
孟孙氏	孟献子	仕于鲁成公、襄公时	鲁桓公
叔孙氏	叔孙得臣	仕于鲁文公时	鲁桓公
季孙氏	季武子	仕于鲁襄公时	鲁桓公
东门氏	东门襄仲	仕于鲁文公、宣公时	鲁庄公
子叔氏	子叔声伯	仕于鲁成公时	鲁文公

伯禽治鲁,确立了不同于齐国的治国方针,经济上推行以农业经济为主导的单一经济模式,商品经济缺乏强大的发展动力;在上层建筑层面,提倡"尊尊亲亲"、维护宗法礼制,严格限制异姓别族上升的空间,这样的经济模式和鲁国的政治生活又相互结合、彼此牵制,所以在鲁国上下造成了一种保守的社会氛围。这样的治国方针,显然不利于鲁国在列国争雄的复杂政治环境中长期保持图强自新的动力,故而鲁国的发展只能是缓慢递进式的。而齐国执行"因其俗、简其礼"、"尊贤尚功"、"通工商"、"便渔盐"等举措,确立了合理的经济架构,营造出开放的政治氛围,一旦时局有利,齐国是可以迅速走强的。如果齐、鲁一旦走向对抗争衡过程中齐国能胜出自是无疑的。历史也证明齐鲁的长期争衡过程中鲁国渐渐势衰,其深层次的原因正在于此。可万物皆有两面,鲁虽势衰,其根深蒂固的宗法观念使得鲁国公室即便危机不断,却能寿终正寝,至鲁国灭亡始终没有出现彻底推翻国家政权取代公室的强卿,

虽世执鲁政、擅权强横的"三桓"也无法改变。而姜齐、姬晋等国的公室虽曾叱咤风云于一时，却最终未能避免为强卿所取代的可悲命运！

第四节　春秋战国时期的齐鲁商贾与区域社会变迁

公元前770年，周平王东迁洛邑，历史进入春秋时代。周王室已经走向衰微，"礼乐征伐自天子出"的时代，渐渐让位于"礼乐征伐自诸侯出"的列国争霸时代。经过西周两百多年的发展，齐、鲁两国均成为春秋初年的大国。但在春秋早期的政治舞台上扮演重要角色的是"小而强"的郑国。郑国是西周末年才得以受封的一个小国，却能在春秋初年郑庄公统治时期，一跃成为当时的"小霸"，其主要原因就在于身处天下之中的郑国有着发达的商业，"盖以商业之故，经济富裕之故"①。

郑国自立国以来就有着浓厚的重商传统，它的创建与发展离不开商人力量的支持。据《世本》的记载，公元前806年，周宣王把他的弟弟姬友封在宗周畿内的棫林之地(今陕西凤翔南)，是为郑桓公；作为始封君的郑桓公后来又将郑国迁到了拾②。因时届西周末期，周宣王拿不出更多的土地分给自己的老弟，就把一批善于经商的商族后裔分给了郑桓公。这就是郑国贵族子产所说"昔我先君桓公与商人皆出自周"③的缘故。宣王逝世后，周幽王上台，此时的王室败象环生，郑桓公便率众远迁"洛之东土，河济之南"以避

---

① 童书业《春秋左传研究(校订本)》，中华书局2006年版，第39页。
② 拾为地名，位于今陕西华县以北。
③ 《左传·昭公十六年》。

祸,而“商人从焉”。郑桓公率领这批商人披荆斩棘,开发荒原,艰苦创建了郑国的基业,这便是新郑。为了报答这些商人在创业中发挥的作用,郑桓公不仅解除了他们的奴隶身份,而且还给他们一定的经营自主权,为此郑国与商人订立了一个盟约:“尔无我叛,我无强贾,毋或匄夺。尔有利市宝贿,我勿与知。”①只要商人不背叛政府,政府就不会强买或夺取商人的货物,不干涉商人的经营自由。商人有值钱的宝物,政府也不过问。双方“恃此质誓,故能相保”②。中国历史上“工商食官”的制度首先在郑国被打破,中国历史上的“自由商人”也首先在郑国出现。商人有了这样的誓约保障,便在新生的郑国迅速发展起来,而郑国也在商人的支持下,积淀了雄厚的国力,一跃成为春秋初年的霸主。

郑国在春秋初年迅速走强,无疑是得益于其商品经济的繁荣和商贾力量的支持。郑国的发展模式可以为我们思考齐、鲁两国在春秋战国时期不同的发展轨迹和历史命运的落差提供一种新视角。我们完全可以将商品经济繁荣程度、商贾力量的发育水平作为一条线索,深入思考春秋战国以来齐鲁社会的复杂变迁,揭示其内在的因素。

一、春秋战国时期齐鲁商贾发展的新态势

春秋时期,齐鲁商贾展现出新的发展态势,其最突出的特征在于:一方面,工商食官的局面逐步被打破,官营工商业的比重和规模在下降。另一方面,到了春秋后期,民间商贾开始崛起,涌现出一批影响力大、资财雄厚的大商人代表。这些新情况可以从齐、鲁

① 《左传·昭公十六年》。
② 《左传·昭公十六年》。

两国商业政策的改变上反映出来:两国均由过去官府直接经商转变为间接式的征商。从鲁国来看,春秋中期以后,鲁国国势日衰。《左传·僖公二十六年》记载齐孝公攻打鲁国的北部边境,齐侯在描述鲁国状况时说"室如县磬,野无青草",屋子里没有资粮,野地连野草也没有,更不必说作物庄稼了。这虽是齐侯的轻蔑之词,却也能见鲁国国势衰退之貌。此后鲁国一直受到齐、晋、楚、吴等大国的挟制,艰难地周旋其中,但鲁国的商品经济有了缓慢而稳定的发展。《孔子家语·颜回第十八》记载孔子批评鲁国的臧文仲"三不仁"的举措,即"下展禽,置六关,妾织蒲"①,其中"置六关"就是在鲁国境内设置关卡对来往商旅进行征税,这反映出鲁国商业已有一定程度的发展,国家政权积极参与商业和市场管理,并能从中取得不少的商税收益,这正是官府改政策为征商的典型事例。而齐国由于商品经济本已较为发达,征商措施实行得更早。春秋前期,管仲因为功勋卓著,获赐"三归",这里的"三归"就是"市租之常例归之公者也",管仲能因此"富拟于公室"②,说明齐国早在春秋前期就已经比较普遍地采取征商措施了,同时反映出齐国当时的私营商业的发展规模已经相当可观了,私营工商业已经初步形成为一支潜在的社会力量,如《史记·管晏列传》记载春秋前期齐国的贤卿名相鲍叔牙与管仲在发迹前皆曾从事过自由的小商贩活动,这应属于私营性质的工商业范畴。这些私营的工商业在此后的发展过程中逐步成长壮大,并对旧有的"工商食官"体制起到分化瓦解作用。

---

① 此段记载也见于《左传·文公二年》,其曰"废六关"。三国魏王肃和清惠栋、洪亮吉均认为"废"应为"置",今从之。参见杨伯峻《春秋左传注》,中华书局2009年版,第525页。

② 《史记》卷六二《管晏列传》。

春秋后期,齐鲁地区的社会生产力有了空前的提高,农工商诸业并进,社会经济有了长足发展,私营商业迅速崛起,齐鲁地区逐渐成为东周版图上的东方最大经济区。此后直至战国末年,齐鲁地区的商品经济始终处于稳定顺利的发展时期,齐鲁富商大贾成长为一支令人侧目的社会力量,他们在当时的社会经济生活乃至在政治生活中都扮演了重要的社会角色。我们仔细考察,可以发现春秋战国的几百年间,民间商贾的发展呈现这样的特征:在战国之前的漫长时代,民间贸易活动的主流是长途的贩运贸易,贩运商人在其时的整个商贾群体中具有较为雄厚的资本,齐鲁商贾也不例外。这主要是因为受制于社会生产力的发展水平,生产技术的限制使得他们无法如后世商贾那样从事私营的冶铸、大规模的制陶等手工业,并且当时社会最先进的技艺主要掌握在受官府控制的百工阶层内,体制上的约束以及生产力水平的制约,使得商贾缺乏更多的生财之道。但各地因自然环境不同,出产物品的种类多样,随着人们地理学知识的日益扩展和交通工具的不断改进,有一部分人可以从事长途的物资贩运活动以互通有无,他们成为早期商业经营的主流力量。

而到战国时代,生产性的产业大商人开始崛起。齐鲁商贾群体中一些资本雄厚的大商人转而从事采矿、冶铸等较大规模的产业经营,他们招募了大批的人力从事集体生产,内部的分工比较明晰,生产效率较高,因此获利更加丰厚。由于战国以来的“工商食官”体制的解体,原来为国家所垄断的手工技艺走向民间,为这些产业大商人的生产提供了技术上的支持,而齐鲁的盐铁等资源又十分丰富,这就为产业大商人的崛起创造了有利条件。产业商人的利润中有很大一部分再次投入生产领域,有利于产业自身的扩大升级。产业商人的崛起是齐鲁商品经济发展到新阶段的重要标志。

二、春秋战国时期齐鲁商贾传统对区域社会变迁的影响

齐鲁商贾的顺利发展使得诞生于齐地的商贾传统和商贾精神传承不绝，并进一步扩大影响。随着齐鲁地域商贾的形成发展和齐鲁文化的交流融汇，这一精神传统加强了在鲁地的渗透，遂成为齐鲁商贾共同的生命之源。齐鲁商贾传统的影响扩大，推动着齐鲁商贾掀起营商风潮，从而对齐鲁的社会政治、经济、文化生活带来了相当程度上的冲击，并互动牵连到当时齐鲁两国的社会变迁。我们可以以齐鲁商贾传统的传承影响为契机，深入地探查这一时代背景下关联密切的政治、经济、文化等发展演变的状况，从而在宏观上把握整个区域社会变迁的概貌。

（一）对区域政治生态的影响

春秋战国时代是我国历史上政局动荡不稳、社会急剧变革的年代，是从旧的奴隶制生产关系向新的封建制生产关系过渡时期。周室衰微，群雄逐鹿，齐鲁大地同样上演着一幕幕政治悲喜剧。春秋初年，齐国即跻身五霸之首，至战国时代尾声一直保持着大国地位；邻邦的鲁国却在与众诸侯的反复较量中最终败下阵来。这种巨大的反差不能不引起我们的好奇，只有深入探寻背后的原因才能深刻地揭示并解释这一历史现象。

在上文中，我们已经清楚地了解到鲁国的立国基础要胜于齐国，因此鲁国后来的衰败绝不是出于先天条件的不足。既然如此，我们就应该从齐鲁两国的自身发展中去找寻原因。齐国得以首霸诸侯，一方面，是由于齐国早在太公立国之时就确立了灵活变通、因地制宜的方针，“通商工之业，便鱼盐之利”①，终西周一朝，历经

① 《史记》卷三二《齐太公世家》。

几百年的发展，春秋初年的齐国已经积淀起良好的政治、经济基础；另一方面是出于齐相管仲的鼎力辅助，他在任期间，制定了一系列适宜的治国方略和改革方案。《史记·管晏列传》指出："管仲既任政相齐，以区区之齐在海滨，通货积财，富国强兵，与俗同好恶。"齐国的军事实力和综合国力迅速膨胀，公元前651年，齐桓公召集鲁、宋、郑、许、曹等国在葵丘（今河南兰考）会盟，周天子也派人参加，这标志着齐桓公已成为周王承认的合法霸主，齐国的霸业由此达到了顶峰。在齐国首霸的原因探讨中，不能忽视这样一个事实：无论是立国之初，还是管仲治齐，齐国的重商传统深刻影响着其发展模式，它向以工商业发达而名冠诸侯，因此在某种程度上可以说，工商业经济的繁荣发达为齐国政治地位的提升发挥了支柱性影响。

另外管仲因势利导，推行"相地而衰征"[①]的新的土地租税制度，视土地之美恶及所出，以区别征赋之轻重，即承认私田的合法性，开始用封建制形式的生产关系代替奴隶制形式的生产关系，充分调动生产者的积极性，这就极大地提高了农业生产效率，改变了齐国原来井田制下的"无田甫田，维莠骄骄"、"无田甫田，维莠桀桀"[②]的农业凋敝、衰退局面，到后来还出现了"粟如丘山"[③]的丰盈景象。所谓"地者，政之本也"[④]，齐国农业经济的振兴为齐国商品经济的快速发展和齐鲁商贾及外来商旅的贸易往来提供了坚实的物质基础。反过来，商品经济的深入发展又进一步动摇着齐国旧

① 《国语》卷六《齐语》。

② 《诗经·齐风·甫田》。这两句话的大意是："不要耕种大田，莠草茂盛"、"不要耕种大田，莠草高大。"

③ 《史记》卷六九《苏秦列传》。

④ 《管子·乘马》。

有的土地所有制,呼唤新的生产关系的出现,乃至影响到齐国上层建筑层面的政治变迁。春秋中叶以后,齐国奴隶和平民反对奴隶主和公室的斗争广泛开展,公族势力式微,齐国逐渐归政于以田氏为代表的新兴地主集团,所谓“齐国之政其卒归于田氏矣”①。田氏家族采用减轻剥削的办法,“其收赋税于民以小斗受之,其(禀)予民以大斗”②,以此争取民众,收揽人心,壮大了自己的力量。后通过武装斗争,田氏陆续翦灭齐国十余家公室贵族,齐康公十九年(公元前386年),周天子正式承认田和为齐侯,沿用齐国号,这样田氏就取代了姜氏执掌国柄。

春秋末年至战国时期,鲁国的商品经济处于持续发展中。鲁国社会生产力的进步以及农工商诸业的发展,进一步动摇了旧土地所有制的基础。面临“公田不治”③的局面,鲁宣公于公元前594年颁布了“初税亩”的法令,承认了“私田”的合法性,此后鲁国又对相应的军赋征收进行了改革,“作丘甲”,“用田赋”。到了战国时代,鲁国国力进一步衰减,然其商贾之风渐次兴盛起来。战国前期,鲁穆公即位,着手进行了一系列政治、经济改革,对鲁国商品经济的发展起到了积极的推动作用。穆公任用公仪休为相,一方面,废除传统的世卿世禄的政治体制,实行比较彻底的俸禄制,扩大了官吏选拔的范围,加强了鲁国国君的权力,事实上为鲁国国政在三桓势力衰落后的新走向明确了道路。另一方面,采取轻徭薄赋的政策,严格“食禄”制度,不得“与民争利”,多方并举促进经济的发展。《史记·循吏列传》记载:

使食禄者不得与下民争利,受大者不得取小。……食茹

① 《史记》卷四六《田敬仲完世家》。
② 《史记》卷四六《田敬仲完世家》。
③ 《汉书》卷二四下《食货志上》。

而美,拔其园葵而弃之。见其家织布好,而疾出其家妇,燔其机,云:"欲令农士工女安所雠其货乎?"

公仪休令"食禄者"不得与民争利,在一定程度上维护了小生产者的利益,而燔机出妇的行为从侧面反映出当时鲁国私营的家庭手工业十分发达。公仪休改革的目的是基于保护"农士工女"能够各"雠其货",维护社会分工的发展,这对于鲁国商品经济尤其是私营商品经济的发展起到了促进作用。司马迁在描述鲁国商贾势力发展时提到,鲁人"俗俭啬爱财,趋商贾,好訾毁,多巧伪"①。

春秋战国时期政治上的动荡不安,并没有给齐鲁商贾的发展带来太大的负面影响,相反,他们在整体上还处于顺利的发展阶段中。社会生产力的发展与社会分工的进步,为商品经济的繁荣和齐鲁地域商贾的勃兴奠定了基础,而商品经济的发展反过来对齐鲁两国旧有政治体制的瓦解和政权变动产生了积极的影响。春秋战国时代是一个"礼崩乐坏"的时代,原属天子权限的"礼乐征伐"已经下放到诸侯,再后来公室衰落,三桓执鲁政,田氏代姜齐,出现"政在私门"、"政在大夫",甚至是"陪臣执国命"的现象。无论是鲁国的三桓,还是齐国田氏都具有很强的经济实力,有自己据以崛起的封邑,《公羊传·定公十二年》记载:

孔子行乎季孙,三月不违,曰:"家不藏甲,邑无百雉之城。"于是帅师堕郈、帅师堕费。

其疏云:郈,叔孙氏所食邑;费,季氏所食邑。二大夫宰吏数叛,患之,以问孔子。孔子曰:"陪臣执国命,采长数叛者,坐

① 《汉书》卷二八下《地理志下》。

邑有城池之固,家有甲兵之藏故也。”①

齐田氏不仅通过赋税征收等经济手段阴施恩惠予民,争取民心,而且还占有富饶广大的封邑,发展经济,内蓄力量。《史记·田敬仲完世家》记载:

田常于是尽诛鲍、晏、监止及公族之强者,而割齐自安平以东至琅邪,自为封邑。封邑大于平公之所食。

鲁国三桓封邑都有超过百雉的城市,已经具有相当大的规模。春秋战国时期,城市除具备传统防御的功能之外,其经济功能已凸现出来,尤其是商品经济的发展与城市的繁荣紧密相连;齐田氏封邑位于齐都临淄以东的安平直至琅琊的广袤土地上,既有桑麻之业,又擅山海渔盐之利,商品交换颇为发达。因此,可以说,鲁国三桓与齐田氏在政治上崛起均与两国商品经济的发展息息相关。

(二)对区域经济生活的影响

齐鲁商贾的商业经营活动带动了城市经济的兴起与空前繁荣,这是商贾群体影响当时社会经济结构变迁的最直接而显著的表现。春秋战国时期,随着手工业、商业的迅速发展,齐鲁之地兴起了一批工商业城市,以齐都临淄为代表。大批的中小工商业者在城市中从事经营活动,使得城市人口迅速增加,城市的规模有所扩大。尤其是商贾经营活动和工商业的发展凸显出城市的经济功能,完全意义上的城市兴起并繁荣起来。士阶层开始涌现,他们穿梭活动于列国的城邑,成为春秋战国时代一个特殊的游食阶层。他们的生活需要一个相对发达的城市商品经济体系作支撑。齐鲁城市经济的发展离不开齐鲁商贾的推动。

一方面,齐鲁商贾的经营活动大大丰富了城市的商品供给,扩

① 阮元校刻《十三经注疏·春秋公羊传注疏》,中华书局1980年版,第2342页。

大了城市的规模，凸显出城市的经济功能。“百工居肆以成其事”[①]，这里的百工就包括居于城市的私营手工业者，他们在生产手工业产品的同时，也兼营销售业务，成为商贾团体的重要成员。作为自由独立的小手工业者，虽然其职业还大多带有世袭的性质，但他们毕竟走出了“工商食官”体制的樊笼，在新的经济体制下迅速成长起来。《史记·货殖列传》云：“贩脂，辱处也，而雍伯千金。卖浆，小业也，而张氏千万。洒削，薄技也，而郅氏鼎食。胃脯，简微耳，浊氏连骑。马医，浅方，张里击钟。此皆诚一之所致。”由于能精于技艺，潜心治业，他们中的许多人往往能凭此一技之长，亦工亦商，累致巨富。他们的生产经营活动极大地丰富了城市的商品供给，并随着社会分工的日益进步和专业化程度的提高，越来越多的工商业者加入了春秋战国时代商品经济的大潮，促进了城市数量、城市规模的不断膨胀。

春秋时代，政治中心仍然是伊洛一带的东周都城——洛邑王城，但由于天子式微，大权旁落，地方封国实力迅速崛起，形成了许多局部的政治中心，围绕着这些中心兴起了新的城市、都邑群。齐、鲁作为东方的两大封国，分别以临淄和曲阜为中心，在相邻的地缘政治基础上，经济发展呈现交融互利的区域化趋势[②]，并出现了一批新兴的城邑。据顾栋高《春秋大事表·列国都邑表》考证，当时列国（包括东周在内共 22 国）的城市总计有 385 个，而齐、鲁二国就占到 78 个之多。事实上，顾氏的统计尚有诸多遗漏，今人张鸿雁依据相关资料考证出春秋时代有案可稽的 35 国近 600 个

① 《论语·子张》。

② 张鸿雁认为春秋时代是“中国历史上经济区域转化的一个重要阶段”，参见其《春秋战国城市经济发展史论》，辽宁大学出版社 1988 年版，第 118 页。

城邑，鲁、齐两国占 115 个[①]，由此足见当时齐鲁地区城市及城市群的发展状况。战国以来城市发展早已经突破了《周礼》陈规的限定，城市人口数量与城市规模不断膨胀，“千丈之城，万家之邑，相望也”[②]，说明越制兴建的城池在当时已经十分普遍，人口密度相当大。齐都临淄更是规模宏大。曲英杰就指出：“在很长的时间里（齐都临淄）一直保持着‘中华第一大城’的桂冠。”[③]直到战国时代，北方燕国建立下都武阳城，始从规模上超越临淄。但纵观整个春秋战国时代，临淄作为东方商品贸易中心的地位始终没有动摇，无愧于“海岱之间一都会也”[④]。而今属鲁地的陶[⑤]，地处“天下之中”，从地理位置上说，定陶地处偏北，这里所说的“中”，主要是就经济上因物资交流频繁便捷而形成的贸易中心而言的。其交通四通八达，是春秋战国时代的另一大经济都会，繁荣富庶，工商业甚为发达，是齐、秦、赵三国长期激战争夺的目标，史载陶朱公选择此地定居经商，“十九年之中，三致千金”[⑥]。战国时代鲁地的薛是靖郭君田婴的封邑，在其子孟尝君田文相齐之时，“封万户于薛”[⑦]，后来发展到“盖六万余家”[⑧]，约合计有三十万人。战国末年，田单

① 参见张鸿雁《春秋战国城市经济发展史论》，辽宁大学出版社 1988 年版，第 121 页。

② 《战国策》卷二〇《赵策三》。战国时 1 尺约等于今 23 厘米。

③ 曲英杰《齐国故都临淄》，山东文艺出版社 2004 年版，第 2 页。

④ 《史记》卷一二九《货殖列传》。

⑤ 春秋末年吴王夫差为北上争霸，开凿了邗沟，把江、淮、泗、济四大渎连成一体，形成了全国范围的水运交通网，而定陶正处于这条水运网的枢纽位置，可以西通韩、魏，南下江、淮，东走齐、鲁。汉时，定陶所在的济阴郡辖县 9 个，而人口已达 138 万之多，足见其商业之发达。

⑥ 《史记》卷一二九《货殖列传》。

⑦ 《史记》卷七五《孟尝君列传》。

⑧ 《史记》卷七五《孟尝君列传》。

封地掖邑人口也达到万户之多。[①] 除了这些大中城市之外,各类小型的城邑数量更是惊人,如《战国策·赵策四》记载赵国曾经割让济东的卢(今山东长清西南)、高唐(今山东高唐)、平原(今山东平原)三城给齐国,这三城合计有市邑57处;《史记·乐毅列传》记载乐毅为燕将"下齐七十余城",足见当时齐国境内城邑林立分布的盛况,而且围绕大城市业已形成区域城市群。春秋战国以来城市的兴起,自发地突破了周礼的限制,在地缘政治和区域经济的基础上,形成了具备等级分布特色的城市群架构。其中各级各类中小城邑在经济上的供给关系保证了中心城市经济的繁荣与地位的稳固,同时又仰赖中心城市的经济辐射,调节自身的产业发展与物资需求,并为广大乡村社会的经济发展提供动力。

城市数量繁多,规模庞大,人口稠密,反映出齐鲁商品经济的繁盛景象。城市规模不断扩大,商品经济深入发展,使得许多城市必须设有相应的市场,为来往商旅提供贸易、食宿、娱乐等多种服务。《战国策·东周策》记载:"齐桓公宫中七市,女闾七百。"这说明齐桓公在宫中设立了很多市场,这些既是贸易交流之处,也是人口聚集之地。在这些市场中设有妓院,妓女人数众多,一方面满足了统治者的荒淫欲求,如《韩非子·外储说右下》记载:"桓公被发而御妇人,日游于市。"另一方面,设立妓院也是为吸引来往的商旅,维护齐国商品经济的繁荣。清人褚人获在《坚瓠续集》卷一说:"管子治齐,置女闾七百,征其夜合之资,以充国用。"齐国设立的国家妓院为齐国带来不少的租税收入。市场按选址与设立来观察,可以分为城内市场和城外市场。临沂银雀山汉墓竹简之《市法》明确规定市场要设立在城邑之中,"吏者居,乃为市之广陕(狭)小大

① 何建章《战国策注释》卷一三《齐策六》,中华书局1990年版,第465页。

之度，令必再（称）邑，便利其出入之门，百货财物利。市必居邑之中，令诸侯、外邑来者毋□□□”，李根蟠先生称之为“邑市”[①]，十分恰当，但把它作为农村集市来看待，这一说法有待商榷，因为通常春秋战国时代的农村集市囿于商品经济发展水平所限，很难吸引外邑、诸侯的商旅，而后文中指出的参与交易者有从“诸侯、外邑来者”，我们可以推测这里的“邑市”应当是工商业经济较为发达的中小城市里的市场。除了“邑市”之外，还有国都的市场——“国市”，也设立于都城之内。《考工记·匠人》曰：“匠人营国，方九里……面朝后市，市朝一夫。”“国”即都城，匠人在营建国都、规划布局时，一般是在宫室前设“朝”，宫室后面立“市”，都处于都城之内。此与《管子·揆度》篇“中而立市”的说法能吻合起来。

市场数目的增多和规模的扩大，是城市发展的必然结果，它强烈地彰显出城市经济功能在春秋战国时代的逐渐增强；商贾是市场的主体，城市繁荣深刻反映出齐鲁商贾实力的膨胀；市场经营服务设施的健全和管理体制的完善都吸引着境内外的富商大贾和商业资本的流入，从而又进一步带动了城市经济的兴盛。

另一方面，春秋后期至战国时代，齐鲁商贾的发展和工商业的繁荣带来了城市发达的同时，也加速了城市人口的变迁。大量的“士”从原来的诸多阶层中分化出来。士阶层基本上是脱离农业生产之外的游食阶层，他们的主要活动正是集中于列国的城邑之内，这就自然为城市增添了新的消费群体，活跃了物资交流，为齐鲁商贾的经营活动带来了巨大的市场空间。

春秋战国时代政治上风云变幻、战乱不已，阶级结构变动不

① 参见李根蟠《从〈管子〉看小农经济与市场》，载《中国经济史研究》1995年第3期。

居，使得社会上出现了一个新的社会阶层——士，士阶层涌向城市，周游列国，或重然诺、轻生死，好义尽忠；或善言辞、怀绝技，纵横捭阖，他们在春秋战国的历史舞台上演绎出一幕幕扣人心弦的悲喜剧。然而他们作为游食阶层，在城市中的生存与交游活动必然少不了以发达的商品经济作为后盾。战国时期出现了以养士闻名的四君子，四君子之首就是齐国孟尝君田文。

田文，其父是田婴，祖为齐威王。缗王时，封田婴于薛。婴卒，谥为靖郭君。田文代立于薛，是为孟尝君。孟尝君少有远谋，深明“君子之泽，五世而斩”[①]的道理，能舍家业而厚遇宾客，故能“倾天下之士”[②]，由是“名声闻于诸侯”[③]。孟尝君好客自喜，门下供养食客数千人。田文尽管家业丰厚，但仅凭此支撑如此庞大的食客群体消费，仍难以为继，故不得不从事借贷经营等商业性活动来谋求更加丰厚的利润。《史记·孟尝君列传》记载：“孟尝君时相齐，封万户于薛。其食客三千人，邑入不足以奉客，使人出钱于薛。”

齐国都城临淄作为当时的贸易大都市，经济富庶，文化繁荣，各类游食之民迁居此地或往来于此者为数甚多。《史记·货殖列传》载：“临菑亦海岱之间一都会也。……其中具五民。”这里的“五民”，服虔解释为“士、农、工、商、贾”，如淳曰：“游子乐其俗不复归，故有五方之民。”无论是商贾，还是游民，都反映出城市商品经济的繁荣程度。韩非子所云的“五蠹”，即指当时社会上五类不事生产、不利耕战的人：一是学者，指战国末期的儒家；二是言谈者，指纵横家；三是带剑者，指游侠；四是患御者，指依附贵族私门的人；五是工商之民。这五类人在工商业发达的齐国境内十分

① 《孟子·离娄下》。
② 《史记》卷七五《孟尝君列传》。
③ 《史记》卷七五《孟尝君列传》。

普遍。

齐鲁商贾的经营活动不仅局限于城市之中，春秋战国时代在城市之外的广大乡村，商品经济也得到了较快的发展。根据学者考证，战国时期城市人口在迅速增加的同时，人口流动成为具有划时代意义的新趋势，尤其是大批城邑人口流向村野的大迁徙活动在战国时代频繁上演，“弃邑居野”成为时代潮流。[①] 战国时期各个诸侯政权都竞相以各种惠民政策和措施争取人口的增加，其目的不是为了充实城市人口的数量，而是为了“辟草莱，任土地”；同时，随着宗法共同体的解体，一定有不少人口自觉地远走穷乡僻壤，以谋生路，这一切就造成农村散户数量的激增。应当说，这是我国古代乡村社会的一种路径选择和发展模式。大量人口走入乡野，为广大的农村提供了雄厚的人力、物力资源和广阔的消费市场，自然这一切为商业嗅觉敏感的商贾高利贷者所察觉，他们一定会寻找机会进入这一广阔的市场。战国时期的孟尝君就曾在薛地放贷，“薛岁不入，民颇不与其息”[②]，这本身就说明商品经济触角已经深入到乡野地区，但小农自然经济的脆弱性使得商品经济发展与自然经济之间的矛盾激化，小农经济受到商业资本的盘剥，广大农民处境艰难。

（三）对区域社会文化的影响

经济关系的消长变化反映在文化上表现为官学下移与私学兴起。在一定程度上，我们可以说春秋战国以来商品经济的大发展为学术文化的下移创造了必要的基础，提供了契机。

在中国传统的社会格局中，经济中心、政治中心与文明中心往

---

① 参见张金光《战国秦时期“邑”的社会政治经济实体性》，载《史学月刊》2010年第11期。

② 《史记》卷七五《孟尝君列传》。

往三位一体，而经济因素是其中最本质、最基础的一环。春秋战国时期齐鲁商品经济的大发展促成东方经济区的迅速崛起，文化学术权力开始由宗周洛邑向强盛的齐国转移，这标志着宗周作为文明中心的衰落和齐东文明地位的崛起。最有说服力的例证莫过于私学的兴起与齐国稷下学宫的创立与发展了。

首先，从私学的兴起来看。在春秋之前的漫长奴隶制时代，教育一直为官府所垄断，所谓“学在官府”。西周时代，在以井田国有的土地制度为基础和以宗法政治为特征的社会结构下，教育体制自然形成了“学术官守”、“学在官府”的局面，私学难有生存之机。① 周王室政权力量强盛之时，从王室到诸侯，从国都到州党，从邦邑到乡遂，都建立起一整套的官设学校，发挥着礼乐教化的功能，并与周代取士任贤的用人制度结合起来②，为国家各级政权选拔相应的官司民守。但自春秋后期以降，社会的政治变革与经济变迁对西周传统的文教制度产生了巨大冲击，造成了“礼崩乐坏”的局面。官学的废弛为私学兴起带来发展真空，而商品经济的发展又为私学体系下学派的维持与游学的需要提供了物质基础和有利契机。私学最初在经济富庶的齐鲁之地蔚为风气，是有其深刻的社会历史原因的。学术界通常把春秋末期，鲁国大学问家孔子兴办私学，打破官府的教育垄断，作为私学兴起的标志性事件。春秋以降，王室式微，宗周作为文明中心的地位急剧衰落，周政权无力承担起文明传承者的角色，“道术为天下裂”。鲁文化作为周文

① 西周时代“学在官府”的局面并不意味着广大平民阶层缺失教育机会，官方设立于州、党的庠、序，成为“六乡”居民接受教育的乡校场所。

② 参见程二行《造士·选士·命士：先秦士人文化的发展道路(二)》，载《湖北师范学院学报》2001 年第 1 期。

化的正统传承者，在“天子失官，学在四夷”①的时代背景下，保存与传播宗周文明传统成为鲁文化熏陶下的知识分子自觉的使命；齐鲁经济富庶，商品经济相对发达，为私学的创立与维持提供了可能，加上在特殊的时代背景下，各国图存、争霸的现实政治格局形成“求贤若渴”的社会需求，为私学兴起提供了客观的政治市场。

孔子兴私学，提出“有教无类”②的教育主张，不分贫富贵贱，不论种族阶级，皆可受学而教。孔门弟子众庶，有三千之多，他们来自诸侯各国，齐、鲁、宋、卫、秦 、晋、陈、蔡、吴、楚等国皆有分布，他们身份复杂，阶级出身不同。③ 比如，箪食瓢饮穷居陋巷的颜回；以藜藿为食的卞之野人子路；穷困至于三天不举火、十年不制衣的曾参；居室蓬户不完、上漏下湿的原宪；父为贱人、家无置锥之地的仲弓，这些人均是寒微出身。但也有贵族出身的弟子，像鲁国的孟懿子和南宫敬叔、宋国的司马牛等。

应特别指出的是，除子贡之外，孔子弟子中鲜有从事商业经营活动者。营商货殖如子贡者，在孔子的众多身份复杂的弟子中所占比例殊少，但子贡在孔子终其一生的授学游历的过程中发挥了极大的作用。孔子所缔造的儒家学派得以维持、其声名得以播于天下，在很大程度上得益于子贡的积极作为。一方面，子贡成为孔子及其门徒周游列国的财力支持者。因为孔子的政治生涯并不得志，其游说主张也未得到各国统治者的真正重视，所谓“天下莫能容夫子”④，故而孔子命运多艰，生活常陷于窘迫境地，不得不靠他

① 《左传·昭公十七年》。
② 《论语·卫灵公》。
③ 详可参见李启谦《孔门弟子研究》，齐鲁书社 1987 年版。
④ 《史记》卷四七《孔子世家》。

图3-3　子贡像（采自华人德主编《中国历代人物图像集》，上海古籍出版社2004年版）

人接济。而子贡货殖，“亿则屡中”①，积累起巨额财富，完全具备财力上支持的可能性，并且子贡又十分虔心儒学、尊崇夫子，适当接济就事所必然。《史记·孔子世家》即记载：

> 孔子适郑，与弟子相失。孔子独立郭东门。郑人或谓子贡曰：“东门有人，其颡似尧，其项类皋陶，其肩类子产，然自要以下不及禹三寸，累累若丧家之狗。”

身处如此困厄艰难的关头，正是子贡的出现才使孔子摆脱窘迫境地。《孔子家语》卷五记载：“厄于陈、蔡，从者七日不食，子贡以所赍货窃犯围而出，告籴于野人，得米一石焉。”在这种困厄处境中，同样还是子贡发挥其灵活变通的经营之术，解救夫子及其弟子们的饮食之困。

另一方面，子贡有辩才，“利口巧辞”②，具备杰出的外交才能，多次拯救孔子于身死国难的危急关头，并对儒家思想理论及政治主张的传播发挥了积极的推动作用。如孔子“厄于陈、蔡”时，困顿粮绝，面有菜色，“弟子有愠心”③，当此之时，子贡使楚，终使楚王兴师迎接，解救危难；孔子闻齐田常欲伐鲁，十分忧急，对门徒说：“夫鲁，坟墓所处，父母之国，国危如此，二三子何为莫出？”④为解

① 《论语·先进》。
② 《史记》卷六七《仲尼弟子列传》。
③ 《史记》卷四七《孔子世家》。
④ 《史记》卷六七《仲尼弟子列传》。

除夫子忧国之虑，子贡请行出使诸侯，凭借其过人的外交才能，在五国间纵横捭阖，终使鲁免受屠城丧地之遭。“故子贡一出，存鲁，乱齐，破吴，强晋而霸越。……十年之中，五国各有变。”①子贡的外交才能得到了充分的发挥，以至于楚昭王直陈楚国出使诸侯的外交官中没有能像子贡这样才能突出者。② 所谓“富者得势益彰”③，子贡正是凭借其营商累积的财富为基础，才能在列国王侯卿相间游刃有余，发挥其杰出的外交才干，从而多次为孔子扶难救困。

子贡作为儒学的虔诚信奉者，多次捍卫孔子的尊严，积极传播儒学的价值。《论语·子张》篇记载：

> 叔孙武叔语大夫于朝，曰：子贡贤于仲尼。子服景伯以告子贡。子贡曰：譬之宫墙，赐之墙也及肩，窥见室家之好。夫子之墙数仞，不得其门而入，不见宗庙之美，百官之富。得其门者或寡矣。夫子之云，不亦宜乎！
>
> 叔孙武叔毁仲尼。子贡曰：无以为也！仲尼不可毁也。他人之贤者，丘陵也，犹可逾也；仲尼，日月也，无得而逾焉。人虽欲自绝，其何伤于日月乎？多见其不知量也！
>
> 陈子禽谓子贡曰：子为恭也，仲尼岂贤于子乎？子贡曰：君子一言以为知，一言以为不知，言不可不慎也！夫子之不可及也，犹天之不可阶而升也。夫子之得邦家者，所谓立之斯立，道之斯行，绥之斯来，动之斯和，其生也荣，其死也哀。如之何其可及也！

《论语·子张》篇集中记述子贡对谤毁夫子的言论进行驳辩，捍卫

---

① 《史记》卷六七《仲尼弟子列传》。

② 《史记》卷四七《孔子世家》载：“楚令尹子西曰：‘王之使使诸侯有如子贡者乎？’曰：‘无有。’”

③ 《史记》卷一二九《货殖列传》。

并宣扬了孔子的学术权威。子贡对儒学的虔诚信仰、对孔子的忠心诚服以及为此所展开的大量努力活动由此可见一斑。

据学者考证,在《论语》中涉及子贡的记载多达50余处[1],大大超过了最得孔子欣赏的颜回,而居众弟子之首,并且子贡是当时孔门弟子中唯一的亦政亦商、家累千金的首富,是政治地位最高、在诸侯中的影响力最大的一位,这些现象能够反映出子贡对孔子及早期儒家学派所发挥的潜在的巨大影响力。尽管孔子对子贡时有微词,且在后世儒者看来,子贡在孔子弟子世系中位列靠后,但我们无法回避这样的事实,即在春秋末年原生儒家学派举步维艰的草创时期,货殖致富的子贡利用自己丰厚的财富,为孔子及其弟子们提供了不少财力上的支持;而在孔子殁后儒学离散分裂的情势下,子贡依然执著捍卫儒学的尊严,为儒学的传播与发扬作出了不可替代的贡献。由此我们也可以说,子贡身上体现出商与儒的完美结合,堪为后世"儒商"之典范。

降至战国,尽管战争频仍,但并未阻断社会经济的全面发展,尤其是商品经济的勃兴,促使官学进一步下移,私学如雨后春笋,在列国之中兴盛开来,展现出一派繁荣景象,并逐渐形成了儒、道、墨、法、兵、名、农、医、阴阳、纵横等多个学派,出现诸子学"百家争鸣"的局面。墨家学派成为名噪一时的"显学",其创始人是墨子。墨子,名翟,据孙诒让考证,其生卒年代约在公元前468年至公元前379年之间。[2] 有关墨子的里籍,诸家考证有异,聚讼不已,久而未决,主要有两派观点:一派以为他是东鲁之人,即今山东滕州一带;一派以为他是西鲁,即今河南鲁山一带。本书从前说,认为墨

① 参见朱国华《子贡与孔子》,载《孔子研究》2000年第3期。

② 孙诒让《墨子间诂》附《墨子后语上·墨子年表》,中华书局1986年版,第13页。

子虽为宋贵族之后，但其个人一生主要活动于鲁、齐境内。[①] 从目前的历史文献记载和考古发掘资料来看，我们难以找到任何直接的有关墨子和墨家学派参与商业经营活动的材料，而且墨家崇尚节俭，提倡“节用”、“节葬”，似乎与商品经济缺乏必然联系。但事实上我们应该注意到，墨子还贵义重利，带有十分鲜明的功利主义色彩。其功利思想主要集中表现于两个方面：

一是讲“公利”，强调兴利除害，体现为其政治理想。墨子多处倡言兴天下之公利，有为而作，“仁人之事者，必务求兴天下之利，除天下之害”[②]。二是讲“私利”。这里的私利，并非损人利己的私利行为，而是指相对于国家公利而言的个人之正当利益。墨子是反对“亏人自利”[③]的营私行为的。墨子出身“微贱”，是“农与工肆之人”的阶级代表，他提倡小生产者之间的互利互助。其门徒遍布天下，往往都有丰富的手工业生产经验。墨子本人就是一位技艺高超的木工，堪与鲁班齐名，他强力疾作，“日夜不休，以自苦为极”[④]。

由于墨家门徒多从事农业或手工业生产活动，基于这样的社会分工，他们必然要同外界进行商品交易活动，以维持正常的生活与学派的传延。战国时代，手工业已经摆脱了春秋以前“工商食官”的局限，部分工商业已经向着私人经营的方向发展，这为墨家门徒从事手工业生产提供了便利条件。他们可以独立经营，成为木工、车工、陶工、修补工等，从事个体性小手工业生产活动，拥有自己的住宅和基本生活资料。他们一般采取自产自销的经营方

① 参见孙以楷《墨子生平考述》，载《唐都学刊》2001 年第 1 期。
② 《墨子·兼爱下》。
③ 《墨子·非攻上》。
④ 《庄子·天下》。

式,谋生相对容易,能够“一日作而五日食”①。同时,他们能够改进生产工具,推动生产技术的革新进步。《墨子·法仪》篇就记载了木工所用的工具除斧、锥外,还有画方的“矩”(曲尺)、画圆的“规”(圆规)、弹直线的“绳”(墨斗)、测量垂直线的“悬”(悬挂的线)、测量水平线的“水”(水平仪)等。墨子提出“交相利”②的主张,站在小生产者的立场上倡言“有力者疾以助人,有财者勉以分人,有道者劝以教人”③。尽管这些主张体现出期待富强者应救济贫弱者的社会关怀心理,但在当时的社会大背景下,面临强凌弱、众暴寡的残酷现实,他们十分清楚自身的处境,因此在客观的生活层面上,他们要求人人都应当从事生产劳动,在不同社会分工的基础上,彼此之间可交换产品,从而经营谋生。

与儒家相比,墨家弟子没有子贡那样的大商人,这是由墨家所代表的小生产者、小私有者阶层的本质所决定的、他们强调“赖其力者生,不赖其力者不生”④,十分重视生产劳动,决不会出现樊迟问稼、孔子耻之的类似现象,即便是墨子本人也亲自参与生产劳动。这就决定了其集团内部不可能出现职业化的富商大贾,但在“交相利”的基础上极易生发自产自销型的小商品买卖关系,并有可能具备行业性经营的雏形。⑤

① 《管子·治国》。

② 《墨子·兼爱中》。

③ 《墨子·尚贤下》。

④ 《墨子·非乐上》。

⑤ 关于这一点尚缺乏必需的资料佐证,但墨家门徒的行业性出身阶层人数众多,强调社会分工,甚至在同一生产部门内部还注重分工的进一步细化,《墨子·耕柱》篇即云:“譬如筑墙然,能筑者筑,能实壤者实壤,能欣者欣,然后墙成也。”在这样的团体内部,除了在学派团体上的上下隶属关系外,行业内也容易形成各级师承性关系,故而在大生产部门,如筑城、冶铸等,很有可能出现行业性的生产经营组织。

儒墨并为显学，兼为私学，共同发祥于春秋战国之际的齐鲁之地，这绝非偶然，而是与其地的经济基础、文化传统有着深层次的内在联系。从某种程度上讲，新经济因素的萌动、发展与旧秩序之间的二元冲突，给思想文化领域带来冲击，正是在这样的背景下，私学兴盛起来。春秋战国之际，私学的兴起，官学的被打破，作为中国传统教育发展的第一个高峰期，是中国传统教育发展史上具有划时代意义的变化，它不仅扩大了学校教育的社会基础，也为即将兴起的封建制社会政权培养了储备人才。

孔子、墨子以其道德人格的巨大感召力，吸引聚集了一大批门徒弟子，但在当时残酷的现实背景下，他们在政治上均不得志，因此无论是儒家学派还是墨家团体，还都是一支民间力量。私学的存在与发展必须面对其宏伟的政治理想与所处的经济现实之间的巨大鸿沟，而民间商业经济的快速成长，为两者搭建了融通的桥梁，使得私学能在动荡不安的春秋战国之际诞生并发展起来。齐鲁之地发展成为东方最大、最富庶的区域经济区。另外，齐地是传统文明发祥地之一，鲁国是宗周文明在东方的代表，这里自古文明昌盛、文化发达。在春秋战国学术氛围较为自由的形势下，随着社会经济的发展，尤其是民间商业力量的增强，他们有可能通过自给方式维持学派团体的运转。这种自给的方式离不开商品经济的支撑，这本身正是民间商业发展勃兴和文化变迁结果的侧面反映。

其次，从战国时代齐国稷下学宫来看。稷下学宫不同于前述的私学团体，它是由齐国政府建立于国都临淄稷门附近的具有官方性质，集讲学育才、研究著述、学术交流、政策咨询等于一体的机构场所。作为战国时代文化学术交流中心的稷下学宫之所以诞生在东方齐国，而非其他诸侯国，这是由齐国的经济、政治与文明传统共同作用的结果。下文试从经济角度分析稷下学宫在齐国兴起的缘由。

第一,齐国强大的经济实力和雄厚的物质基础是稷下学宫诞生于此的基本前提。学宫由齐桓公田午创建(约在公元前4世纪),中经威王、宣王、湣王、襄王四君,止于齐王建,历时150年左右。稷下学宫在齐国的创建有着深刻的社会经济原因,它作为一种非物质生产性的文化学术机构,其创建与发展必须以强大的社会经济基础作为后盾。齐国自春秋以来,其经济实力一直冠盖诸侯。至战国初年,田齐集团所代表的新兴封建势力取代姜齐旧贵族,执掌齐国政柄,使得社会生产力在新的生产关系下得到迅速发展,农、工、商诸业并进,封建经济达到空前繁荣的程度,其他诸侯国难以望其项背。

此时的齐国在农业生产方面已经广泛地使用铁制农具,牛耕技术得到了普遍推广,有利于新垦荒地,从而大大增加了齐国的粮食产量与储备,出现"粟如丘山"[①]的丰盈景象;手工业生产十分发达,齐地滨海,盛产鱼盐,膏壤千里,宜植桑麻,海盐业与纺织业作为齐国传统的优势行业,在战国时代涌动的经济大潮下,为齐国带来十分可观的利益,奠定了齐国作为经济大国的地位。正是在这样坚实的基础上,齐桓公田午才有条件创建稷下学宫这样规模宏大的学府。

齐国古有"举贤上功"的优良传统,首霸诸侯的桓公曾在管仲的建议下,"为游士八十人,奉之以车马、衣裘,多其资币,使周游于四方,以号召天下之贤士"[②]。战国以后,代立的田齐政权为维护和巩固自身的统治,转移国内外对其篡齐之事的非议,故更加注重延

① 《史记》卷六九《苏秦列传》。
② 《国语》卷六《齐语》。

揽士人。田齐政权不仅给予稷下先生以十分优越的政治地位,“设大夫之号,招致贤人而尊宠之”①,而且还在经济上给他们更加丰厚的物质待遇,“为开第康庄之衢,高门大屋”②,给他们提供便捷宽敞的馆舍以讲学论辩,环境幽雅的华屋以食宿居住,并且享有上大夫的食禄优待,如田骈,“訾养千种,徒百人,不宦则然矣,而富过毕也”③。田骈虽不在齐国仕宦任职,但其富足程度比起做官的人来,却是有过之而无不及。宽松的政治环境,优裕的物质待遇,浓郁的学术氛围,吸引了各方的贤人智士云集于此,在学宫兴盛辉煌的年代,稷下学士的人数达到“数百千人”④、“千有余人”⑤的规模。稷下学士作为“不治而议”的士阶层,不事生产,不能作为独立的阶级存在,他们通过依附统治者的方式来获取相应的生活资料。如此庞大的食客阶层的供养加上宏伟的学宫、馆舍等的建设开支以及各种学术交流活动的经费支出,全部依赖公室的提供。若没有强大的经济实力和深厚的物质基础作后盾,这些问题是无法解决的,稷下学宫是不可能维持和发展壮大的。

第二,齐都临淄的繁华昌盛成为吸引四方学士云集学宫的直接动因。齐国稷下学宫尽管依附于齐政权的支持而存在,并且在很大程度上是为齐国君臣提供决策咨询服务,带有强烈的政治色彩,但它已经不再是西周时期完全意义上的宫廷文化或官守文化机构了。更准确地说,稷下之学应是在战国之际特殊时代背景下对先秦以来文明成就的一次总结,正如司马光在《稷下赋》中所言

① 徐干《中论》卷下《亡国》。
② 《史记》卷七四《孟子荀卿列传》。
③ 《战国策》卷一一《齐策四》。
④ 《史记》卷四六《田敬仲完世家》。
⑤ 《盐铁论》卷二《论儒》。

"致千里之奇士,总百家之伟说",而且它还在一定程度上凸显出新兴城市文化的特征。这表现在两个方面:一是这些稷下学士人身相对自由,学术氛围浓郁,既可以"处士横议",又可以另择它主。如田骈之属因齐湣王独断专横、不纳忠言,在湣王统治后期离开临淄,投奔薛地之齐公子孟尝君,成为他的私养门客。二是虽由官方主办,但实由私家主持,官守性质已经大大消减。稷下学宫由养士制度发展演变而来,具备尊贤重士的优良传统,学宫内各学派的教学、著述、论辩等重要活动由各家自主,官方不加干涉。学宫兼容并蓄,三教九流,杂处横议,社会上各主要阶层的代言人在学宫中皆有存现。稷下之学作为城市文化的表现之一,得益于城市经济的推动,发达的工商业又正是临淄城市经济的主要特征。

齐都临淄是当时最大的商品贸易中心,发达的工商业铸就了临淄城市经济的繁华昌盛。《史记·苏秦列传》记载苏秦游说六国合纵抗秦之时,对他国都城的盛容只字未提,唯独对齐国国都临淄的繁华盛况不吝笔墨,大加渲染,足见临淄的影响力。临淄发达的城市经济支撑和推动着城市文化的发展,稷下学宫成为当时城市上层精英文化的代表。临淄是一座拥有七万户、三十余万人口的大城市,只有如此庞大的城市规模才可能承载这样一个数千百人的大学宫。临淄的富庶繁华,不仅吸引着乘时逐利的来往商旅,也吸引着游学四方的士人学子。临淄成为设立学宫的理想处所。

客观地讲,齐鲁工商业经济的发展对区域社会文化的影响不仅表现在私学团体的兴起和稷下学宫的兴盛等方面,这种影响还直接表现在当时知识精英的思想体系中,比如稷下诸子学说的工商观。战国时期商品货币经济的迅猛发展对这一时期的理论意识形态产生了深深的触动。稷下先生们对商品货币经济现象及工商业发展带来一系列社会矛盾与冲突的现实给予了不同程度的关注。战国时代商品经济大潮的涌动激荡着社会变革的步伐,成为时代不可回避的共同话题,稷下诸子的思想体系对此皆有或多或少的阐释或反映,所谓“诸子之学,皆出于救时之弊”①。稷下诸子及其学派的争鸣议题丰富而广泛,涉及诸多社会现实问题。义利之辨就是稷下学宫中百家争鸣的一个普遍议题,这一议题的提出从侧面反映出社会经济尤其是工商业经济自春秋战国以来的迅猛发展所带来的传统社会伦理与道德范式的失衡。稷下诸子对此提出不同的义利价值观,感应着社会潮流的变动。

稷下学宫在齐国的创建与发展奠定了齐国的文化中心地位,是中国文化发展史上的一座丰碑,它第一次彻底地结束了三代以来的文明轴心始终囿于中原诸侯共主之权力中心的时代,缔造了一个地域性政治经济格局下思想解放运动的策源地。冯欢进谏孟尝君时说过:“富贵多士,贫贱寡友。”②言虽质朴,却道出了一个深刻的经济文化规律,即文明中心的转移依赖于政治势力与经济实力叠加的巨大凝聚力。稷下学宫的创建发展与兴盛,正是以齐国强大的社会经济作为物质基础的,并且稷下之学本身即代表着新兴的精英层城市文化,它是工商业勃兴的直接产物。战国时代,城市经济功能进一步凸显,城市的繁荣主要是指工商业经济的繁荣。发达的工商业促进了优秀文化与创新科技向中心城市的汇流,城市工商业的深入发展也需要科技、文化的支撑,城市文化与城市工商业互为表里、相得益彰。

综上所论,春秋战国时期是齐鲁商品经济和地域商贾的顺利发展时期,齐鲁商贾展现出这一阶段的发展特征:新生的自由私营

① 《淮南子·要略》。
② 《史记》卷七五《孟尝君列传》。

商贾迅速崛起,展现出蓬勃的生机和活力,并对当时的齐鲁区域社会变迁产生巨大而深远的影响;工商食官体制走向解体,但官营商业并未退出历史舞台,而是比重更趋衰落。随着社会生产力的不断发展,商贾经营行为发生着相应的变化,这在商贾群体中的大商人阶层表现得尤为明显。春秋时期资财雄厚者多为贩运型商人,战国之后,富商大贾除贩运型商人外,还出现了一大批生产型商人,即大商人和大业主相结合,经营煮盐、冶铁、林业、牧业等。

第五节　秦汉时期的齐鲁商贾与区域社会变迁

秦汉时期,齐鲁商贾处于曲折反复的发展阶段,一方面,齐鲁商贾在秦王朝的横征暴敛与打压政策之下转入暂时低潮;另一方面,他们上承春秋战国以来商品经济大潮的余波,在新生的西汉政治大一统的封建帝国内迅速振兴。可好景不长,武帝颁行"告缗令"沉重打击了齐鲁地区的中上层商贾,加速了商业资本与封建土地的融合。商贾群体中的一部分随着社会政治、经济环境的变化,逐渐转变为两汉时期豪强地主集团的重要成员。

一、秦汉时期齐鲁商贾的阶段性发展

从整体上讲,这一时期齐鲁商贾群体的人数在继续膨胀,区域商品经济的总量继续发展,但失却了战国以来的勃兴活力,是齐鲁地域商贾和区域商品经济的曲折发展时期。

首先,从秦代来看,它是齐鲁商贾和区域商品经济发展的低潮期。秦国自商鞅变法后,正式确立起封建制生产关系,在经济上推行重农抑商政策,并以强势的政治力量进行干预。秦法规定:"僇

力本业,耕织致粟帛多者复其身。事末利及怠而贫者,举以为收孥。"[①]《索隐》注:"'末',谓工商也。盖农桑为本,故上云'本业耕织'也。"据此规定,努力从事农耕,而粮食布帛获丰产的,可以免除其本人的徭役。而由于从事工商业以及怠惰而贫困的,要把他们及其妻子都收没为官奴婢。商鞅变法实际上建立起耕织结合、耕战结合的社会形态,在战争频仍的战国时代,使秦国迅速走上富强的道路,为其统一天下奠定了基础。后商鞅见杀,但秦法未败。秦并天下后,继续实行"勤劳本事,上农除末"、"男乐其畴,女修其业"[②]的经济方针。重农抑商政策的推行使得秦代的商业活动遭到了压制,虽然出现少数的大工商业主,如巴寡妇清、乌氏倮等,以及关中咸阳附近商业相对活跃外,整体的商品经济难有起色,比起春秋战国以来兴起的商业大潮而言,秦朝统治时期商品经济发展转入低潮。

齐鲁商贾在这样的背景下,面临着严峻的生存危机。齐鲁商贾群体遭到严重削弱。秦王扫六合前,东方齐国偏安四十余年[③],号称"东帝",与"西帝"的秦国对峙,商品经济稳步发展。秦灭齐后,在经济上采取强干弱枝政策,一方面对富庶的齐地进行直接经济掠夺,另一方面还迁出了大批齐地民众移往咸阳、河南、蜀地、南越等处,其中包括不少"贾人"[④]。徐福东渡也带走了许多工贾之人。这使得齐地商贾群体和区域商品经济横遭摧残。

其次,短秦王朝横征暴敛,给齐鲁商贾带来了巨大冲击,但由

① 《史记》卷六八《商君列传》。

② 《史记》卷六《秦始皇本纪》。

③ 《史记》卷四六《田敬仲完世家》曰:"王建立四十余年不受兵。"

④ 《汉书》卷四九《晁错传》记载秦朝曾"先发吏有谪及赘婿、贾人,后以尝有市籍者,又后以大父母、父母尝有市籍者,后入闾,取其左"。

于秦王朝二世而亡,故齐鲁商贾发展的势头并未完全阻断。所以,西汉立国,去战国未远,其“背本趋末”的商贾风潮依然影响甚大,恰如班固在《汉书·食货志上》中所说:“时民近战国,皆背本趋末。”西汉前期,在黄老“无为”的官方意识指导下,民间商品经济一反秦之敝,迅速复兴并迅猛发展起来。齐鲁商贾也随着社会经济的恢复而重新振兴:他们当中既有“诚一”致富的专业商人,也有经营多项产业的兼业商人,专业分工更加细致,生产效率进一步提升,并且随着土地私有制向纵深发展,出现了“以末致富,以本守之”的商业大地主;中小商贾力量也继续壮大。这一时期的齐鲁商贾以空前迅猛的势头快速崛起,对当时的社会生活和区域社会变迁产生较大影响。这些资财雄厚的富商大贾,在西汉政府因对外打击匈奴国家财政十分紧张的关键时期,拒绝向政府提供借贷,这种“不佐公家之急”的做法,深深刺激了汉朝政府。汉武帝决心改弦易辙,对商贾阶层进行一场腥风血雨式的短暂革洗。虽然“告缗”风波持续时间不长,但对汉代商贾心理产生重大的震颤,造成了严重后果,加速了商业资本向土地投资的转化。天汉四年(公元前97年)武帝“发天下七科谪”[①],使得广大商贾群体再次遭受祸害。

不仅如此,武帝还从经济制度上对民间私营商业进行压制,推行盐铁专卖制度以及均输、平准政策,并将铸币权收归中央。这些措施的推行极大地挤占了民营商业的市场空间,尤其对于地处黄河下游、盛产盐铁、工商业及农业相对发达的齐鲁地区来说,更是如此。武帝时起推行的针对民营商业的这一系列政治、经济措施,

① 《汉书》卷六《武帝纪》。“七科谪”指“吏有罪一,亡命二,赘婿三,贾人四,故有市籍五,父母有市籍六,大父母有市籍七”。

对西汉中后期民间商贾的发展转型发挥了重大的引导作用，多数经济措施为后继的汉代帝王所继承。西汉中后期商业发展的三大走向是：

其一，官营工商业蓬勃兴起，齐鲁商贾阶层中的部分上层人物晋升到官商行列，就职于设于各地的盐铁官署；纺织业方面，齐地三服官规模进一步扩大，西汉后期元帝时的大臣贡禹说："故时，齐三服官，输物不过十笥；方今齐三服官，作工各数千人，一岁费数巨万。"①

其二，西汉中期以后，具有官吏身份的私营商人人数逐渐增多，齐鲁地区也不例外。他们不同于纯粹的官商，官商是为封建官府的垄断经营服务，而他们则是利用自身的政治地位和手中的权力，从事商业经营活动，收益归个人所有。如，西汉名臣萧望之是东海兰陵（今山东苍山西南）人，曾经"多使守史自给车马，之杜陵护视家事。少史冠法冠，为妻先引，又使卖买，私所附益凡十万三千"②。同时代的韩延寿任东郡太守期间，"在东郡时放散官钱千余万"③，即用官钱放高利贷。此两人都可称为汉时的名臣良吏而尚且如此，普通的官吏更是利用机会为己牟利。元帝时期的贡禹曾上书直陈禁止官吏经商："令近臣自诸曹侍中以上，家亡得私贩卖与民争利。"④这反映出当时官吏经商的普遍性。

其三，齐鲁民间私营商业资本大肆向农村转移，主要表现为投资土地和高利贷，由过去"诚一"专营的大商人转变为亦农亦商的"兼业"型商人。西汉前期土地兼并的现象已经出现，兼并者多为

① 《汉书》卷七二《贡禹传》。
② 《汉书》卷七八《萧望之传》。
③ 《汉书》卷七六《韩延寿传》。
④ 《汉书》卷七二《贡禹传》。

缔造汉王朝作出过重大贡献的功臣宿将和军功地主,他们不仅封享食邑,还大力购买私田,如萧何强卖民田宅,导致"上书言相国强贱买民田宅数千人"①。但商业资本直接侵占农民土地的现象尚不十分突出,商业资本运作下的土地兼并日渐成为严重的社会问题主要发生在武帝之后的西汉中后期。

高、惠以来至文帝时期的西汉初年,土地兼并尚未形成气候。《汉书·食货志上》记载:

> 孝文皇帝承亡周乱秦兵革之后,天下空虚,故务劝农桑,帅以节俭,民始充实。未有并兼之害,故不为民田及奴婢为限。②

杜佑《通典》卷一《食货一·田制上》记文帝诏书曰:

> 夫度田非益寡,而计民未加益。以口量地,其于古犹有余,而食之甚不足者,其咎安在?无乃百姓之从事于末以害农者蕃,为酒醪以靡谷者多,六畜之食焉者众与?

文帝时,国家仍控制着大量的无主土地,所谓"地有遗利,民有余力,生谷之土未尽垦,山泽之利未尽出也"③。晁错进言文帝时,提到"此商人所以兼并农人,农人所以流亡者也"④,我们不可以把它仅仅理解为纯粹的土地兼并关系,事实上它更多指代的是脆弱的小农经济体制下的广大自耕农,在商人群体的强势辐射下,极容易脱离土地,加入到收益营利更加便捷的商贾群体中,从而使国家丧失了大量的民户。它体现的是自然经济的内在矛盾,而非完全的商品经济与自然经济间的真实对立。

---

① 《汉书》卷三九《萧何传》。
② 《汉书》卷二四上《食货志上》。
③ 《汉书》卷二四上《食货志上》。
④ 《汉书》卷二四上《食货志上》。

文帝后至武帝前期形成了秦汉时代第一次土地兼并高潮①,董仲舒即曾进言武帝:“宜少近古。限民名田,以澹不足,塞并兼之路……然后可善治也。”②即使是在兼并问题较为突出的武帝时代,农商之间的对立或者说商业资本兼并农人土地的现象也远不及西汉中后期的水平。另外,武帝颁行“告缗令”,沉重打击了中上层商贾群体,“即治郡国缗钱,得民财物以亿计,奴婢以千万数,田大县数百顷,小县百余顷”③,他们被没收的兼占土地,在一个大县达到“数百顷”之多。武帝时期对商贾群体的打压政策使得各地初兴的商贾兼并风潮遭到当头一棒,各郡县通过告缗方式没收了一大批商人兼占的土地,得以分散与失地自耕农,从而使紧张的土地关系得到暂时缓解。

西汉前期,商人兼并土地的现象已经出现,“以末致富,以本守之”,但由于土地的收益不高,所谓“农不如工,工不如商,刺绣文不如倚市门”④。商人投资土地收益甚少、获利微薄,“田农”被视为“拙业”(可通过粮价反映出来),因此商业资本兼并土地尚未形成祸患。而西汉中后期,土地兼并日益严重,整个社会形成了土地兼并的狂潮。“诸侯王、列侯、公主、吏二千石及豪富民多畜奴婢,田宅亡限,与民争利,百姓失职,重困不足。”⑤比如,西汉后期成帝时的丞相张禹一人购买的私田竟然达到了“四百顷”⑥之巨。商业资本兼并土地已经司空见惯的现象。齐鲁商贾也加入了兼并风潮,

① 朱绍侯先生认为秦汉时代发生过三次土地兼并的高潮,参见其《秦汉土地制度和阶级关系》,中州古籍出版社1985年版,第57~59页。

② 《汉书》卷二四上《食货志上》。

③ 《史记》卷三〇《平准书》。

④ 《史记》卷一二九《货殖列传》。

⑤ 《汉书》卷一一《哀帝纪》。

⑥ 《汉书》卷八一《张禹传》。

主要通过两种方式进行:一方面是商人直接投资购买贫困自耕农之土地,另一方面则是通过投放高利贷的方式对农人进行盘剥,以土地作为抵押,农人无力偿还借贷之本息时,土地自然就为商贾所兼并,甚至还不得不卖妻鬻子,成为奴仆。商业、高利贷资本向土地的转移,造就了一大批亦商亦农的商业地主,“网疏而民富,役财骄溢,或至并兼豪党之徒,以武断于乡曲”①。他们成为郡国豪强地主阶层的一支重要力量。西汉末年哀帝时,大臣师丹辅政,提出“限田”设想,说明当时的土地兼并和大土地私有制已然造成了严峻的社会危机。哀帝让群臣讨论,《汉书·食货志上》记载了当时的丞相孔光、大司空何武的建议:“诸侯王、列侯皆得名田国中。列侯在长安,公主名田县道,及关内侯、吏民名田,皆毋过三十顷。诸侯王奴婢二百人,列侯、公主百人,关内侯、吏民三十人。期尽三年,犯者没入官。”但这样的限田政策根本得不到实行,哀帝还自毁规定,赏赐宠臣董贤良田竟达“二千余顷”②。

由此可见,西汉中后期,贵族地主、富商大贾乃至皇室皆大行并兼之事。西汉人口发展的高峰恰出现在西汉后期,这一切造成十分严峻的土地问题,加速了新的社会结构的转型过渡。齐鲁商贾加入到土地兼并的行列,孕育并催生了新的山东区域性豪强阶层。他们不再仅仅“以末守之”,而是采取了田庄式的货殖经营方式,可以“闭门成市”,使得西汉中后期至东汉一朝,商品经济的发展呈现出倒退性质的浓厚的自然经济特点。《后汉书·仲长统传》曰:“井田之变,豪人货殖,馆舍布于州郡,田亩连于方国。……不为编户一伍之长,而有千室名邑之役。”这种豪人货

① 《史记》卷三〇《平准书》。
② 《汉书》卷八六《王嘉传》。

殖的经营方式,使得商贾群体和区域商品经济的发展失却了兴盛期的活力。商贾角色有所更动,不同于春秋战国时期的自由私营商贾,商贾群体开始了新的分化组合,形成为三股势力,即官商、自由的私营商贾和官吏身份的私营商贾,三者鼎足而立,其中自由的私营商贾在秦汉以后的发展处于弱势地位,他们中的富有者阶层逐渐向土地靠拢,发展成为豪强地主的一部分。这样就使得秦汉后尤其是西汉中期以后的商贾发展形态整体上呈现出由外向开拓型向内敛守成型转变,丧失了勃兴期的活力,商品经济发展在低水平上徘徊,农商之间、城乡之间形成尖锐对立。在商业资本和高利贷的侵蚀下,加上自然灾害的干扰,广大自耕农迅速破产,沦为流民。[①] 两汉时代,关东流民人口最多,地处黄河下游的齐鲁之地成为流民的重灾区和输出地。其流向包括两种重要途径:一是沦为各级官府和地方豪强的奴仆、徒属,使得东汉的奴婢问题日趋严重;二是部分自耕农流入商贾行列,使得东汉时代商贾群体的队伍继续膨胀,造成了这一时代商品经济的虚假繁荣。富商与官僚、地主及高利贷者逐渐形成四位一体的发展模式,“今富商大贾,多放钱货”[②]、“秦汉以来,风俗转薄,公侯之尊,莫不殖园圃之田,而收市井之利”[③]。这种四位一体的发展模式在西汉中后期及东汉时代开始表现得尤为突出,也成为这一阶段齐鲁商品经济和商贾形态发展的一大特点。

① 两汉流民的去向主要有返乡、死亡、入籍边地、流入城市、沦为官司奴婢、收编为兵及入居山林等,参见李伟、雍际春《两汉流民问题初探》,载《兰州大学学报》2001 年第 1 期。

② 《后汉书》卷二八上《桓谭传》。

③ 《晋书》卷五六《江统传》。

二、秦汉时期齐鲁商贾的曲折发展对区域社会变迁的影响

秦汉以来,齐鲁商贾和区域商品经济的曲折发展,牵动了区域社会结构的变迁,使得这个传统上经济富庶、商业发达的东方经济区展现出一些新变化:政治层面上,商人参政导致商人特权化,官商勾结成为吏治腐败的重要源头之一。亦农亦商亦官的"货殖型"豪强阶层形成利益团体,在宗法性与地缘性结合的基础上,具备了较强的政治地域割据性,他们甚至拥有私人武装,成为东汉后期地方割据势力的滥觞;经济层面上,东方齐鲁经济区整体上趋于衰落,经济形态上出现豪强田庄的经营方式,这些豪强田庄荫庇大量宾客、徒从,削弱了封建国家的经济基础;文化层面上,儒学官方化与经学化,地方豪强以强大的经济实力作后盾,出现士大夫化的倾向,为魏晋世家大族的形成奠定了基础。

(一)对区域政治生态的影响

西汉立国之初,社会经济残破,但高、惠、文、景四朝及武帝元鼎三年(公元前114年)以前的汉代前期,官府虽间或出台抑商政策,但收效甚微,富商大贾占尽风流,正如晁错所说:"今法律贱商人,商人已富贵矣;尊农夫,农夫已贫贱矣。"[①]工商业迅猛发展使商人成为社会最大的受益者,齐鲁地域商贾实力雄厚,他们的经营活动不仅给自身带来丰厚收益,累资巨万,而且对齐鲁的政治生态造成巨大的影响,突出表现于七国之乱上。

西汉景帝时爆发的七国之乱,山东地区就有四国参加,即胶西国、淄川国、胶东国和济南国。齐国一开始也曾答应共同起事。表面上看这起政治事件反映的是山东诸侯国的强大地方势力表

① 《汉书》卷二四上《食货志上》。

现出对抗中央专制政权的离心倾向。但它的发生有着深层次的原因，山东区域经济，尤其是雄厚发达的工商业经济，成为造成这种离心倾向的内在驱动力。这种以政治联系为纽带，以经济交融为基础，以天然地域相联结的地方势力，一旦时机成熟，极易形成对中央政权的威胁。齐地经济富庶，尤其是当时的自由商品经济的相对发达，使得拥有大量商业资本的巨商富贾为其经济利益急欲寻求权力保护，并寻找政治出路。他们交通王侯，与地方诸侯形成利益集团，这成为齐地诸侯国对中央形成离心倾向的重要缘由之一。

另外，秦汉以来商贾群体整体的政治地位在不断抬升，尽管短秦王朝与武帝都曾实行过比较严厉的打压政策，但商贾中的上层人物还是受到了国家政权的礼遇，或直接擢升除官旌表，如秦时的巴寡妇清以丹穴致富，始皇曾为她筑女怀清台；武帝时卜式以牧畜致富，得拜为齐王太傅。武帝后期大力提拔了一批兴利之臣，也为商贾参政打开了一条方便之门。随着盐铁官营在各地的开展，齐鲁之地作为传统的盐铁主产区和人口聚集地，西汉政府在此设立了许多盐铁官，其多数皆由齐鲁商贾来充任。[①]

秦汉以来，市籍制度逐渐松弛，至西汉中后期，商贾参政渐趋普遍，“有市籍不得宦”的规定早已丧失了实质的约束。秦时可以纳粟授爵；西汉以入粟支边可获拜爵，亦可出钱赎罪，资财已然成为除官的一个必备条件，“无訾又不得官”[②]；东汉不仅可入缣赎罪，至东汉中后期，卖官甚至成为国家财政的一项重要收入，有关

① 关于西汉时期各郡国盐铁官设置的数目尚未有确论，据安作璋先生考证，汉武帝时在全国设立盐官35处，山东即有11处；汉武帝在全国设置铁官48处，而山东就有12处。参见安作璋《山东通史·前言》，山东人民出版社1993年版，第8页。

② 《汉书》卷五《景帝纪》。

市籍的记载更是难以见诸史籍。汉灵帝时“开鸿都门榜卖官爵，公卿州郡下至黄绶各有差”①。在卖官方面竟公然行事，在京城皇宫宫门外公开贴榜，依价而沽。这样导致的结果是：一方面扩大了封建政权的统治基础，为商人找到了一条政治出路，缓和了商人阶层与封建专制政权的对立与矛盾，在特定时期内，商人的理财才能得到发挥，有助于暂时缓解国家的财政危机；另一方面，商人参政，为官商勾结铺就了适宜的温床，极易造成吏治腐败，“入物者补官，出货者除罪，选举陵迟，廉耻相冒”②，最终形成对封建政权机体的肆虐破坏。

西汉中期以后，随着商人的地主化与贵族、官僚地主的“货殖”化，逐渐形成了实力雄厚的豪强地主阶层，东汉立国就是建立在豪强地主经济基础之上的。就齐鲁地域而言，大土地所有制的发展，商业性地主豪强阶层的崛起，对当时齐鲁的区域政治生态和整个封建政局产生了深刻的影响。

秦汉时代的政治中心虽地处关中与洛阳，但齐鲁之地作为传统的东方发达地区，其政治地位依然举足轻重。随着豪强田庄在齐鲁之地的出现及繁衍，地域性、宗法性的豪门大族逐渐形成，并结成利益集团，“豪桀大姓相与为婚姻，吏俗朋党”③成为具有普遍性的社会现象，他们是整合地方基层社会力量的主干。东汉一朝，豪强势力更是蓬勃发展，富商、官僚、地主及高利贷者四位一体，相互勾结，朋比为奸，形成“其并兼者则陵横邦邑，桀健者则雄张闾里”④的局面。商业性豪强地主田庄既是豪强剥削农民的基地，

① 《后汉书》卷五二《崔骃传》。

② 《史记》卷三〇《平准书》。

③ 《汉书》卷七六《赵广汉传》。

④ 《后汉书》卷七七《酷吏传》。

又是对抗地方政府的堡垒,在宗法性与地缘性结合的基础上,具备了较强的政治地域割据性,他们甚至拥有私人武装,成为东汉后期地方割据势力的滥觞。综观东汉史料记载,可见到不少事例。如东汉初年,大姓公孙丹指使其子杀人,北海相董宣"即收丹父子杀之。丹宗族亲党三十余人,操兵诣府,称冤叫号"[①]。"大姓李子春先为琅邪相,豪猾并兼,为人所患。"[②]"北海安丘大姓夏长思等反,遂囚太守处兴,而据营陵城。"[③]质帝时,诏书中提到:"顷者,州郡轻慢宪防……或以喜怒驱逐长吏。"[④]桓帝也下诏要求"州郡不得迫胁驱逐长吏"[⑤]。而到了汉末,情况变得更加严重:

> 高密孙氏素豪侠,人客数犯法。民有相劫者,贼入孙氏,吏不能执。[⑥]
>
> 修守胶东令。胶东人公沙卢宗强,自为营堑,不肯应发调。[⑦]
>
> 时(山阳)郡内李朔等各拥部曲,害于平民。[⑧]

由上可见,齐鲁豪强在政治上具有较强的割据性,当个体利益受阻时,公然直接对抗地方州郡官府,形成对封建政权的局部威胁,造成区域社会的政治生态严重失衡。当中央政权的控制力强大时,他们尚能发挥着整合基层力量和维护地方社会秩序的实质作用,

① 《后汉书》卷七七《董宣传》。
② 《后汉书》卷二六《赵憙传》。
③ 《后汉书》卷七七《李章传》。
④ 《后汉书》卷六《质帝纪》。
⑤ 《后汉书》卷七《桓帝纪》。
⑥ 《三国志》卷一一《魏志·王修传》。
⑦ 《三国志》卷一一《魏志·王修传》。
⑧ 《三国志》卷二六《魏志·满宠传》。

然而一旦中央集权涣散、政局动荡不稳，他们极易形成大大小小的各股割据势力，并在政治浪潮的冲击下分化组合，从而形成对决中央政权、雄霸一方的地方割据势力，或成为新的割据集团的重要成员。这在汉末社会最为显见，如当时的兖州刺史刘岱、山阳太守袁遗、济北相鲍俊等皆投靠袁绍集团；也有依附于曹操集团的，如汉末李乾，山阳巨野人，“有雄气，合宾客数千家在乘氏。初平中，以众随太祖，破黄巾于寿张，又从击袁术，征徐州”①。泰山臧霸、孙观等跟随徐州刺史陶潜镇压黄巾军，“拜骑都尉”②，后也归附曹操，等等。汉末山东豪强在群雄逐鹿的时局中依附割据势力，遂成为割据集团的重要社会基础。

（二）对区域经济结构的影响

秦汉时期，齐鲁商贾和区域商品经济处于曲折发展过程中：既有西汉前期蓬勃振兴的大发展阶段，又有秦帝国和两汉大部分时期的低潮徘徊阶段。从整体上看，秦汉以来齐鲁所在的东部经济区的经济呈现趋于衰退的形势。

第一，从历史的纵向发展来看，自春秋战国以来，齐鲁东部经济区崛起，在相当长的时间内，其经济发展水平一直处于全国各地区的领先地位。春秋时期，管子治齐，奠定其首霸地位与深厚的经济基础，战国时期齐国仍然有“东帝”的地位，这不仅是政治军事实力的显现，更是综合经济实力的反映。与秦国“耕战”体制下农业经济的一枝独秀相比，齐国尤以工商业发达为特色，恰恰反映出当时齐国工商业经济水平仍然冠于诸侯。秦时经历了短促的倒退，但至西汉初年，东部区域经济迅速振兴并发展起来，“齐临菑十万

① 《三国志》卷一八《魏志·李典传》。
② 《三国志》卷一八《魏志·臧霸传》。

户,市租千金,人众殷富,巨于长安”①。“天下膏腴地,莫盛于齐者矣”②。通过主父偃和武帝之口,可知以齐地临淄为中心的东部经济区的整体经济实力在西汉前期甚至超过(至少不亚于)当时全国政治、经济中心长安所在地的关中地区。西汉前期商品经济蓬勃发展,其触角已经伸向广大乡村地区,商品经济以及高利贷资本在乡村社会广泛渗透,引起了农村土地制度和乡村阶级关系的变化。当人们沉醉于经济富庶所带来的繁华享受中时,有识之士已经清醒地认识到了农商比例失调对社会经济结构的影响。贾谊指陈时弊说:

今民卖僮者,为之绣衣丝履偏诸缘,内之闲中,是古天子后服,所以庙而不宴者也,而庶人得以衣婢妾。白縠之表,薄纨之里,緁以偏诸,美者黼绣,是古天子之服,今富人大贾嘉会召客者以被墙。

信并兼之法,遂进取之业,天下大败……曩之为秦者,今转而为汉矣。然其遗风余俗,犹尚未改。……矫伪者出几十万石粟,赋六百余万钱,乘传而行郡国,此其亡行义之尤至者也。而大臣特以簿书不报,期会之间,以为大故。至于俗流失,世坏败,因恬而不知怪,虑不动于耳目,以为是适然耳。③

贾谊在此描述了富商大贾的奢华无度,所谓“宛、周、齐、鲁,商遍天下”④,他们乘传求利,遍行郡国,将商业资本的触角延伸到广大的乡野边鄙之地,并积累起巨额的财富。可广大的农民在部分农产品商品化过程中,受到商业资本的盘剥,处于弱势地位,甚至陷于

① 《史记》卷五二《齐悼惠王世家》。
② 《史记》卷六〇《三王世家》。
③ 《汉书》卷四八《贾谊传》。
④ 《盐铁论·力耕》。

"饥寒切于民之肌肤"①的境地。不仅是农民手中的部分农产品成为商贾的生财资源,而且农民赖以生存的土地于西汉初年已经出现买卖的现象了。因为这样会动摇封建统治的经济基础,也就引起封建统治者阶层中有识之士的担忧。在封建政权的压榨和商业资本的盘剥下,加上自然灾害的侵扰和战争的破坏,许多自耕农纷纷破产,恰如荀悦指陈的那样:"官收百一之税,民收太半之赋。官家之惠优于三代,豪强之暴酷于亡秦……今不正其本,而务除租税,适足以资富强。"②在汉初文景时期土地兼并的情势下,国家执行的"薄赋"政策并不能够保护小生产者的利益,反而减轻了大土地所有者的赋税负担,在这些大土地所有者中就包含着一小部分商业地主。而许多小农饥迫困顿,不得不卖身为奴,这在秦汉时代成为一个并不鲜见的现象,奴婢的买卖不仅仅是劳动力商品的买卖关系,还带有强烈的人身依附性,奴婢队伍的壮大反映出深刻的社会危机,是对国家掌控的编户齐民群体的一种瓦解。

齐鲁商贾遍及各地,加速了乡村地区农产品的商品化,自耕农阶层出现分化,其部分成员加入到商贾队伍中去,成为两汉后期商贾大潮的助推者;另有部分自耕农沦为商贾虐卖的对象。但随着封建制的逐步确立和井田制的瓦解,封建土地的私有化使得土地买卖成为可能,商业资本投向土地,所谓"以末致财,用本守之"。商贾队伍的壮大和商业资本的发展却侵蚀着地方政权的赋税收入,出现了"县官大空。而富商大贾或蹛财役贫,转毂百数,废居居邑,封君皆低首仰给"③的局面。武帝时代的外事征战和内兴土木,使得原本殷实的国库储备消耗殆尽,富商大贾却"不佐国家之急",

① 《汉书》卷四八《贾谊传》。
② 荀悦《前汉纪》卷八《文帝纪下》。
③ 《史记》卷三〇《平准书》。

商业资本的贪婪性和离心力使得封建政权不得不采取新的敛聚措施以渡过财政危机,齐鲁商贾的命运将出现大转折,等待他们正是一场腥风血雨式的残酷涤荡。算缗、告缗政策的推行很快葬送了商品经济发展和商贾群体振兴的大好形势,并引发西汉中后期至整个东汉时期商品经济的整体衰退,这从两汉城市发展状况的对比中即可得到清晰的证据。以临淄为例,东汉以后,临淄大城破坏比较严重,可能遭到废弃不用,从目前考古发掘出临淄的大城文化堆积来看,基本上是属于西汉及其前的遗存,这从侧面反映出以临淄为中心的东方经济区的经济地位在两汉时代的衰落走向。

第二,从两汉时期各经济区的横向对比来看,我们把西汉中后期至东汉末年以前的齐鲁东方经济区与三辅地区(以长安为中心)、中部地区(以洛阳为中心)作比较,东方经济区之经济地位已经逐步落后于后两者,而屈居于较次的位置上。西汉以来,长安久为都城,是全国的政治中心,城内及近郊居住着一大批高官显贵、豪门大族,拥有全国最大的消费市场,工商业极为发达。平帝时,长安所在的三辅地区总人口达到 243 万,是当时人口最为密集的地区,其经济实力已经超越东部,成为真正意义上的全国经济中心区。洛阳所在的中部地区在西汉时期经济发展已达到相当高的水平,地处东西交通要冲,水陆交通极为便利,可以“东贾齐鲁”、“南贾梁楚”、西通长安。王莽时期,洛阳被定为中市。东汉立国后,迁都于此,以洛阳为中心包括河内、河南、颍川、南阳诸郡在内的中部地区遂成为最大的经济区。

齐鲁东方经济区在秦汉以来的衰落走势有着多方面的原因:一是关东豪强内迁削弱了东方的整体实力。秦朝曾经迁徙了大批齐地旧贵族和富豪、贾人等前往关中咸阳或边地,规模较大的主要有两次:一次是始皇二十六年(公元前 221 年),“徙天下豪富于咸阳十二万户”[①];一次是“秦末世,迁不轨之民于南阳”[②]。西汉时期的高、惠、文、景、武、昭、宣诸帝皆大规模地迁徙关东旧贵族、豪强、富人等充实关中寝陵一带。[③] 这种强干弱枝的政策极大地带动了关中地区的繁荣、富庶,却大大削弱了齐鲁传统经济区的实力。二是自然灾害的摧残。地处黄河下游的齐鲁东方经济区是自然灾害的频发区,武帝以后的元、成、哀、平之世,几乎完全放松了对黄河的治理,导致黄河屡次决口、改道,加剧了齐鲁经济区的衰退。三是战争的严重破坏。秦汉时期,齐鲁地区的阶级矛盾比较严重,这一地区成为秦末农民大起义、王莽末年赤眉起义等历次农民起义的主战场之一。东汉中后期以来,齐鲁大地上大大小小的农民起义和暴动更是不断,这都使得其经济发展受到严重破坏。四是在集权制封建政体下,政治中心的辐射极大地带动了长安与洛阳所在的三辅和中部地区的经济崛起,相比而言,东方经济区便受到冷落与削弱。

除了以上原因之外,西汉中期以后区域社会经济结构逐步转型,传统上以外向拓展型的工商业为特色的齐鲁经济转变为自守内敛为特征的豪强田庄式经营,使得东方经济区失去了它的优势,在与其他经济区的互动发展过程中,减弱了内在动力,这成为其衰落的深层次原因。

这一时期,齐鲁商品经济的发展转型,对区域经济结构产生以下几种后果:

其一,整体上商品经济的发展形态转向内敛守成,采取田庄式

① 《史记》卷六《秦始皇本纪》。

② 《史记》卷一二九《货殖列传》。

③ 参见张弘《战国秦汉时期商人和商业资本研究》,齐鲁书社 2003 年版,第 128 页。

的经营方式,这对小农自然经济结构造成较大冲击。富商大贾将购买土地或投放高利贷作为商业资本的重要投资目标,导致大批自耕农的破产,“当具有者半贾而卖,亡者取倍称之息,于是有卖田宅鬻子孙以偿责者”①。

其二,伴随土地兼并而来的是田庄经济形态在西汉中期开始兴起,在以后的两汉大部分时期内得到迅速发展。大土地私有制下的豪强田庄大多采取多元化经营方式,包括农、林、牧、渔,以及因地制宜的手工业,如酿造、纺织、冶铸等。田庄生产除了满足自身的需要外,还对外进行商业贸易,以出售多余的产品。高利贷活动也是田庄经营的重要项目。汉代田庄经济发展为魏晋时期士族庄园经济奠定了雏形。

其三,齐鲁商品经济的发展转型造成两汉大部分时期内区域商品经济在低水平上徘徊。两汉时期,在土地商品化的背景下,商品经济的发展促成了地主大土地所有制,诞生了豪强地主的田庄,富商大贾转化为大土地所有者。许多饱受兼并之苦的自耕农不得不贱卖土地,转而从商。“贫民虽赐之田,犹贱卖以贾”②。师古注曰:“卖田与人而更为商贾之业。”他们人数虽众,但基本上处于商贾群体中的下层,缺少雄厚资本,只能艰难谋生;而拥有雄厚资财的工商业主又投资土地、进行放贷和奢侈消费,造成产业资本投入不足和商业运营资本减持,商品交易规模萎缩,金属货币功能急剧衰退,导致区域商品经济在低水平上徘徊。同时,商业资本投资方向的转移,导致我国古代商品经济很难像欧洲那样发展出独立性的城市经济,反而使商品经济成为发展大土地、大地主经济的一种

① 《汉书》卷二四上《食货志上》。
② 《汉书》卷七二《贡禹传》。

手段和补充,这是整个汉代社会大背景下的共相。

齐鲁商品经济在这一阶段的发展转型加速了豪强田庄在齐鲁大地的普遍崛起。从一定程度上讲,两汉的田庄经济保存了社会生产力,使庄园内从事生产的佃农、徒附、部曲等免受直接的战乱之苦;经济上的多元化经营,突破了原来自然经济下以单一农业生产为主的模式,多种生产相互促进,整合了社会经济基础,因此,豪强田庄在一定的历史阶段发挥着积极的作用。

(三)对区域社会文化的影响

西汉武帝接纳了董仲舒的建议,“罢黜百家,独尊儒术”,定儒学为一尊,从此儒学走上官方正统地位。武帝设太学,置五经博士,使儒学开始经学化,明经成为士人入仕参政、分享政治权力的重要途径。所谓“遗子黄金满籯,不如一经”[①]。儒学之风渐润民间,许多齐鲁儒生皆以明经步入仕途。如:眭弘,鲁国蕃人,以明经出任议郎;韦玄成,鲁国邹人,以明经官至丞相。儒学与政治结合,加速了其在社会中的传播与影响,明经取士以制度形式参与了西汉政治的社会化进程。[②] 东汉时期,儒学之风炽盛,可谓大化天下,渗透到社会各阶层,甚至于基层民众也对经学大家和儒士名流持有尊崇之情。如郑玄,北海高密人,“自徐州还高密,道遇黄巾贼数万人,见玄皆拜,相约不敢入县境”[③]。孙期,济阴成武人,“里落化其仁让。黄巾贼起,过期里陌,相约不犯孙先生舍”[④]。齐鲁作为儒学的发祥地,两汉时期成就了一大批经师硕儒,他们为两汉政坛培

---

① 《汉书》卷七三《韦贤传》。

② 参见夏增民《儒学传播与东汉普遍社会价值观的确立:一个政治社会化的分析》,载《华东师范大学学报》(人文社会科学版)2006年第3期。

③ 《后汉书》卷三五《郑玄传》。

④ 《后汉书》卷七九上《孙期传》。

养出为数众多的优秀人才,“秦汉以来,山东出相,山西出将”①。《后汉书·虞诩传》也记载当时的民谚:“关西出将,关东出相。”在这样浓郁的儒学氛围熏染下,以商业起家的庶族豪强地主阶层也逐渐向儒学靠拢,这既是他们参政入仕的需要,也是汲取学养、追求独立自由的精神生活的旨趣所在。如前述的汉末李通即出生于豪强之家,其父曾“合宾客数千家在乘氏”,其家资甚厚,“典率宗族及部曲输谷帛供军”,然李典“好学问,贵儒雅”②,有浓厚的儒学情结。

除了明经取士直接与经学关联之外,两汉的察举制,作为当时最重要的人才选拔制度,其选官制度下的诸多科目,如孝廉、茂才、贤良、文学等,皆与儒家经学有着密切的联系。汉代经学与选官制度的结缘,使得企望显扬门庭、登上利禄仕进之途的庶族地主更加注重修习儒学经典,这在反映东汉大地主田庄生活的《四民月令》中有鲜明体现。《四民月令》云:“十一月……砚冰冻,命幼童读《孝经》、《论语》篇章”,“正月……农事未起,命成童以上入大学,学五经。砚冰释,命幼童入小学,学篇章”,“曝经书”等。

这些记载普遍反映出当时的田庄地主在家庭教育方面对儒学修习的重视。正是在这种社会风气的浸染之下,豪强地主开始积极向儒学靠拢,士大夫化的倾向显著。这种以田庄经济为依托,与政治文化相结缘的豪强地主阶层,一旦入仕除官,便易于发展成累世贵盛的山东世家豪族。

两汉时期,尤其在东汉时期,士大夫与豪强地主在生活理想上

① 《汉书》卷六九《赵充国辛庆忌传》赞。
② 《三国志》卷一八《魏志·李典传》。

的融合趋同也进一步积淀了魏晋时代门阀士族的基础。一方面,如上所述,豪强地主亲近儒学,崇儒习经,出现士大夫化的倾向。另一方面,士大夫阶层同样憧憬着安详、富足、独立的庄园式生活方式。汉末"狂生"仲长统是山阳高平(治今山东邹城西南)人,他在自己的文集中就表达了士大夫阶层的庄园式生活理想:

使居有良田广宅,背山临流,沟池环帀,竹木周布,场圃筑前,果园树后。舟车足以代步涉之艰,使令足以息四体之役。养亲有兼珍之膳,妻孥无苦身之劳。良朋萃止,则陈酒肴以娱之;嘉时吉日,则亨羔豚以奉之。蹰躇畦苑,游戏平林,濯清水,追凉风,钓游鲤,弋高鸿。讽于舞雩之下,咏归高堂之上。安神闺房,思老氏之玄虚;呼吸精和,求至人之仿佛。与达者数子,论道讲书,俯仰二仪,错综人物。弹《南风》之雅操,发清商之妙曲。消摇一世之上,睥睨天地之间,不受当世之责,永保性命之期。如是,则可以陵霄汉,出宇宙之外矣。岂羡夫入帝王之门哉!①

东汉后期,随着选官制度的败坏,儒学逐渐成为利禄之徒标榜清高、激扬名节的幌子,官场风气污浊,使得不少失意士大夫或节义之士拒绝出仕,选择归居园田。相对自由安宁、远离政治纷扰而又富足独立的庄园成为他们寄身的理想家园。豪强地主的士大夫化趋向与士大夫的庄园式生活理想不仅契合当时时代发展的特征,而且也孕育着魏晋士族的萌芽。

两汉时期儒学的传播,主要有官学与私学两种方式。就官学而言,国家政权建立了一整套从中央到地方的教育体系,从太学到郡学、县学、乡学,东汉顺帝、质帝时期,中央太学生人数达到三万

① 《后汉书》卷四九《仲长统传》。

之多。除官学之外，以儒学传授为中心的私学在广阔的民间社会也十分兴盛，《后汉书·儒林列传》曰："经生所处，不远万里之路，精庐暂建，赢粮动有千百。"规模如此庞大的私学与兴盛的游学风气作为当时十分普遍的文化现象，在现实的基础上有赖于商品经济和豪族大家的财力支撑。豪强地主在文化上的孜孜以求加快了其士族化的进程，形成一条"通经—利禄—巩固庄园—贵盛—泽及后世"的成长路线，为魏晋门阀士族的形成打下了坚实的社会基础。

张鸿雁先生曾经精辟地指出："西方中世纪城市在以保护工商业和工商业者的城市法律的庇护下，城市商品经济是在商品规律支配下发展的。我国春秋战国以来的城市市场是在政治发展规律支配下的存在和发展的，不存在以保护城市市民——手工业者和商人的法律。"①这在一定程度上就决定了我国古代商贾阶层发展与西方迥异的历史命运。周秦两汉时期商品经济的发展对旧制度下的社会结构变迁起到了一种整合与离散的双重作用，加速了春秋战国时代在政治变革基础上的社会阶层的重新分化与整合，表现在一方面加速了旧阶层分化，另一方面为新的社会阶层的整合形成发挥了积淀作用，周代国人阶层的分化即是如此。

先秦秦汉时期齐鲁两国的经济发展水平是不平衡的，自西周立国直到战国时代鲁国为楚所灭，鲁国的经济水平总体上是远不及齐国的，尤其在春秋中期以前的漫长年代里，鲁国的商品经济几乎为"工商食官"所垄断，自由的民间商业微乎其微，而齐国在工商立国的基础上，无论是官营工商业，还是民间私营商品经济，一直葆有蓬勃的活力。不仅如此，两者在政治格局对比上一直是齐强

① 张鸿雁《春秋战国城市经济发展史论》，辽宁大学出版社1988年版，第374页。

鲁弱，齐曾盟霸诸侯，而鲁则基本处于屈从地位。这些历史现象的产生虽有自然和历史的客观原因，但不能忽视齐鲁商贾精神传统所发挥的内在的规定性影响。

随着生产力的发展和政治变革的加剧，小国图存、大国争霸成为春秋战国的时代主题，各国都开始重视工商业的发展。自春秋中后期以来，鲁国商贾之风渐兴，出于天然的地缘联系与紧密的历史渊源，在齐国繁荣昌盛的商业大潮的影响与辐射下，鲁地商贾一经形成，便与齐地商贾合流，形成了东方经济区内特色鲜明的齐鲁地域商贾。齐鲁地域商贾在春秋时代后期基本形成。此后贯穿整个战国时代及短暂的西汉前期，齐鲁商贾处于顺利的发展期，齐鲁商品经济迅猛发展，出现了一批有代表性的齐鲁大商人。短暂的秦王朝采取了“上农除末”的经济政策与强干弱枝的政治迁徙，齐鲁商贾的发展受到了一定程度的影响。但由于秦祚短暂，齐鲁商贾的发展势头并未被阻断，并且秦扫六合、一货币、拆关防、同车轨、修驰道以及统一度量衡等做法，为商品经济的发展在制度上提供了有益的建树，为社会经济的发展提供了一个良好的契机，而这一制度的有效性是到汉代才真正显现出来的。汉代立国，秉承秦制，在法律上摒除了短秦的严酷疾戾，以黄老“无为”作为施政方针，为商贾的经营活动提供了相对宽松的政治环境，因此，西汉前期，齐鲁商贾迅速复兴，并向纵深发展，带动了城市经济的快速繁荣和乡村市场的扩大。

但中国古代以农业为主的社会结构使得商业发展难以超越时代的局限，在土地私有和商品化程度较高的形势下，社会主流经济形态必然会朝着封建大土地集中的方向发展，商品经济也是如此。西汉中期，武帝执行的对商贾阶层的严厉打击政策，加速了商业资本向土地经营的转移，促成了西汉中期以后豪强田庄经济的崛起。

在这样的背景下,齐鲁商贾群体内部出现了阶层分化的巨大落差,一方面是上层商贾势力向政治权力靠拢,不少齐鲁商贾参政入仕,成为封建官僚阶层的重要成员;一些资本雄厚的富商大贾投资于土地,成为新的豪强阶层,并在政治文化的熏陶下,崇儒习经,出现士大夫化倾向,其中不少人也由此踏入政坛,奠定了魏晋以后山东世家豪族的社会基础。另一方面,在土地兼并浪潮的冲击和商业高利贷的盘剥下,齐鲁之地的广大自耕农的生态环境十分脆弱,许多人弃农经商,以从事小商品交易活动艰难地维持生存。他们的加入迅速壮大了商贾群体的队伍。但由于他们资本微薄,不可能对主流商品经济形态造成影响,而拥有雄厚经济实力的商贾又大多采取了货殖化田庄经营方式,这便使得东汉以来的商品经济发展失去勃兴期的活力,呈现出虚假的繁荣景象,导致商品经济整体在低水平上的徘徊。

第四章 先秦秦汉时期的齐鲁文化与齐鲁商贾精神的培育

第一节 齐鲁商贾精神诞生的地理环境与人文环境

何谓齐鲁商贾精神？所谓齐鲁商贾精神，是指山东地域商人在商业经营、人际交往、社会生活和精神追求等诸方面所表现出的文化品格和精神气度，它是我国商业文化的重要内容。从历史上来看，齐鲁商贾精神的内涵并非一成不变，它有自身的演进历程。它肇始于商周之际，变革于春秋战国，初步形成于两汉。

山东简称鲁，古称齐鲁大地。山东的概念在战国时代已经出现，当时的山东指关中秦国以东的齐、楚、燕、韩、赵、魏六国之地，其地皆在崤山（或函谷关）以东，故被称为山东或关东，其范围疆域远远大于今天的山东省省域。随着秦汉大一统时代的到来，诸侯割据的局面被打破，各地间的经济、文化联系加强，山东的概念所涵盖的范围逐渐缩小，日渐接近于今天山东省全境。

山东是孕育齐鲁商贾精神的故土，有着优越的自然环境。它东临渤海、黄海，与朝鲜半岛、日本列岛隔海相望，西北与河北省接壤,西南与河南省交界,南与安徽省、江苏省毗邻。山东半岛与辽东半岛相对,环抱渤海湾。山东地形,东西长达700余公里,南北宽400余公里,中部突起,为鲁中南山地丘陵区,泰山雄踞其间,为全省的最高点;东部半岛为起伏和缓的波状丘陵区;西部、北部是黄河冲积而成的鲁西北平原区,是华北大平原的一部分。山东境内河网密布,纵横交错,中华民族的母亲河——黄河流经其间,此外,还有北流的小清河、潍河、胶莱河,南流的大汶河、泗河等;湖泊主要分布于鲁中南山地丘陵区与鲁西平原的接触带上,主要有南四湖与东平湖。山东地处北温带,属温带季风性气候,适宜生长小麦、高粱、谷子等多种粮农作物和桑、麻、棉等经济作物。山东境内矿产资源丰富,煤、铁、铜、锌、金等储量大,分布广;盛产海盐及各类海洋水产品,淡水鱼类也十分丰富。山东所具备的优越地理环境和丰富的自然资源为区域商品经济发展奠定了深厚的物质基础。

山东自古以来还是一个相对独立的人文地理区,深具文化底蕴。这里曾孕育出光辉灿烂的东夷文化。自新石器时代以来,山东地区一直是东夷部族活动的中心区域,这里形成了完整的文化谱系,成为整个中华文明的重要发祥地之一。东夷文化在各支区域文化中处于领先地位,海岱地区的资源丰富,农业、畜牧业、渔业均比较发达,以制陶业为代表的手工业高度繁荣,并向着半专业化和专业化方向发展。五帝传说时代的帝舜是夏王朝建立前的史前时代最后一位著名首领。据《孟子·离娄下》记载:“舜生于诸冯,迁于负夏,卒于鸣条,东夷之人也。”诸冯在今天山东菏泽境内。帝舜亲率东夷部民大力发展农业、畜牧业和渔业,曾“耕历山,历山之人皆让畔;渔雷泽,雷泽上人皆让居;陶河滨,河滨器皆不苦窳”①,

① 《史记》卷一《五帝本纪》。

帝舜以其卓越的领导才干和高尚的人格魅力,赢得了东夷部民的尊崇,也得到了帝尧的赞许,成为尧之继任者。在东夷文化发展过程中,商业因素开始萌芽并缓慢成长,文献记载帝舜就曾经从事贩卖活动。到了夏商王朝统治时期,东夷地区与其他文明区的物资与文化交流进一步加强。

公元前 11 世纪,武王灭商,西周建立。西周王朝为屏藩周室,众建诸侯,实行大分封。在今天的山东境内分封了许多诸侯国,姬姓国有鲁、曹、滕、郜、郭、茅、胙等,异姓封国有齐、莒、郯、杞、纪、淳于等,夏商以来山东境内的许多古国如莱、谭、牟、介根等,也继续存在于西周。在这些封国中以鲁、齐两国疆域最广,影响最大,山东也由此被称作“齐鲁之邦”。齐、鲁的分封立国是齐鲁商贾发展史上的重大事件,对齐鲁商贾精神的孕育产生了至关重要的影响。齐、鲁的建国标志着齐鲁文化的开端,东夷文化虽为齐鲁文化所取代,然东夷文化是齐鲁文化的前身,为齐鲁文化的繁荣提供了深厚的人文土壤。东夷文化和齐鲁文化共同构成了培育齐鲁商贾精神的文化质料。

西周王朝宰制天下,对夏商以来的上古各支文明流派形成巨大冲击,正如王国维先生在其《殷周制度论》中所指出的那样:“中国政治与文化之变革,莫剧于殷周之际。”夏、商时期,夏、商诸王与地方诸侯之间并未建立起明确的君臣关系,而是类似于结盟的关系。西周立国分封后,周天子与地方诸侯正式确立起君臣隶属关系,周天子成为天下诸侯的共主。后周公东征平叛,对东夷产生剧烈震动。这些都说明西周雄强之时对东夷之地在政治上的辖制能力相当强大。在这关键时期,太公、伯禽的就封及其对齐、鲁之地旧有文明传统采取的变革措施势必对后来的齐、鲁文明特质的形成起到根本的奠基性作用,也进而对齐鲁商贾精神的形成发挥导向性的影响。

齐、鲁虽然同为西周在东方的封国,但两者所处的自然环境、人文环境和政治基础在当时存在差异。

从自然环境方面看,鲁国处封的汶、泗河流域,土质肥美,灌溉便利,该地区开发早,农业生产发达,生活在这里的土著东夷人很早就过着农业定居生活,形成以农业生产为主的内陆河谷文化;而齐国处封的半岛与滨海地区,"负海舄卤,少五谷而人民寡"①,土质状况差,土壤的盐碱化现象严重,严重制约农业生产的发展,故生活在此的土著东夷人形成以渔猎为主的滨海半岛文化。鲁地农业经济发达,而齐地则相对落后得多。

从政治基础方面看,鲁国受到的政治优待胜于齐国。鲁国作为周公的封国,是周王室为屏藩东夷而建立起的同姓封国。因周公对西周所作的巨大贡献,周王室给鲁国特殊的政治优待,能配享天子礼乐。鲁国在诸侯国中位次居长,有"望国"之尊。鲁国的实际始封君伯禽由河南鲁山一带迁封到今山东曲阜一带,发生在周公东征之后,原来统治这一地区的旧奄势力被驱逐,旧奄君主被迁到薄姑。《史记·周本纪》记载:"召公为保,周公为师,东伐淮夷,残奄,迁其君薄姑。"所以尽管鲁国在这一地区的统治尚不稳固,但其外部的政治威胁要相对缓和,再加上鲁地距离成周洛邑未远,能在一定程度上得到强盛的周王室的政治庇护;齐国是异姓封国,虽隆受周室优遇,但较鲁国位次。比较而言,齐国的政治环境则要严峻很多,齐国初封于营丘,是处于远离政治中心的边缘异姓封国。太公就国,发生在周公东征之前。周虽灭商,但东方的莱夷势力远而未附,其武力抗争给新生的齐政权带来很大的威胁。《史记·齐

① 《汉书》卷二八下《地理志下》。

图4－1　姜太公像（采自中国历史博物馆保管部编《中国历代名人画像谱》第1册，海峡文艺出版社2003年版）

太公世家》记载：

（师尚父）东就国，道宿行迟。逆旅之人曰："吾闻时难得而易失。客寝甚安，殆非就国者也。"太公闻之，夜衣而行，黎明至国。莱侯来伐，与之争营丘。营丘边莱，莱人，夷也，会纣之乱而周初定，未能集远方，是以与太公争国。

太公最后以武力击败莱夷的进攻，安定了政局。齐国不仅面临莱夷外患的威胁，而且齐政权内部还受到齐地旧势力的纷扰：一方面是以狂矞、华士为代表的一批旧势力对新生的齐政权采取不合作的态度，"太公封于齐，三召不见"①。他们凭借特殊身份及社会影响力在新生的齐政权内部结成一股潜在的强大反抗力量，使得齐国的统治基础难以巩固。太公不得不采取强力手段，"执而杀之"②，扫清了政治统治的障碍。另一方面，太公治齐，在指导思想上还遇到了齐司寇营荡"以仁乱齐"的严重干扰。《春秋繁露·五行相胜》篇记载：

（营荡）为齐司寇。太公封于齐，问焉以治国之要，营荡对曰："任仁义而已。"太公曰："任仁义奈何？"营荡对曰："仁者爱人，义者尊老。"太公曰："爱人尊老奈何？"营荡对曰："爱人

① 严可均辑《全上古三代秦汉三国六朝文·全上古三代文》，商务印书馆1999年版，第100页。

② 严可均辑《全上古三代秦汉三国六朝文·全上古三代文》，商务印书馆1999年版，第100页。

者,有子不食其力;尊老者,妻长而夫拜之。"太公曰:"寡人欲以仁义治齐,今子以仁义乱齐,寡人立而诛之,以定齐国。"

营荡所言的仁者之爱实质是一种不食其力的溺爱,它违背了太公的立国思想和西周的宗法制度,对齐国之治理形成严重干扰。太公果断采取措施,诛杀营荡,进行了一次思想肃清运动。

从人文环境方面看,齐、鲁受封同处东方,都经历过一个相当漫长的夷人文化的发展阶段,殷夷传统在这里留下过深刻影响,但仔细分析,齐、鲁两国处封的人文地理却存在明显的差异,这种差异会进而培育出齐人与鲁人不同的气质风貌。齐国作为沿海国家,"水滨以旷而气舒,鱼鸟风云,清吹远目,自与知者之气相应"[①],齐人与齐文化天性中有似于水的特性,即有很强的变通性与包容性,所谓"知者达于事理而周流无滞,有似于水,故乐水"[②],所以齐国的人文地理可塑造出一种"智者型"的文化环境;而鲁国作为内陆国家,多山地丘陵,"山中以奥而气敛,日长人静,响寂阴幽,自与仁者之气相应"[③],故而鲁人与鲁文化的天性中有似于山的特性:安于义理,厚重不迁。所以鲁人与鲁文化对于外来事物和异质文化有很强的排斥性,缺乏齐文化那样开放兼容的气度。

由上可知,鲁国的立国基础总体上要好于齐国。然齐太公务实开明,因地制宜,经济上大力发展工商业、开发鱼盐资源,多面经营,以补农业不足之拙;政治上通过武力和刑罚手段迅速整合社会力量,为齐国日后的政治崛起和经济繁荣奠定了稳固基础。而鲁国由于有着良好的农业基础,立国后在经济上推行稳定而单一的农业生产模式,排斥商品交换关系的发展,在治国政策上因循固

① 王夫之《读四书大全说》卷五,中华书局 1975 年版,第 299 页。
② 朱熹《四书章句集注·论语集注》卷三,中华书局 1983 年版,第 90 页。
③ 王夫之《读四书大全说》卷五,中华书局 1975 年版,第 299 页。

守,缺乏灵活变通,鲁国历两代三君[1]才最终在曲阜一带站稳脚跟。这与齐国相比,已经在经济发展和政治稳定上先失一棋。

第二节　齐、鲁两国的治国方略与齐鲁商贾精神

西方著名的社会学家马克斯·韦伯提出的资本主义精神在经济史上的驱动作用的分析思维模式和中国学者提出的关于“文化的攫能性”的理论[2],可以指导我们思考齐鲁两种经济文化气质同两区域经济乃至历史命运的关系。

齐、鲁两国受封之初,无论是政治地位,还是客观的地理环境,鲁国的基础均优于齐国,而立国后两国统治者采取了不同的治国方略,尤其是在继承本地的传统习俗与推行周人新制度之间,他们作出了不同的抉择。这种抉择一旦确定并被作为一种基本国策持久地推行下去,就必然对各自的社会发展模式产生深刻影响,并逐渐培育出两地差异明显的经济文化气质。

《史记·鲁周公世家》记载:

> 鲁公伯禽之初受封之鲁,三年而后报政周公。周公曰:“何迟也?”伯禽曰:“变其俗,革其礼,丧三年然后除之,故迟。”太公亦封于齐,五月而报政周公。周公曰:“何疾也?”曰:“吾简其君臣礼,从其俗为也。”及后闻伯禽报政迟,乃叹曰:“呜呼,鲁后世其北面事齐矣!夫政不简不易,民不有近;

---

① 三君分别指伯禽、考公和炀公。考公为伯禽之子,炀公为考公之弟。

② 人类文化“在最终本质上……都不过是人类攫能系统的不同表现与保存形式”,参见姜生、汤伟侠主编《中国道教科学技术史(汉魏两晋卷)》导论,科学出版社2002年版,第71页。

平易近民,民必归之。”

这段记载突出反映了齐鲁就封后其治国方略的差异及其对两国社会发展所产生的深远影响。就齐国而言,太公迁封齐地之后,因势利导,简约尚功,执行“因其俗,简其礼,通商工之业,便鱼盐之利”①和“举贤而上功”②的治国方略,对齐地商业传统的培育与形成起到了关键性的作用,对东夷早期文明形态的过渡发挥了导向性影响,为齐国八百年基业奠定了强固之基,开拓了富民之路。而鲁国则不然,伯禽坚持以周礼治国,变革鲁地业已存在的殷礼夷俗。伯禽向周公报政,周公批评指出,其治鲁方针的直接后果是民不近,其深远后果是国力日衰、臣事于齐。

齐、鲁两国立国以后,采取了不同的治国方略,简而言之,这种差异实质上是立农与立商之分歧。齐国采取了举贤尚功、通商极巧的政策,为后世齐鲁商贾精神的培育开启了良好的传统,为齐地商业大发展提供了内在动力;鲁国“尊尊”“亲亲”,走上与齐国不同的道路。治国方针的差异成为奠定齐强鲁弱之政治格局的内在规定性因素。

一、尊贤尚功与齐国商贾精神

举贤尚功的政策开创了齐国良好开明的政治传统。齐国处封之地为夷人势力所包围,因此要想扎稳根基,必须缓和本宗族部属与殷人旧部及东夷土著之间的矛盾,需要从他们中选举贤能充实各级政权机构,以扩大统治基础,太公为此采取了尊贤尚功的用人政策。《汉书·地理志下》曰:“昔太公始封,周公曰:‘何以治齐?’

① 《史记》卷三二《齐太公世家》。
② 《淮南子·齐俗训》。

太公曰：'举贤而上功。'"上通尚，尊崇的意思。所谓"举贤而上功"，就是尊重和任用贤能人才，推重和崇尚功利、功业。这种举贤措施可以在一定程度上超越阶级等级的局限，越次提拔；而尚功则是注重实效、不慕虚名。尊贤尚功的用人政策泽被后世，在齐国形成了良好开明的政治传统，渐开霸政风气之先。故齐国能历西周一朝近三百年的发展，遂成为"东至海，西至河，南至穆陵，北至无棣"专行征伐的东方大国。

尊贤尚功的方针不仅启引齐国的开明政治气象，而且对齐地商业精神的塑造产生了深远影响。"贤"字从贝，其古义含有"财"的意思，清人段玉裁《说文解字注·贝部》云："贤，本多财之称。"《庄子·徐无鬼》曰："以德分人谓之圣，以财分人谓之贤。"后"贤"字引申指有才德的人。可见尊贤尚功包含着对物利的肯定、对事功的尊崇乃至对财富的追求。尊贤尚功的立国方针，接引夷俗传统，对启迪民心，形成求利逐富的营商氛围大有裨益。

这里的尊贤、举贤不是慕贤之名，而是责贤之实。托名太公所著的《六韬》卷一《文韬·举贤》篇记载了周文王与姜太公关于举贤之道的讨论。太公认为国君致力于选用贤能却收不到实效的原因在于国君喜好任用为世俗所赞誉的人，而那些实有才干却不被世俗所称道的人则不得使用，因此举贤之道在于"实当其名，名当其实"。这种用人唯贤、举贤唯用的人才思想，培育了齐鲁商贾精神中的务实作风。后世的齐地富商刁间能打破世人常见，大胆收留和使用凶恶狡猾但富有才干的奴仆作为自己经商事业的主力军，正是这种尊贤尚功、举贤唯用思想的实际体现。

二、"修道术"、尚智略与齐国商贾精神

太公治齐所确立的立国原则和治国方略为齐文化构筑了精神

传统的基础，陶冶着一代又一代的齐人。《汉书·地理志》载："初太公治齐，修道术，尊贤智，赏有功，故至今其土多好经术，矜功名，舒缓阔达而足智。"可见，太公"修道术"所形成的尚智略的精神传统，自西周至东汉的千余年间，一直影响着齐人的生活方式，积淀为齐地独特的文化风貌。太公的"道术"到底包含着怎样的内涵呢？实际上，太公修"道术"的关键即在于如何摆正齐地自有的传统与"周礼"之关系。太公一方面谨慎地接引"周礼"，吸收周文化的礼制因素，另一方面，又有意识地淡化"周礼"的约束力，清醒地保持自身传统的发展空间和自我进化的内在机制，并深入发掘齐地殷夷文化中的有利因素来发展新生的齐国。

三、通商极巧与齐国商贾精神

太公治齐，"通商工之业，便鱼盐之利"、"劝其女功，极技巧"，大力发展工商业。齐国的经济崛起得益于其开明的工商业政策。到西周末年春秋前期，齐国的商品经济已经比较发达了。手工业门类齐全，制陶业、纺织业、冶金业全面发展，农工商各业均呈现繁荣景象。不仅官营商业勃兴，自由的私营商贾也已经形成一支潜在的社会力量，他们既包括齐国内部在惠商政策引导下所催生的本地商贾，也包括齐为大国后所吸引来的外地商旅。齐国经济的崛起，极大地抬升了其政治影响力，西周末年至春秋初期，庄公和釐公业已主盟诸侯，形成齐国小霸的局面。

太公推行的工商并举的政策，体现着治国的多元思维。齐国与鲁国不同，并非囿于单一的农业经济发展模式，而是在继承周文化"重农"的基础上，同时鼓励发展工商业。这就在国策层面上既上承夏商以来东夷本土传延不绝的商业因素，又下启确立了齐国的重商传统，为齐鲁商贾精神的培育提供了思想素材。

无论是举贤尚功所体现的功利主义价值取向,还是通商工、极技巧的惠商政策,皆可视为齐地商业精神确立的源头。齐国的这种商业精神不仅是齐文化传统的重要内容,并且是其中一个极重要的激活因素,对于塑造齐国深具尚功重利、开放务实、多元兼容的大国气质发挥了积极影响。太公因地制宜的治国方针使得齐国经过二百余年的发展,至西周后期,已经成为人口众多、国力强盛、经济富庶、商业发达的东方大国。

四、"尊尊亲亲"与鲁国的商业传统

夏尚忠,殷尚鬼,周尚礼,分别从道德、宗教、礼仪三方面作为各自治理天下的基本原则,这也是三代文化的根本特征。鲁国作为周文化的坚定信仰者和忠实推广者,将礼教文化嫁接到鲁地,对商奄旧地的文明习俗试图加以全面的改造。鲁地自夏商以来一直是东西方文化激荡交汇的地区,西周立国后,来自西方的周文化迅速东进,与鲁地本土的殷夷传统发生冲突,在如何治鲁的重大决策上,周公走上与齐太公完全不同的道路。

《汉书·地理志下》曰:

> 周公始封,太公问:"何以治鲁?"周公曰:"尊尊而亲亲。"

何谓"尊尊而亲亲"?尊尊就是尊敬应该尊敬的人,讲的是尊卑贵贱有序;亲亲即亲爱应该亲爱的人,讲的是父慈子孝、兄友弟恭之类的伦理道德。由于西周政权组织和宗法关系合二为一,家国同构,因此"尊尊而亲亲"即成了政权的组织原则,它是周代礼制和宗法关系在政治领域中的延伸,在政治生活中表现为嫡长子继承制和世卿世禄制度。"尊尊而亲亲"的原则对于国家甫立、根基未稳的周人而言,无疑对于凝聚内部力量、巩固政权统治发挥了积极影响。鲁国子循父道,以礼治国,代父受封的周公之子伯禽不遗余力地推行周文化，后世子孙也恭承恪守。于是乎，鲁成了礼治的样板，成了宗周文化传统的代言者。及至春秋，礼崩乐坏，周礼趋于冰消瓦解，当此之时，独鲁坚持礼治，令万邦瞩目。

“尊尊亲亲”的组织原则与鲁国商业有怎样的联系呢？两者联系密切。“尊尊亲亲”实质就是礼治，这也是鲁国立国方针“变其俗，革其礼”的重要内容。在这种思想影响下，鲁国政治生活便显现出“任人唯亲”的特点，其文化也带有强烈的封闭性和保守性。一些很有才华的底层人才、外来人才很难在鲁国政治舞台上施展抱负，比如文如孔子、武如吴起这样卓绝千古的人物在鲁国频遭挫折，不得不另寻出路。这和齐国的尊贤尚功、举贤唯用的思想主张和开放兼容的政治氛围产生了强烈反差。鲁国“尊尊而亲亲”的立国原则，对在东夷文明基础上逐渐形成的商奄旧地的商业因素起到了某种消解作用，不利于营造良好的商业环境，商业精神难以自存，更难谈得上发育了。

“尊尊亲亲”的礼治原则表现在社会经济方面是宗周的“重农”传统。农耕文化和农业经济是“尊尊亲亲”的宗法组织原则的基础，两者相互依存。在这种背景下，鲁国的社会经济发展只能走上男耕女织式小农经济之路。加上鲁国地处内陆宜于农耕的环境，缺乏齐国那样发展海上捕捞、煮海水为盐的条件，因此在文化传统与自然条件的双重驱动下，进一步促成鲁国经济向农业经济的单一化模式发展，挤压了商业发展的空间。所以鲁国的商业活动虽然存在，但开国三四百年间一直没有太大发展，与齐国相比，显得远远落后。

鲁国的立国基础胜于齐国，虽然缺乏鱼盐之利，但地处东西交通的要冲，也完全有发展商业的可能。但其立国方针使得其塑造了不同于齐地的区域文化。它重视礼乐文明，全面接纳周朝的文化传统，以农立国，缺乏商业精神，因循固守，难为通权达变，在后来的发展历程中，与齐国相比，经济落后，政治局势上也处于被动屈从地位。因此，可以说在齐鲁立国后的西周一朝，乃至春秋前期，齐国商人是齐鲁商贾精神的实际体现者，齐地是早期齐鲁商贾精神的发祥地。

第三节　春秋战国时期的齐鲁文化与齐鲁商贾精神

春秋战国时期是中国历史由古典形态向中古形态的转型过渡时期，始于平王东迁，终于始皇一统，前后长达五个半世纪。这个时代也是中国历史的"轴心期"，诸子蜂起，百家争鸣，思想文化的发展极具创造性，并呈现出强烈的地域色彩。在东方的齐鲁大地上，齐文化与鲁文化经历西周一朝三百余年的酝酿与发展，已然蔚为大观，形成两支形态不同、风格迥异、特色鲜明的地域文化。但双方已经开始了交锋、交流，并向着逐渐融合的趋势发展。在这样一个思想激荡、朝气蓬勃的时代里，齐鲁商贾文化与齐鲁商贾精神也在经历着自身的历史丕变。

这一时期齐文化与鲁文化间的分野已经为当时学者所认知，春秋后期的孔子就指出两种文化的不同。《论语·雍也》云："知者乐水，仁者乐山。知者动，仁者静。知者乐，仁者寿。""知"通"智"，"智"是齐文化的特点，"仁"是鲁文化的特色，这两种类型的文化显然是有区别的。齐文化开放务实，通权达变，兼容万物，周流无滞，有似于水，属于典型的功利型文化；鲁文化崇礼明德，气质沉敛，持重自守，有似于山，属于典型的伦理型文化。两种不同的区域文化对齐鲁商贾精神的培育产生不同的影响。

鲁文化宗周,重农抑商,但不是铁板一块。春秋以来,齐国国势日强,而鲁国却日渐衰弱,政治局势的极大反差,引起了鲁国一些开明贵族和执政者的反思,他们进行了务实的经济改革尝试,臧文仲即是其中的杰出代表。臧文仲,姓臧孙,名辰。文仲是其谥号,他是春秋前期鲁国的著名大夫,约与管仲同时,历仕于鲁庄公、闵公、僖公、文公四朝。文献中关于臧文仲的经济改革内容主要涉及两方面:一是“置六关”,即设关对行旅商人进行征税,其主观动机是为打破官商垄断,改官府经营为征商,客观上对民间商业发展起到了促进作用;二是“妾织蒲”,即家人织蒲席贩卖以赢利,其动机是带头鼓励发展家庭手工业,以使农商互补,活跃经济。臧文仲的改革尝试显然是对鲁国宗周“重农”传统的突破与调整,对鲁地商业精神的培育起到了积极作用。

然而,臧文仲倡导的开明商业政策在鲁国没有获得常态发展的空间,这可由春秋后期孔子对臧文仲和柳下惠的评价对比中窥见一斑。柳下惠与臧文仲生活于同一时代,是孔子之前影响极大的鲁国贤大夫,孔子从两人那里汲取了不少思想养料。但孔子对两人的评价存有差别,孔子指出臧文仲有不仁、不智之举,臧文仲倡导的开明商业政策“置六关”“妾织蒲”正是孔子批评的“三不仁”之其二。对于柳下惠,孔子则赞赏有加,后世儒家学者对其更是顶礼膜拜,清人刘逢禄在《论语述何》中评价道:“在鲁言鲁,前乎夫子而圣与仁,柳下惠一人而已。”孔子对两人的评价何以存在这样的不同?质言之,臧文仲与柳下惠分别代表了鲁文化内部的两种路径,前者是变通革新派代表,后者是原则固守派代表。臧文仲对周礼和宗周传统的态度并非不越雷池,而是在面临新时变的情况下,能作出灵活的调整,敢于通权达变。柳下惠则是鲁文化的坚定信服者,其思想品行更适合鲁国农业社会和宗法制度下的道德理想。显然,对齐鲁商贾精神的培育和商品经济的发展而言,臧文仲的思想比起柳下惠更具积极意义。然而在臧、柳二人的分歧点上,孔子摒弃臧文仲所代表的变通路径和开明的商业发展政策,更趋向于选择柳下惠的价值观念,将周鲁文化传统改造为儒学体系,追求纯粹,突出鲁文化的"重农"守礼特征。随着战国时代儒文化"显学"化,成为邹鲁文化的主体,鲁地难以像齐国那样独立发展出新兴的商贾群体,鲁地商业精神的培育缺乏区域本土文化的内驱力。

春秋前期,齐国发展成为经济富庶、国力强盛的东方大国,齐桓公救邢存卫、尊王攘夷、主盟诸侯,为春秋五霸之首。这一切要归功于管仲。管仲,春秋前期齐国著名的政治家,齐桓公时他为齐国相,积极推行改革。管仲治齐,整顿士、农、工、商,使"四民"分业定居;秉承西周以来齐国固有的重工商鱼盐的基本国策,继续大力发展工商业,采取一系列惠商护商政策,利用优势资源,发展对外贸易,使得"天下之商贾归齐若流水"。管仲改革所培育出的齐国商业环境为齐鲁商贾精神在齐地的扎根发展提供了有力支撑。春秋后期,晋楚争霸,吴越崛起,姜齐政权日薄西山。当此乱世,晏婴相齐。晏婴,字平仲,夷维(今山东高密)人,是春秋后期齐国最知名的政治家,历仕齐灵公、庄公、景公三世。晏婴治齐,其工商政策是"工贾不变"①,"君商渔盐,关市讥而不征"②,即工商坚守其业,国家大力发展渔盐生产,关市只稽查而不征税。这显然是齐国重商传统的延续,与鲁国相比,齐国的商业传统和商业政策获得了常态的可持续发展的空间,为齐鲁商贾精神在齐地培育发展创

① 《左传·昭公二十六年》。
② 《晏子春秋·内篇杂下》。

造了良好的环境。

随着风云激荡的战国时代的到来，各国都先后实行了程度不同的改革，以巩固政治统治，实现富国强兵的目的。当时齐国已经完成了田氏代齐的过渡，新兴地主阶级在齐国掌握政权。齐威王初即位，日耽于酒色，不理政务，国内政治混乱，外敌不断来侵。驺忌以鼓琴求见，被威王拜为相。驺忌为相后，采取有利于社会发展的革新措施，如修法律而督奸吏、举贤才、广开言路等。驺忌改革是继西周初叶的姜太公变革、春秋中前期的桓公管仲变革之后齐国历史上第三次大变革运动。从文献记载来看，其改革措施主要集中在政治领域，复兴齐国开明的政治气氛，为商业发展消除某些负面因素。我们有理由推测，驺忌的革新措施应该对齐国一直奉行的工商并举的基本国策没有改弦更张，鼓励工商业发展的政策继续保持不变。与驺忌同为威王效力的齐国著名兵法家孙膑曾向威王建议强兵之道在于"富国"①。可见，经济富庶繁荣是齐国强国之基，其工商业继续保持发展势头，"于是齐最强于诸侯，自称为王，以令天下"②。

而战国初期的鲁国，在各国纷纷变法革新的形势下，其执政者面临鲁国国势日衰的危机局面，却没有实行有效的图强变法运动。鲁穆公虽用公仪休为相，但推行的经济政策整体上仍然不出重本抑末的窠臼。卫人吴起，是战国时代著名的变法改革家，当时尚在鲁求学于曾子，因母死不归，为曾子所不齿，断绝师徒关系，后学兵法以事鲁君，终不为鲁穆公所信任，遭辞退。鲁有人才而不能用，政风暗沉，固守礼仪，而不能与时变通，渐为齐楚蚕食，终至亡国绝

① 《孙膑兵法·强兵》。
② 《史记》卷四六《田敬仲完世家》。

祀。曾子绝师徒之谊反映出民风所向，鲁卫乃兄弟之国，鲁君谢吴起反映出鲁国的政风气局。这样的政风民俗正是由周鲁文化传统熏染积习而成，这样的人文环境不利于鲁地本土民间商品经济向纵深发展，也不利于本地商业精神的培育。

西周时期，周王室对诸侯国的控制十分严密，各诸侯国的对外关系主要是同周王室发生联系，齐文化与鲁文化的交流虽然已经开始，但相互间的影响比较淡薄。至春秋战国时期，随着两国政治经济联系的加强，相邻的两支文化开始了频繁的交流、交锋，齐文化与鲁文化开始了博弈的过程。这种文化上的博弈对齐鲁商贾精神的培育和齐鲁商贾精神内涵的塑造产生了深远影响。

从博弈局势的变化来看。地域文化与地域政权的命运息息相关，但地域文化的兴衰与地域政权的兴亡并非完全同步，后者往往可以在一朝一代骤然崛起，又轰然倒塌，而文化有自身的积淀期和相对滞后性的特点，故而存在相对独立性。春秋时期，尽管齐强鲁弱的政治格局基本定型，但当时东方文化的中心还主要是在鲁地，周鲁的礼乐文化对当时诸侯各国仍然有强大的吸引力，如春秋后期，晋国韩宣子出使鲁国，赞叹“周礼尽在鲁矣”①。鲁国刻意保持礼乐传统和文化大国的形象，这成为他跻身众诸侯的骄人资本。后孔子出，私学兴，弟子三千，说明鲁地仍然是文化中心。然而鲁地文化中心的地位遭遇齐文化的强烈挑战，文化中心开始了东移进程。随着战国时代齐稷下学宫的兴起，齐国取代鲁国成为新的文化中心。

从博弈局势的结果来看。春秋战国时期，政治局势加速转型，区域经济文化交流频繁，东方大地上的齐、鲁文化在博弈过程中相

① 《左传·昭公二年》。

互渗透，交汇融合。鲁国东邻强齐，西近周、郑、宋、卫，地处东西交流的要冲，并且夹鲁两侧的地区都是当时商品经济发达区。鲁文化本身受到近域文化尤其是东方繁荣的齐文化的辐射影响，战国时代的东方文化中心已经由鲁国向齐国转移。田齐政权创设的稷下学宫以及在此营造出百家争鸣的盛况，标志着文化中心在齐国的确立。稷下学宫集政治、文化、教育等多种社会功能于一体，它在学派上兼容并包、汇纳诸子。各个学派、各种观点都可以在这里平等地争鸣、辩难，并能取长补短、互渗互融。稷下学宫无疑是颇具特色的齐文化沃土中生发出来的硕果，它本身还是带有强烈的齐文化的整体特点。开放活跃而又崇尚功利实用的齐文化凭借着齐国强盛的国力、发达的商贸交流对周边地区产生强大影响。鲁地首当其冲，鲁地的民风民俗在悄然发生着变化。《汉书·地理志下》载：

> 濒洙泗之水，其民涉度，幼者扶老而代其任。俗既益薄，长老不自安，与幼少相让，故曰：鲁道衰，洙泗之间龂龂如也。

邹鲁民风的传统状态，表现为老者涉渡，不提挈，不负载，少壮者代其事，这是自然自觉的默契。而至鲁道衰时，少壮者尚欲执其任，而老者不自安，争欲自提挈、自负载。此虽犹见周公之遗风，但老者态度的变化暗寓了风气的潜变，这不仅是鲁国“尊尊亲亲”传统的松动，甚至可能是在“礼崩乐坏”背景下的信任危机。鲁地之古朴民风变化的原因，一方面是由于鲁国政治上层弑杀篡夺的暴戾及各种非礼行径时常发生，震荡和冲击着鲁地百姓民众的价值信念。另一方面，当是来自东方齐国多智夸诈的风气波及鲁地，冲击了邹鲁民间之社会生活。

春秋战国以来齐文化与鲁文化之间的博弈，开始打破西周以来列国殊俗、文化分野的格局，区域性的文化交流进入新阶段。纵观整个东周时期,随着东方文化中心由鲁至齐逐步东进,齐文化与鲁文化的博弈交流在整体上呈现出自觉“易邹鲁为青齐”的特征:即功利务实、开放活跃的齐文化在风云板荡的春秋战国时代凸显出强大的生命力与号召力,占尽风头。目前学界对齐文化的研究已经十分深入,归纳出齐文化具有崇尚物利、灵活变通、开放务实等特点,有别于崇德明礼、单一守常的鲁文化。鲁国自西周始一直作为东方文化的中心,西周灭亡后又逐渐取代宗周成为全国文化的中心,孔子整理周鲁文化与战国初年显耀一时的墨家学派在鲁地的骤然兴起,都说明鲁文化的强大实力。但株守周礼的鲁文化呈现出的封闭性和保守性,使得其对外来文化采取拒斥态度,缺乏与时俱进的创新精神,自然不能适应战国“诸子蜂起”的新形势。而多样性经济培育出的齐文化则具备适应这种新形势的能力,所以齐文化在与鲁文化的博弈过程中逐渐赢得上风,齐文化成长为战国时代东方文化的主色调。这就为齐鲁地区商贾传统的革新发展提供了文化上的质料。齐文化的实用主义、功利主义的价值取向,造就了齐国的繁荣发达的物质文化成就和商品经济大发展的成果,并进而促成齐人的享乐主义风尚,对齐风民俗的塑造产生深远影响。齐文化无疑是推动齐鲁商贾精神培育发展的原动力,因而早期齐鲁商贾精神势必会深深镌刻了齐文化特征的烙印——崇物利、卑义礼。[①] 尽管齐文化是在遵从周礼文化的基础上建立起来的,但殷夷的传统习俗在齐文化内部较多地保留下来,它不像鲁国那样非常严格地为礼制所约束。在看待利、义两者的关系上,齐文化强调利的先决性作用,主张先利而后义,故《管子·牧民》曰:“仓廪实则知礼节,衣食足则知荣辱。”管仲治齐,为达到吸引商贾

① 参见王志民主编《齐文化概论》,山东人民出版社 1993 年版,第 91~93 页。

来齐、增加财政税收的目的，竟然在市中公开设立国家妓院——女闾。这些都反映出齐文化的功利性内涵。

早期齐鲁商贾精神中的崇物利、卑义礼的物欲追求一定程度上即是黑格尔提出的那个“恶动力”，它对于推动齐地商品经济繁荣功不可没。在齐文化与鲁文化的博弈过程中，齐文化以其开放兼容的气度吸纳了鲁文化中的德性礼制因素，进行文化主体的自我调整和融合创新，邹鲁的德性文化与齐地的功利性文化之间互相渗透，并对齐鲁商贾的精神内涵产生变革性的影响。春秋后期晏婴和齐景公借狩猎之机入鲁郊问礼于鲁，自觉吸收鲁文化的礼制传统，在便事利民的原则下，以礼治齐。田齐时代，稷下学宫大兴，兼采众家之学，包括邹鲁之邦的鲁文化。这些虽主要发生于政治文化领域，但它促进了齐文化的发展转型，并导致早期齐鲁商贾精神的内涵开始发生变化。在齐文化背景下孕育出的早期齐鲁商贾精神，其崇物利、卑义礼之色彩浓厚，但随着齐文化的发展转型，齐鲁商贾精神内涵中的德性因素在逐渐提升，并向着兼重利义的方向发展。春秋战国之交，齐鲁商贾的代表范蠡曾数致千金，齐人闻其贤，拜之为相。范蠡并非为富不仁，而是仗义疏财，千金散尽，在齐地形成了“上美政、下美俗”的良好示范效果，显示了一位出色商人的高尚德性，体现出齐鲁商贾精神的德性内涵。

第四节 秦汉时期齐鲁文化的融合与齐鲁商贾精神

一、仁智合一：齐鲁文化的融合与齐鲁商贾精神

鲁地是儒家文化的故乡，自战国以来，儒家文化成为鲁文化的正统。但汉武帝的儒治，推行的绝非原生儒家孔子的学说思想，而

是经由董仲舒的改造后的“儒术”或新儒学。董仲舒是齐学化的儒家代表，经其改造后的新儒学糅合了齐文化的许多因素，如阴阳五行学说等。董仲舒对儒学的改造贡献极大，使得自春秋战国以来齐文化与鲁文化的交流融合最终得以告一段落，取得阶段性成果，形成以仁者型的鲁文化为主体、以智者型的齐文化为辅翼的新文化体系，即牟宗三先生精炼概括的“仁智合一而以仁为笼罩的系统”①。

秦汉相继，开启绵延四百年之久的大一统格局。政治的大一统对治国理念提出了新要求，春秋战国以来形成的思想文化上百家异说、区域风俗上纷繁复杂的局面自然不利于维护和巩固新生政权，因此秦汉帝国的统治者们殚精竭虑，绝诸学，整风俗，尚一统，故而大秦帝国有“一断于法”之举，汉家天下有“定儒一尊”之策。大一统帝国的文化战略为春秋战国时期已经开始的齐鲁文化交流带来融合的新机遇，齐鲁商贾精神也由此完成了其观念内核的早期确立。

秦朝的统一及其政策举措，结束了列国纷争的地域割据局面，为各地域间的文化交流与融合提供了契机。先秦时期，齐、鲁文化的博弈交融在齐国的稷下学宫达到巅峰。入秦之初，齐、鲁文化的交融趋势在稷下时代的基础上继续推进。在政治上层，齐鲁的儒生博士七十人曾被召至泰山下，为封禅活动制定礼仪，后虽因博士们意见分歧，难以统一，遭到始皇帝的斥退，但秦朝的博士官制度则确定下来；作为齐鲁文化代表人物的荀子曾在齐国稷下学宫三为祭酒，他的两位学生韩非、李斯为秦王朝的法制理论完善和法制建设出力甚多；秦王朝的国家信仰也深受齐鲁文化的影响，秦始皇

① 牟宗三《历史哲学》，广西师范大学出版社 2007 年版，第 149 页。

改变秦人原来的华山信仰,而选定泰山作为封禅祭天之处,齐地特有的“八神”崇拜,也为秦始皇所采纳;齐学中的五德终始说成为秦帝国的立国理论依据;诞生于齐地的黄老之学①,也对统一前后的秦王朝产生一定程度的影响。这些事实充分说明齐鲁文化在大秦帝国建设中发挥了重要的作用,齐学备受推崇、燕齐方士活动在秦朝十分活跃即是明证。

但由于秦朝过于张扬法治思想,“以法为教”、“以吏为师”,秦之季世,焚《诗》《书》,坑术士,对思想文化采取专制高压政策,限制了齐鲁文化适度发展的空间,阻碍了多元文化互补性作用的有效发挥,齐鲁之学失去了补救法家之弊的绝好机会,忽视礼治和王道政治的秦王朝最终二世而亡。

经过秦季战火和楚汉之争,刘邦成为最终的胜出者,问鼎中原,建立大汉帝国。汉初,源于齐学的黄老之学,因主张清静无为,契合了大乱之后社会休养生息的时势需要,而为汉初帝国的统治者所青睐,成为“显学”。汉承秦制而不用秦政,其黄老学的治国之道营造出相对宽松、不同于秦朝疾政下的政治环境,为齐鲁文化的交融提供了适宜的土壤,齐鲁商贾也由此复振。自高祖始,历吕后、文、景,至窦太后之死,黄老学的治国思想一直是汉家天下奉行的不二法则。黄老的无为而治,成就了西汉前期经济的复苏与发展,但也造成了宏观经济的失控与区域政治生态的失衡。汉初尽管官府间或出台抑商政策,但收效甚微,社会财富迅速向富商大贾阶层集中。“今法律贱商人,商人已富贵矣;尊农夫,农夫已贫

① 郭沫若先生认为:“黄老之术,值得我们注意的,事实上培植于齐,发育于齐,而昌盛于齐的。”参见郭沫若《郭沫若全集·历史编》第2册,人民出版社1982年版,第155~156页。

贱矣。”①

经过汉初六十余年的休养生息，武帝时期，西汉社会经济已经得到了全面的恢复，当时的关东齐地凭借优势资源和宽松自由的环境，发展成为当时最发达的经济区之一。西汉社会发生了巨大变化，区域政治生态的失衡，贫富两极分化的严重，北方匈奴的边患威胁，警醒了年轻的武帝和有远见的帝国官僚们。清静无为的黄老思想显然难以主导应付日益复杂的局势，也无法让业已富庶的汉王朝获得其应有的帝国尊严。治国理念的改弦更张只是个时间问题。公元前135年，武帝祖母窦太后去世，黄老学派失去了其在政治上层人物中最得力的靠山，儒学复兴终于迎来了久违难得的机会。汉武帝很快任命儒生田蚡为丞相，“绌黄老、刑名百家之言，延文学儒者数百人”②，不久正式采纳了董仲舒的建议，“罢黜百家，独尊儒术”，从此黄老之学便淡出了政治舞台，儒学则成为官方哲学，汉帝国掀开了儒治的新篇章。

在汉帝国统治下，齐、鲁文化的融合对早期鲁商精神的培育发挥了关键性作用，使得原来以齐地商人崇物利、卑义礼、夸诈多智为主要特征的齐鲁商贾精神发生了质的变化。在国家教化层面取得了合法性身份的鲁文化，其仁者品格和道德价值观深入渗透并逐渐积淀为新的齐鲁商贾精神。齐鲁商贾精神的培育在经历春秋战国之际的历史丕变和秦汉社会的演进后，至此基本完成了其观念内核的确立。

值得注意的是，汉代董仲舒虽然精致地将齐文化、鲁文化融为一体，但与先秦时期齐、鲁文化的自发自觉地交流汇融存在不

① 《汉书》卷二四上《食货志上》。

② 《史记》卷一二一《儒林列传》。

同。就齐鲁商贾精神而言,先秦时代,尤其是在战国时期,对齐鲁商贾精神的培育贡献最大的无疑是齐文化,齐文化以开放的姿态吸纳了鲁文化的德性因素,可以说这一时期的齐鲁商贾精神在文化特性上的改造还是齐主鲁辅,即以齐文化为主体吸收利用鲁文化的因素。而汉代董仲舒融合齐、鲁文化,形成儒主而齐辅的文化结构,即以儒家文化为主体,吸收利用了齐文化的思想学说。这样,在文化特性的改造上,就使得齐鲁商贾精神的培育发展实质上发生了重大的转型,使得自西周立齐以来形成的多智变通的良好商业传统为重农的儒文化所消解冲淡,尚德重义成为后世鲁人经商的一面旗帜,它一方面成就了齐鲁商贾的良好口碑,另一方面在一定程度上束缚了齐鲁商贾在商海中搏击的手脚。这也是为什么在两汉以后的中国封建社会,齐鲁商贾群体在区域商品经济发展中渐失优势,再难重现春秋战国之际执经济牛耳之雄霸地位的文化根因。

齐文化与鲁文化虽然特色各异、内涵不同,但两者在形成之前存在着共同的文化背景,即本土的殷夷传统和西来的周文化。齐、鲁立国方针对本土文明传统与周文化的改造与吸纳的程度不同,以及区域地理环境和相应经济结构的差异,使得两地历经几百年的发展,在东方大地上形成两支异质文化共存的局面。相同的文化背景、异质文化互补性以及封建大一统帝国的文化新诉求,是齐、鲁文化得以在汉代完成融合的基础。董仲舒糅合齐文化与鲁文化的努力,一方面加速了齐、鲁文化一体化之进程,使得东方的齐鲁文化圈得以确立;另一方面使得齐鲁文化走出齐鲁之邦,脱离区域文化秉性,被改造成为华夏文化的中枢。

齐、鲁文化交流融合的过程即是齐鲁商贾精神培育形成的过程,齐鲁商贾精神是在丰厚的齐、鲁文化质料滋养下逐渐孕育而成的区域特色明显的商业文化。齐鲁商贾精神的内涵与文化底色随着齐、鲁文化的融合与改造，经历着“易青齐为邹鲁”的转型。鲁文化的德性因素与道德价值观逐渐植入本以齐文化为底色的早期齐鲁商贾精神中，经由董仲舒的儒学改造后，反客为主，根源鲁文化的儒家文化取代齐文化成为帝国时代下齐鲁商贾精神的文化底色，成就了后世齐鲁商贾良好的仁者品格和尚德重义的价值取向。齐鲁商贾精神的文化底色的转型与更替，对后世齐鲁商贾的命运产生了深远影响。在市场经济日益发达的今天，齐文化的重视工商、尚变务实的特性与兼容开放的传统，是亟待开发的文化资源，可以接引儒文化的德性价值观，对于现代背景下齐鲁商贾精神的塑造具有重要的现实功能和重大的现实意义。

二、区域社会文化心理与齐鲁商贾精神

董仲舒吸收齐学并进行儒学的改造以及汉武帝的儒术独尊政策，奠定了齐鲁文化在政治上的支配地位，促使其从地方性的区域文化成长为大一统背景下的官方文化和主流意识，并进而发展为中国传统文化的主干。在官方文化的教化和主流意识的影响下，齐鲁商贾精神的内涵和文化特征也在发生着相应的转型。然而秦汉时代，齐鲁商贾精神除了被动地接受大一统官方文化的强烈影响外，其自身也能主动地对齐鲁文化和区域社会的文化心理施加影响。

社会文化心理是一个极为复杂的文化现象，涉及精神和物质层面的诸多内容，学界对其界定也是众说纷纭，但在整体上主要通过对群体行为方式的关注，探求社会生活中民众的价值追求、伦理性格、思维方式、审美情趣等多个方面的内容。社会文化心理的形成、发展与变迁，受自然环境、人文环境、社会氛围的制约

和影响，而自然环境、人文环境、社会氛围的地域差异必然使文化心理具有鲜明的地域特征。社会文化心理，一方面表现为具备共同特征的群体行为方式；另一方面又外化为社会风俗，是社会风俗的核心与实质。社会文化心理具有相对稳定性，能够“以其强大的力量，规范和调解着人们的行为方式，它的一系列特点和引人注目的影响力使之成为与经济、政治、文化同样重要的第四种历史力量”①。

秦汉时期是我国帝制王朝的第一个黄金时代，是我国风俗文化发展史上一个承上启下的重要时代，自然也是区域社会文化心理变迁转型的关键阶段。秦汉风俗和区域文化历来受到较多的关注，汉代史学家司马迁在《史记·货殖列传》中关于“经济地理”八大区域的划分和班固在《汉书·地理志》中关于各地风土人情的记述，都包含了丰富的地域风俗文化的信息，反映着当时区域社会文化心理的重要内容。时人已经认识到不同地区之间存在着风俗面貌和文化心理性格等方面的客观差异，并试图探求其成因：“凡民函五常之性，而其刚柔缓急，音声不同，系水土之风气，故谓之风；好恶取舍，动静亡常，随君上之情欲，故谓之俗。”②班固认为当时地区间的风俗差异和文化心理多样性的成因，一方面是来自地理环境的差异与自然水土的不同，这些导致区域社会生产生活方式的多样性，塑造了生活于不同地域环境中特征明显的民众性格；另一方面是来自统治者所提倡的道德教化的影响。官方的教化措施可对人们的行为方式、心理诉求的形成产生直接影响。

① 彭卫、杨振红《转型与契合：解读秦汉风俗》，载《史学理论研究》2001年第3期。

② 《汉书》卷二八下《地理志下》。

就地域环境而言,齐是临海国家,鲁为内陆国家,齐重渔盐,鲁尚农耕,生产、生活方式差异明显,在风俗面貌和文化心理性格方向,齐、鲁可谓特色鲜明。今天我们惯常用"山东大汉"来称道山东人,这种称呼中饱含对山东人体貌魁伟、朴实豪爽、诚实守信等品格的赞誉之情,然而在两千多年前的秦汉时代,人们对山东人的看法却与今有别。当时山东境内的齐地与鲁地的区域文化特色仍然保持着显著差异,但战国以来商品经济的大发展促使齐、鲁地域风俗和文化心理发生悄然转型,人们的价值观念、精神追求都在发生转变。

从历史上看,商品经济的大发展与风俗向善的趋势往往背道而驰,商品经济发展常常是导致人们的伦理道德感滑落,奢靡之风、享乐主义盛行的主因,导致风俗转薄。《太平御览》卷三八二引汉应劭《风俗通》记:

> 齐有一女,二家求之。其家语其女曰:"汝欲东家则左袒,欲西家则右袒。"其女两袒。父母问其故。对曰:"愿东家食而西家息。"以东家富而丑,西家贫而美也。

两袒,袒露双臂,谓女子兼适两夫家。《风俗通》为东汉应劭所著,这里记述齐国一家有个女儿,到了适婚的年龄,有两家人前来求婚。东家的男子长得丑但是家境殷实,西家的男子长得俊美但很贫穷。父母犹豫不决,便征询女儿的意见,让她自己决定,并告诉女儿:如果中意东家,就露出左臂;如果中意西家,就露出右臂。结果女儿袒露出双臂。父母亲感到奇怪就问其原因。女儿说:"想在东家吃饭,在西家住宿。"这则"东食西宿"的故事深刻讽刺了人性欲望的贪得无厌,影射的是汉代现实的世风境况,从侧面反映出商业实利熏陶下齐人机巧逐富的文化心理。

司马迁在《史记·货殖列传》中评述齐人时说道:"齐带山

海……其俗宽缓阔达，而足智，好议论。”[①]班固也说齐人“多好经术，矜功名，舒缓阔达而足智。其失夸奢朋党，言与行缪，虚诈不情”[②]，两位史学大家均对齐人给出“智诈”的评断，说明关于齐人特性的如此论断不是少数人的偏见，而是战国秦汉时期社会的共识。齐人尚智辩、多夸诈的文化性格具有历史传统，是多重因素促成的，而其中齐地商业文化的功利性影响是重要因素之一。浓厚的商业氛围无处不在的商业活动为齐人在语言的交流和思维的发展上提供了一种市场语汇的大环境。而市场语汇惯常使用的“讨价还价”，恰恰能发展出一种“工于心计、巧于口辩”的语言艺术和交流技巧，它蕴含着高度的智慧。“齐谐”的出现正是齐人商业智慧结晶的反映。《庄子·逍遥游》载：“《齐谐》者，志怪者也。《谐》之言曰：鹏之徙于南溟也，水击三千里，抟扶摇而上者九万里，去以六月息者也。”可见《齐谐》是专言记载奇闻逸事的，它常常运用夸张、荒诞、离奇的内容，配合节奏和谐的音律来讲述深刻的哲理，既有消闲娱乐的功用，又不受时空界限和伦理道德的束缚，具有超然的浪漫主义色彩。[③] 行为的表达方式，语言及思维习惯，都彰显着齐人尚智辩、多夸诈的特性，而归根到底，这一切都是商业氛围和商贾精神熏陶下的齐人精神世界和文化心理的反映。

秦汉时代商品经济大发展对山东区域社会文化心理的转型影响突出表现在对鲁地风尚的改造上。鲁地自西周以来，逐渐形成崇尚农耕、重农抑商、守礼畏法的传统风尚，产生了以孔子、曾子、子思、孟子等为代表的儒家学派。鲁文化提倡君子应该安贫乐道，

① 《史记》卷一二九《货殖列传》。

② 《汉书》卷二八下《地理志下》。

③ 王德敏、庄春波《齐文化与中国传统文化》，《齐文化丛书》第 20 册，齐鲁书社 1997 年版，第 135 页。

过着"箪食瓢饮"的艰苦朴素生活，才能真正培养自己的良善人格。这与齐文化提倡的"仓廪实则知礼节，衣食足则知荣辱"①的道德培养方式判然有别。但秦汉以来，尤其是在商业自由振兴的西汉前期，商品经济大潮冲击着社会各个阶层，逐末求利的社会心理逐渐形成，"贵财贱义，高富下贫，憙为商贾，不好仕宦"②的价值观风行整个社会。经商热潮渐成风气，浸润着自然经济条件下的鲁地传统风尚，使得本以农耕稼穑为业的鲁人转而"好贾趋利，甚于周人"③。

作为人文荟萃之所的邹鲁之乡，齐鲁商贾文化对区域传统风尚和社会文化心理产生解构性影响，还突出表现在精英阶层社会价值追求的改变上。先秦时期的邹鲁是诗书礼教之邦，俗好儒，故多文学之士，然而及至西汉鲁地士风在商业大潮的冲击下发生了移易革变，文学之士纷纷弃文趋利，"邹鲁以其故，多去文学而趋利者，以曹邴氏也"④。这些都反映出鲁地社会文化心理和风俗面貌在传统精神与时代意识的交融碰撞中正发生着深刻而显著的变化。

三、秦汉帝国齐整风俗的举措与齐鲁商贾文化

秦汉以降，齐鲁地域风俗变迁与齐鲁商贾群体的活动和商品经济的发展紧密联系，同时大一统帝国"齐整风俗"的教化手段，也反过来对地域商业文化的发展产生重要影响。风俗在古今中外都是一种十分重要的社会控制手段，与政令、法律等强制控制形式不

① 《管子·牧民》。
② 《汉书》卷二八下《地理志下》。
③ 《史记》卷一二九《货殖列传》。
④ 《史记》卷一二九《货殖列传》。

同,它以潜移默化的方式对社会发挥整合作用。秦汉时代的统治者对风俗的社会控制功能十分重视,倡导移风易俗,以化民美政。

秦帝国建立后,秦始皇除了着意文字、度量衡等改革和思想的改造外,还着手端正风俗,以期“大治濯俗,天下承风”,使“黔首修絜,人乐同则”[①]。入秦以后,在春秋战国基础上形成的特色鲜明的区域风俗,并没有随着政治格局的大一统而迅速整合,而是在秦帝国内继续存在。区域风俗的巨大差异影响大一统帝国功能的正常发挥。改革风俗,使趋一统,成为帝国统治者的一项重要的政治经营活动。

公元前219年,秦始皇东巡郡县,封泰山,禅梁父,刻石颂功之后,又来到齐地,南登琅琊,“作琅邪台,立石刻,颂秦德,明得意”[②]。公元前210年,他来到越国故地,登上会稽山,再立石刻。秦始皇乐此不疲地刻石之目的无疑是要颂扬帝德,以志秦威。这些石刻文字在历数其混同宇内、整齐制度的丰功伟绩之外,特别提到“男女礼顺,慎遵职事,昭隔内外,靡不清净”、“匡饬异俗,陵水经地”、“饰省宣义,有子而嫁,倍死不贞。防隔内外,禁止淫泆,男女洁诚”[③]等内容。始皇帝不厌其烦地在刻石文字中倡行这些“道”与“德”的背后,其真实目的是正民坊、化风俗。关于这一点,顾亭林洞见其理,故曰“其坊民正俗之意固未始异于三王也”[④]。

秦始皇提倡以三代礼教矫正各地风俗传统,法令和刑罚是他纠肃风俗的手段。云梦秦简《语书》曰:“古者,民各有乡俗,其所利及好恶不同,或不便于民,害于邦。是以圣王作为法度,以矫端

① 《史记》卷六《秦始皇本纪》。
② 《史记》卷六《秦始皇本纪》。
③ 《史记》卷六《秦始皇本纪》。
④ 顾炎武《日知录》卷一三《秦纪会稽山刻石》。

民心,去其邪僻,除其恶俗。……凡法律令者,以教道民,去其淫僻,除其恶俗,而使之之于为善也。”这里的“恶俗”,就包括热衷于商业、不务本业。秦王朝以法为教整肃风俗的强制手段,与先秦时代齐鲁之地尊贤智、尚礼仪的传统截然不同,实际上,秦王朝在这一地区所能发挥的风俗整肃作用十分有限,加上秦祚短暂,风俗“多样化”的情形终秦一朝依然如故,风俗整齐的过程只是刚刚起步而已。

汉代统治者对风俗问题关注有加。汉代诸子纵论风俗,主张移风易俗,“为政之要,辨风正俗最其上也”①。然而汉初几十年间,基本承袭秦制,无为而治的基本国策对纠肃各地风俗很难发挥实质作用。直到汉武帝表章六经,采取儒治改革后,秦汉时期的区域风俗才真正大规模地开始了转型齐整的过程。风俗的演变与政治、经济与思想文化变迁并不是完全同步,秦汉时代的风俗流变大致可分为两大阶段:第一阶段,始自战国晚期,历秦一朝,至西汉中期;第二阶段,自西汉后期至东汉一朝。前者较多地保留了大一统前的风俗习尚,《史记》、《汉书》等典籍中记述的各地风俗差异正是这一阶段风俗文化的特征。而后者之风俗则处于转型期并形成与大一统政治形态和经济结构相适应的习俗。② 在这两大阶段中,儒家的礼教扮演着极为重要的角色,在某种意义上可以说,始自汉武帝的汉家天下的儒治改革促成了秦汉风俗的逐渐趋同,并基本完成了转型与契合。

风俗文化虽然植根于民间社会,但风俗的流布常常采取的是上行下效的方式。就齐鲁地区而言,汉代上层儒治改革对本土的

① 《风俗通义·序》。

② 参见彭卫、杨振红《转型与契合:解读秦汉风俗》,载《史学理论研究》2001 年第 3 期。

民间风俗文化产生深刻影响，齐鲁商贾必受其熏陶，也展现出与之相应的文化追求。

汉代的儒治，使得以儒学为体的经学得到弘扬，经学成为入仕的敲门砖，诚如鲁人夏侯胜所言："士病不明经术；经术苟明，其取青紫如俯拾地芥耳。"[①]许多寒微之士皆可凭借明经通儒而升登庙堂，比如：寒微出身、起自乡鄙的公孙弘，以治《春秋》发家，后来封侯拜相；家境清苦、凿壁偷光的匡衡，也以明经入仕，最后位极人臣，官居相位。他们都因精通经学而能以白衣之身取卿相之位，这在社会上形成了极好的示范作用，以至于"天下之学士靡然乡风矣"[②]。

齐鲁是儒学的发祥地，更是秦火劫难后汉代儒学复兴的前沿阵地。公孙弘、申公、辕固生、伏生、孔安国等，这几位在西汉前期儒学复兴过程中发挥关键作用的人物都是齐鲁之人。他们或明经入仕，或授徒讲学，一方面为汉代政坛输送了不少杰出人才，使儒生的政治前途日渐看好，另一方面也加重了齐鲁地区诵儒习经的社会风气。在这样浓郁的儒学氛围渲染的社会环境中，齐鲁商贾阶层也深受触动，逐渐向儒学靠拢，表现为亲近儒学、学习经学，重视子弟教育。东汉史学家班固在《汉书·地理志下》记述西汉后期的鲁人"俗俭啬爱财，趋商贾，好訾毁，多巧伪，丧祭之礼文备实寡，然其好学犹愈于它俗"。鲁人"好学"虽有传统的基因，但班固的记述与司马迁在《史记·货殖列传》中关于西汉初年邹鲁之士"多去文学而趋利"的描述大有变化，即鲁人在商品经济冲击下，在西汉初年和西汉后期都有喜趋商贾的表现，但在文化追求上存在较

① 《汉书》卷七五《夏侯胜传》。
② 《史记》卷一二一《儒林列传》。

大反差，前者是“弃学”，后者是“好学”。这种前后反差的表现说明西汉后期儒风的炽盛对鲁地产生深刻影响，齐鲁商贾阶层愿意主动亲近儒学。

两汉以来大土地所有制的发展带动了齐鲁商贾经营的转型，这一群体中的富商大贾大多是同时拥有大规模田庄的地主。这种田庄式的货殖型商业地主，其生活环境有利于进行相对稳定的家庭教育。让子弟适时地接受教育已经成为两汉时代地主商人家庭生活的一项重要内容。西汉中后期至东汉时期，商人的地主化，官僚的商人化，使得商贾群体的形象变得十分复杂，而地主、官僚与商人三者的界限变得模糊起来，逐渐形成商人、官僚、地主“三位一体”的局面。这种经济结构的转型过渡，加上经学与选官制度的结缘，促使齐鲁的不少田庄地主，在营商求利的同时，注重儒学素养的修习，重视子弟的家庭教育，从而便显现出“好学”之风。齐鲁地主之所以亲近儒学、重视教育，固然是出于对儒学价值观的认可，因为修习儒学、研读儒家经典确实可以丰富学养、涵蕴心志，获得某种精神上的旨趣，但更现实、更重要的原因是，在汉代经学与选官制度结缘的社会环境中，习儒诵经是入仕除官的重要途径，是他们实现社会身份转化、获得政治权力的最佳选择。

这些田庄地主在向政治权力阶梯迈进的过程中，习染儒风，出现士大夫化的倾向。这种以田庄经济为依托，与政治文化结缘的豪强地主阶层，一旦入仕除官，便易于发展成累世贵盛的山东世家豪族。汉时邹鲁一带流行一句谚语：“黄金满籯，不如一经。”[①]这反映出时人的社会心理，即习儒明经胜于治产获富，可以达到既富且贵的境地，因此，汉时山东不少的世家大族在崛起之初就形成了

① 《汉书》卷七三《韦贤传》。

好学的家风。

在经学炽盛的社会氛围中，万般皆下品，唯有读书高，齐鲁商贾群体自然会主动亲近儒生士子。《后汉书·方术传》记载：

> 公沙穆字文义，北海胶东人也。家贫贱……后遂隐居东莱山，学者自远而至。有富人王仲，致产千金。谓穆曰："方今之世，以货自通，吾奉百万与子为资，何如？"

公沙穆，东汉时北海胶东（今山东平度）人。他是一位家境贫寒的儒学之士，才学虽高，但入仕无门。这主要是由于东汉中后期外戚、宦官交替掌权，社会政治严重腐败，贿赂成风，士人入仕为官的正常途径被阻隔。富人王仲家境富裕，愿意奉送公沙穆一百万钱，帮助公沙穆"以货"求位。尽管王仲的真实目的是想采取曲线投资的方式参与政权，攫取更大的利益，但在客观上表现出亲近儒士的一面。

武帝尊儒术，行儒治，对两汉社会生活和齐鲁商贾文化产生极大影响。在上层精英文化层面，表现为董仲舒改造新儒学，融合齐文化与鲁文化，逐渐造就后世"仁智合一以仁为笼罩的"新型齐鲁商贾精神；在下层民间文化层面，表现为以儒家伦理标准和礼教文化齐整社会风俗，使得西汉后期至东汉朝齐鲁商贾阶层深深习染儒风，他们转而亲近儒学、重视对子弟进行儒学教育。同时，在商品经济大潮的冲击下，秦汉社会的逐末求利风气盛行，淫奢风尚在社会上层广泛流布，民间翕然风向，齐鲁民间社会受到本土商业文化的影响同样表现出相应的社会习尚。

第五章　先秦秦汉时期的齐鲁商贾传统与世风习俗

先秦秦汉时期,齐鲁地域商贾孕育形成,并历经了顺利发展与曲折转型的阶段。齐鲁商贾在“坐列贩卖”、“舟车贩贾”等经营活动中,不仅形成了内容丰富的经营文化,而且其掀起的营商风潮对当时的社会文化产生了深远的影响。同时,齐鲁诸子作为活跃于当时思想舞台的社会活动家,他们的商业思想在很大程度上能够表达或反映齐鲁商贾传统的某些特质,甚至还会伴随着他们的政治活动左右当时的国家工商业政策,对齐鲁商贾的命运产生实质性影响。

第一节　“工商食官”体制下的齐鲁商贾经营文化

“工商食官”是我国先秦时期推行的一项重要的工商业管理制度,早在夏商时期业已出现,西周时期达到鼎盛,到春秋后期逐渐解体,它是社会分工尚不发达的产物。周初大分封后,“工商食官”制度在东方齐鲁之地顺利推行,使得西周至春秋前期齐鲁两国的商品经济发展带有较强的国家控制的特征。

根据目前学者对“工商食官”的研究[①]，我们可以了解到，这一体制下的商业经营活动者通常被称作“官商”，依据《周礼》的记载，大致可以分为两类：一类是供职于国家各类行政机构的“在府官商”，他们的主要职责是为本部门采购所需商品，检查商品质量，进行价值鉴定等；另一类是为官府出售商品、管理市场、经营商业的“在市官商”，他们的活动和市场紧密相连。这两类“官商”皆是在国家和各级官府控制下的商业管理者和劳动者，“工商食官，皂隶食职”[②]，工商业者由官府统一管理，其衣食生活皆仰官府供给，工商业的所有权和经营权都属于国家。

先秦时期，有关工商食官体制下的齐鲁商贾经营活动的直接资料十分有限，零星资料主要散见于《管子》、《左传》、《国语》、《战国策》等文献典籍中，经过钩沉整理，大致上可以反映先秦时期齐鲁官营商贾经营文化的主要内容。

首先，在“工商食官”制度下，齐鲁官营商贾的工商业活动主要是为贵族服务，满足官府需求。《逸周书·程典解》曰：“工不族居，不足以给官；族不乡别，不可以入惠。”官府把手工业者按族居乡别的办法加以编制，其生产是以“给官”、“入惠”为目的，即为官府和贵族的需要服务。《周礼》记载了国家部门设置的庖人、大府、玉府、职币、典妇功、典丝、泉府、马质、羊人、巫马、犬人等职官机构就有商人供职于其中。齐国管仲设立“轻重九府”之官，主管商品货币经济。鲁国忠实推行周文化，是“官工商”体制牢固的诸侯国，伯禽受封鲁国后，曾接受了成王赐给的殷商旧部——“殷民六族”，

① 参见朱红林《周代“工商食官”制度再研究》，载《人文杂志》2004 年第 1 期。
② 《国语》卷一〇《晋语四》。

即条氏、徐氏、萧氏、索氏、长勺氏、尾勺氏。这些殷商遗民大多为手工业者,入鲁后他们继续从事世代相守的职业,“使帅其宗氏,辑其分族,将其类丑……是使之职事于鲁”①,他们生产出的绳索、酒器等产品不是用来出售,而是直接供给公室享用。

其次,在“工商食官”制度下,齐鲁官营工商业者的组织形式往往是以“群萃而州处”的方式聚居,职业世袭不迁。这在齐国有明证,《六韬·文韬·六守》引用周初姜太公的话称:

> 太公曰:大农、大工、大商,谓之三宝。农一其乡,则谷足;工一其乡,则器足;商一其乡,则货足。三宝各安其处,民乃不虑。无乱其乡,无乱其族。

太公所说的三宝,就是大农、大工、大商这三件事关国家经济命脉的大事。把农民组织起来,聚居一乡,互助合作,粮食自然会充足;把手工业者组织起来,聚居一乡,互相协作,器具自然会充足;把商人组织起来,聚居一乡,互通有无,财货自然会充足。如此就可以农、工、商各得其所,人民生活就没有忧虑。国君不得扰乱这种乡间行政区划,不要拆散他们的家族组织。

这“三宝”均受太公重视,在齐立国之后,被列入治国方针,即“通商工之业,便鱼盐之利”,农、工、商三业同时发展,并保证农、工、商三者各居其乡,不杂处混居,这些措施奠定了后来齐国繁荣富强的基础。春秋初年,管仲为齐相,继续在齐国推行这种族居乡别、分业聚居的政策。《管子·小匡》曰:“制国以为二十一乡,商工之乡六,士农之乡十五。”管仲在齐国推行“士、农、工、商”四民分业定居的措施,其目的就是要维护四大阶层的稳固,使得“民不迁业”,“工之子常为工”、“商之子常为商”,以稳定社会秩序。在

① 《左传·定公四年》。

社会分工不十分发达的古代社会，将工商业者按照族居乡别的方式编制组织，职业世袭，有利于国家的集中管理和统一调度，便于行业技能的传授和职业的继承。

再次，他们采取垄断经营，货通诸侯，调控市场。在“工商食官”制度下，齐鲁官营商贾对事关国计民生的主要商品采取垄断方式进行生产经营和贸易活动。如齐国管仲主政时期，推行了“官山海”的管制政策。这里的“山海”，意为“山海之藏”、“山海之业”、“山泽之利”，主要指藏于海洋中的食盐和藏于山岭中的铁矿两项重要资源。“官山海”主要指盐铁官营，即对制盐业与铁矿业实行国家垄断经营，政府由此获得垄断性利润。此外，齐国还实行粮食专卖，垄断铸币，调控谷物价格和供求。鲁国的情况也大致类似，公室对山林川泽等自然资源进行垄断经营，孔子呼吁开禁利民，“入山泽以其时而无征”①，“废山泽之禁，弛关市之税”②，孔子的主张吁请恰恰说明鲁国存在这种官营垄断经营行为。

在“工商食官”制度下，在市的齐鲁官营商贾可以利用自己掌握的物质资源和行政权力，为官府管理市场，“观凶饥、审国变……买贱鬻贵”③。他们依据行情的变化出售商品，调节市场。鲁国设立“贾正”一职，专司其责。《左传·昭公二十五年》记载臧会“奔郈，郈鲂假使为贾正焉，计于季氏”，杜预注：“鲂假，郈邑大夫、贾正，掌货物，使有常价，若市吏。”

春秋以来，商品经济的发展对增强国力发挥的积极作用越来越受到诸侯国的重视，尤其在有着浓厚商业氛围的齐国。齐国统治者十分注重发挥官营商业的优势，货通诸侯，大力发展对外贸

① 《孔子家语》卷一《王言解》。
② 《孔子家语》卷一《五仪解》。
③ 《管子·小匡》。

易。一方面,齐国减关税,立客舍,多方吸引外来客商。齐桓公统治时期,关市税率极低,降到百取一或二,并为外来客商提供免费的食宿服务。另一方面,齐国大力开拓境外市场,发展诸侯国之间的贸易。齐国将本国盛产的鱼盐产品、纺织品等大量输往其他诸侯国,"粜之梁、赵、宋、卫、濮阳"①,积累了巨额财富,再以这笔巨款买回粮食,又得千万钟,再通过粮食专卖,一进一出,为国家财政获得丰厚收益。

最后,官营工商业与灵活外交。先秦时期,随着商品经济的发展,商业在诸侯国之间的交往中发挥着日益重要的作用。齐国和鲁国便利用官营工商业,在众诸侯之间展开灵活多变的外交活动。《管子·轻重戊》记述了这样一则故事:桓公想收服鲁梁,②问管子有什么办法。管子提出,鲁梁之民习于织绨。为鼓励他们织绨,让桓公带头穿以绨为原料制成的衣物,齐国的官员、百姓也都效仿此举。这样,需求的旺盛就导致鲁梁绨价大涨,鲁梁之民在利益引诱下纷纷弃农织绨,鲁梁的地方官也因此赢得丰厚的官方收益而教民织绨。而当鲁梁百姓都转向生产绨时,其境内的农业生产必然急剧下滑。当此之时,管子建议,桓公穿帛,全民都改穿帛,并且关闭与鲁梁的通使,不再交易。鲁梁因为放弃农业,此时陷入严重饥荒。齐国在国内实行粮食减价策略,对外则以十倍的价格出售给鲁梁。这样十分之六的鲁梁之民不得不投奔齐。鲁梁地方官只好表示臣服。齐国也以类似的谋略逼服莱、莒、楚、代、衡山等国。

齐国设置商业陷阱,引诱他国生产部门走向严重单一化,产生依赖性,待时机成熟,齐国再施经济制裁手段,取得不战而屈人之

---

① 《管子·轻重甲》。

② 据安井衡考证,鲁梁是鲁邑,并非鲁、梁两国,地处接近齐国的鲁国边境一带。参见黎翔凤撰、梁运华整理《管子校注》,中华书局 2004 年版,第 1515 页。今从其说。

国的理想效果，这是齐国利用官营工商业开展灵活外交的典型案例。齐国以西的鲁国也利用国家控制的官营工商业在诸侯国之间展开外交周旋。自春秋以来，天子失势，诸侯相争，处于强国环伺下的鲁国为图存，不得不置身于争斗的漩涡中，当面临政治斗争的不利处境时，鲁国不得不奉送或贿赂对手以大批官营作坊的工匠或精美的纺织品等，以求得议和的实现。

第二节　齐鲁私营商业的经营文化

春秋以来至两汉时代，中国历史出现了商品经济的第一次大发展高潮，促进了各大地域经济区的形成与沟通。齐鲁商贾作为活跃于当时东方经济区、贸易往来于各地间的一支重要的社会经济力量，他们在经营活动过程中，形成了一套“治生之学”，积淀了自己的经营文化和商业传统。商贾阶层的经营行为与社会活动成为当时社会文化生活的一道景观，发挥着移风易俗的功能。

一、不拘一格的驭人之道

齐鲁商贾十分重视并且善于利用各种人际关系和各类人才，为商业经营活动服务。在这些人才中，既有位极人臣的公卿贵族、武断乡曲的州郡豪强，又有许多位卑身贱的奴仆随从。他们上可结交权贵，交通王侯，下可收罗奸猾，进而大胆任用。

就前者言，早在春秋时期，子贡“结驷连骑，束帛之币以聘享诸侯”①，就说明齐鲁大商人交通王侯的现象业已出现。西汉立国之初，商贾请托权贵，企图垦占国有林地等资源的事件时有发生。

① 《史记》卷一二九《货殖列传》。

《汉书·萧何传》记载了汉初丞相萧何“多受贾人财物”,为他们求情:“长安地狭,上林中多空地,弃,愿令民得入田,毋收稿为禽兽食。”这一事件发生于高帝十二年,有着深刻的社会背景。我们知道,在此之前大臣刘敬奉使与匈奴和亲,返回之后就向高帝刘邦建议:

> 夫诸侯初起时,非齐诸田,楚昭、屈、景莫能兴。今陛下虽都关中,实少人。北近胡寇,东有六国之族,宗强,一日有变,陛下亦未得高枕而卧也。臣愿陛下徙齐诸田,楚昭、屈、景,燕、赵、韩、魏后,及豪杰名家居关中。无事,可以备胡;诸侯有变,亦足率以东伐。此强本弱末之术也。[①]

高帝刘邦采纳了他的建议,“乃使刘敬徙所言关中十余万口”[②]。这里的田氏就是齐地的旧贵族,而从齐地迁徙而来的许多豪杰大族中还包括有不少富商大贾。[③] 他们来到关中后,凭借经济优势,请托权贵,为经营活动积极谋划,“非豪民不能通其利”[④]。后世出现的“关中富商大贾,大抵尽诸田,田啬、田兰”[⑤]的局面,正是他们结交权贵,从而占据优势资源,迅速积累起巨额财富的结果。

齐鲁商贾还结交地方诸侯、州郡官吏与豪强大族,利用他们的地缘政治优势与强大的宗族社会力量,为自己的商业经营活动寻找政治依靠和经济依托。与他们的结交,既能得到一定程度的政

---

① 《史记》卷九九《刘敬列传》。

② 《史记》卷九九《刘敬列传》。

③ 汉初刘邦“徙齐诸田”,主要集中在长陵一带,长陵是高祖与吕后的陵墓所在地,位于今咸阳市秦都区三义村附近。近年来,在长陵邑内发掘出土了一批山东齐地风格的瓦当,证实了高祖徙田诸族确有其事。参见刘庆柱、李毓芳《西汉十一陵》,陕西人民出版社,第9页。

④ 《盐铁论》卷一《禁耕》。

⑤ 《史记》卷一二九《货殖列传》。

治庇护，减少可能出现的商业风险，又能开拓自己的商路，扩展和增加商品供给和销售渠道。上文所述西汉初年的“七国之乱”，就与地方诸侯和区域商贾阶层互相勾结，结成利益集团，加速区域政治生态失衡有内在的关联。王夫之《读通鉴论·汉景帝》曾对此作过精辟论述：

> 七国者，各君其国，各有其土，有余不足，各产其乡，迁其地而弗能为良。战争频，而戈甲旌旄之用繁；赂遗丰，而珠玑象贝之用亟；养游士，务声华，而游宴珍错之味侈。益之以骄奢之主、后宫之饰、狗马雁鹿袨服殊玩之日新，而非其国之所有。于是而贾人者越国度险，罗致以给其所需。人主大臣且屈意下之，以遂其所欲得，而贾人遂以无忌惮于天下。

“世多利交，以邪曲相党”①成为当时社会的普遍现象。齐鲁的中上层商贾群体千方百计地笼络地方权贵豪族，借助他们的社会影响力，寻求庇护，规避商业风险并获得相应的特权资源，形成“富者得势益彰”②的局面。

奢侈品的贸易是各地商贾经营的重要内容，齐鲁商贾也是如此。奢侈品的贸易常为富商大贾所把持，其商业利润很高，在市场上往往能够获利百倍。《战国策·秦策五》载吕不韦问父亲：“曰：‘耕田之利几倍？’曰：‘十倍。’‘珠玉之赢几倍？’曰：‘百倍。’”珠玉之货自然属于奢侈品范畴。“富人争奢侈”③、“齐俗奢侈，好末技”④的现象已经蔚然成风，这极大地刺激了市场对奢侈品的需求。当时市场上常见的奢侈用品种类繁多，如贝、玉、丝帛、皮毛、齿革、

① 《后汉书》卷八〇下《刘梁传》。
② 《史记》卷一二九《货殖列传》。
③ 《史记》卷一二九《货殖列传》。
④ 《汉书》卷八九《龚遂传》。

珠宝、漆器等，四方珍异均能在商业发达的临淄城的市场上便捷地开展交易。由于奢侈品的消费群体主要是皇室贵族、各级官僚及地主、豪强大族及富商大贾等，因此齐鲁商贾积极与他们结交，以便于建立较为稳固的销售网络，拓展自己的营销渠道。

就后者而言，齐鲁商贾的驭人之道还突出表现在他们敢于大胆提拔和任用那些身份卑贱的奸猾、奴仆之人，善于运用他们的营商才干达到致富的目的。早在春秋末年，陶地大商人朱公就善于"择人而任时"、"治产积居，与时逐而不责于人"①。

《史记·货殖列传》还记述了西汉初年齐地富商刁间的事迹：

> 齐俗贱奴虏，而刁间独爱贵之。桀黠奴，人之所患也，唯刁间收取，使之逐渔盐商贾之利，或连车骑，交守相，然愈益任之。终得其力，起富数千万。故曰"宁爵毋刁"，言其能使豪奴自饶而尽其力。

齐地刁间有着过人的商业智慧，齐地风俗是鄙视奴仆的，但刁间却能收留任用奴仆，能从中挑选出桀骜不驯却精明强干的人才，委派他们去经营商业以追求利润；或者让他们乘坐成队的车马，结交地方权贵。刁间因得到他们的帮助而致富，拥有巨额资产。所以有人说："与其出外求取官爵，不如留在刁家为奴。"指的是刁间既能使豪奴自身富足，又能使其竭尽其力为己牟利。刁间敢于并且善于在豪猾不羁的奴隶中发掘商业人才，不拘一格大胆使用，这说明他有着非同一般的见识和胆识；刁间不再把奴隶当做简单的生产工具和劳动力来使用，而是根据其各自的特点，注意扬长避短，充分引导发挥好他们的智慧和能力，从而在商海浮沉中为自己积累起巨额财富，也为奴隶们赢得了他们原来根本不敢

① 《史记》卷一二九《货殖列传》。

奢望的钱财和地位。尽管在财富的收益上刁间和他的商奴之间有着巨大的不平衡,但在一定程度上起到了互惠双赢的效果,有利于充分地调动商奴的积极性。这是此前“工商食官”体制下的各种商贩奴隶无法实现的。刁间的这种经营方式是对旧有经营模式的重大突破,它扩大和延伸了商业经营管理的方式。到了东汉初年,甚至连“中家子弟”也自愿加入到为富商大贾奔走保役的行列,“今富商大贾,多放钱货,中家弟子为之保役,趋走与臣仆等勤,收税与封君比入”①。

春秋以来,奴隶买卖十分普遍,人口自由流动频繁,齐鲁的许多豪商大贾大量使用奴隶从事工商业,而且还以优厚的酬报大力招揽吸引各地的技术性工匠从事工商业生产。当时的城乡皆有专门从事庸作的劳动力,在工商业相对发达的城市中,还形成了劳动力交易的市场。《说苑·贵德》云:“齐桓公之平陵,见家人有年老自养者。公问其故。对曰:‘吾有子九人,家贫无以妻之,吾使佣而未返也。’”汉代贫贱出身的许多齐鲁名臣在少时就曾做过庸工,如公孙弘、匡衡、承宫等。除这些普通的劳动力商品外,齐鲁商贾尤其重视吸纳有技艺、有特长的专门人才。齐鲁自古盐铁业发达,齐鲁的富商大贾有不少人投资于盐铁业。这些行业需要使用大量技术性工人从事煮盐、铸锻等工艺复杂的生产劳动,“浮食奇民,好欲擅山海之货,以致富业,役利细民,故沮事议者众。铁器兵刃,天下之大用也,非众庶所宜事也。往者,豪强大家,得管山海之利,采铁石鼓铸,煮海为盐。一家聚众,或至千余人,大抵尽收放流人民也”②。为了吸引各地的劳动力,他们开出了极其优厚的待遇酬报。

① 《后汉书》卷二八上《桓谭传》。
② 《盐铁论》卷一《复古》。

《管子·小问》载："管子对曰：'选天下之豪杰，致天下之精材，来天下之良工，则有战胜之器矣。'……公曰：'来工若何？'管子对曰：'三倍，不远千里。'"支付比其他高出三倍的酬劳庸资，自然可以招致千里之外的技艺人才，这正反映出齐鲁商贾对"良工"等技艺人才的重视和吸纳人才的独特方式。《墨子·尚贤下》也记载："今王公大人，有一牛羊之财不能杀，必索良宰；有一衣裳之财不能制，必索良工。"这里反映的是同样的情况。

由此可见，齐鲁商贾在商业经营活动中能够灵活变通而恰当自如地利用各类人才资源，既可以因其富厚交通王侯，进而侵占公田山林等优势资源，奠定致富之基；又可以通奢斗奇，结交权贵豪家，拓展商业渠道；还可以吸纳良工巨匠，直接为工商业的生产服务，并能够在奴仆随从之间慧眼识人，发掘出有商业经营头脑的精干之才，大胆任用，体现出不拘一格的驭人之道。

二、以奇制胜的商战策略

史料记载中涉及先秦秦汉时期齐鲁商贾具体经营策略的内容十分有限，笔者以范蠡、子贡、猗顿、曹邴氏等齐鲁大商人的经营活动为主线，兼及相关的背景资料，分析并总结他们的经营方式与经营理论，试图阐明齐鲁商贾经营策略的概貌。除了在商业经营中善于运用各类人才资源外，齐鲁商贾的经营策略大致可总结为以下几个方面。

第一，善察时变，掌握商机。

所谓"时"，就是时机、商机。齐鲁商贾在长期经营实践中逐渐积累起丰富的经验，能够敏锐地体察市场的变化与商品价格的走势。这是一切商业活动必须做好的前期工作，突出表现在对粮食价格波动的预测中。粮食生产是农业社会的立政之基，所谓"凡五谷者,万物之主也。谷贵则万物必贱,谷贱则万物必贵,两者为敌,则不俱平”①。粮食产量的多寡与粮食价格的高低成为左右市场和商品价格的基础性因素,并且粮食本身也一直是商贾贸易经营的重要商品之一。限于农业技术手段与生产力水平的总体制约,农业生产在很大程度上受到“天时”变化的影响很大,齐鲁商贾依据传统朴素的天文历法知识和自然灾害发生的规律,推算总结出粮食产量丰歉变化的规律:“岁在金,穰;水,毁;木,饥;火,旱”,“六岁穰,六岁旱,十二岁一大饥。”②这主要是依据木星在轨道运行之周期来推算农业产量的丰歉,并不具有科学性。但依据经验对粮食收成丰歉进行预测,提前做好商品的储备与价格预测,从而在丰歉之年到来之时从容应付,抓住商机,这是范蠡经营成功的秘诀之一;大商人子贡“亿则屡中”的行为,即是善察时变、掌握商机,具备丰富经营经验的表现。

周秦两汉时期,贩运贸易一直是齐鲁商贾最重要的经营项目之一,这种经营方式尤其对于市场行情的预测、掌握要求较高,在一定时期内,同一种商品在不同地区间的价格差异成为这些贩运商人的商机所在。但商机转瞬即逝,市场的自我调节与官府的干预,使得某类商品欠缺地区很快达到该类商品饱和状态、甚至会出现大量的积压,商品价格也必然由高走低。如果对于市场行情不能作出准确及时的预测判断,就很难抢占先机,不仅难以赢利,甚至会血本无归。成功的齐鲁商贾都能认识到商品“贵上极则反贱,贱下极则反贵”③的道理。一贵一贱,极而复返的价格波动变化规律,是他们在长期的经营实践中所得到的经验。他们认识并掌握

① 《管子·国蓄》。
② 《史记》卷一二九《货殖列传》。
③ 《史记》卷一二九《货殖列传》。

了这种规律，并且能够做到“与时俯仰，获其赢利”、“能择人而任时”①，就可以在商战活动中赢得商机，并成长壮大。

第二，贵出贱取，积居待乏。

齐鲁商贾在对市场行情和商品价格走势做好准确的预测判断后，“论其有余不足，则知贵贱”②，然后需要对该类商品进行果断抛售或收购储积的恰当处置。在这样的经营活动中，形成了贵出贱取、积居待乏的经营策略。

贵出贱取，积居待乏，作为一种商业经营的策略，主要是指当商品价格上涨居贵到适当程度时，应该毫不吝惜地向外抛售，以赢得高额的利润收益；相反，当商品价格走低，下滑到一定程度时，应当积极地大量收购，以很少的付出获得较多的商品储积。再根据市场的自我调节，当市场上的该类商品紧俏稀缺时，价格自然也会回升并上涨偏贵，这样适时地抛售，又可以赚取丰厚的差价收益。贵出贱取，积居待乏，成为齐鲁商贾经营贸易的重要商业手段。

《史记·货殖列传》记载范蠡运用计然③之术，做到“贵出如粪土，贱取如珠玉”④，即既不因为价贵而居货惜售，贪求更高的价格，又不因为价贱而观望不购，错失积居商品的机会。正是运用这种贵出贱取、积居待乏的商业谋略，才使得在其治理下的越国迅速走上了富强道路，“修之十年，国富”⑤。句践灭吴后，范蠡不慕功名，迁隐齐、陶，将计然之术用于治家，很快经商致富。贵出贱取、积居

① 《史记》卷一二九《货殖列传》。

② 《史记》卷一二九《货殖列传》。

③ 关于计然，学术界尚有疑问，主要有两种观点：一是认为计然确有其人，为范蠡之师；二是认为计然为范蠡所作的书名，并非人名。本书采纳第二种观点，参见钱穆《先秦诸子系年》，商务印书馆 2001 年版，第 119～124 页。

④ 《史记》卷一二九《货殖列传》。

⑤ 《史记》卷一二九《货殖列传》。

图5-1 相传建于秦代的肥城范蠡祠(采自肥城市旅游局等编《桃花盛开的地方——肥城》)

待乏的商业谋略,除了能够直接对交易商品的恰当处置具有指导意义外,还能够加速商业货币资本的周转,做到"无息币"、"财币欲其行如流水"①。商业货币资本的加速周转,扩大了贸易经营的空间,使得商业利润的积累速度加快,从而使商业经营者获利更多、赢利更快。

贵出贱取,积居待乏,一方面能够使"善者委施于民之所不足,操事于民之所有余"②,即它作为一种商业谋略,如能为良商诚贾运用,就能起到调剂余缺、互通有无、繁荣市场、互利双赢的良性循环。贵出贱取,积居待乏的商业谋略与"无敢居贵"③的营商态度相结合,就可以达到这样的效果。但另一方面,贵出贱取、积居待

① 《史记》卷一二九《货殖列传》。
② 《管子·国蓄》。
③ 《史记》卷一二九《货殖列传》。

乏，一旦为豪商贪贾恶意运用，就会变成垄断市利、操纵市场，导致物价腾跃等恶性循环。《史记·平准书》记载："不轨逐利之民，蓄积余业以稽市物，物踊腾粜。"这说明豪猾商人也常以这种经营手段囤积居奇，以达到哄抬物价、操纵市场、牟求暴利的目的。

第三，诚一致富与兼业经营

战国以来，随着山林川泽等国有资源的逐渐弛禁，齐鲁富商大贾、豪强地主等凭借经济优势和政治特权得官山海之利，或者通过租借等方式获取使用权，从事商品化生产，这在齐鲁盐铁业的生产方面表现尤著。盐、铁是关乎民生日用的商品，有着广大的消费市场，经营盐铁业容易获利致富。齐鲁盐铁商在生产经营活动中体现出"诚一"致富的专业化发展趋势。

齐鲁盐铁商人既直接经营盐铁的生产，又要从事盐铁产品的销售，在产销一体化的经营格局下，必须协调好生产与销售的两大环节，做好产销的分工。另外，盐、铁生产内部涉及诸多工序，如冶铁业，在做好前期的原料采掘之后，还要进行冶炼、铸造、退火、脱碳、炒钢等多项复杂的工序，最后才能打制成器。山东苍山县发现的环首钢刀就是经过反复冶炼、锻打而成的"百炼利器"。山东滕

图5-2　滕州出土的东汉冶铁画像石拓片(采自吴曾德《汉代画像石》，文物出版社1984年版)

州宏道院汉画像石上的炼铁图描绘出当时炼铁、煅铁的大致工序①,左端的椭圆形物体就是汉代的鼓风机,它能在冶铁过程中帮助提高炉温,这些都说明当时部分商品的生产过程已经高度专业化。

盐铁产品的生产需要大量的人力,“往者豪强大家,得管山海之利,采铁石鼓铸,煮海为盐。一家聚众或至千余人”②。如此繁杂的集体合作性劳动,需要在这些人员内部有相当明晰的分工,并在每一道工序中都由专门的技术性工匠进行操控。盐铁部门的专业化发展,促使齐鲁地区出现了许多经营致富的盐铁商,如以盐起家的猗顿、“以铁冶起,富至巨万”③的曹邴氏等。除了盐铁以外,其他的许多工商业生产部门也同样向着专业化方向发展。如酿酒业,1954 年山东嘉祥县东北洪山村出土了酿酒作坊图④,涉及酿酒、滤酒等工艺分工。

图5-3 嘉祥洪山村出土的酿酒作坊画像石拓片(采自俞伟超主编《中国画像石全集》第2册,山东美术出版社等2000年版)

① 参见吴曾德《汉代画像石》,文物出版社 1984 年版,第 25 页。

② 《盐铁论》卷一《复古》。

③ 《史记》卷一二九《货殖列传》。

④ 参见俞伟超主编《中国画像石全集·山东汉画像石》,山东美术出版社 2000 年版,第 87 页。

许多资本微薄的中小商人和手工业者甚至也能通过这种“诚一”经营起家致富。他们由过去的家庭手工业转向专业化经营，手工业生产不再仅仅作为小农经济的补充，而是直接出于经营求利的目的。专业化发展成为齐鲁商人致富的关键，正如司马迁指出的“富者必用奇胜……此皆诚一之所致”①。

齐鲁商贾的工商业经营在向专业化方向发展的过程中，大多都经营过或同时兼营多种产业，如范蠡曾“父子耕蓄，废居，候时转物”②，经营过农业、畜牧业、贩运业、囤积业等；鲁人猗顿开始涉足经营时主要从事畜牧饲养，“大畜牛羊于猗氏之南”③，后来转而从事盐业生产；鲁国大商人曹邴氏经营铁业，又同时从事放贷经营与贩运贸易等多种商业活动，“贳贷行贾遍郡国”④。两汉以后，随着商业经营方式的转型，齐鲁不少富商大贾纷纷投资于土地，所谓“以末致财，用本守之”⑤。西汉后期至整个东汉一朝，地方豪强地主兴起，采取田庄一类的货殖经营模式，兼营多种产业，可以闭门成市，农工商牧等诸业并进。

齐鲁商贾的兼业经营有利于拓展新的市场空间，为积累起的商业资本寻找到新的出路，并在兼业经营过程中实现各种优势资源的互补互利、合理配置。而诚一致富使得齐鲁商贾的经营行为走上了专业化发展的道路，反映出社会生产力的解放与进步，有利于私营商品经济的壮大和产业资本的扩大再生产。然而，由于封建政治经济制度本身的根本制约，东汉之后的齐鲁商贾走上“货

① 《史记》卷一二九《货殖列传》。

② 《史记》卷四一《越王句践世家》。

③ 《史记》卷一二九《货殖列传》注引《孔丛子》。

④ 《史记》卷一二九《货殖列传》。

⑤ 《史记》卷一二九《货殖列传》。

殖”型地主的发展道路，其兼业经营行为反而窒息了自由的私营商品经济朝着专业化方向继续发展。

第四，慎选经商地点

齐鲁商贾对经营地点的选择十分谨慎，这同样显示出他们的经营智慧。重视并谨慎选择经营地点是其经营策略的重要一环。他们对于经营地点的选择，概括起来，主要有以下三大方面的标准。

首先，齐鲁商贾往往选择商业经营环境比较优越的地区，或地理位置有利于商贸往来的交通便利之地，作为他们经商起家的地点。这里再以范蠡为例，范蠡助越灭吴，功成身退，远隐齐国，“适齐为鸱夷子皮”①，除了政治上的安全因素考虑外，之所以泛舟远涉选择齐国是因为齐国的大环境有利于开展商业经营活动。齐国的重商传统、大国风范与繁荣的经济无不吸引着各地商贾云集于此，范蠡正是认识到齐国这种区域优势，才选择在此一展其营商才能。“父子治产。居无几何，致产数十万。”②果然取得了丰厚的收益，并成为齐相。

《史记·越王句践世家》记载，范蠡意识到“居家则致千金，居官则至卿相，此布衣之极也。久受尊名，不祥”，为避开政治风险，他又徙居陶地，再次变易姓名，“之陶为朱公”，作出这样的选择，同样是审慎考量的结果。因为在他看来，“此天下之中，交易有无之路通，为生可以致富矣”③。陶处于四通诸侯的交通便利之地，东通强齐，南及鲁、宋，西连卫地，北达燕赵，是商旅往来、各方异产的汇聚之所，正是经营商业的理想之地。

---

① 《史记》卷一二九《货殖列传》。

② 《史记》卷四一《越王句践世家》。

③ 《史记》卷四一《越王句践世家》。

其次，选择那些富有盐、铁等资源矿藏或适于发展大规模农、林、牧、渔等具有商业开发价值的地区作为经营地点。如猗顿，原来是鲁国的一位“穷士”，从事耕作种桑，却仍然处于忍饥受冻的状态，后向陶朱公请教致富之术，到西河从事畜牧业。西河一带正是从事畜牧饲养的理想之地，那里水草丰美，具备适宜畜牧业发展的优越的自然环境，于是“十年之间其息不可计，赀拟王公，驰名天下”[①]。他在经营畜牧业过程中，又发现河东一带出产池盐，具有丰富的盐业资源，便转而经营盐业，亦获利丰厚。猗顿的经营成功，在一定程度上得益于他正确选择了具有商业开发价值、适于商业经营的地点。

再次，选择自己的产品能就近参与市场交换，或选择有市场需求的地点作为经营的场所。这主要表现于亦工亦商的中小商人和坐商身上。

《韩非子·说林上》记述了鲁国的一对夫妇，丈夫善于制麻鞋，妻子善于织白绢（周人用白绢做帽子），他们想迁居越国经营谋生。有人劝阻他们，说：如果你真的迁居越国，就必然会陷于穷困了，因为越人赤足行走，又披发无冠，因此你们擅长的手工技艺在那里根本得不到运用。这则故事说明随着商业地理知识的拓展，对各地民俗风情的了解掌握，有利于知晓相应的市场需求，从而对商业经营地点的选择也就更有把握。

齐鲁商贾在长期的经营活动中，深刻认识到经营地点不仅是一个空间的地理位置问题，而是融汇了自然交通、物产矿藏、民情风俗、区域传统等多种因素的综合性环境，营商地点的选择是否恰

① 《史记》卷一二九《货殖列传》注引《孔丛子》。

当,直接关系到经商的成败得失。"商贾求利,东西南北各用智巧"①,只有选择了适合的经营地点,才能使这些商业"智巧"最终转化为现实的货利财富。

三、多元并存的经营类型

春秋以降,随着社会生产力的发展,政治经济格局加速整合,民间私商阶层快速成长,这一切推动了市场的繁荣,货卖求利的商人逐渐增多。依据商人所经营商品的范围和性质,齐鲁商贾大致可以分为贩运商人、囤积商人、产业商人、高利贷商人等多种类型。

(一)贩运商人

贩运商人在我国古代是产生很早的一种商人类型,指经常往来于各地从事货运贸易活动以赚取差价利润的行旅商人,既包括舟车贩贾、通奢鬻奇的大商人,又包括负任担荷、游寓四方的贩夫走卒等中小商人。齐鲁大地上很早就活跃着大大小小的贩运商人,尤其是在齐鲁商贾的萌芽形成期,贩运贸易应该是当时私商的主要经营方式。《管子·小匡》曰:"负任担荷,服牛轺马,以周四方;料多少,计贵贱,以其所有,易其所无,买贱鬻贵。"战国以后,各类商人勃兴并起,但贩运商人依然是整个商人群体中十分重要的一支力量。至秦汉时期,齐鲁贩运商人的活动范围进一步扩大,主要得益于水陆交通的全面拓展和人们商业地理知识的丰富积累。② 齐鲁所在的东方经济区与其他各地间的物资交流更加频繁,齐鲁贩运商人的经营活动大大地丰富了市场上的商品供给,"陇、蜀之丹漆旄羽,荆、扬之皮革骨象,

① 《汉书》卷七二《贡禹传》。

② 关于秦汉时期的交通与贩运业发展情况,可参见张弘《略论秦汉时期的交通与贩运商业》,载《社会科学家》1998 年第 2 期。

江南之楠梓竹箭，燕、齐之鱼盐旃裘，兖、豫之漆丝絺纻，养生送终之具也，待商而通”[1]。他们在一定程度上对于加强各地间的经济交流、促进彼此文化融通发挥了积极作用。

（二）囤积商人

囤积商人一般是指那些拥有店铺等固定经营处所，从事储积商品货物，以待乏出售，从而在商品的价格波动中投资赢利的商人。囤积商人往往拥有比较雄厚的资本，“商贾大者，积贮倍息”[2]，他们根据对商机的把握以低价或常价购进并储蓄大量的商品，待到市场上该类商品稀缺时以高价趁机抛售。齐鲁商贾中有不少从事此类经营者，《管子·国蓄》称“蓄贾游市，乘民之不给，百倍其本”。战国秦汉时期，史料中往往以“废居居邑”、“废著鬻财”、“废居积贮”等指代这类经营方式。

囤积商人所经营的商品大多是关乎民生日用的商品，其中粮食便是囤积商人热衷经营的商品之一。前述在齐鲁经商的大商人范蠡、子贡即从事过粮食的囤积贸易。在粮食丰产的年份里，粮价下跌，囤积商人可以以低价购存粮食，待荒年粮食减产或因其他原因造成粮食短缺时，市场上的粮价就会上升，囤积商人可以较高的价格抛售囤积的粮食，这样既获得了经营收益，又可以调剂余缺，理论上能为市场上的商品供求平衡发挥积极作用。但在实际的市场活动中，不少囤积商人凭借经济优势，投机倒把，操纵市价。如在粮食丰产和秋后上市期间，他们故意抑而不取，利用农民急于脱售的心理打压粮价，最后以极低的价格、很少的付出购进大量的存储粮；在灾荒之年或青黄不接之际又迟迟囤粮不售，哄抬粮价，最

① 《盐铁论》卷一《本议》。
② 《汉书》卷二四上《食货志上》。

后以很高的价格脱售存粮，牟取暴利。不少囤积商人的类似行为，不仅激化了市场供求矛盾，严重干扰了市场秩序，而且还会造成商人兼并农人的严重社会危机。汉代封建政府推行均输平准、常平仓等措施，对于打击不法囤积商人起到了一定的积极作用，但其本身则是近于官营化的囤积贸易。

(三)产业商人

这里的产业商人是指狭义上的拥有生产作坊、农林牧场等，从事工商业生产、作业活动，如采矿、煮盐、冶铁、炼铜、铸造、纺织、酿酒、畜牧等，并将劳动产品主要用以销售获利为目的的商人，主要包括了盐铁商人、制陶商人、冶铸商人、纺织业商人、农林畜牧业主以及其他各类手工业主等。齐鲁的不少富商大贾就是以经营此类产业起家致富的。如鲁人猗顿曾经营畜牧业、盐业生产活动；齐人刁间、东郭咸阳等都是私营煮盐的大富豪；曹邴氏则经营铁业，“以铁冶起，富至巨万”[①]。齐鲁大地自然资源比较丰富，盛产鱼、盐、铁、漆、布、帛等，这些都成为齐鲁商贾乐于经营的产业。有关这一时期的山东境内考古发掘资料中，规模甚大的冶铁、炼铜遗址均有发现。[②] 从制陶业来看，出土陶器丰富，几乎遍布山东各地，官私制陶业均十分发达。齐鲁宜植桑麻，纺织业是齐鲁传统优势产业，经营此道的大商人也为数不少，山东滕州龙阳店画像石上，就描绘有络车、纬车、织机等纺织工具，表现了络线、摇纬、织布的繁忙景象，展现出当时私营纺织业的生产盛况。[③] 秦汉时期，今山东境内的临淄、定陶、亢父等地是纺织品的重要产地，所谓“天下之人冠带衣

① 《史记》卷一二九《货殖列传》。

② 参见群力《临淄齐故城勘探纪要》，载《文物》1972年第5期。

③ 参见蒋英炬、杨爱国《汉代画像石与画像砖》，文物出版社2001年版，第51页。

图5-4 滕州龙阳店出土的东汉纺织画像石拓片（采自蒋英炬等《汉代画像石与画像砖》，文物出版社2001年版）

履，皆仰齐地”[1]。这类产业商人应该说是齐鲁商人群体中最具有创造力和活力的一个阶层，这种产业化经营有利于扩大再生产；而产业经营中涉及分工的细化、专业化，在一定程度上有利于生产技术的改进和劳动生产效率的提高。[2]

（四）贳贷商人

贳贷经营是齐鲁商贾聚敛财富的重要经营手段。齐鲁工商业的兴起和货币经济的发展，加速了产业资本向贳贷资本的转化，尤以高利贷经营最为典型。贳贷经营在齐鲁产生很早。春秋时期，齐田氏大斗出贷，小斗收进，收揽民心，说明放贷行为业已出现；战国时代齐国孟尝君曾在薛地放贷；西汉初年，国家推行的自由放任的宽松经济政策，使得放贷经营之风炽盛，高利贷商人的身影遍及城乡各地，如鲁人曹邴氏“贳贷行贾遍郡国”[3]，这里的贳贷是指租赁、放贷等经营活动；东汉时，“富商大贾，多放钱货……收税与封君比入”[4]。高利贷经营可以快速地聚敛财富、牟取暴利。贳贷经

① 《汉书》卷二八下《地理志下》颜师古注。

② 关于纺车、纺织机、提花机和冶铁技术等，可参见陈冬生、王赛时主编《山东经济史》（古代卷），第216～217、236～238页。

③ 《史记》卷一二九《货殖列传》。

④ 《后汉书》卷二八上《桓谭传》。

营活动受到了秦汉政权的认可，债权人的利益得到法律的保护，如孝文帝时，河阳严侯陈信，“坐不偿人责过六月，免”[1]。但贷息过律也将受到制裁，如旁光侯殷、陵乡侯䜣等。[2] 不仅民间借贷频繁，而且政府、豪贵等也不时向富商大贾借贷，如汉武帝为救山东灾后饥荒，“募豪富人相贷假”[3]；东汉时，羌人寇边，“比年羌寇特困陇右，供徭赋役为损日滋，官负人责数十亿万”[4]，也是官府出面向富商借贷。贳贷经营，尤其是高利贷活动，容易滋生社会腐败，形成社会寄食阶层；高利贷对乡村的盘剥，有可能使广大自耕农无力偿债，被迫出让抵押土地，甚至以身作奴，这就加速了两汉社会大土地所有制的发展并导致日益严峻的流民和奴婢问题。

上述四种商人，皆相对于官商而言，指一般性的私营商人，他们代表了齐鲁商贾最主要的经营类型。贩运、囤积、产业经营与贳贷，这四种经营类型并不是相互独立的，而往往是多元并存的，不少的齐鲁大商人兼有多种营当，采取兼业经营的方式，货利求富，如陶朱公既从事囤积贸易，又耕畜治产；鲁人曹邴氏既经营冶铁产业，又从事放贷、贩运经营。除此之外，限于史料缺乏，齐鲁商贾当有其他的经营方式，如中介商（也称经纪商）——“驵会”[5]是指在牛马等交易市场上议定价格，调节需求，说合牲畜交易，并从中获取佣金的人。“驵会”的收入甚至可比“千乘之家”，汉代牛马牲畜市场十分兴盛，齐鲁商贾中可能有从事此业者。

① 《汉书》卷一六《高惠高后文功臣表》。

② 《汉书》卷一五上《王子侯表上》。

③ 《史记》卷三〇《平准书》。

④ 《后汉书》卷五一《庞参传》。

⑤ 史料记载中此类中介商大多出现于畜牧业交易发达的三晋一带，如《淮南子·氾论训》云：“段干木，晋国之大驵也。”猗顿也曾在山西一带从事畜牧饲养活动。

第三节　谋财有道：齐鲁商贾的精神气质

商贾之精神气质是商业经营者在商业实践活动中逐渐积淀形成的内在稳定的精神风貌和人格魅力。良好的商贾精神气质体现为商业经营活动中对行为规范的恭承约守与实践背后展现的积极的伦理价值取向。商人的经营求富行为不仅限于国家政权的商业管理政策等制度环境的规范约束，而且在一定程度上受制于商业道德伦理在价值层面的影响。齐鲁商贾的精神气质就是他们在商业经营中逐渐积淀起的道德素养的外化体现，其逐利求富的经营行为背后体现的正是相应的精神气质。

一、持义逐利：齐鲁商贾的义利追求

追求利益最大化是商人的基本特征，但在货卖交易的经营活动中是否实现公正交换，在追求经济利润的同时能否兼顾社会公义，不仅仅是维持经营行为可持续发展的商业智慧手段，而且彰显着商人的义利观念与价值追求。

"义利之辨"是中国古代思想史上的重要论题，是先秦以来诸子激辩的中心话题之一。对义利关系的不同处置在商人身上就体现为不同的价值追求。司马迁在《史记·货殖列传》中曾以"贪贾"与"廉贾"来区分两类不同性质的商人。如何处理好商业经济利益与社会正义的关系，即义利关系和利益的正当性问题，正是评判和区分这类"贪贾"与"廉贾"的关键所在。齐鲁商贾是在邹鲁礼乐文化与夷齐之地重商传统相结合的地域文明背景下孕育成长并发展起来的，因此从整体上讲，先秦秦汉时期的齐鲁商贾是一个持义逐利的群体，并涌现出不少杰出的商人代表。

（一）“齐一变至于鲁，鲁一变至于道”[1]：齐鲁文化传统影响下的齐鲁商贾义利观

西周立国之初，在东方商奄旧地、东夷古国的基础上分封了鲁、齐两国，以屏藩周室。伯禽治鲁与太公治齐采取不同的立国方针，齐鲁两国走上相对独立的发展道路，但两国经济交往频繁、文化相互融通。鲁国在继承宗周礼乐传统的基础上形成蔚为壮观的鲁文化，以儒学为代表。齐国则在接纳周文化影响的基础上，对东夷旧有文化传统采取因势利导的方针，逐渐形成兼容并蓄、宏富博大的齐文化，以齐学为代表。鲁文化崇礼明德，齐文化务实开放，两者尽管风格各异，但在本质上其文化内核与精神特质方面是汇融相通的。[2] 无论是儒学，还是齐学，其影响都迅速超越了原来的诞生地，向周边地域拓展。出于地缘政治、经济的联系，齐鲁是长期的邻邦，齐鲁文化对彼此的辐射发生最早、影响最快，遂有“齐一变至于鲁，鲁一变至于道”的说法。齐鲁文化弥化齐鲁大地，对于孕育诞生并成长于斯的齐鲁商贾发挥着潜移默化的巨大影响，使其求富逐利的行为带有“义”的特征。

鲁国自古民风淳朴，谨守宗周传统，经济上是以农立国，故形成了“动不违时，器不过用”[3]的单一农业经济结构与在“颇有桑麻之业”基础上的家庭手工业相结合的生产形态。在对待“义”与“利”的关系上，他们体现出很明显的德性主义的价值取向，即其一切生产活动，包括商品经营行为，除了获得经济上的利益满足以

---

① 《论语·雍也》。

② 关于齐鲁文化的比较，学术界已经做过不少研究，普遍认为齐鲁文化之间是大同小异的。可参见安作璋、王志民主编《齐鲁文化通史》（春秋战国卷），中华书局 2004 年版，第 15～40 页。

③ 《国语》卷四《鲁语上》。

外,更是承担了一种道德伦理上的使命,如"孝养父母"、"敬德配天"等。在宗周礼乐传统和鲁文化基础上诞生的儒家学说,十分重视处理"义利"关系,提出"义以为质"、"义以为上"、"见利思义"的主张。早期儒家的"义"、"利"概念指代的范畴更广泛,远远超出了商品经济的范畴。但正是这种义利观对鲁地商贾经营行为起到某种规约性作用,即使是在"礼崩乐坏"的春秋战国时代,邹鲁之地的民间"犹有周公遗风,俗好儒,备于礼"①。

齐人尚功崇利,齐地商品经济发达,经济结构呈现多元化发展态势,齐国统治者注意因势利导、从民所欲。在此基础上形成的齐文化,带有明显的崇尚物利的倾向,功利色彩浓厚。但齐人尚利、重利却并非弃义不顾,而是义利并取,即在追逐利益的同时关照相应的道德义务,将义利结合起来,放在同等重要的地位,所谓"仓廪实则知礼节,衣食足则知荣辱"②。齐文化中的义利观体现着义利并重的要求,"利"的获得满足成为展现"义"的前提,然而"甚富不可使,甚贫不知耻"③。经济贫困固然难以担当相应的道德义务,难知廉耻,但并非一味富足就万事大吉,丧失了"礼"、"义"等道德伦理规范约束的富足,同样会产生不良的社会影响。由此可见,与鲁文化"先义后利"的义利观比较起来,齐文化义利并重的思想更表现出"尚利"的功利主义色彩。但两者的义利观的本质是相通的,在这样的文化氛围浸润下的齐鲁商贾,其经营求利活动展现出德性方面的价值关怀,必然带有持义逐利的倾向。

(二)杰出的持义逐利的齐鲁商人典范

齐鲁文化熏陶下的齐鲁商贾涌现出一批杰出的持义逐利的商

① 《史记》卷一二九《货殖列传》。
② 《管子·牧民》。
③ 《管子·侈靡》。

人典范，他们在经营求利的过程中，或兼顾相应的道德义务，或自觉或自发地遵守着商业伦理规范，追求并实践着“市贾不贰，国中无伪，虽使五尺之童适市，莫之或欺”[①]的市场规范。

前述在齐、陶之地经商致富的大商人范蠡就是这样一位持义逐利的商贾典范。他苦心经营，带领家众亲耕力畜，通过诚实守信的劳动实现财富资本的积累，“逐什一之利”[②]，并不追求高价牟取暴利，而是薄利多销，在赢得丰厚收益的同时，调剂了市场供求，保持了市场秩序的稳定。这正是司马迁笔下“廉贾”的典型，其求利的经营行为完全合乎“义”的规范。子贡废著鬻财，转货逐利，“家累千金”，在孔门弟子中最为富有，同时他作为一位虔诚于儒学的特殊商人，其逐利行为自然是不会违背“义”的前提的。范蠡、子贡不仅是齐鲁商贾的杰出代表，而且他们的传奇经历、义利追求与人格魅力足以垂范于后世商家，故而刻有“陶朱事业，端木生涯”的八字楹联成为中国旧时商店的通用标识。除此之外，秦汉时代齐鲁之地此类杰出的商人代表见诸史籍者尚有多人。《史记·货殖列传》就列举了“当世千里之中，贤人所以富者，令后世得以观择”者十数人，其中的鲁人曹邴氏、齐人刁间即名在其列。他们“皆非有爵邑、倖禄、弄法、犯奸而富，尽椎埋去就，与时俯仰，获其赢利”[③]，其商业行为也未违背社会基本道义和相关规范。所谓“今有无秩禄之倖、爵邑之人，而乐与之比者，命曰‘素封’”[④]。能够被称誉为“素封”之家，是凭借商业智慧，抓住商机，赢利获富的，非作奸犯科、违义而取得的。

① 《孟子·滕文公上》。
② 《史记》卷四一《越王句践世家》。
③ 《史记》卷一二九《货殖列传》。
④ 《史记》卷一二九《货殖列传》。

二、勤苦勇进:齐鲁商贾的开拓精神

先秦秦汉时期,齐鲁商贾的经营活动受到自然环境、制度环境、生产力发展水平等多方面条件的制约,齐鲁商贾欲取得经营上的成功,除了要具备前述的种种商业谋略、营商经验外,最基本的要求就是在相对艰苦的环境中能坚持勤劳耐苦,克服万难,勇于开拓。

(一)商业资本原始积累时期的辛勤付出

战国时韩非子征引当时俗谚曰:“长袖善舞,多钱善贾。”①此谚语的意思是说:袖子长了,跳起舞来就好看;资本雄厚,做起生意才顺手。可见,资本的充足与否,对商业经营起到根本的制约作用。对于许多刚刚起步的齐鲁商贾和中小手工业者而言,他们有限的资本难以使经营活动拓展开来,必然会经历一个资本的原始积累过程。而完成初期的商业资本的积累则是非常艰苦的,他们必须付出更多的勤苦劳作,来加速资本的积累进程。

范蠡浮海出齐之初,曾“耕于海畔,苦身戮力,父子治产”②,后迁居陶地,“复约要父子耕畜,废居,候时转物”③,由此可见早在经营之初范蠡父子都亲历稼穑耕畜之艰难,故而范蠡说其长子“是少与我俱,见苦,为生难”④。创业之初的勤苦艰难是大多数齐鲁商贾必然经历的过程,成为考验他们的第一道关。鲁人曹邴氏相约父兄子孙,“俯有拾,仰有取”⑤,展现出他们勤于经营的忙碌场景。

① 《韩非子·五蠹》。
② 《史记》卷四一《越王句践世家》。
③ 《史记》卷四一《越王句践世家》。
④ 《史记》卷四一《越王句践世家》。
⑤ 《史记》卷一二九《货殖列传》。

除了经营之初尤显勤苦之外，商业谋生之艰难贯穿经营活动之始终，尤其是对于那些中小商贾和手工业者而言，更是如此。《汉书·食货志上》记载："妇人同巷，相从夜绩。女工一月得四十五日。必相从者，所以省费燎火，同巧拙而合习俗也。"齐鲁纺织业发达，盛产丝麻织物，殊不知那些精美的齐锦鲁缟是齐鲁织女们多少日夜兼作的结晶，一月之内得劳作45个工作日之多①，劳动强度不可谓不大，亦可见其辛劳程度非同一般。

（二）克服地理交通条件的不便

春秋战国以来，各地域之间交流往来日趋频繁，地理交通状况有所改善，秦汉一统打破了原有的列国割据，并在水路、陆路两方面采取了不少交通方面的改进措施，大大便利了商旅往来。但从总体上说，地理交通的这些改善还是相当有限的，限于生产力水平的制约，各类交通工具和水陆交通设施还是处于较为落后的状态，天然的地理阻隔仍然成为制约商旅往来、贸易交流的重要因素。齐鲁地貌，中部为山地，东部与南部为丘陵区，并且境内水网密布，在战国秦汉时期只能依靠落后的舟车等交通工具，这必然给齐鲁行旅商人带来诸多的不便。为了能够乘时逐利，许多商贩不得不"倍道兼行，夜以继日"②，由于长途跋涉，商人"露宿于道"③的情况也时有发生。他们转货四方，往往要克服难以想象的困难：

> 孤儿生，孤子遇生，命独当苦！父母在时，乘坚车，驾驷马。父母已去，兄嫂令我行贾。南到九江，东到齐与鲁。腊月来归，不敢自言苦。头多虮虱，面目多尘。④

① 30个白天加上夜半15个工作日，共计45个工作日。

② 《管子·禁藏》。

③ 《后汉书》卷七六《王涣传》。

④ 郭茂倩《乐府诗集》卷三八，中华书局2001年版，第567页。

这段文字出自汉代乐府《孤儿行》，记述了主人公在父母去世后受到兄嫂欺压，被迫外出经商的经历，从侧面反映出长途跋涉、常年外出经商的艰难。

（三）脆弱的商业环境对齐鲁商贾的考验

先秦秦汉时期，我国商业经营的大环境和后世相比还十分脆弱，在很大程度上缺乏体制上的保障。但从横向来看，齐地是当时最适宜于经商的地点之一，自太公立国以来就注重发展商业，“通商工之业，便鱼盐之利”，奠定了良好的商业传统。春秋时期，管仲治齐，制定了一系列吸引商旅的措施，如建立为行旅提供食宿服务的客栈等。但直至秦汉时代，整体上的商业经营环境和相应的商业服务设施仍然十分落后。除了当时各地著名的大都之外，对于行旅商人而言，他们必须穿梭经过连接城与城之间的广大村野之地，其财产、生命安全甚至难以得到保障。盗贼经常出没于此，齐鲁商贾不得不克服“关梁之难，盗贼之危”[①]；各地不法的豪猾大族武断乡曲，唆使仆从，“侵犯百姓，劫掠行旅”[②]，行旅商人携带的财物成为他们抢劫掠夺的目标，这些情况对齐鲁商贾的经营行为形成严峻的考验。除此之外，国家经济政策的变动和政治局面的动荡均对商业经营环境造成冲击，对广大的商贾群体影响甚巨，齐鲁商贾也难逃其祸。如秦王朝的重税赋敛，武帝的“算缗”、“告缗”，徙居富豪的“强干弱枝”政策，王莽的币制改革，以及因战争造成的商道阻断等，均对齐鲁商贾形成严峻的挑战。

齐鲁商贾在商业经营过程中遇到重重困难，面临着创业期的辛劳付出、地理交通的阻隔不便、商业环境的严峻考验等，但他们

① 《墨子·贵义》。
② 《后汉书》卷七八《侯览传》。

凭借勤苦勇进的开拓精神,克服多重困难险阻,在商战沉浮中表现出可嘉的精神风貌。

三、诚信敬业:齐鲁商贾的正道经营

商业经营是一种长期行为。欲获得商业的可持续发展,经营者要能做到诚实可靠,建立起良好的信誉。旧时商店门楹刻写的“童叟无欺”体现的正是这种商业精神。周秦两汉时期的齐鲁商贾已经初步建立起诚信敬业的商业伦理,并在商业经营中实践着这一伦理精神,主要表现在以下几方面:

(一)注重商品质量

齐鲁商贾在转货经营时对商品质量十分重视。一方面,在囤积储货时,对货物的选择非常审慎。“积著之理,务完物,无息币。以物相贸易,腐败而食之货勿留,无敢居贵”①。预备的储货必须是完好无损,对于容易腐败的食物类商品不做长久囤积。另一方面,在出货交易时,能做到“用器不中度,不粥于市。……布帛精粗不中数,幅广狭不中量,不粥于市。奸色乱正色,不粥于市”②,关乎民生日用的百工之器应当“尚完利,便备用”③,不得欺行诈市。不少个体手工工匠努力提高手工技艺,以制造精美出色、质量上乘的产品,“家人相一,父子戮力,各务为善器。器不善者不集”④。对于质量不过关的产品是不会拿到集市出售的。

重视保障商品质量不仅方便了日常生活,而且有利于提高

① 《史记》卷一二九《货殖列传》。
② 《礼记·王制》。
③ 《荀子·王制》。
④ 《盐铁论》卷六《水旱》。

生产效率,“工欲善其事,必先利其器”①正是这个道理。这对于涉及工农业生产必备的工具类商品而言,意义更显突出,农工用具的质量好坏直接影响到生产的进程。西汉中期后,官营商业蓬勃发展起来,但相比较而言,民间经营的工商业生产的商品质量相对较好,而官营手工业生产效率低下,产品质量低劣。如《汉书·食货志下》载:“见郡国多不便县官作盐铁,器苦恶,贾贵,或强令民买之。”这里揭露的正是地方郡国官营手工业的弊端。而民间工商业因市场竞争相对自由,可以避免官营手工业垄断经营、不注意商品质量的弊病。因此,民间商贾大多都注重商品质量,能自觉维护良好的信誉,以便在竞争中赢利图存。

(二)合理定价

商品的合理价格是指伴随自由的市场规律,价格在一定幅度内上下波动,既不会偏离价值而太高,也不会偏离价值而太低。价格是否公道成为衡量商业经营者是否诚信公正的一把重要尺度。齐鲁商贾群体中的良商诚贾在追求利润的同时,能合理定价,不哄抬物价。

范蠡就是这样一位典型,他在经营贸易时,“无敢居贵”②,即不囤积居奇、哄抬物价、牟求暴利,而是依据市场价格波动的规律,以合理价格出售,实现“平粜齐物、关市不乏”③的良性循环,体现出商业活动的本旨。此类的良商诚贾不在少数,《战国策·赵策》即记载:“良商不与人争买卖之贾,而谨司时。时贱而买,虽贵已贱矣;时贵而卖,虽贱已贵矣。”意思是说良商诚贾不会故意抬高物

① 《论语·卫灵公》。
② 《史记》卷一二九《货殖列传》。
③ 《史记》卷一二九《货殖列传》。

价，而是根据市场行情的自然变化规律，随行就市地进行交易，互通有无，调剂余缺。

经营者自身具备良好的伦理道德素质，能直接对商业经营行为发挥影响，促使他们自发或自觉地遵守价值规律的变化。除此而外，良好的市场管理措施也能对商品价格发挥规范化作用，督促市场上的商业经营者遵守商业运营的秩序。如刘向《新序》卷一《杂事一》曰：

> 鲁有沈犹氏者，旦饮羊饱之，以欺市人。公慎氏有妻而淫，慎溃氏奢侈骄佚，鲁市之鬻牛马者善豫贾。孔子将为鲁司寇，沈犹氏不敢朝饮其羊，公慎氏出其妻，慎溃氏逾境而徙，鲁之鬻马牛不豫贾，布正以待之也。

所谓“豫贾”，是指诳价，就是虚标物价、欺诳顾客，以达到牟取暴利的目的。正是孔子为鲁司寇后采取了恰当的市场管理举措，使得商风净化，关市井然，商品能以合理价格出售。

（三）周到服务

商业经营行为是一种多向度的相对复杂的活动，不仅要审慎关注商品质量、制定合理价格，而且还要同顾主买家建立起良好的沟通关系，这样才能更有利于商品的出售。商业经营者提供周到服务，对赢得顾客能起到很大的作用。齐鲁商贾，尤其是中小商人，能够适时地为相应的顾客群提供热情周到的服务。

《盐铁论·水旱》记载：“农事急，挽运衍之阡陌之间，民相与市买，得以财货五谷新币易货。”由此可知，不少中小工商业者在农忙时节往往走村串户，把生产的各种农具铁器直接带到田间地头，方便农民自行购买。根据农民实际购买能力有限的情况，商品交易还可采取物物交换或赊贷的方式进行，这种经营方式体现了明显的商业服务理念，受到农民的欢迎，故而出现“民相与市买”的现象。《盐铁论·散不足》也载:“今闾巷县佰,阡伯屠沽,无故烹杀,相聚野外,负粟而往,挈肉而归。”这里反映出农人尽管购买力相对较低,却可以用自己生产的谷物,从宰屠那里换得欲求的肉类商品,两者各得其便。

以上叙述的这些经营行为,因史料限制,难以得观全貌,但可以想见,在商业发达的齐鲁之地应该存在不少类似的情况。其他个体手工业者和小商贩也会采取这种形式,对保证小农经济再生产的顺利进行起到了不可低估的作用,它本身体现出的商业服务意识更是对后世的商业经营活动开启了一种良好的时代风尚。

四、富行其德:齐鲁商贾的社会道义

齐鲁商贾在商业经营上并非“为富不仁”,而是能够主动承担力所能及的社会责任与社会道义,尤其是在经营取得成功后,能够不局限于唯财是图的狭隘意识,而是乐善好施,赈扶孤贫,多行善举,富行其德,体现着博大的社会胸怀。

(一)农末俱利

范蠡是我国古代良商诚贾的典范,他运用计然之策,无论在为国立功方面,还是在起家治产方面,均秉承“农末俱利”的原则,积极协调处理好农商关系。尤其在他的生涯后期,作为一名乘时逐利的商人,却依然能如此心系民生,反映出其勇敢的道义追求和博大的社会胸怀。

《史记·货殖列传》记载范蠡“农末俱利”的主张说:“夫粜,二十病农,九十病末,末病则财不出,农病则草不辟矣。上不过八十,下不减三十,则农末俱利。”意思是说:售粮的价格,每斗二十钱,农民的利益就要受到损害;每斗九十钱,商人利益就要遭受损失。商业受损则财货不出,农业受损则田草不除,售粮的价格高不过八十,低不下三十,则农商两者都会受益。

从这段记载中,可以大略看出范蠡“农末俱利”思想的主旨,即农产品,主要是指粮食,在商品化的过程中,在进入流通领域后,其市场价格的高低直接关乎农业生产者和商业经营者双方的积极性。粮价过高则损商,粮价过低则害农,只有在一个合理的幅度内上下起伏,才会使农商各得其利。农末俱利的主张,在我国传统农为国本的产业格局下有着深刻的社会意义。粮食生产不仅是维系个体生存与群体繁衍的物质基础,也是一切商业活动最基本的物质前提。尤其是春秋战国以来,战争纷乱不息,粮食对于维系国家命运的作用更是日益凸现。《论语·颜渊》记载子贡问政于孔子,子曰:“足食。足兵。民信之也。”除了精神层面上的“民信”之外,孔子把充足的粮食和军备看做是当时良好国政在物质层面的两个最基本要素,而粮食更是后两者的前提。《孟子·尽心下》提到诸侯三件宝,分别是土地、民人、政事,其中土地出产的粮食成为后两者的物质基础。这些都反映着粮食对社会生产生活所起的基础性支配作用。

春秋以来,随着民间私营商贾势力的增长,出现了商与农争民、商与君争民的现象,严重威胁到国家政权的统治基础。由于商业经营获益比起农事生产来得更多更快也更容易,因此农人脱离生产、转从“末业”的现象逐渐增多。在这样的形势下,列国统治者和后来的一统封建王朝均推行一些重农抑商、崇本息末的措施,以缓和农商对立,稳固统治基础。但这又走上了另外一个极端,抑制了民间商业的正常发展,导致经济结构的失衡。范蠡运用农末俱利的经营思想,将农业生产放到商业流通过程中加以综合考察,他不同于一般的政治家对农业只是给予空泛的强调,而是着眼于经济整体，强调农业和商业的协调配合，注重培育并繁荣市场，从而使商业经营者和农民均能在市场活动过程中获取公正合理的经济收益。在这种农末俱利的模式下，农商本末不再两相对立、相互削弱，而是相辅相成、互利共赢。

农末俱利的方针在商业经营实践中体现着商业经营者强烈的社会责任感与道义追求。他们不同于奸商贪贾唯财是图，而是能从社会道义出发，关怀民生，反对对商品化的农产品的肆意压价、损害小农利益，在一定程度上，对于稳固小农经济基础和培育乡村市场具有重要的现实意义。

（二）赈扶孤贫

齐鲁商贾的成功经营，促使其迅速成长为社会的富有阶层，他们往往“家累千金”，甚至“赀累巨万”。面对如此庞大的财富积累，齐鲁商贾除了继续扩大经营、买田置宅、满足消费等多项支出以外，他们还利用自身的经济优势赈扶孤贫、行善好施，甚至不惜倾囊相助。这种富而行其德的义举在一定程度上展现了齐鲁商贾高尚的道德品格和朴素的人文关怀。

《史记·货殖列传》记载范蠡浮海出齐，经商致富，“十九年之中三致千金，再分散与贫交疏昆弟”。《史记·越王句践世家》也有类似记载：“（范蠡）尽散其财，以分与知友乡党。”范蠡散财周济贫困的宗族、故友、乡党等的行为反映了他富而行其德的价值追求与富而好仁的理想品格。追求经济利益固然是商业经营的目标，但范蠡并非将其作为唯一目的，行德济众同样成为其经营理念的重要内容，并升华为精神层面上的道德追求，故而才会有多次赈济贫弱的义举。

富而行其德是通过经济上的施与和惠助来实现的，“德”不是抽象空泛的道德范畴，而是实在的利益与功业。《盐铁论·贫富》

记载大夫语："子贡以著积显于诸侯，陶朱公以货殖尊于当世。……故上自人君，下及布衣之士，莫不戴其德，称其仁。"这正说明子贡、朱公之富是他们行德称仁的基础和前提。"德"与"富"之间存在着辩证的逻辑关联：富是德的物质基础，德为富的道义升华和归属。德的体现须仰赖于雄厚的物质基础，因为富者作为社会的强势阶层，掌握着较多的社会资源，最有能力去担当更多的社会责任与更大的社会道义，从而这样的行德才能真正显示出实在的价值和意义；而致富之后又必须行其德，过分看重财物可能反被其害。如范蠡居陶时，其次子获罪被囚，范蠡遣长子携金到楚国营救，但终归失败，正因为长子"重弃财"之故。富而不行德，还会造成贫者愈贫、富者愈富的恶性循环，最终贫者的不幸也将演化为富者的悲哀。

在齐鲁之地类似的商贾大家赈扶孤贫的记载还见于《后汉书·循吏传》："童恢，字汉宗，琅邪姑幕人也。父仲玉，遭世凶荒，倾家赈恤，九族乡里赖全者以百数。"童恢之父当是一位资财颇厚的货殖大地主，否则恐难以赈济如此众多的宗族乡党。他的这种行为也可视为富而行其德的善举，这为他赢得了很高的社会声誉而见载于史册。

综上可见，齐鲁商贾施赠对象大多不出乡党、昆弟、知交的范围，尚非广济，所谓"振赡匮乏，务先九族"①，但从财力和伦理方面看，也在情理之中。恰恰是这样的赈济方式和范围，展现了富而行其德的另一面的社会意义。他们的赈恤善举在一定程度上对地方乡党宗法组织的结接凝聚和维护乡村社会的稳定起到了不可小视的作用，成为继国家政权力量之外的重要

① 缪启愉《四民月令辑释》，农业出版社 1981 年版，第 37 页。

的基层组织力量。

本节所言的商贾气质，是对齐鲁商贾经营行为和实践活动进行分析概括、总结抽象的结果，它反映着行为背后的文化精神与伦理品格。事实上，这些精神气质和价值观念，如勤苦勇进、诚信敬业等，不只是一种商业伦理品格，更是一种商业生存智慧。“贫富之道，莫之夺予，而巧者有余，拙者不足。”①在经营活动中，经营者若能展现出良好的气质品格，确立起良好的商业信誉，自然能赢得顾客的垂青，从而获取更多的利益。所谓“贪贾三之，廉贾五之”②。是否遵守基本的商业规范，能否形成良好的群体气质，对于商业经营行为本身会产生重大影响。只有敢于开拓、不畏艰难、诚信敬业、具有良好信誉的商业经营者才能在复杂的经营环境下激流勇进，获得成功。

第四节　商贾传统与齐鲁世风

齐鲁世风是一个综合性的概念，指齐鲁特定的地域背景下，由自然地理条件、生产生活方式以及政治、经济、文化等多重因素作用影响，历经长期的扬弃积淀，逐步形成的风尚、习俗和传统。它具有鲜明的时代性、相对的稳定性和较强的传承性特征。先秦秦汉时期正是齐鲁世风积淀形成的重要时期，而这一时期齐鲁商品经济的兴起繁荣对齐鲁世风形成较大的冲击。齐鲁商贾传统为齐鲁世风注入了新的内容。

① 《史记》卷一二九《货殖列传》。
② 《史记》卷一二九《货殖列传》。

一、“殊不见人，徒见金耳”：求利营商风潮

先秦秦汉时期，齐鲁商品经济的发展在整体上处于全国的领先地位，商品经济的繁荣昌盛，商贾势力的蓬勃兴起，逐渐改变了人们对商业经营行为的传统看法，旧有的生产生活方式受到很大冲击，齐鲁之地掀起了一股营商求利的风潮。

首先，从鲁地来看，鲁国自封建之初，即因循宗周的传统，在经济上继承了西周以农立国的做法，故其民众多从事稼穑桑麻之业。《史记·货殖列传》称：“沂、泗水以北，宜五谷桑麻六畜，地小人众，数被水旱之害，民好畜藏，故秦、夏、梁、鲁好农而重民。”可见，农事耕作与家庭纺织业相结合成为鲁地传统的生产生活方式。但春秋战国之后，随着商品经济向纵深发展，这种情况发生了改变，营商求利的风潮开始在有着周公遗风和好儒传统的鲁地弥散开来，“好贾趋利，甚于周人”①。

营商求利风潮对鲁国社会的巨大冲击，势必反映到社会生活的诸多方面。一方面是鲁政权逐渐重视商业发展，将其作为国家经济的重要部门，设立了侯馆、贾正等，方便商旅往来，对市肆进行有效管理。《左传·昭公二十五年》记载，鲁国贵族臧会出奔郈邑，郈大夫鲂假使其为贾正。注云：“贾正，掌货物，使有常价。”乃管理商业市肆的职官。另一方面，鲁地民间涌现出一批杰出的私营大商人，如子贡、猗顿、曹邴氏等；同时商业大发展引起了思想领域的震动，表现为思想家开始重视或关注商业和商品经济的发展。生活于春秋末年的鲁国孔子，其言论多处表达出重视工商业的倾向。

① 《史记》卷一二九《货殖列传》。

“来百工则财用足”①，连孔子本人也将其道比作美玉，待价而沽，“沽之哉，沽之哉，我待贾者也”②。战国时期的邹地大儒孟轲，主张“去关市之征”③，“关市讥而不征”④，以此促进工商业的发展，把“天下之商皆悦而愿藏于其市”⑤作为理想的王道政治的典范。

其次，从齐地来看，齐一直有着深厚的工商业传统，从太公立国，“通商工之业”；到管仲治齐，设“轻重九府”；再到田氏代齐，施惠于民。无论是官营商业还是民间商业一向都十分发达，而都城临淄更是当时最著名的大都市，商贾云集，游人如织，繁华之势自不必言。因此，齐地的营商求利风潮更是深入发展，影响广泛。

《史记·货殖列传》称“齐、赵设智巧，仰机利”。这说明齐民普遍有着经商投机、趋利营巧的习俗。尤其在战国时期，当时齐国的社会风气在商业大潮的冲击下更是“民无常处，见利之聚，无之去”⑥。求利获富成为普遍的社会追求而深入人心。《吕氏春秋·先识览·去宥》就曾记载了在齐国发生的一则故事：

> 齐人有欲得金者，清旦，被衣冠，往鬻金者之所，见人操金，攫而夺之。吏搏而束缚之，问曰：“人皆在焉，子攫人之金，何故？”对吏曰：“殊不见人，徒见金耳！”

这则故事是说：齐国有个想得到金子的人，清早穿戴好衣帽，前往卖金者聚集的场所，看见人拿着金子，就抢夺过来。市吏将他抓住并绑了起来，问道：“人们都在这里，你还抢别人的金子，为什么？”这位夺金者回答道：“根本没注意人，只看见金子了！”

---

① 朱熹《四书章句集注·中庸集注》，中华书局1983年版，第30页。
② 《论语·子罕》。
③ 《孟子·滕文公下》。
④ 《孟子·梁惠王下》。
⑤ 《孟子·公孙丑上》。
⑥ 《吕氏春秋》卷二《仲春纪·功名》。

人们常用“利欲熏心”、“利令智昏”来形容那些财迷心窍的人,偷金的齐人就是一个典型,急切的求财获富的欲望使之到了只见金子不见旁人的地步。这则小故事戏剧化地反映出在当时的社会背景下营商求利已成为普通民众的共同心理追求。事实上,不仅普通百姓孜孜以求富,就是高居庙堂的各级官吏同样处心积虑地谋求财利。“争名者于朝,争利者于市”①,两者之间并没有实质的区别,求名者也终归于求利。《吕氏春秋·有始览·务本》指出:“俗主之佐……皆患其家之不富也。”“今处官则荒乱,临财则贪得。”可以说,发家致富是春秋战国以降社会各阶级、各阶层梦寐以求的愿望。为此,为官者兼事经商不乏其人,齐国的孟尝君即是代表。可以说,这一时期商业大潮的冲击对人们求利思潮的兴起起到了推波助澜的作用。

再次,秦汉一统,齐鲁商业的发展虽间遇挫折,但营商求利的风潮在社会上依然激荡未绝,反而在两汉时期有愈演愈烈之势。

西汉时代人们已经认识到经营商业是求利致富的捷径,所谓“夫用贫求富,农不如工,工不如商,刺绣文不如倚市门,此言末业,贫者之资也。”②而国家的统一,实行“开关梁,弛山泽之禁”③的便商措施使得民间商业迅速振兴。西汉去战国未远,对战国时代业已形成的求利营商风潮多有承绪,并在此基础上逐渐造就两汉社会朝野上下充斥着的求富求利、羡富恶贫的世风习俗。齐鲁世风可谓首当其冲,主要表现在以下几方面:

第一,士风的靡败。

齐鲁士风在秦汉时代商业大潮的冲击下,发生了移易革变。

---

① 《史记》卷七〇《张仪列传》。

② 《史记》卷一二九《货殖列传》。

③ 《史记》卷一二九《货殖列传》。

《史记·货殖列传》就记载了邹鲁文学之士在汉初经受不住商业利益的诱惑,纷纷背文趋利。“邹、鲁以其故多去文学而趋利者,以曹邴氏也。”①武帝以后直到东汉一朝,经学的兴盛吸引了一大批知识分子走上读经入仕的道路,但选官制度的不完善,加上人物品藻之风的盛行,受到求利世风的左右,情伪之事滋生蔓延,士风靡败,在所难免。《史记·主父偃列传》载:“主父偃当路,诸公皆誉之,及名败身诛,士争言其恶。”《后汉书·文苑传下》引赵壹《刺世疾邪赋》曰:“顺风激靡草,富贵者称贤”,“文籍虽满腹,不如一囊钱。”“鲁生闻此辞,系而作歌曰:‘势家多所宜,咳唾自成珠。被褐怀金玉,兰蕙化为刍。’”这些文字真实地描述了那个时代世风流俗熏染下士风靡败的状况。

第二,民众游媚富贵。

两汉时代,齐鲁民风表现出显明的求利趋富的倾向。主父偃,齐地临淄人,《史记·主父偃列传》记载他除官齐相以后,遍召故时昆弟宾客而数之,曰:“始吾贫时,昆弟不我衣食,宾客不我内门;今吾相齐,诸君迎我或千里。”其宾客昆弟对他前倨后恭的态度转变,让我们不得不唏嘘世态的炎凉。羡富恶贫成为当时齐鲁民风普遍的趋势。

民众游媚富贵还表现在婚姻嫁娶之事上。《新书·时变》记述:“取妇嫁子,非有权势,吾不与婚姻。”婚姻之事近乎成为一桩可以交易富贵的买卖。秦汉以来,民间婚俗在价值取向上采取了以金钱衡量的方式,淡化了传统上的象征意义的婚俗仪式。如周时婚礼主要是以雁、束帛、玄纁等仪物做象征,然汉以后,“闾里嫁

① 《史记》卷一二九《货殖列传》。

娶，尤尚财货”①。

汉代齐鲁吏民的求富心理还反映在他们对来世的信仰方面，这可以从出土的部分瓦当、墓志等材料中反映出来。如山东苍山县东汉桓帝元嘉元年墓之墓门立柱有题记曰：“学者高迁宜印绶，治生日进钱万倍。”反映出汉代百姓对财富的向往与追求。类似的词句“吉语”在汉人的日常生活中多能发现，“上有龙虎衔利来，百鸟共持至钱财”②等，此类汉墓题记反映出后人对死者的追念与寄思，是当时民间信仰的真实反映，但它同样是当时汉代人对财富生活追求的感性表达。

《史记·货殖列传》曰：“富者，人之情性，所不学而俱欲者也。”追求富贵是常人不学而有的普遍愿望。先秦秦汉时期，商品经济大潮的冲击，促使齐鲁大地兴起了营商求利的风潮，使得齐鲁世风契合时代的变化，发生着新的转变。

二、齐鲁地区的奢靡之风

春秋战国以来，齐鲁之地的奢靡之风渐起。尽管奢靡风气作为一种社会文化现象，其形成、兴起与发展是由多方面因素共同促成的，但商品经济大潮无疑与其存在着密切的关联，在一定程度上我们可以说，正是齐鲁发达的商品经济为其奢靡之风的兴起提供了现实的物质保障，起到了推波助澜的作用。

首先，奢靡之风兴起主要表现在奢侈品的消费上，而大多数奢侈品的获得往往要依赖于市场的供给和各类商贾的转货运输。如厚葬所用的珍贵棺木有的是来自遥远的南方楚地，没有发达的商

① 《三辅黄图》卷一。
② 参见杨爱国《山东苍山县城前村画像石墓二题》，载《华夏考古》2004 年第 1 期。

品贸易是难以转运到达齐鲁地区的。齐鲁发达的商品经济能为奢靡行为提供现实的物质条件。

其次,齐鲁发达的商品经济使得齐鲁市场上充斥着四方珍异,这极大地刺激了豪富大家和富有的统治者阶层消费之欲望,为奢靡之风的兴起推波助澜。当时齐地都城临淄、四通诸侯的定陶皆是春秋战国以来最重要的商业发达的大都市,也是各地商品的集散地和贸易的中心地,四方出产供给充足,这些无不刺激着人们的消费欲望。

再次,拥有雄厚资财的齐鲁富商大贾本身即是奢侈品的巨大消费群体,他们的消费行为也助长了齐鲁的奢靡习气。

由此可见,社会奢靡之风的兴起与商品经济发展之间,如同一对孪生兄弟,存在着紧密的联系。齐鲁的奢靡习气表现在社会生活的方方面面,呈现出自上而下的流布趋向。

从齐地来看,早在春秋时期,管仲治齐即尚奢侈,主张适度的大胆消费,他本人的生活也相当奢侈。孔子评价他说道:"管氏有三归,官事不摄,焉得俭?"[①]"管仲富拟于公室,有三归、反坫,齐人不以为侈。"[②]"三归"[③]指齐桓公破例赏赐管仲得享的税利收入,它是管仲维持奢侈生活的重要经济后盾。反坫是堂屋两柱间放置供祭祀、宴会所用礼器和酒的土台。按当时的礼制,只有诸侯才能设反坫,而管仲的身份是大夫,居然也有反坫,这都反映出管仲的奢侈越礼。管仲是齐人引以为豪的贤臣名相,生活尚且奢侈,然而齐

① 《论语·八佾》。

② 《史记》卷六二《管晏列传》。

③ 三归,文献及后世学者对其涵义的解释历来存在较大分歧。本书认为"三归"是齐桓公破例赏赐给管仲得享其封邑之上的农工商税利收入。参见刘兴林《管仲"三归"考》,载《江苏社会科学》1992年第2期。

人不以为怪,足见齐俗之奢侈古有传统。《诗经·齐风·敝笱》篇则追述鲁桓公妻、齐女文姜从齐国归来时,仆从甚众,极为骄奢。战国时期,齐国繁荣发达的城市经济、强大稳固的国际政治地位奠定了齐之所以为大国的坚实基础,也刺激着人们的消费欲望和齐民的大国心理,“家殷人足,志高气扬”①。《史记·孙子列传》记载:“忌数与齐诸公子驰逐重射……与王及诸公子逐射千金。”齐将田忌以千金之资与齐王及诸公子逐射赌博,足见奢侈。到了汉代,奢靡习气仍盛,“齐俗奢侈,好末技,不田作”②,“民偷甘食好衣,不事畜藏之产业”③。

就鲁地来看,鲁本俭啬,不尚奢侈,鲁民好农稼穑,地狭人众,故愿多好蓄藏。即使是到了西汉前期,俭啬之俗未为改易。鲁地大商人曹邴氏资财甚厚,但仍然十分俭啬,《史记·货殖列传》载:“鲁人俗俭啬,而曹邴氏尤甚。”鲁俗虽如此,并不意味着上下同俗,那些养尊处优的各级统治者可以过着奢华的生活。《国语·鲁语上》载鲁庄公想修饰美化桓公庙,匠师庆劝阻他,曰:“今先君俭而君奢,今德替矣。”然庄公不听。韦昭注云:“庄公娶于齐,曰哀姜。哀姜将至,当见于庙,故以丹柱、刻榱以夸之也。”国君成婚,将庙见祖先,但违礼修饰宫庙以相夸耀④,这明显是近于奢侈的做法。

齐鲁的奢靡之风,一方面表现于生前奢华的物质和精神生活享受,“今天下俗贪财贱义,好声色,上侈靡”⑤。富人整日锦衣玉

① 《史记》卷六九《苏秦列传》。

② 《汉书》卷八九《龚遂传》。

③ 《史记》卷三〇《平准书》。

④ 《春秋谷梁传·庄公二十四年》记载古代礼制规定自天子以至大夫都不得雕刻宫庙之桷,否则即是违礼。

⑤ 《汉书》卷八一《匡衡传》。

食，住着豪宅大院，并蓄养了大批的仆从、歌伎等供自己役使，生活极其奢侈荒淫。“豪富吏民畜歌者至数十人”[①]，“豪人之室，连栋数百……妖童美妾，填乎绮室；倡讴（伎）乐，列乎深堂”[②]。另一方面还表现在死后的厚葬送终上。“世以厚葬为德，薄终为鄙”[③]。两汉时代，地方豪强大族丧葬礼仪僭越现象并不鲜见，随葬品中的奢侈品多有发现。山东临沂、胶东、临淄三地出土的汉代墓葬中就出土了大量制作精美的漆器；临沂金雀山 9 号汉墓帛画[④]中的人间部分描绘墓主人的起居、会见宾朋、纺织、乐舞、角抵等场景，他们都想把生前的奢靡享受带到死后的世界中。据考证，西汉武帝前后到东汉时期，发掘墓葬的随葬品数量、种类呈逐渐增多之势[⑤]，这反映着两汉时期愈演愈烈的奢靡之风。

齐、鲁的奢靡之风，比较而言，整体上当是齐盛于鲁，这也是与两地经济发展水平，尤其是与商品经济的发展状况相关的。山东嘉祥（属鲁地）武氏祠“庖厨图”与诸城（属齐地）前凉台“庖厨图”相比较[⑥]，明显可以看出，齐人的饮食远比鲁人奢侈丰富得多。但无论两者怎样此厚彼薄、奢侈习尚，都共同呈现出自上而下、上行下效的流布态势。上层社会竞于奢侈，下层民间则纷然仿效，最终风靡全国。如《韩非子·外储说左上》曰：“邹君好服长缨，左右皆服长缨，缨甚贵……百姓亦多服。”上层社会竞相厚葬，炫耀争名，

① 《汉书》卷七二《贡禹传》。

② 《后汉书》卷四九《仲长统传》。

③ 《后汉书》卷一下《光武帝纪下》。

④ 参见临沂金雀山汉墓发掘组《山东临沂金雀山九号汉墓发掘简报》，载《文物》1977 年第 11 期。

⑤ 参见林甘泉《中国经济通史·秦汉经济卷》，经济日报出版社 1999 年版，第 951 页。

⑥ 参见于秋伟《汉代画像石之“庖厨图”分析》，载《中国博物馆》2010 年第 2 期。

图5－5　诸城前凉台汉墓庖厨图画像石摹本（采自山东省文物考古研究所编著《山东20世纪的考古发现和研究》，科学出版社2005年版）

下层民间翕然而动，“黎民相慕效，至于发屋卖业”[①]，这些便是显例。

齐鲁奢靡习气的兴起事实上对齐鲁工商业的发展也产生了深刻影响，可以说两者在一定程度上是互为因果、彼此影响的：一方面，商品经济的发展助长了社会的奢靡风气；另一方面，奢靡风气又反过来对商品生产和贸易活动的发展产生导向性作用，致使奢侈品经营规模加速增长，两汉时代发达的贩运业在很大程度上成为以奢侈品为主要内容的商业贸易。《淮南子·齐俗训》云：“贵远方之货，珍难得之财，不积于养生之具。”《潜夫论·务本》曰：“今商竞鬻无用之货，淫侈之币。”在奢侈风潮的浸染下，城市奢侈品需求旺盛，导致城市手工业的转型发展加速脱离与农业器具生产相关的领域，多作“巧饰”、“鬻奇”，向生产少数人需要但获利甚丰的“雕琢之器”的方向发展。城市工商业的这种转型发展

① 《盐铁论》卷六《散不足》。

和奢侈品生产交易活动的发达，不是建立在社会分工和商品生产高度发达的基础上，而是超越生产力的发展水平，通过对四方特产、奇珍异物、雕琢玩好等的转运贸易，服务于社会上的尖端消费群体，因此它缺乏广泛而坚实的基础，易于受到各种条件的影响而迅速衰落，诸如政府的抑商政策、官营工商业的排挤、官吏对商人的勒索、战争破坏等。这也最终成为东汉以后齐鲁商业大衰落和城市经济衰退的一个重要因素。

三、“黄金满籯，不如一经”：齐鲁商贾的文化追求①

齐鲁商贾作为区域社会结构中一支重要的社会力量，活跃于齐鲁之地这样一个在先秦以来最富有文化气息的礼仪之邦，自然会受其文风濡染，从而在经营实践和社会生活中表现出较强的文化追求，成为周秦两汉时期齐鲁商贾传统的一大鲜明特征。具体而言，齐鲁商贾的文化追求表现在以下几个方面：

首先，出于商业经营的需要，齐鲁商人相对比较重视自身素质的提升和对基本商业知识的学习掌握，为此他们会主动接受相应的文化基础教育。这种文化教育是相对宽泛的概念，不必是正规的学堂式或师授式的教育，可以是在经营贸易、贩运活动中彼此口耳相传式的教育。商业经营活动有着职业本身的特殊性，要求从业者，即商业经营活动者，必须具备相对丰富的文化知识和多方面的职业技能。如：商品的种类属性、出产地，相应的商业地理知识、交易本身的账目运算、相关的生产技艺知识等都应该有相当程度的了解和掌握，唯有如此，才可能在商业经营中获利致富。齐俗博

① 关于齐鲁商贾的文化追求，本书第四章第三节亦有所涉及，可参见。

大兼蓄，商业发达，所谓“临淄，海岱之间一都会也，其中具五民云”①。繁荣的城市经济吸引着四方的商贾、游民云集于此。频繁的商业交往也推动了不同地域间的文化交流，大大加速了齐鲁商贾文化的积淀和商业地理知识的积累。

其次，地域文化的熏陶，造就了齐鲁尊儒好学的良好传统，并影响到商人群体，塑造了他们追求文化的品格。

齐鲁大地是春秋至两汉以来全国文化最为发达的地区，这里名士辈出，人才济济，是闻名远近的礼仪之乡，“故经秦历汉，敦经重义，风俗不薄，逆乱不萌。汉武帝以燕王旦上书，欲图为嗣，怒曰：‘生子当置齐、鲁礼义之乡，乃置于燕，果有争心’。”②春秋诸子学时代并为“显学”的儒、墨两家皆孕育于鲁地；战国时堪称全国文化中心的稷下学宫即设在齐都临淄；秦汉以来，儒风流韵，随着儒学的独尊和经学的兴盛，鲁文化突破狭隘地域，成长为全国性的正统官方文化，绵延两千余年。这一切无不昭示着齐鲁之地蔚为壮观的文化景象。

齐鲁之地兴盛的文风造就了齐鲁民众普遍好学的品格，《汉书·地理志下》称，在鲁地的多种习俗之中，“其好学犹愈于它俗”，可见鲁人普遍好学，尚儒术，崇礼敦朴。《史记·货殖列传》记载齐俗“宽缓阔达，而足智，好议论”。齐人这种博洽、足智与玄辩的气质同样是深厚的文化知识积淀的外化表征，说明了齐人之好学多识。如西汉东海人匡衡凿壁借光以勤学，千乘人兒宽“带经而锄”③，平原厌次（今山东惠民）人东方朔少贫，冬日乃得学书，

① 《汉书》卷二八下《地理志下》。
② 于钦《齐乘》卷五《风土》。
③ 《汉书》卷五八《兒宽传》。

“诵四十四万言”[①]等。这些无不印证着齐鲁好学的民风，这正成为“汉兴以来，鲁、东海多至卿相”[②]的文化背景。齐鲁厚重的文化积淀与崇儒好学的风气深深感染到齐鲁的商贾阶层，他们当中涌现出一批贾而好儒、贾而好学的杰出代表。

子贡就是这样一位典型人物。《韩诗外传》卷八记载：“夫子路，卞之野人也；子贡，卫之贾人也，皆学问于孔子，遂为天下显士。”这说明子贡早在拜师于孔子之前，即已经从事商业经营活动了，而在成为孔子门徒后，经过勤学苦读，成为名显天下的贤士。《史记·货殖列传》又记载：“子赣既学于仲尼，退而仕于卫，废著鬻财于曹、鲁之间。”这说明子贡投师习儒以后，并未放弃商业经营活动，这在《论语》、《孔子家语》等典籍中皆可找到佐证。子贡之生涯可以用“先贾后儒、亦儒亦贾”八字来大略加以概括，不少学者还把子贡作为后世儒商之宗。子贡从事商业经营，在曹、鲁、齐等地转货贸易，积累起巨额财富，但他能不为财所役，潜心向学，贾儒结合，展现出可贵的文化品格，集中代表了齐鲁商贾的文化追求。

再次，汉武帝表彰六经、独尊儒术，造就了两汉经学的空前兴盛。两汉经学的兴起对当时社会生活的诸多方面产生了巨大而深刻的影响，作为儒学故乡的齐鲁之地，求学诵经更是成为广泛的社会习尚，这深深影响到了齐鲁的商贾阶层。

在浓厚的经学氛围中，齐鲁商贾也表现出亲近儒学的倾向。一方面，他们重视对子弟进行儒学教育，积极向明经入仕的道路迈进。两汉以来，读经做官已成为整个社会的普遍意识。当时因读经、通经而封侯拜相者比比皆是，如公孙弘、匡衡、韦贤和韦玄

① 《汉书》卷六五《东方朔传》。

② 《汉书》卷二八下《地理志下》。

成父子、张禹等，他们成为汉代政坛的一道独特风景。随着汉朝政府对商贾市籍管理的逐渐松弛，商人入仕为官者渐多。齐鲁商贾阶层可以凭借雄厚的经济实力和丰富的营商经验为自己谋求政治前途，以变换身份、改换门庭；或者积极加强对子弟教育的投入，让他们读儒诵经，为未来入仕打下基础。对子弟教育的重视，在前文引述过的反映汉代田庄生活的《四民月令》里有具体论述，兹不赘述。

另一方面，齐鲁之地作为儒家文化的故乡，“济济邹鲁，礼义唯恭，诵习弦歌，于异他邦”①。齐鲁商贾在儒学风气的影响下，自觉地接受了儒家的伦理思想，并以此修身立德、待人处世。《后汉书·列女传》记载：

> 勃海鲍宣妻者，桓氏之女也，字少君。宣尝就少君父学，父奇其清苦，故以女妻之，装送资贿甚盛。宣不悦，谓妻曰：“少君生富骄，习美饰，而吾实贫贱，不敢当礼。”妻曰：“大人以先生修德守约，故使贱妾侍执巾栉。即奉承君子，唯命是从。”宣笑曰：“能如是，是吾志也。”妻乃悉归侍御服饰，更著短布裳，与宣共挽鹿车归乡里。拜姑礼毕，提瓮出汲，修行妇道，乡邦称之。

这则故事记述了西汉名士鲍宣之妻桓少君的事迹。渤海人鲍宣曾经跟随桓少君的父亲读书。少君的父亲看重他能过清苦生活，因此把女儿嫁给了他，并准备了丰厚的财物作为嫁妆。鲍宣不乐意，对妻子说：“少君您生在富贵骄奢的家庭里，习惯了漂亮的服饰，而我实在贫穷微贱得很，不敢接受这些礼物。”桓少君回答道：“父亲大人因为先生您能修养品德，克勤克俭，所以让我来侍候您。既已

① 《汉书》卷七三《韦贤传》。

嫁给了您,我只听您的吩咐。"鲍宣笑着说:"能做到这样,正合了我的心愿。"桓少君于是收拢了出嫁时的服饰,归还给娘家,改穿短的粗布衣裳,并跟鲍宣一道拉着鹿车来到乡下夫家。拜过婆婆后,她就提着罐子出去打水。她品行美好并谨守一般妇人的规范,当地人都称赞她。

桓少君的行为符合儒家思想的伦理原则。她虽出身于富贵家庭,但并没有富家小姐的脾性,而是知书达理。出嫁后,不嫌夫家贫穷,能勤俭持家、清贫自守。这种品格的养成与她父亲的家教和整个儒学氛围的熏陶密不可分。同样,那些资产丰裕的齐鲁富商大贾家庭也不乏其人,他们能在儒学氛围的熏陶下,自觉地重视儒学素养的修习和对子弟教育的投入。

四、齐鲁地区的市井文化①

这里的市井文化是指先秦秦汉以来,伴随城市商品经济的萌生发展而产生的一种以市民阶层为活动主体的独立的生活文化形态。市井文化既不同于正统的封建上层文化,也不同于乡野之地的民间传统,而是以市井的生活百态为关注对象,它反映着城市俗世生活的方方面面。春秋战国以来,齐鲁城市经济的崛起繁荣为齐鲁市井文化的产生发展提供了广阔空间。笔者根据有限的相关史料,意图呈现周秦两汉时期齐鲁商品经济大发展背景下齐鲁市井的文化生态。

(一)市井风貌

① 学术界有关市井的解释,可参见韩国磐《中国古代的市和市井市肆》,载《中国社会经济史研究》1997年第4期。本书参照李根蟠先生对"市井"的解释,参见其《汉代农村集市及相关问题》,载张国刚主编《中国社会历史评论》第4卷,商务印书馆2002年版,第203~205页。

齐鲁在封建之初，其城邑建制基本上是遵照周礼的规定。反映齐国手工业各工种规范和制造工艺水平的文献——《考工记》记载："匠人营国……左祖右社，面朝后市。"注：后市者，言在王宫后也。又云："市朝一夫。"因一夫授田百亩，说明当时市肆是建在王宫后面，其面积总约百亩之广。有关周秦两汉齐鲁市肆风貌的直接史料记载十分有限，但在《史记·孟尝君列传》中说："独不见夫趣市(朝)者乎？明旦，侧肩争门而入；日暮之后，过市朝者，掉臂而不顾。"注云："谓市之行列有如朝位，因言市朝耳。"这反映了战国时期齐鲁境内的市肆行列如同朝位一般整齐有序。当时齐相孟尝君所在的薛城就是规模较大的城市，"盖六万余家"[①]，其市肆风貌也应当如此。《周礼·天官·内宰》曰："凡建国，佐后立市，设其次，置其叙正其肆。""次"是指司市所居，"叙"为胥师贾师所居，说明市内建制按照市社、官厅、肆廛的顺序建设，其中肆廛列于两旁，可见当时的市、肆建制风貌是整齐且有规则的。如临淄城内国市与宫城的位置分布，可参见图5-6。

不仅在市、肆建制上有章可循，而且市、肆的管理井然有序，所谓"正其肆，陈其货贿，出其度、量、淳、制，祭之以阴礼"[②]。有司市、胥师、贾师等专职司守。《周礼·地官·司市》曰："凡市入，则胥执鞭度守门。市之群吏，平肆展成奠贾，上旌于思次以令市，市师莅焉。"这里的"市师"，即"司市"，"司市，掌市之治、教、政、刑、量度、禁令。以次叙分地而经市"[③]。就是说，当时"市"中所设的管理官员，其职责不仅在于监督商贩货物等出入城门，整顿摊肆货店排列场所，甚至还负责确定物价、监督违禁品买卖等，而且自身

① 《史记》卷七五《孟尝君列传》。
② 《周礼·天官·内宰》。
③ 《周礼·地官·司市》。

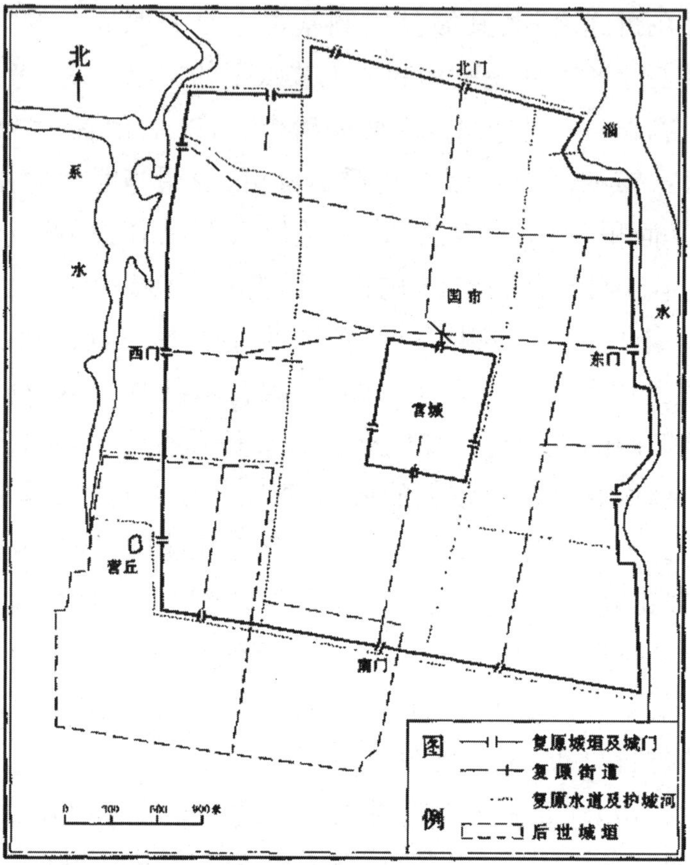

图5-6　西周时期临淄推测复原示意图（采自曲英杰《齐国故都临淄》，山东文艺出版社2004年版）

有专设的吏所治舍及其管理制度等。

随着商品经济向纵深发展，春秋以来齐鲁市肆的设置逐渐不再拘于周礼的限制，城市内市肆的数目增多，面积也在扩大，甚至在宫中设市，如齐桓公曾在宫中设有七市。① 但从整体上讲，齐鲁城邑之内市井的分布设置与日常管理均是遵循一定规制的，如管

① 《战国策》卷一《东周策》云："齐桓公宫中七市。"

子治齐，“定民之居”，形成“凡仕者近公、不仕与耕者近门、工贾近市”[1]的分布格局；《荀子·王制》记载齐政权专设“治市”一职，“修采清，易道路，谨盗贼，平室律，以时顺修，使宾旅安而货财通”，负责市场管理；即使是在面积较小、设有市肆的县邑之地，其市场也是秩序井然，“通都、小县、置社、有市之邑，莫不止事而奉上”[2]，因此，从整体上说，齐鲁的市井风貌俨然，规划有序。这是齐鲁统治者重视商业、有效管理的表现，反过来，市场的规范管理又吸引了四方的商旅，进一步推动了齐鲁商品经济的发展。

(二)市井百态

齐鲁市场的有序规划与有效管理，促成了市井的繁荣，来往穿梭于齐鲁市井的既有富商大贾、贩夫走卒，又有各色各类民间手工业者和游民，市井之内既有互通有无、坐列贩卖的交易行为，又有斗鸡走狗、吹弹博戏的娱乐活动，它们共同汇聚成一幅各县市井生活状态的画卷。

从齐鲁市井阶层的构成来看，整体上讲，市井阶层主要是以下层民众为主，尤其是在先秦时期，对于出入市井之人的身份有严格规定，身份较高的贵族是不允许入市买卖的。唐人刘禹锡《观市》记载：“由命士已上，不入于市，周礼有焉。”命士即先秦时期受有爵命的贵族子弟。贵族过市甚至要罚交帏、盖等物，“国君过市，则刑人赦；夫人过市，罚一幕；世子过市，罚一帟；命夫过市，罚一盖；命妇过市，罚一帷”[3]。但这种规定在春秋以来就并非铁板一块。《史记·鲁周公世家》载：“哀姜归齐，哭而过市，曰：‘天乎！襄仲为不道，杀适立庶！’市人皆哭。”《韩非子·外储说右下》载：“桓公

① 《管子·大匡》。

② 《战国策》卷一二《齐策五》。

③ 《周礼·地官·司市》。

被发而御妇人，日游于市。”桓公和哀姜，一位是国君，一位是夫人，均曾到过市井之所。秦汉沿用市籍制度，史料记载秦汉政权动辄征发有市籍的人戍边服役，说明市井人员多为下层，但西汉时，已经出现官吏坐市买卖的现象了。如《汉书·食货志下》载：“今弘羊令吏坐市列，贩物求利。”到了东汉时期，市籍制度逐渐淡化，有身份的人不入市的限制逐渐被打破，出入市井相对自由。

从市井生活来看，齐鲁市井文化圈内主要活动着商、工、农、医、卜、游民、术士、盗贼、无赖、娼妓等各色人员，因此，他们的活动方式构成了市井生活的主色调。

首先，当然是商人群体。《汉书·食货志上》云：“商贾大者积贮倍息，小者坐列贩卖，操其奇赢，日游都市。”买卖交易行为成为市井生活的最重要的内容。市井之中这种交易经营行为的参与者还包括一部分“农与工肆之人”，所谓“百工居肆以成其事”①，这里的百工既包括民间手工业者，他们到市场上出卖自己生产的物品；还有出入市井的农人，他们或出卖农产品以换取生产生活所需品，或来到市场出卖劳动力等。但由于周秦两汉时代商品经济发展总体水平有限，尤其是自然经济的主导地位等因素决定了农产品的商品化进程迟缓，故在汉代仍有“山民愿朴，乃有白首不入市井者”②的现象。

其次，其他各怀所长的技艺之人，如医、卜、游侠、术士、佣作、屠宰等。他们凭借一技之长出没于市井，不仅谋生度日绰绰有余，甚至可以借此致富。以卜者为例，战国时期，卜者已经走向市井。《战国策·齐策一》载：“田忌三战三胜，邹忌以告公孙闬。公孙闬

① 《论语·子张》。

② 《后汉书》卷七六《刘宠传》。

乃使人操十金而往卜于市，曰：'我，田忌之人也，吾三战而三胜，声威天下，欲为大事，亦吉否？'卜者出，因令人捕为人卜者，亦验其辞于王前，田忌遂走。"一次占卜需十金之多，足见操卜祝之业者收入颇丰，难怪有"上有天子诸侯之势尊，下有猗顿、陶朱、卜祝之富"[1]的说法。还有蓍筮者，至少在春秋战国之际，蓍筮已广泛流传于民间。《墨子·公孟》载："子墨子曰：'……且有二生，于此善筮，一行为人筮者，一处而不出者。行为人筮者与处而不出者，其糈孰多？'公孟子曰：'行为人筮者其糈多。'"这反映出善筮者有可能出没于市井，以谋生致富。

再次，市井之中还充斥着盗贼、无赖、乞丐、娼妓之流，他们为市井生活增添了另类色彩。前文所述的在齐国集市上的"攫金者"即为盗贼之类。市场管理上的一项重要任务就是防范缉拿盗贼，说明周秦两汉时代盗贼出没于市井是常有之事；还有市井无赖之徒，汉高祖刘邦即曾是此类典型，常从王媪、武负处赊酒，经常酩酊大醉，而且酒债高筑，至于"酒雠数倍"[2]而不偿。关于乞丐，《吴越春秋·王僚使公子光传》记载伍子胥逃难到吴地之初，曾"行乞于市"。《史记·刺客列传》载智伯门客豫让也曾"行乞于市"，虽然这些无赖、行乞等现象不是直接发生在齐鲁市场上，但他们都具有相当的普遍性，在齐鲁的市井之中也必然有类似的角色。至于娼妓，管仲治齐，设"女闾"，说明春秋时期的齐国在市井之中已经设立国家妓院，妓女受到政权庇护，可以光明正大地从业经营，这在当时的列国中当数开山之举，可称为齐国市井中的独特景观。

市井生活还有一项重要内容，带有血腥的震撼力，即诛杀罪犯

① 《韩非子·解老》。

② 《史记》卷八《高祖本纪》。

的现象。《论语·宪问》:“吾力犹能肆诸市朝。”刘宝楠注:“陈其尸曰肆者。”这既是政权执行律法的惯做法,又是齐鲁市井生活中的一项内容。

(三)市井习尚

市井之所本是鱼龙混杂、各色人等货卖求利的场所,既有诚信经营的良商诚贾,又有欺行霸市的奸商无赖等,市井阶层来源的复杂性决定了市井习尚的多元性。观市井之风足现一地之风,乃至一国之貌。

春秋以降,齐鲁之地的经济富庶、商业发达,在很长时间里一直冠盖诸侯。秦汉以后,东方齐地仍不失为最重要的经济区之一,随着齐鲁市井的繁荣,求利追富的心理自然成为齐鲁市井之人的普遍习尚。《风俗通·穷通》载孟尝君曾被驱逐出齐国,现在返回了齐国,但他对齐国的大夫旧僚仍心怀怨恨。谭子劝谏道:“夫富贵,则人争归之;贫贱,则人争去之。”并“请以市论”,即以市井生活“朝盈夕虚”的状态来比喻人性“奔富贵、恶贫贱”的道理,可见市井之人当为此类之典型也。求利媚富的市井心态在前文中曾有论及,兹不赘述。笔者下面将从市井行业神信仰和消闲娱乐的生活方式两方面展现齐鲁市井的习尚和特征。

首先,市井行业神信仰。后世市井崇拜的行业神之中涉及不少先秦秦汉时期的齐鲁人物。如鲁班,即公输般,鲁国人,因其在建筑、木工、雕刻方面的卓越技能与突出贡献,被后人奉为木工祖师;齐相管仲,被奉为盐业与娼妓业的保护神,管仲曾实行“官山海”的政策,大兴盐业,故盐业尊其为祖神,管仲佐齐,又设“女闾”,开了国家经营娼妓业的先河,在他的影响下,春秋各国纷纷效仿,管仲作为妓女的庇护神的地位也得到认可;孙膑本是战国时期杰出的军事理论家和军事指挥家,齐国阿地(今山东阳谷县东北)

人,因他创立的博弈论,在赛马中屡屡获胜,故人们尊之为赌博业祖师,另外他还被拜为靴鞋业的祖神,因孙膑遭刑后,为了步履和生存,曾制假靴穿着,故后人从事靴鞋业者拜孙膑为祖;东方朔,西汉时齐人,学识渊博,谈吐幽默,故后世相声行把他尊为祖师爷,因他号"曼倩",过去有人称相声是"曼倩艺术"。这些行业神的传说有些是有所依据的,有的更多是后人杜撰附会而来的。但无论如何,行业神的崇拜,其本身是市井习尚的重要表现,在一定程度上对于凝聚行业优势、创立行业特色传统发挥着不可替代的作用。

其次,齐鲁市井生活的消闲娱乐。城市是一地的经济中心,市井则是一城的经济中心,具有人口多、流动大的特征,因此,在通都大邑之中,一些适应普通市民阶层生活的娱乐游戏活动常常出现于市井内。

图5-7 明万历年间绘孙膑像(采自谢祥皓主编《孙子志》,山东人民出版社2009年版)

《战国策·齐策一》曰:"临淄甚富而实,其民无不吹竽、鼓瑟、击筑、弹琴、斗鸡、走犬、六博、蹹鞠者;临淄之(途),车(毂)击,人肩摩,连衽成帷,举袂成幕,挥汗成雨,家敦而富,志高而扬。"由此反映出齐都临淄市民生活中的娱乐游戏活动之丰富。归纳而言,先秦秦汉以来市井娱乐活动至少有以下几类：

第一，吹竽、鼓瑟、击筑、弹琴等乐器演奏类。

第二，斗鸡、走犬、六博、蹹鞠等游戏类，但它们大多带有赌博性质。比如鲁国历史上有名的"斗鸡之变"，就是由一场普通的贵族间的赌博游戏而演化成的政治风波。《汉书·食货志下》云："世家子弟富人或斗鸡走狗马，弋猎博戏，乱齐民。"可见秦汉以来这种带有赌博性质的游戏娱乐活动在市井之中一直长盛不衰。

图5－8　临淄大武乡窝托村齐王墓出土的西汉铜骰子（采自张连利等编《山东淄博文物精粹》，山东画报出版社2002年版）

第三，秦汉时期流行的乐舞杂技表演。乐舞杂技表演也被称为百戏，这是随着秦汉以来经济文化的发展而兴起的一种表演艺术，它混合了竞技、杂耍、歌舞、幻形等多项内容，这种艺术表现形式的出现大大丰富了齐鲁城市的娱乐生活。山东出土的汉画像石资料就有杂耍宴乐图，如山东沂南北寨村墓中室东壁门楣上的乐舞百戏图就生动地反映了当时的城市娱乐生活。[1]

① 参见蒋英炬、杨爱国《汉代画像石与画像砖》，文物出版社2003年版，第57页。

春秋至两汉时代是我国奴隶制社会逐渐瓦解、封建社会初步确立并上升的时期，经济、政治、文化的发展，推动着城市工商业的稳步前进，齐鲁相对发达的商业市场为游戏娱乐等市井文化活动在市民中的勃兴创造了有利条件。市井习尚与生活方式具有较强的辐射影响力，在"孟母三迁"的故事中，孟母曾迁居市井附近，"舍市傍，其嬉戏为贾人炫卖之事"①；《西京杂记》卷四记载："茂陵文固阳，本琅邪人，善驯野雉为媒，用以射雉。每以三春之月，为茅

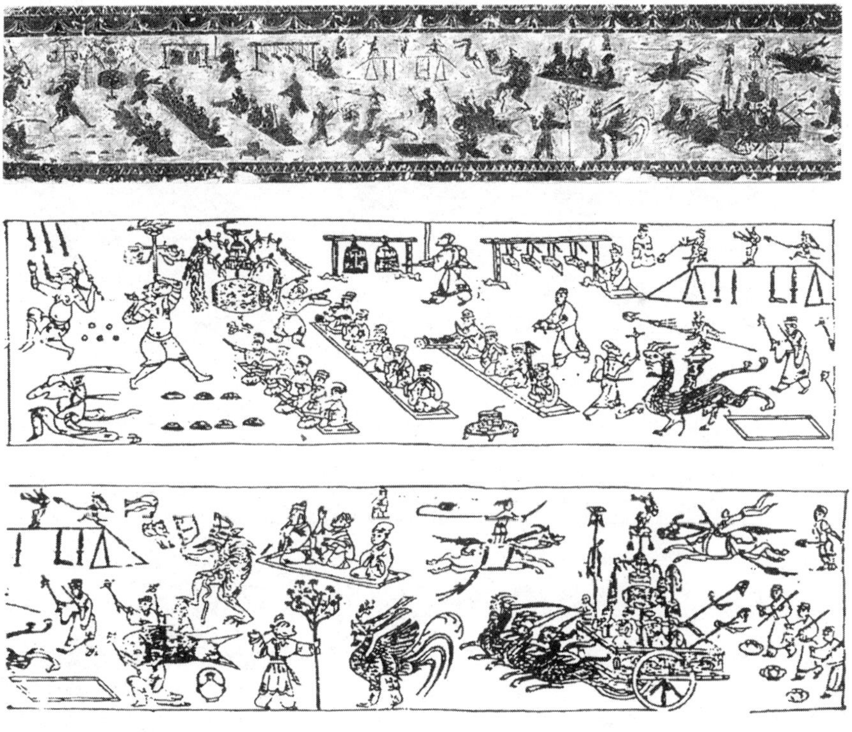

图5－9　沂南北寨村汉墓出土的乐舞百戏图（采自蒋英炬等《汉代画像石与画像砖》，文物出版社2003年版）

① 《列女传·母仪传》。

障以自翳，用鞬矢以射之，日连百数。茂陵轻薄者从之，皆以杂宝错厕翳障，以青州芦苇为弩矢，轻骑妖服，追随于道路，以为欢娱也。”这些都反映着市井文化的强大影响力。不仅如此，市井文化还具有很强的包容性，体现出多元化的特征，商、工、医、卜、盗贼、娼妓、艺人、乞丐等各色人物均能在市井之中比肩而立。齐鲁的市井风气与市井文化是周秦两汉时期整个城市商业文化的重要组成部分，它的行业神崇拜与文化娱乐性特征等反映着齐鲁市井的繁盛与商业的发达。市井文化集中体现了市民阶层的生活品味与精神追求，是中国文化的重要构成部分。

第六章　先秦秦汉时期齐鲁诸子的商业思想

齐鲁之地是中国文化的重要发源地，先秦以来在这块文明沃土上涌现出一大批杰出的思想家兼政治活动家，他们的商业思想通过他们的政治实践对齐鲁商贾的经营活动发挥了某种程度上的影响，成为齐鲁商贾传统的重要理论基石。因此，探讨齐鲁诸子的商业思想对于研究齐鲁商贾传统有重要的理论价值。

第一节　管仲、晏婴的商业思想

齐国发达的商业不仅得益于立国之初太公推行"劝其女工，极技巧"、"通商工之业，便鱼盐之利"[①]的经济发展发针，而且得益于齐国后继统治者继续奉行适宜的商业发展战略，前者开其端，后者承其绪，共同造就了周秦两汉时代齐地富庶繁荣的经济面貌。管仲、晏婴是继太公之后齐国最为杰出的政治家，他们的商业思想寓于他们的政治实践中，并积淀为齐鲁商贾精神和商贾文化的重要

① 《史记》卷一二九《货殖列传》。

内容。

一、管仲的商业思想

图6-1 管仲像(采自中国历史博物馆保管部编《中国历代名人画像谱》第1册,海峡文艺出版社2003年版)

管仲(? ~公元前645年),名夷吾,颍上(今安徽颍上)人,后人尊之为管子。由于其一生主要的政治活动都发生在齐国,故在此将他作为齐鲁诸子之一。管仲早年贫困,曾经营过商业,后由鲍叔牙推荐,得以任政相齐。齐桓公在他的辅佐下,“九合诸侯,一匡天下”①,成为春秋时期的五霸之首。管仲治齐,采取“富国强兵”的改革措施,在经济上十分重视商业贸易活动对国家财政收益的影响。管仲的商业思想集中地反映在《管子》一书中。《管子》一书虽是管仲死后齐人编纂的,多有假托的成分,其中部分内容反映的甚至是秦汉时代的情况,但从总体上讲,《管子》仍可在一定程度上反映出管仲的思想和观点,并体现着齐人的思想传统。本节以《管子》一书和管仲推行的主要经济政策为线索,系统探求其商业思想。管子的商业思想概括起来,主要有以下几个方面:

(一)四民分业定居的主张与商贾的规范化管理模式

四民分业定居,是管仲较为突出的经济主张,反映了齐政权对商贾阶层的统一规范化管理的历史事实,体现着管子本人对商业

① 《史记》卷六二《管晏列传》。

的重视程度。四民分业定居的主张，具体而言，就是把全国的百姓按照士、农、工、商分为四大社会阶层，管子把全国分为21个乡，其中“商工之乡六，士农之乡十五”①。各个阶层分别聚居于固定的地区，“处士必于闲燕，处农必就田野，处工必就官府，处商必就市井”②。可见，齐地的商贾主要是聚居于市井之所附近。

管仲提出四民分业定居的主张与治理措施，从客观上反映出春秋时期齐国自由的工商业者已经大量涌现，旧有的社会结构发生了较大变化。面临新的社会形势和阶级关系，为实现富国强兵的目标，管仲提出了这一主张。四民分业定居政策的推行实施对齐国的经济发展和社会稳定发挥了积极作用。一方面，四民分业定居十分有利于国家统一规范化的管理，能达到“定民之居，成民之事”③的目的，能够减小因政治动荡、阶级分化等造成的不稳定因素对社会多方面的冲击，有利于齐政权对社会进行有效控制。另一方面，这一主张还规定了各种职业集团内部世代承袭的制度，稳定了四民在职业上的社会分工，从而形成“士之子常为士”、“农之子常为农”、“工之子常为工”、“商之子常为商”④的格局。

管仲对齐国商人实行集中聚集定居的措施，不仅有利于齐政权对其进行集约化的管理，而且能在客观上促进商贾群体内部的信息、经验的交流，极有利于形成较浓厚的专业环境和商业经营氛围，有利于商品生产和流通的发展；商贾子弟幼受其教，能够掌握相应的商业经营技能，能使人安于其业、专于其业，增强职业的稳定性。《管子·小匡》曰：

① 《管子·小匡》。
② 《管子·小匡》。
③ 《管子·小匡》。
④ 《管子·小匡》。

> 今夫商群萃而州处，观凶饥，审国变，察其四时而监其乡之货，以知其市之贾。负任担荷，服牛辂马，以周四方；料多少，计贵贱，以其所有，易其所无，买贱鬻贵。是以羽旄不求而至，竹箭有余于国；奇怪时来，珍异物聚。旦昔从事于此，以教其子弟。相语以利，相示以时，相陈以知贾。少而习焉，其心安焉，不见异物而迁焉。是故其父兄之教，不肃而成；其子弟之学，不劳而能。夫是故商之子常为商。

管仲推行的四民分业定居的措施，将工商业与士农并列为当时的四民，充分肯定了商业作为一种重要的社会职业的地位，与士、农、工三者一道构成了当时四种不同的职业集团，反映了管子对工商业的积极肯定。这是对齐国“通商工之业”的历史传统的继承与发展，反映出其重商倾向。

（二）官山海，通诸侯，大力发展商业贸易

齐国有地处滨海的地理优势，既得海路经商之便，又富有渔盐等特产资源。管仲依据齐国这一得天独厚的地理条件和优势资源，大力发展商业贸易，提出了“官山海”与“通诸侯”的两大经济策略。

首先是“官山海”之策。《管子·海王》篇记载了齐桓公与管仲的一段对话：

> 桓公问于管子曰：“吾欲藉于台雉，何如？”管子对曰：“此毁成也。”“吾欲藉于树木？”管子对曰：“此伐生也。”“吾欲藉于六畜？”管子对曰：“此杀生也。”“吾欲藉于人，何如？”管子对曰：“此隐情也。”桓公曰：“然则吾何以为国？”管子对曰：“唯官山海为可耳。”

这段文字的大意是，桓公问管仲说：“我想要征收房屋税，你看如何？”管仲回答说：“这等于叫人们拆毁房子。”“我要征收树木税呢?”管仲回答说:“这等于叫人们砍伐幼树。”“我要征收牲畜税呢?”管仲回答说:“这等于叫人们杀死幼畜。”“我要对人口征收赋税,又怎么样?”管仲回答说:“这等于叫人们收闭情欲。”桓公说:“那么,靠什么来管理国家呢?”管仲回答说:“只有专营山海资源才是可行的。”

官山海的具体政策又是什么呢?《管子·海王》篇接着记述道:

> 桓公曰:“何谓‘官山海’?”管子对曰:“海王之国,谨正盐策。”

可见管子的“官山海”理论,是指临海的国家可以依靠海洋资源作为国家财政的支柱,正如俞樾注云:“海王,言负海之利而王也。”具体而言,主要是指由国家直接经营盐(还包括铁)等山海资源的生产和流通,制订严格的盐铁政策,寓税于价,满足国家财政需求。颜昌峣在《管子校释·海王》篇中指出:“官山海,谓山置铁官,海置盐官也。”

盐铁作为人们日常生产、生活的必需品,是最重要的商品。管子积极主张对此应该实行官营,放弃原来自由放任的政策,采取“盐铁专卖”的办法。这种专卖式的“官山海”政策对齐国的经济发展发挥了极其重要的意义。“今夫给之盐策,则百倍归于上,人无以避此者,数也。”①管仲的“盐铁专卖”主张是一种民制、官收、官运、官销的经营方式,官府完全控制流通环节。以盐为例,即准许平民采伐枯柴,煮海水制盐,所产盐由官府以征税和收购方式积存起来。生产允许民营,运输、销售则全部由官府掌握。国家把从生产者处收购来的食盐酌加盐价,寓税于价,不另收税。就铁器而

① 《管子·海王》。

言,先由私人开矿冶铸,进行生产,由政府和私人分成,“量其重,计其赢,民得其七,君得其三”①。铁的制成品由官府统一收购,计算其所得利润,也以三成归宫府。铁器全由官府通过所属的官贾销售,按户籍编制供应给农家。销售铁器时,售价适当增加,以代征税。

这种寓税于价的征税方式,是间接的税民措施,达到了“见予之形,不见夺之理”②的境界,符合了“予则喜,夺则怒”③的民众心理,自然得到了民众的拥护。这样既增加了国家的财政收入,也调动了人们的生产积极性,可以促进盐铁生产的发展和铁制农具广泛推广。

由此可见,管仲提出的“官山海”政策,是对山泽资源和盐、铁等重要商品实行的统制与专卖,但它并非指从生产到流通的全面垄断与专利经营,而是注意照顾到生产者的相应利益。管仲是站在国家利益的高度上,主张通过国家对盐、铁实行专卖的商业活动来扩大财政收入来源。他把这称为“利出一孔”,说“利出于一孔者,其国无敌”④,如果利出多孔,“其国必亡”⑤。他是把商业的发展控制在有利于生产发展和维护国家繁荣的限度内。

其次是“通诸侯”之策。这一策略的主要内容就是积极鼓励并大力发展对外贸易。管仲从发展齐国经济的角度出发,鼓励和支持发展对外贸易,加强与当时的其他诸侯国之间的商业往来。

管仲主张积极发挥齐国的经济优势,鼓励齐国的商品出口至

① 《管子·轻重乙》。
② 《管子·国蓄》。
③ 《管子·国蓄》。
④ 《管子·国蓄》。
⑤ 《管子·国蓄》。

其他诸侯国。齐桓公接纳了管仲的建议,鼓励把齐国的鱼盐和手工业产品输往各国。以海盐出口为例,《管子·轻重甲》记载齐桓公下令每年冬闲之际要求民众“伐菹薪,煮沸火为盐……十月始正,至于正月,成盐三万六千钟”,然后“粜之梁、赵、宋、卫、濮阳。彼尽馈食之也”。大批食盐出口到缺盐的内陆诸侯国,换得“成金万千余斤”的巨额收益。《管子·小匡》篇也称“通齐国之鱼盐东莱,使关市几而不正,廛而不税”,允许并鼓励商人把齐国的鱼盐产品从齐国输往别国,让商人自由出口而不纳关税,商品在国与国之间顺畅地流通,这既在道义上给诸侯各国谋福祉,向他们提供了物资支援和补充,为齐国赢得了良好的声誉,使得“诸侯称宽焉”[①],又在实际上为齐国自身增加了财政收入,活跃繁荣了本国商业,大大增强了齐国的国际影响力。

管仲还积极吸引外来商贾,吸引其他诸侯国的多余商品,如兽皮、骨筋、角、羽毛、象齿、皮革等军需用品和奇珍异物输入齐国。为了发展齐国与诸侯各国间的商业贸易,管仲作了多方面的努力。一是利用外交活动积极配合,取消打破原来各国间存在的交易壁垒,使齐国同各国的贸易活动能受到互惠的优待,保证商道的畅通。二是积极为外来商人提供优厚的待遇。不但二十里置一驿站,积储食物以供客商,而且齐国都城还“为诸侯之商贾立客舍,一乘者有食,三乘者有刍菽,五乘者有伍养”[②]。即为外商兴建馆舍,提供免费伙食、供应饲料、专人服务等优惠条件,甚至设立女闾为商贾服务。这样,“天下之商贾归齐若流水”[③],从而为齐国带来了丰厚的商业收益。

① 《管子·小匡》。
② 《管子·轻重乙》。
③ 《管子·轻重乙》。

（三）市场理论与市场调控的措施

商业贸易离不开市场，商品间的交换是通过市场环节来实现的。管子的商业思想就包括丰富的市场理论与市场调节思想。出身于商贾的管仲本人对市场的性质、功能及商品与市场的内在关联有较透彻的理解与把握。

首先，从市场性质来看，管子认识到“市者……可以知多寡，而不能为多寡”[①]的基本特性。市场能够反映出社会财富的多寡，但其本身并不能决定社会财富的增减，它不像生产或消费那样，能创造或消耗社会财富，市场只是完成商品在不同所有者之间的过渡。同时，他还认为市场是反映商品价格高低的场所，“市者，货之准也”[②]。市场成为展示社会经济活动的窗口。这些认识反映了他对市场性质的透彻见解。

其次，对市场功能的认识。管仲意识到，尽管市场本身并不直接创造社会财富，但市场在整个社会生活中扮演着十分重要的角色，是不可或缺的。《管子·乘马》篇说“聚者有市，无市则民乏”，强调市场对百姓生活的巨大作用，深刻反映了管子对市场功能的重视程度。市场最基本的功能就是满足商品物资交换的需要，“以其所有，易其所无”[③]，“市者，天地之财具也，而万人之所和而利也”[④]，市场成为联系沟通生产与消费的中间环节。管子同时也注意到市场还是商人货卖求利的经营场所，成为这些非物质生产者谋求经济利益的手段。《管子·禁藏》篇指出：“其商人通贾，倍道兼行，夜以续日，千里而不远者，利在前也。”管子推行商贾定居处

① 《管子·乘马》。
② 《管子·乘马》。
③ 《管子·小匡》。
④ 《管子·问》。

市的做法也表明了这一点。

再次,关于市场调节的思想。管子对市场性质、功能的准确定位和透彻认识,为其市场调节理论奠定了基础。为了更好地发展商业,使其处在有利于国家利益的范围内,管仲主张运用市场调节手段,适度控制商业。为此,他提出从以下几个方面着手:

一是掌握货币,平抑物价,调剂供求。他主张国家必须掌握货币的铸造,由官府来控制货币流通。"人君铸钱立币,民庶之通施也","黄金刀币,民之通施也。故善者执其通施"。[①] 货币是商品流通的媒介,货币铸造、发行情况直接影响其实际购买力的大小及市场的稳定。管仲认为货币数量、质量必须坚持适度原则,否则,钱币轻贱,起不到"通施"作用,所谓"币重则民死利,币轻则决而不用,故轻重调于数而止"[②]。

二是通过商品价格、供求的变化,及时采取措施调节市场。《史记·平准书》记载:"齐桓公用管仲之谋,通轻重之权。"在传统农业社会结构下,粮食是最基本最重要的物资,"五谷食米,民之司命也"、"万物之主也"[③],在管子生活的时代,商品市场处于发育初期,粮食与其他商品之间容易形成反向对比关系,所谓"谷贵则万物必贱,谷贱则万物必贵"[④]。他主张利用粮食与其他商品在人民经济生活中的轻重缓急情况,由国家参与粮食的购销经营,调剂粮食供求,从而达到控制物价、稳定市场的目的,同时打击富商大贾的投机暴利行为;并主张在农民耕种时实行预购,由官府向农民供应粮食、种子和生产资料,收获时收回农产品,从而抵制大商贾对

① 《管子·国蓄》。
② 《管子·揆度》。
③ 《管子·国蓄》。
④ 《管子·国蓄》。

农民的盘剥。国家参与市场调控能保护和促进农业生产的稳定和发展。

最后,关于“商战”的理论。管子的商业思想中特别值得指出的是其“商战”思想,体现出以商治国的巧妙智慧。这里的“商战”不仅指通常意义上的商业经营行为主体之间以获求经济利益为目的而形成的激烈竞争,而且还指代以商业为手段,达到压制、战胜敌对阵营的政治、军事目的,是一场实实在在的没有硝烟的战争。这在《管子·轻重》诸篇中有集中反映。以《管子·轻重戊》为例,它反映了齐桓公争霸之初的历史背景,当时齐国国力尚未强大,尤其是经历长勺之战的失败后,联宋伐鲁再次败归,军事上接连失利,不敌鲁国,齐桓公就转而采用了管仲的计策,从经济上谋划制鲁。《管子·轻重戊》记载:

> 桓公曰:“……今吾欲下鲁梁,何行而可?”管子对曰:“鲁梁之民,俗为绨。公服绨,令左右服之,民从而服之。公因令齐勿敢为,必仰于鲁梁,则是鲁梁释其农事而作绨矣。”桓公曰:“诺。”即为服于泰山之阳,十日而服之。管子告鲁梁之贾人曰:“子为我致绨千匹,赐子金三百斤,什至而金三十金。”则是鲁梁不赋于民,财用足也。鲁梁之君闻之,则教其民为绨。十三月,而管子令人之鲁梁,鲁梁郭中之民,道路扬尘,十步不相见,绁繑而踵相随,车毂齺骑连伍而行。管子曰:“鲁梁可下矣。”公曰:“奈何?”管子对曰:“公宜服帛,率民去绨,闭关,毋与鲁梁通使。”公曰:“诺。”后十月,管子令人之鲁梁,鲁梁之民饿馁相及,应声之正无以给上。鲁梁之君即令其民去绨修农。谷不可以三月而得。鲁梁之人籴十百,齐粜十钱。二十四月,鲁梁之民归齐者十分之六。三年,鲁梁之君请服。

管仲针对鲁梁百姓善于织绨的传统,建议齐桓公穿用绨衣,并让身边的大臣随从也服之，齐人纷然效仿，同时下令齐人不得织绨，自然导致市面上的绨供不应求，只得仰赖从鲁梁进口。齐国不断以高价从鲁梁购绨。在厚利的引诱下，鲁梁百姓纷纷织绨，弃置农耕。而一年多后，管仲见时机成熟，突然下令禁购鲁绨，禁穿绨衣，并传令各关隘要塞断绝与鲁梁的经济往来，对其实行经济封锁。鲁梁突遇此变，大闹粮荒，粮价飞涨，鲁梁之君急忙令民修农生产，然而因农业生产周期较长的客观限制，远水难解近渴，只能是回天乏力。而齐国粮食储备充足，粮价低廉，于是鲁梁百姓纷纷迁到齐境，鲁梁经济体系崩溃，鲁梁之君不得不请服于齐，齐国可谓不战而胜。公元前682年冬，鲁庄公在齐鲁两国无战事的情况下主动与齐桓公请盟言和，便是事所迫然。

综上所述，管子是我国历史上一位十分重视商业并善于管理商业的执政者，具有卓越的商业智慧和远见。其商业思想具有重大的社会意义，它第一次系统地提出了士农工商四大社会阶层的划分方式，为后世历朝所接受；其轻重理论与市场调控措施为后世的封建财政家们借鉴发挥；其某些商战手段，至今令人为之叹服。管子从政治家的立场出发，站在国家利益的高度上，系统阐述了自己的商业思想。它从客观上反映出当时齐国的工商业发展状况与管理模式，体现出对齐国通商惠商传统的继承与发扬。管子的商业思想成为其宏富的思想体系中最为重要的内容，某些主张至今都有着十分重要的借鉴价值。

二、晏子的商业思想

晏婴（？～公元前500年），字平仲，夷维（今山东高密）人，春秋时期齐国著名的政治家和思想家，曾历事三君，出任齐相，与当时的郑国子产、吴国季札并称“三贤”，被世人尊称为晏子。学术界关于晏子思想的研究，与先秦时期其他诸子的研究比较而言，要相对薄弱，本书以《晏子春秋》和《左传》中的有关材料为基础，从以下几方面来探讨晏子的商业思想。

第一，轻税通关与“不专其利”的惠商思想。

晏子执政的时代，正当姜齐政权日益旁落，齐民逐渐附归田氏的过渡时期，而当时齐国国君依然只顾奢华享受，厚敛无度，商业经营环境受到较大冲击。晏子针对这样的情势，提出了轻税通关与“不专其利”的惠商主张。

首先，从轻税通关来看，他指出了齐国赋税过度、苛役繁重的严酷事实。“今君税敛重，故民心离；市买悖，故商旅绝；玩好充，故家货殚。……于是令玩好不御，公市不豫，宫室不饰，业土不成，止役轻税”①。过度的市征税负严重挫伤了商业经营者的积极性，一方面，物价飞涨，商旅失利，形成“市买悖”、“商旅绝”的萧条局面；而另一方面，习尚奢极，玩好之物充斥于市，而供民生日用者则匮乏无有。为了激发商业活力并扭转其畸形发展的趋向，晏子提出“关市省征”②的主张，从保护商业稳健发展的立场出发，要求轻税通关。

其次，从不专其利来看，晏子认为工商业的发展离不开轻税通关的优越环境，故主张“俭于藉敛，节于货财，作工不历时，使民不尽力，百官节适，关市省征”③，要求齐国国君能够惠民爱众，与民休息，减轻税收负担，不得殚尽民力；不仅如此，他还反对当时齐国推行的民众不得开发山林陂泽的禁令，提出“山林陂泽，不专其利”④

① 《晏子春秋·内篇问上》。
② 《晏子春秋·内篇问上》。
③ 《晏子春秋·内篇问上》。
④ 《晏子春秋·内篇问上》。

的主张,认为政府除控制渔盐之利以外,不得与民争利、垄断专利,不得干扰市场的经营秩序,这充分表现了晏子惠商护商的立场。

第二,义为利本的伦理取向。春秋时期,齐国私有制经济的快速膨胀带来了伦理思想领域的极大震荡,传统的道德伦理遭遇前所未有的挑战,功利主义思潮甚嚣尘上。这极易造成人们在财富追求上“唯利是图”的倾向,因此如何正确对待利益问题便成为当时伦理学争论的核心议题,即“义利之辨”。晏子在这一问题上也提出了自己的主张——“义,利之本也”[①]。义为利本是晏子主张对待财富追求的一个基本的伦理限度,尤其能成为指导商业经营活动的伦理规约。

义为利本的这一命题,蕴含两个层面的意义。一方面,强调了“义”对争“利”之心的限制与克服,所谓“利不可强,思义为愈”[②]。利是不可强取的,求利必须先想到义;另一方面,“义”成为利益满足的适度标准,利不可贪多、求快,须以“义”为宜。《左传·昭公十年》载晏子言曰:“姑使无蕴乎,可以滋长。”即利益财富不要敛聚为私,可以让它慢慢增长。《左传·襄公二十八年》也载晏子言曰:“且夫富,如布帛之有幅焉,为之制度,使无迁也。夫民生厚而用利,于是乎正德以幅之,使无黜嫚,谓之幅利。利过则为败。吾不敢贪多,所谓幅也。”他认为富有就像布帛一样,有一定的幅度限制,故而人们在追求财富利益的满足过程中需要端正道德,对其加以伦理上的限制,追求财富不能贪求过多过度,否则就会导致“败”、“孽”了。

第三,尚俭黜奢的消费观念。晏子针对当时齐国统治者奢靡

① 《左传·昭公十年》。
② 《左传·昭公十年》。

的生活方式和社会流行的侈靡习尚，提出了尚俭黜奢的主张，表达了其消费观的价值取向。晏子认为统治者的奢侈无度、贪图享乐，不仅于国无益，而且还会造成财政危机，招致人民怨恨，“今君穷台榭之高、极污池之深而不止，务于刻镂之巧、文章之观而不厌，则亦与民而雠矣。若臣之虑，恐国之危，而公不平也”①。上贪虐敛聚以供嗜欲，下贫疾无恤难以度日，晏子将这样的现象斥之为“暴”、“逆”、“贼”。《晏子春秋·内篇谏下》载：“穷民财力以供嗜欲谓之暴；崇玩好，威严拟乎君谓之逆；刑杀不辜谓之贼。”这势必会造成社会阶级矛盾日趋严重。为达到尚俭黜奢的目的，他要求统治者“节欲”，对待臣下能做到“无以嗜欲贫其家”②；对待百姓民众能“节欲则民富”③，从而达到君臣和睦、民爱其上的和谐状态。他还要求国君在日常的生活方式上效法先王明君，以俭为务。“法其节俭则可，法其服，居其室，无益也。……夫冠足以修敬，不务其饰；衣足以掩形御寒，不务其美。衣不务于隅肶之削，冠无觚羸之理，身服不杂采，首服不镂刻。”④

在劝谏国君统治者节欲务俭的同时，晏子本人躬行其则，身体力行。《史记·管晏列传》载晏子“以节俭力行重于齐。既相齐，食不重肉，妾不衣帛”。但晏子的尚俭黜奢并非笼统地反对财富的增加，只是在特定的时代背景下提出的一种适度消费的生活观念。这可以从晏子对待“啬”与“吝”、“爱”的不同认知上反映出来。《晏子春秋·内篇问下》载：

叔向问晏子曰：“啬吝爱之于行何如？”晏子对曰：“啬者，

① 《晏子春秋·内篇谏下》。
② 《晏子春秋·内篇问上》。
③ 《晏子春秋·内篇问上》。
④ 《晏子春秋·内篇谏下》。

君子之道;吝爱者,小人之行也。”叔向曰:“何谓也?”晏子曰:“称财多寡而节用之,富无金藏,贫不假贷,谓之啬;积多不能分人,而厚自养,谓之吝;不能分人,又不能自养,谓之爱。故夫啬者,君子之道;吝爱者,小人之行也。”

“啬”与“吝”、“爱”三者各自代表了三种不同的消费方式,晏子认同了作为君子之道的“啬”,它是合理的适度消费行为,是依据财产多寡权衡消费行为的理性方式。当自身富有时,不要惜财藏金,而应该积极消费或施财与人;当自身贫穷时,不可为满足嗜欲而借贷消费。晏子的“啬”道消费行为是建立在考虑自身经济实力基础上的理性选择。这样的消费方式与管子主张的俭奢统一的消费观,有着某种程度上的内在关联,均是提倡在合理范围内积极消费,只是由于管、晏二子所处的时代背景不同,社会发展的需求自然不同,故而作为时代思想家和政治家的管、晏二子在提出社会消费方式上各有偏重。

管子一方面反对奢侈的生活方式,认为“国侈则用费,用费则民贫,民贫则奸智生,奸智生则邪巧作。故奸邪之所生,生于匮不足;匮不足之所生,生于侈”①。奢侈的生活方式会导致民贫国困、道德败坏。但另一方面,他又主张积极消费,甚至奢侈消费,管子本人的生活就十分奢侈。《管子·权修》曰:“其积多者其食多,其积寡者其食寡,无积者不食。或有积而不食者,则民离上;有积多而食寡者,则民不力;有积寡而食多者,则民多诈;有无积而徒食者,则民偷幸。”管子在此反对“有积而不食”与“无积而徒食”的行为,这与晏子提倡的“富无金藏,贫不假贷”意旨相通。但管子所处的时代正是封建私有制经济艰难脱离奴隶制的羁绊而逐渐成长的

① 《管子·八观》。

时期，尤其是在图谋霸业的背景下，为达到国强民富的目标，提倡积极消费，有利于刺激新的经济关系的成长和增强国内工商业的活力。管子甚至说“莫善于侈靡”①，提倡大胆消费和适度奢侈消费，“饮食者也，侈乐者也，民之所愿也。足其所欲，赡其所愿，则能用之耳”②，“通于侈靡，而士可戚”③。管子从顺应人性所需和满足人们欲望的角度出发，把适度的奢侈消费作为调动人民积极性的一种驭人之道。从这层意义上讲，奢侈消费有其积极的作用。

晏子生活的时代，处在齐国公室衰落、田氏兴起的时期，晏子站在维护公室的立场，针对整个统治阶层贪婪暴虐与沉迷享乐的状况，提出尚俭黜奢的观点。这是晏子基于客观现实考虑而作出的社会救治主张，强调对社会奢侈现象的批判，而其自身的力行节俭、尚俭黜奢的主张与管子的奢侈生活、俭奢一统的观念等均形成鲜明对比。两者间既有显著的差异，又存在内在的关联，各有偏重，各适其由。

第二节　早期儒家的商业思想

形成于春秋末年的儒家学派是中国文化史上影响深远的一个学术派别，在先秦时期，其主要代表人物分别为儒家学派的创始人孔子与堪称“亚圣”的邹地大儒孟子，他们皆是鲁地人，本节将对他们的商业思想作系统探究，以期呈现早期儒家商业思想的概貌。

① 《管子·侈靡》。
② 《管子·侈靡》。
③ 《管子·侈靡》。

一、孔子的商业思想

孔子(公元前551～公元前479年),名丘,字仲尼,鲁国(今山东曲阜东南)人。他是我国历史上伟大的思想家、教育家,同时还是一位社会活动家,周游列国,积极投身政治实践。孔子生活的时代,处于春秋后期,奴隶制生产关系基本瓦解,新的经济形态正在成长,民间商品经济逐渐发展壮大。社会的这些客观变革引起了孔子的强烈关注,作为儒家学派的创始人,他建构起宏富博大的思想理论体系,对商业、经济、财富等问题都进行了不同程度的探究,形成了自身的商业财富思想体系。

图6－2　孔子像(采自中国历史博物馆保管部编《中国历代名人画像谱》第2册,海峡文艺出版社2003年版)

第一,通商惠商的基本态度。

在商业经营方面,孔子的基本态度是倾向于通商惠商的,认同商品流通的社会功能;主张统治者给商人提供相应的便利条件,消除阻碍商品流通的不利因素。孔子创办私学,授徒讲学,他的受业门徒之中即有商贾出身的子贡,且孔子周游列国多得子贡相助,可见孔子本人并不反对从事商业经营活动。《论语·子罕》篇记载了孔子与子贡在谈及美玉交易时的一段对白:

子贡曰:“有美玉于斯,韫椟而藏诸?求善贾而沽诸?”子曰:“沽之哉!沽之哉!我待贾者也。”

这段文字的大意是:孔子的学生子贡问孔子道:“这里有一块美玉,是装在匣子里藏起来呢?还是找个好价钱把它卖掉呢?”孔子说:“卖了吧,卖了吧!我是在等待识货者出个好价哩。”由此足见孔子熟悉商业活动,懂得待价而沽的经商之道。孔子认同商业还表现在他对卫国都城繁华的赞赏态度上。《论语·子路》载:

子适卫,冉有仆。子曰:“庶矣哉!”冉有曰:“既庶矣,又何加焉?”子曰:“富之。”

孔子进入卫境,见到卫都的市容繁华、人口众多,发出了“庶矣哉”的赞叹,表现了他对商品经济所持的赞赏态度。同时,对冉有的回答表明孔子支持卫国统治者继续推行和扩大卫文公以来的“通商惠工”政策,让更多的百姓富起来,从侧面表达了他希望利用商业贸易活动达到推动整个社会经济发展的目的,这是其通商思想的鲜明反映。

孔子不仅主张通商,而且还提出了不少惠商策略。如为了开放经济,以贸易有无,孔子要求弛山泽之禁,“入山泽以其时而无征”①,取消国家和贵族领主对山林川泽的垄断和专利,主张向民众商人开放,为他们的经营活动打开便利之门。《孔子家语·五仪解》记述孔子劝谏鲁哀公“废山泽之禁,弛关市之税,以惠百姓”。孔子还提出免征商税的主张,即“关讥市廛皆不收赋”②。免征商税无疑能大大调动商业经营者的积极性,方便商品流通,降低经营成本,对商品经济的发展起到一定的促进作用。

孔子的惠商主张还反映在他对阻碍和不利于商业活动的行为和现象进行严厉批判方面。他针对臧文仲设立关卡对过往商人征

① 《孔子家语》卷一《王言解》。
② 《孔子家语》卷一《王言解》。

收税金的做法给予了强烈的谴责，认为这是不仁的举动。他说："臧文仲，其不仁者三，不知者三。下展禽，置六关，妾织蒲，三不仁也；作虚器，纵逆祀，祀爰居，三不知也。"[①]在孔子看来，统治者以私营身份经营工商业，就是与民争利的行为，他非难藏文仲"妾织蒲"，正是出于这种认识。当然，在事实上，孔子对臧文仲做法的理解与评价与文仲本人的主观目的之间存在着差距，但不妨碍孔子对商业活动的主观支持与肯定。

第二，积极的市场管理措施。

孔子在鲁国从政期间，积极改良市容，规范市场秩序，努力营造公正、诚信的经营环境。孔子主张通商惠商，并为促进商业贸易的自由展开进行积极谋划。由于商品交换最终需要在市场上完成，因此市场环境是否井然有序，市场管理是否公正规范，直接考验着商品交换的质量、安全与可靠性。孔子已经认识到市场管理对商业经营的重要性，因此，他十分注意加强对市场进行整顿，自觉地把商业经营活动纳入到礼制规范的限度内。

首先，他提倡诚信经营，反对欺诈，注重对市场上所流通商品的质量进行把关。孔子要求"器不雕伪"[②]，严禁质量低劣、矫饰伪造的商品在市场上流通，并打击不法商贾哄抬物价等欺诈行为，《孔子家语·相鲁》曰："初，鲁之贩羊有沈犹氏者，常朝饮其羊以诈市人……鲁之鬻六畜者，饰之以储价。及孔子之为政也，则沈犹氏不敢朝饮其羊……三月，则鬻牛马者不储价；卖羊豚者不加饰。"经过孔子三个月的整顿，鲁国市场大为改观，商人的欺诈行为大为收敛。

① 《左传·文公二年》。原文中"置"作"废"，前文已有辨正，今径改之。
② 《孔子家语》卷上《相鲁》。

其次,孔子从维护礼制的角度出发,对市场流通的商品种类和性质作出限定。春秋以降,“礼崩乐坏”在某种程度上导致市场上商品种类芜杂,原属贵族才可使用的服饰、礼器和国家掌控的兵器等均可在市场上自由买卖,形成对礼乐制度的严重挑战,这为孔子所不容,故他对违反礼制的商品禁止进入市场。《孔子家语》记载共有十四种禁入市场流通的物品:“禁者十有四焉……凡执此禁以齐众者,不赦过也。”①

第三,义利之间的财富观。

孔子作为儒家学派的创始人,十分注重“义利之辨”,对利益与利益的正当性问题进行过深入的思考。

一方面,他肯定了人类追求利益财富的愿望,不回避求富逐利的社会现实。孔子曰:“富而可求也,虽执鞭之士,吾亦为之。”②意思是说,富裕如果真是可以求得到的话,就是做执鞭赶车的苦差事,我也愿意去干。利成为现实生活的一种客观需求,现实中不存在完全脱离“利”的生活状态。

另一方面,对利益财富的追求要符合“义”的标准,能够做到“见利思义”③,规范利益的正当性,体现出利益主体的道德性。《论语》中多处出现义、利对举的文句。如“富与贵,是人之所欲也,不以其道得之,不处也;贫与贱,是人之所恶也,不以其道得之,不去也”④;“不义而富且贵,于我如浮云”⑤;“邦有道,贫且贱焉,耻也;邦无道,富且贵焉,耻也”⑥。等等。这些文句十分明晰地规范

① 《孔子家语》卷七《刑政》。
② 《论语·述而》。
③ 《论语·宪问》。
④ 《论语·里仁》。
⑤ 《论语·述而》。
⑥ 《论语·泰伯》。

了个人利益在获取方式上的正当性。人类求富贵、去贫贱的愿望，是主体的天性和自然的心理需求的反映，关键在于要考虑其实现愿望及满足的方式是否符合道义的标准。在孔子看来，邦有道下的处贫穷与邦无道下的享富贵同样都是可耻的事，不以其道获得的富贵是不可取的。

孔子义利之间的财富观在其商业思想中具有直接的价值指导意义，他为利益追求主体的商人阶层规范了道义伦理上的标准，并能突破功利主义的伦理范围，提出了“义以为质”、“义以为上”的更高标准，升华为人性自觉的价值追求和本体体认，成为一种具有本体地位的社会价值体系。

第四，“富而后教”的全面发展。

孔子站在治国的立场上，认为统治者应当先养民，以繁衍和增加人口；再富民，保障他们的基本生活并拥有一定的财产，使他们富裕起来；最后，当百姓富裕之后，治理国家的重心就应当转向教化，形成系统的“庶之—富之—教之”的治国论，这些记述均见于《论语·子路》篇。就商人而言，他们经过诚信经营，积累起较多财富，成为富人阶层以后，不可只一味钻营财富积累，而应该同时重视人才的培养与教育的投资，提高文化素质与道德修养。孔子“富而后教”的思想，是一个紧密联系的整体，是物质财富创造与精神文化追求相结合的有机统一。“富而后教”体现出商人群体在获利致富后的更高德性取向和价值追求。这与管子所言的“仓廪实则知礼节，衣食足则知荣辱”的说法在内涵上有融通之处，但两者又有差异。管子之言看到了经济基础对道德意识的决定作用，但只是单向度的自发行为；而孔子“富而后教”的思想则体现出双向度的作用与反作用，强调了道德教化的独立价值和主体地位，意识到“教”对“富”的能动性作用：富而受教，可以提高商人的道德素养，并反过来促使他们确立正确的财富观，更加积极地从事合法经营活动。

孔子“庶、富、教”的治国论，对后世商人产生了深远影响，在漫长的封建时期，许多资财雄厚的大商贾往往热心于文化追求，大力扶持学校教育，虽或有附庸风雅以沽名钓誉者，但不乏诚心向学、重视文化与热心育才的具备儒商精神的新型商人。在两千多年前，孔子提出这样深邃的见解，着实难能可贵，其深蕴的精神价值对今天的两个文明建设都有着某种程度上的启发意义。

二、孟子的商业思想

图 6－3　孟子像（采自华人德主编《中国历代人物图像集》，上海古籍出版社 2004 年版）

孟子（约公元前 372 年～公元前 289 年），名轲，字子舆，战国时期邹人，鲁国公族孟孙氏之后裔。他曾受业于子思的门人，是继孔子之后儒家学派最重要的代表人物，杰出的思想家、政治家和教育家。后世尊他为“亚圣”。他继承并发展了孔子的思想，针对战国时代诸侯并争的局面，提出了系统的仁政学说，并游说诸侯以期有所用，虽然各国的统治者最终没有采纳他的主张，但孟子及其弟子们的积极游学与宣传，对其时的思想界影响甚大，儒家之学遂成为当时的一种“显学”。在商业思想方面，从总体上讲，孟子有关商业、商品交换的论述尚不成系统，但在继承原生儒家商业思想的基础上，他对商品流通、社会

分工、惠商政策等方面都作了进一步的充实和发展,反映其商业思想的史料主要集中在《孟子》一书中,主要有以下几个方面的内容:

第一,社会分工与商业存在的客观性。

孟子的商业思想是以其社会分工学说为理论前提的。他认为追求声色之好、满足口目之欲以及趋利求富等皆是人的自然天性与内在需要。需求的多样性决定了他们不可能完全靠个人的努力来实现多种需求的最大满足,这必然依赖于社会的分工。《孟子·滕文公上》记述了孟子与陈相的一段对白:

> 陈相见孟子,道许行之言曰:"滕君,则诚贤君也;虽然,未闻道也。贤者与民并耕而食,饔飧而治。今也滕有仓廪府库,则是厉民而以自养也,恶得贤?"
>
> 孟子曰:"许子必种粟而后食乎?"曰:"然。""许子必织布然后衣乎?"曰:"否,许子衣褐。""许子冠乎?"曰:"冠。"曰:"奚冠?"曰:"冠素。"曰:"自织之与?"曰:"否,以粟易之。"曰:"许子奚为不自织?"曰:"害于耕。"曰:"许子以釜甑爨,以铁耕乎?"曰:"然。""自为之与?"曰:"否,以粟易之。""以粟易械器者,不为厉陶冶;陶冶亦以其械器易粟者,岂为厉农夫哉?且许子何不为陶冶,舍皆取诸其宫中而用之?何为纷纷然与百工交易?何许子之不惮烦?"曰:"百工之事,固不可耕且为也。""然则治天下独可耕且为与?有大人之事,有小人之事。且一人之身,而百工之所为备。如必自为而后用之,是率天下而路也。故曰:或劳心,或劳力;劳心者治人,劳力者治于人;治于人者食人,治人者食于人,天下之通义也。"

孟子这段精彩言论,充分说明了他清晰地认识到社会分工对民生治国的重大作用,有力地回击和批判了许子"必种粟而后食"的论调。任何人不可能同时自耕而食、自织而衣、自陶而用,必须通过百工、农夫等的不同分工，才能最大限度地满足社会生活的多种需求。社会分工的客观存在决定了商业交换的不可或缺，只有通过商业交换才能使因分工形成的不同产品之间互通有无，调剂余缺，满足多方面的需求。“子不通功易事，以羡补不足，则农有余粟，女有余布；子如通之，则梓、匠、轮、舆皆得食于子。”[①]在社会分工的背景下，商业交易是有效地融合各种便利、互惠互利的必要媒介，其客观性不容怀疑。孟子的社会分工理论是立足于维护统治阶级利益的立场，其“劳心者治人，劳力者治于人”的论调，虽是对当时社会现实的客观反映，但孟子将它作为“天下之通义”，将实然比作应然，抹杀了社会分工之间的不平等性。

除此以外，孟子还提出过著名的“恒产”说。战国时期，牛耕技术和铁制农具的推广为小农经济发展创造了有利条件，但私有制发展带来的土地兼并又严重威胁着小农经济的基础。因此孟子认为：“民之为道也，有恒产者有恒心，无恒产者无恒心。”[②]从维护小农利益和巩固政权统治的角度出发，主张百姓均应长期占有一定的私有财产，以生产自足。这种恒产理论下的社会运作，同样离不开商品交换。一方面，社会分工不断深化，个体的生产活动无法满足个体的多样性需求；另一方面，物质财富和社会产品又为私人所占有。因此，只有通过商品交换、利用市场手段才能让彼此互通有无，各取所需，整个社会才能正常运行。

第二，商品流通理论。

“分工是商品生产存在的条件”[③]，分工的客观存在决定了商品交换的必然性，而商品交换是经由流通领域完成的。孟子商业

① 《孟子·滕文公下》。

② 《孟子·滕文公上》。

③ 《马克思恩格斯全集》第23卷，人民出版社1972年版，第55页。

思想中的另一项重要内容就是其商品流通理论，它比较准确地定位了流通领域内商品价值之间的区别，包含了等价交换的思想。孟子的商品流通理论充分展现了他对商品价值与价格的深刻理解与洞察，是其商业观中最为精辟的认识。

首先，对商品价值区别的认知。孟子已经初步认识到隐藏在商品背后的不同价值是导致商品价格差异的决定性因素，他是用“物之情”[①]这一词来做表述的。

《孟子·滕文公上》集中记述了许行的商业交换思想：

> 从许子之道，则市贾不二，国中无伪。虽使五尺之童适市，莫之或欺。布帛长短同，则贾相若；屦缕丝絮轻重同，则贾相若；五谷多寡同，则贾相若；屦大小同，则贾相若。

很明显，许行仅从量的关系上考察商品价格的差异，忽视了同一种类中的不同商品间存在着价值上的差异。孟子针对许行“市贾不二”的观点进行了反驳，认为：“夫物之不齐，物之情也；或相倍蓰，或相什伯，或相千万。子比而同之，是乱天下也。巨屦小屦同贾，人岂为之哉？”虽然孟子还不可能用现代商业概念明晰地解析这种差别，但是他已经清楚地意识到包含在商品中的某种内在属性是造成物物相异、引起价格差异的决定性因素，而许行的商业交换观的推行，势必会挫伤商人的积极性，助长弄虚作假的不良风气，导致商业萎缩，所谓“从许子之道，相率而为伪者也”[②]。这虽是一种模糊的商品价值认识，却是我国古代社会商业观的一个重大进步，

① 关于对“物之情”的理解，学术界曾有不同的说法，胡寄窗先生把它界定为“质量”和“使用价值”，参见其《中国经济思想史》上册，上海人民出版社1964年版，第242~243页。本书对它的界定依据赵靖先生的说法，参见赵靖主编《中国经济思想通史》（修订本）第1卷，北京大学出版社2002年版，第229页。

② 《孟子·滕文公上》。

它突破了原生儒家孔子商业思想中对商品质量关注的局限，在更深的层面上向商品本质的认识领域迈进了一大步。

其次，合理的等价交换思想。孟子在明确商品交换的重要性和必要性的同时，对流通领域中的商品交换价格也表达了自己的看法，形成了等价交换的观点。但需要指出的是，孟子的等价交换是不同于许子之道——“市贾不二”的等价交换：后者是仅依据商品量的大小多寡而强行划一的等价交换，是形式上的低层次的交换形态①；而孟子的等价交换观念是与其对商品价值的初步认识紧密相连系的，是以给定的合理的评定标准为前提的，即依据“物之情”的准则，在综合考虑基础上的合理的等价交换。孟子的等价交换思想还可以从《孟子·滕文公上》篇中反映出来。他批判许行的“厉民”说，指出农夫与百工的交换关系是建立在平等基础上的，不存在彼此利益间的相互戕害，“以粟易械器者，不为厉陶冶；陶冶亦以其械器易粟者，岂为厉农夫哉？”②农夫与手工业者在交换中各自让渡的利益与他们从对方所换取的利益是等同的，这在事实上也肯定了交换的等价性。

第三，惠商思想。

孟子在继承儒家传统惠商思想的基础上，更加积极地倡行惠商政策，主要包含了轻商税、开关梁、弛山泽、反垄断等内容。

首先，轻商税。孟子大力劝谏统治者采取减免关市税收的惠商政策。孟子所处的战国时代中期是我国古代商品经济发展迎来的第一个高峰期，齐鲁之地的商品大潮更是冠誉诸侯列国，贪婪的

① 早在原始社会时期，萌芽状态下的交换形态，往往呈现为各取所需式的简单互换，忽略或缺乏对各类不同商品在交换中的比价问题，甚至数量间也不能对等交换。许行的交换意识，可能是类似的这样一种复古式但已重视数量比对关系的商品交换观念。

② 《孟子·滕文公上》。

统治者却广设关卡，对过往商旅征收重税。孟子对此十分愤慨："古之为关也，将以御暴。今之为关也，将以为暴。"[①]他把立关设卡重税敛聚的做法指斥为"暴"，表达了他通关轻税的主张。就关市税收的问题，孟子曾与他的弟子公孙丑有过专门的讨论，他明确地表达了反对征收关税和市税的主张："市，廛而不征，法而不廛，则天下之商皆悦而愿藏于其市矣；关，讥而不征，则天下之旅皆悦而愿出于其路矣。"[②]廛，是指专供商人储藏货物的市宅邸店。孟子认为统治者如果能做到仅对商人的市宅邸舍征税而不征其货，或储货商按照市场管理规定货卖交易，就不向他们征税，那么天下各地的商人都会乐意来此贸易了；对于历关过卡的行旅商人而言，统治者如果只稽查商贾有无违法犯禁行为而不对其货征税，那么天下各路商人都愿意出入于此了。良好而自由的经营环境能招引各地客商，使其乐于在此从事商业经营活动。孟子甚至把轻税惠商提高到王政仁政的高度来认识，竭力劝谏统治者采纳其主张。他曾经向宋国国君提出建议，要求宋国"去关市之征"[③]；向齐宣王建议施仁政，将会实现"商贾皆欲藏于王之市，行旅皆欲出于王之涂"[④]的王天下的伟大愿望。孟子不遗余力地鼓吹减免商业关市税收，充分表现了其鲜明的重商惠商的坚定立场。

其次，开关梁、弛山泽。孟子主张通关便商、开放山林泽梁等自然资源，允许商人开采经营。孟子对齐宣王谈论"王政"时，盛赞文王"关市讥而不征，泽梁无禁"[⑤]的做法，这充分表明了他的惠商

① 《孟子·尽心下》。
② 《孟子·公孙丑上》。
③ 《孟子·滕文公下》。
④ 《孟子·梁惠王上》。
⑤ 《孟子·梁惠王下》。

思想。西周以来,山林川泽资源常由天子和各地诸侯把持掌控,一般商人不得插手经营。国家的这种专利政策,极大地限制了商人的经营范围,不利于藏富于民。因此,孟子强烈反对国家垄断山泽之利,积极主张废除针对商贾百姓开发经营山林川泽的禁令,劝谏统治者推行"泽梁无禁"的开放性政策,允许商人经营获利。值得注意的是,孟子的弛禁主张,并非纵容商人对山林川泽的过度开发,而是允许在一定时间内和适宜的限度内对林业、渔业等资源的利用,坚决反对滥砍滥伐、涸泽而渔的做法。《孟子·梁惠王上》曰:"数罟不入洿池,鱼鳖不可胜食也;斧斤以时入山林,林木不可胜用也。"可见,孟子的弛禁主张是以合理适度的开发利用为前提的理性选择与合理取利。

再次,反垄断。"垄断"是孟子商业思想中一个十分重要的概念,它经由孟子第一次被引入商业领域。孟子成为最早明确提出反对商业经营垄断行为的大思想家。其反垄断的言论集中于《孟子·公孙丑下》篇中,孟子指出:"古之为市也,以其所有易其所无者,有司者治之耳。有贱丈夫焉,必求龙断而登之,以左右望而罔市利。人皆以为贱,故从而征之。征商,自此贱丈夫始矣。"孟子盛赞古时由国家委任专门官吏进行市场管理的做法,认可人们之间互通有无的正常商品交换活动,反对商业经营中的投机垄断行为,坚持和守护规范的商业贸易活动。这里的"龙断"即垄断,本义指隆起的高岗,某些从事商业经营活动的"贱丈夫"登上市集的高地,进行投机贸易,把持网罗市利,后泛指独占贸易、排挤别人的商业行为。孟子强烈反对这种以垄断的非正当手段在商品交易过程中"罔市利"的投机商人,孟子将他们称之为"贱丈夫",主张采取征收商税等办法对他们进行严厉的惩罚。孟子的反垄断主张,不仅对保护小生产者间的公平买卖活动能够发挥积极作用,而且在客观上有利于建立起自由公正的商业竞争环境，有利于实现社会商品的规范流通、促进社会经济的健康发展。

第三节　墨家的商业思想

墨家是先秦诸子百家中的一个重要派别，影响广泛，与儒学并为“显学”。墨家学派的创始人是墨翟（公元前468～公元前376年）[①]，战国时期鲁国人，一生广收门徒，游说诸侯，积极宣传自己的学说主张。墨子及墨家后学的主要思想集中在传世的《墨子》一书中，其中也包含了墨家对商业的认识。具体来说，墨家的商业思想主要有以下几方面的内容：

图6－4　滕州墨子纪念馆墨子讲学石雕像（采自张知寒主编《墨子志》，山东人民出版社2009年版）

第一，交利论与商品交换。

墨家是战国时期与儒家相对立的一个学派，崇尚功利，与儒家“罕言利”的特征形成鲜明对比。交利论是墨家功利主义思想的核心内容，是其商业观的理论基石。墨子倡行的“交相利”，其基本内容是“利人者，人必从而利之；恶人者，人必从而恶之；害人者，人必从而害之”[②]。要求建立人己利害关系的对等。在这种“交利论”

① 清人孙诒让在《墨子年表》里推断墨子生于周定王初年，即公元前468年；卒于周安王二十六年，即公元前376年。孙氏这一推断，已为学术界所广泛认可，今采用之。

② 《墨子·兼爱中》。

的指导下，墨子必然积极地主张在平等互惠基础上从事商品交易，反对大攻小、强凌弱、众暴寡、富辱贫的做法，体现出爱利互利的思想。

墨家的“交利”是建立在公正平等基础上的互利活动，然“交利”的实现需要依赖商品的交换活动。因此，我们可以说，一方面，墨家的“交利论”和功利主义的价值取向为积极的商品交换奠定了理论基石。墨家的“交利论”是与其阶级立场和客观的社会分工分不开的。墨子本人出身于社会下层，是一名技艺高超的工匠，而墨子之徒也多为“农与工肆”之人。战国时代，手工业已经摆脱了春秋以前“工商食官”的局限，部分工商业已经向着私人经营的方向发展，这为墨家之徒从事手工业生产提供了便利条件。他们可以独立经营木工、车工、陶工、修补工等，从事个体的小生产，能自产自销，谋生也比较容易，但生产生活资料的满足不可能全部来自自身的创造，而必须仰赖于市场的交换，各取所需。出于维护小农经济、小手工业者阶层利益的立场，墨家要求积极的互利互助，以维系脆弱的生产关系。另一方面，其“交利论”又成为墨家商业交换思想的指导原则。墨家的“交利”是人我两利，是爱利相连的互惠互利，坚决反对“亏人自利”①的阿私行为。这就要求在现实的商业交易过程中，必须本着公正平等的原则，进行诚信交易，反对商业欺诈、唯利是图与亏人自利的行为，从而为商业贸易明确了方向、确立了指导原则。

第二，价格理论。

墨家对商业活动的认识水平，集中体现在其价格理论方面。墨家关于商品价格的相关述论，散见于墨家后学的《经上》、《经

① 《墨子·非攻上》。

下》、《经说上》、《经说下》诸篇。墨家的价格理论主要包含两部分内容：一是对价格与市场供求关系的认识；二是对货币与价格关联的认识。

就前者言，墨家已经意识到市场上买卖双方成交的商品价格与商品的供求状况形成一定的对应关系。“贾宜则雠，说在尽”[①]；“贾：尽也者，尽去其以不雠也。其所以不雠去，则雠。”[②]这里的“雠”是“售”的古字。墨家认为，只有确定适宜的商品价格，才能使商品全部售出；将全部未售商品恰好都卖掉时的价格，即是“正贾”。市场的价格波动是受供求关系影响的。依照墨家的观点，所生产的商品正好满足市场需求，全部售出，即供求平衡，此时的商品出售价格才是适宜的“正贾”。墨家以市场上的商品能否完全售出作为判断价格是否适宜的标准，显然是缺乏对商品价格的内在决定性因素的认知，认为“舌贾也宜不宜舌欲不欲”[③]，将商品价格的高低归结为购买者的主观欲求，这些认识都有失偏颇。

就后者而言，墨家认为商品价格的变化还受制于货币币值大小及货币本身实际购买力变化的影响。“买无贵，说在仮其贾”[④]，“买，刀籴相为贾。刀轻则籴不贵，刀重则籴不易。王刀无变，籴有变，岁变籴则岁变刀”[⑤]。前一句是说商品的买卖无所谓贵贱，只是交换的商品之间通过价格来表现对方的内在价值。后一句中，刀是指当时的一种金属货币，大意是说在商品交易中，货币和谷物可以相互表现为对方的价格。币值轻贱时，谷价走高也不算贵；相

① 《墨子·经下》。
② 《墨子·经说下》。
③ 《墨子·经说下》。
④ 《墨子·经下》。
⑤ 《墨子·经说下》。

反,币值贵重时,谷价走低也不算便宜。谷物的价格随着年成的不同而有变化,即使货币的法定币值不变,一旦谷物的价格因年成丰歉变化了,对应的货币币值的实际购买力也必然会变动。这种变动是一种反比的关系,即货币实际购买力越大,价格就会走低;反之,货币实际购买力变小,价格就越高,这正是"仮其贾"的表现。

墨家关于商品价格走势与货币币值的认识已经相当深刻,是对商品价格理论的另一个重要贡献。墨家价格理论在某些方面所达到的认识水平,在两千余年前的时代背景下,可以说是十分惊人的。尽管它对商品价值的认识还比较模糊,某些观点失之偏颇或不准确,但它仍然是我国古代商品价格理论的一个重大进步,并反映着他们所代表的社会下层与普通民众在商品价格上的认识水平。

第三,税收理论。

墨家在税收方面的主张不同于儒家,从上述孔、孟的商业思想主张来看,早期儒家一般都反对关市之征,而墨家则持不同看法。一方面,墨家反对统治者横征暴敛的做法,与先秦其他诸子的主张相类似,"其使民劳,其籍敛厚,民财不足,冻饿死者不可胜数也"①。墨家把横征暴敛、重赋于民斥之为导致人口减少的"寡人之道"②。另一方面,墨家又主张全面征税,包括对关市、山林、川泽等也要课税,以此充实国家财政。《墨子·尚贤中》曰:"贤者之长官也,夜寝夙兴,收敛关市、山林、泽梁之利,以实官府,是以官府实而财不散。"《墨子·非乐上》曰:"士君子竭股肱之力,亶其思虑之智,内治官府,外收敛关市、山林、泽梁之利,以实仓廪府库,此其分

① 《墨子·节用上》。
② 《墨子·节用上》。

事也。”墨子公开赞成为官的贤者和士君子应当早起晚睡，殚精竭虑，以收聚关卡、市场、山林、湖泽、河梁之利，来充实官府国库，这是他们严格的分内之事。

墨家的全面税收主张是与其“常征”观点相一致的，即“以其常正，收其租税，则民费而不病”①。墨子认为，征税要公平，税负应合理，对天下人不论其从事农业、手工业还是商业等，都一律根据其承受能力在合理的范围内征收常税，这样既可以富足国库财政，又不至于劳民伤财。征收来的资财，不是用于奢侈消费，而是要“反中民之利”②，体现出“取之于民，用之于民”的积极意义。墨子提出的税收主张容易为当时的统治者所接受采纳，从而有利于宣传自己的学说，并能在一定程度上规范和纠正过重的赋役政策。

第四，节用主义的消费论。

商品经济的发展与社会消费水平息息相关，社会消费水平在物质层面上表现为社会的物质消费需求，在精神层面上主要表现为人们的消费观念，它们都能对商人的经营行为发挥导向性作用。研究墨家的商业观离不开对其消费理论的探析。墨家的消费观，概括而言，是一种“节用”主义的消费主张，具体包括以下几方面的内容：

首先，在基本物质生活层面上，墨家主张实用原则下的最低生活消费。墨家承认人们衣、食、住、行、用等方面的基本生活需求，将这些消费需求的满足以最低标准的实用为原则，如饮食上，“足以充虚继气，强股肱，耳目聪明，则止。不极五味之调、芬香之和，不致远国珍怪异物”③。即饮食只要能够充饥补气、强壮手脚、耳聪

① 《墨子·辞过》。
② 《墨子·非乐上》。
③ 《墨子·节用中》。

目明就行了，不去讲究五味调和、气味芳香，不追求远国奇珍异味的食物。在生产生活用品上，“凡天下群百工，轮车鞼匏，陶冶梓匠，使各从事其所能。曰：‘凡足以奉给民用，则止。’”[①]即一切器物用品应由相应行业的工匠尽其所能予以制造，以满足民用需要即可。墨子把这些衣、食、住、行、用诸方面的消费标准说成“圣王之法”，把它当做具有普遍意义的消费行为，劝谏统治者效法。

其次，节用主义的消费准则。墨家消费观以节用论为核心，在《墨子》“十论”[②]中，有三论（节用、节葬、非乐）直接或间接地与墨子的节用主张相关。《史记·太史公自序》引司马谈《论六家之要指》谈及墨家时说：“强本节用，则人给家足之道也。此墨子之所长，虽百家弗能废也。”司马谈将墨家思想精髓概括为“强本节用”，即强调物质生产，注重节约消费，并以之为实现“人给家足”的途径。墨家作为小生产者阶层的利益代言人，深知稼穑艰难、积财不易，因此极力反对统治者骄奢淫逸的生活方式。《墨子·辞过》篇从宫室、衣服、饮食、舟车、蓄私五大方面揭露批驳了他们的腐朽生活，极力倡行节俭，“俭节则昌，淫佚则亡”[③]，把它提升到关系国家兴衰成败的高度来认识。由此可见，墨子的节用主张既是普通百姓的致富守家之途，又是上层统治者的兴国立本之道，是适宜于各个等级、各个阶层的共同消费准则。

墨家节用主义的消费观在丧制、丧礼上表现为“节葬”论。墨家针对贵族统治者厚葬久丧的做法进行猛烈的抨击，认为它会造成“国家必贫，人民必寡，刑政必乱”[④]的严重后果，无益于致富生

① 《墨子·节用中》。
② “十论”分别是指尚贤、尚同、兼爱、非攻、节用、节葬、天志、明鬼、非乐、非攻。
③ 《墨子·辞过》。
④ 《墨子·节葬下》。

产、安政治平，并提出了一套薄葬短丧的具体办法。“棺三寸，足以朽骨；衣三领，足以朽肉；掘地之深，下无菹漏，气无发泄于上，垄足以期其所，则止矣。”[①]节葬是墨家节用思想的延伸发挥，是其节用论的重要内容，体现出浓厚的功利性色彩。

再次，审美需求上的“非乐”主张。

“非乐”同“节葬”一样，也是墨家节用思想的引申，这里的“乐”不能仅仅理解为声乐、舞乐、乐器等，它实际上指代以“乐”为代表的一切文娱、艺术等审美活动和文化生活。[②]《墨子·非乐上》曰：“子墨子之所以非乐者，非以大钟鸣鼓、琴瑟竽笙之声以为不乐也；非以刻镂华文章之色以为不美也；非以犓豢煎炙之味以为不甘也；非以高台厚榭邃野之居以为不安也。……然上考之不中圣王之事，下度之不中万民之利”。墨家之“非乐”，可以说是针对百姓利益而提出的一种救世主张，反对统治者奢靡的声色娱乐之好。

墨子针对当时统治者为满足自己的声乐等文化享受，不惜劳民伤财，造成“饥者不得食，寒者不得衣，劳者不得息”[③]的局面，发出“为乐非也”的呐喊。因此，客观地说，墨子的“非乐”主张在其时的历史背景下，对于反对贵族统治者奢华靡费方面有积极的现实意义，但它从狭隘的功利主义出发，认为这些只能“亏夺民衣食之财”[④]，无补于“兴天下之利，除天下之害”[⑤]，而要求完全取缔，这就走向了另一极端，不利于社会文化的发展，反映出小生产者阶层

① 《墨子·节葬下》。

② 郭沫若先生指出：“非乐，不仅在反对音乐，完全在反对艺术、反对文化。”参见郭沫若《十批判书·孔墨的批判》，人民出版社1982年版，第119页。

③ 《墨子·非乐上》。

④ 《墨子·非乐上》。

⑤ 《墨子·非乐上》。

的狭隘眼界和阶级局限性，正如近人梁启超评说的那样："墨子之非乐，是仅见有之之利，而不见无之之用也。"①

综上所论，墨家的商业思想体现出明显的功利主义色彩，他提倡"互利"活动，力主全面征税等，都充分表明其对"利"的肯定与追求。另一方面，他又提出了节用主义的消费观，激烈反对奢靡浪费行为，把功利主义与节用原则统一融入到墨家的商业思想中，从而显现出鲜明的理论特色。

第四节 范蠡的商业思想

图6－5 范蠡像（采自中国历史博物馆保管部编《中国历代名人画像谱》第1册，海峡文艺出版社2003年版）

范蠡，字少伯，楚国宛（今河南南阳）三户人，生活于"逐于智谋"兼争"气力"的春秋战国之交，是当时杰出的政治家、军事家。范蠡作为一代谋臣，辅助越王句践奋发图强，雪耻灭吴，称霸中国，建立了不世功业；灭吴以后，他功成身退，辞官从商，先后来到了齐地、陶地经商治产，成为远近闻名的商业巨贾，被后世奉为"商圣"，商业也因之被称为"陶朱事业"。世人誉之：忠以为国，智以保身，商以致富。司马迁在《史记·越王句践世家》中即用了相当的篇幅叙述了范蠡的事

① 梁启超《先秦政治思想史》，中华书局1986年版，第124页。

迹，尤其对范蠡的商业智慧大加赞赏："范蠡三迁皆有荣名，名垂后世。"范蠡不仅仅是一位成功的实干家，更是一位细心观察、善于总结的理论家，他在长期的经营活动中总结并留下了一套关于商业治生的学说，集中体现了他的商业思想，成为中国传统商业文化史的重要一页。

范蠡作为一个历史人物，历来就很受重视，不同时期均有学者对其作多方面、多角度的研究。改革开放以来，随着我国市场经济向深入发展，关于文化传统中的经济思想和商业文化的研究更加受到关注，范蠡在这样的背景下一度成为学界讨论的热点。二十世纪九十年代后期，山东省肥城市政协筹备成立了肥城市范蠡研究会，多次召开关于范蠡的研讨会，并先后出版了《范蠡研究文集》、《范蠡史料专辑》、《范蠡及其经商之道》等；山东定陶于1999年也举办了"第一次陶朱公（范蠡）学术研讨会"，到会专家的论文汇集为《商祖陶朱公》一书；作为范蠡故乡的河南南阳也成立了南阳范蠡研究会，多次召开有关范蠡思想的研讨会，推出了《学者论范蠡——'07中国·南阳商圣范蠡经济思想研讨会论文集》、《商圣范蠡研究》等；另外，江浙一带也是范蠡研究的重镇，近年来积极开展相关历史文化遗迹的寻访调查工作，组织范蠡与吴越文化的学术研讨会等。从整体上说，目前关于范蠡的热议主要集中于范蠡故里、生平、思想等三个方面，从某种程度上说，这些热议的背后往往裹挟着文化资源的利益之争，但在客观上促进了范蠡及其思想的深入研究，密切了各地关于范蠡研究的学术交流，对于发掘和弘扬传统商业文化和商业精神发挥了重要影响。本书在借鉴前贤研究成果的基础上，对范蠡的商业思想及相关问题加以探讨。

一、经济兴国的大局战略意识与从商治家的务实精神

春秋战国之际属于中国历史上的“轴心时代”，雄杰俊才如群星灿烂，而范蠡就是其中耀眼的一颗。跟当时其他成功的政治家和商业实践家相比，范蠡有着过人之处，具备综览大局的战略眼光，他能将其经世致用的思想切实落到实处，实现了治国立功、齐家致富的双重目的。一方面，范蠡作为一国谋臣，为了改变吴越对垒而越国落后的局面，主张大力发展经济，“十年生聚，十年教训”，具备长远的战略眼光。范蠡重视农业生产，据《越绝书》记载，范蠡曾多次向句践强调粮食生产在日常生活和军事国防上的重要性，“天生万物而教之而生。人得谷即不死，谷能生人，能杀人”，“兵之要在于人，人之要在于谷。故民众则主安，谷多则兵强”。[①] 范蠡认为：“天地之间，人最为贵。物之生，谷为贵，以生人。”[②]在他和文种等人的苦心经营下，越国的农业得到了迅速发展。在先秦时代生产力尚不发达的情况下，诸多统治者都把农业作为富国强兵的经济基础，而范蠡的可贵之处在于：他对农业的重视，并非泛泛地强调，而是能把它放在商品流通的大环境下来考察，“夫粜，二十病农，九十病末。末病则财不出，农病则草不辟矣”[③]。粮价过低，则农民的利益受损；粮价过高，商人则无利可图，皆不利于农业生产的发展和国家税收的增加。范蠡还提倡多种经营、全面发展，所谓“农末俱利，平粜齐物，关市不乏，治国之道也”[④]。以此来活跃经济，重视商业和市场调节，引导国家经济的良性循环。越国在范

① 《越绝书》卷一三《越绝外传枕中第十六》。
② 《越绝书》卷一三《越绝外传枕中第十六》。
③ 《史记》卷一二九《货殖列传》。
④ 《史记》卷一二九《货殖列传》。

蠡等人的辅政之下，经过十余年的经营，国家经济得到了发展，“修之十年，国富”①，《越绝书》记述越国在养殖业、畜牧业、采伐业、造船业、冶铸业、盐业等方面已经具备了相当的规模，这为越国灭吴雪耻奠定了深厚的经济基础，提供了强大的物质保障，这反映出范蠡卓越的战略眼光。

另一方面，范蠡深知句践之为人，在功成之后，不为名利所惑，毅然决然地淡出政局，辞官远遁，以务实的态度将其积累的治国经验施用于治家之上。“计然之策七，越用其五而得意。既已施于国，吾欲用之家。”②离开越国后，范蠡来到了齐国，隐姓埋名，自号“鸱夷子皮”，在海边住下来，自食其力，经营有方，不久“致产数十万”③；齐

图6-6 肥城范蠡墓（采自肥城市旅游局等编《桃花盛开的地方——肥城》）

① 《史记》卷一二九《货殖列传》。
② 《史记》卷一二九《货殖列传》。
③ 《史记》卷四一《越王句践世家》。

国贵族知悉范蠡的才能和真实身份后，还聘他出任齐国的相，范蠡深知官场险恶，“居家则致千金，居官则至卿相，此布衣之极也。久受尊名，不祥”[①]。于是交还相印，尽散其财，然后悄然远行，迁居陶地，自号陶朱公，利用这里优越的地理环境，父子家人宾客各司其职，进行商贸活动，不久又累资巨万，成为闻名天下的富商大贾，并得以尽享天年。从范蠡的后半生经历来看，他主要是从事商贸活动，并且清醒地和政治权力之间保持着合理的距离；虽然看淡权势，但他没有逃避现实隐修山林，而是以积极向上的态度去实现人生的价值，体现出他作为一个大商业家的理智而务实的精神，而这种精神在传统的社会体制内尤为难能可贵！

二、敏锐的商业眼光和高超的经营之道

范蠡作为成功的商人典范，之所以能够传奇般地“三致千金”，正是得益于他敏锐的商业眼光和高超的经营之道。

首先，从商情预测来看范蠡敏锐的商业眼光。商情预测是商业经营中不可忽视的环节，它考量着经营者的商业眼光。范蠡对市场商情预测的观点集中体现在他对谷物价格的把握上，他提出了一整套有规可循的“经济循环”理论。范蠡认为，天时决定农业的丰歉，天时变化是有规律的，所以谷物收成的好坏也是有规律可循的。他根据水、木、金、火、土五行更替和木星运行的位置，发现岁星在水是坏年，岁星在木是饥年，岁星在金是丰收年，岁星在火是旱年，每六年有一次丰收年、六年一次大旱年，每隔十二年出现一次大饥荒。农业的丰歉自然直接影响到谷物价格的涨落。同时，在农业社会中，谷物价格的波动必然引起其他各类商品的一系

① 《史记》卷四一《越王句践世家》。

列波动，因此，掌握了谷物价格的规律也就等于掌握了天下商品价格变化的规律，顺应这种变化规律来进行贸易，自然是有备而来，稳操胜券。范蠡把农业生产同阴阳五行联系起来并形成一种循环论的做法当然未必科学，但他把天时变化、农业生产、社会经济三者作为一个系统来综合考量，并总结其发生、变化的规律则颇属有创见；尤其他对商情的预测不是直接以表面的价格波动为统计依据，而是以支配价格变动的客观物质资料的生产为依据，这在方法论上可谓独具慧眼，反映出他敏锐的商业眼光。

其次，从“积著之理”来看范蠡高超的经营之道。“积著”是当时的术语，也被称作“积居”、“居积”、“著积”，意为囤积经营而致富。“积著之理”就是经营致富之术。范蠡对商业经营活动有着自己的独到见解，他提出了有名的“积著之理”，以此来指导商贸活动，具体包括以下几个方面：

第一，未雨绸缪的“待乏”原则。

“待乏”就是等待货物缺乏之意，具体可表述为“旱则资舟，水则资车”①，即在水灾盛行时应当大量购置车辆，因为这时车辆的用处大大减少，人们对车辆的需求并不旺盛，车价肯定很低，精明的商人应于此时买进，当水灾过后，车辆将成为紧缺的商品，价格肯定大涨，这时卖出便可获大利；在旱灾盛行时做好经营船只生意的准备，因为大旱过后船只也将在市场上走俏，价格必然上涨。这不仅针对车船而言，其他的商品买卖都要遵循这个原则。待乏原则的精髓就是超前预测，捕捉商机，做好准备，从而一旦市场需求变更，就能迅速占领市场，获取巨利。“待乏”原则的运用通常是在货源充足或者是某种商品处于销售淡季时低价购进，待货源紧张或

① 《史记》卷一二九《货殖列传》。

销售旺季时抛出，如此不仅调剂了市场供求，平稳了物价，而且能在获取高额利润的同时取得良好的社会效益。

第二，“贵出贱取”的反势决策。

与“待乏”原则相适应，范蠡通过对商品的市场价格上扬或下跌趋势的观察和总结，提出了“贵出贱取”的精到见地。他说：“论其有余不足，则知贵贱。贵上极则反贱，贱下极则反贵。”①在正确的市场商情预测的基础上，经营者就应当大胆出击，做到“贵出如粪土，贱取如金玉”②，及时抛售商品或购囤货物。具体而言，就是通过了解市场上某种商品的多寡来预测其价格发展的趋势：一种商品，当其价格高昂时，其利润空间大，这必然吸引很多的人从事该产品的生产，使得该产品的数量快速增加，逐渐供大于求，市场价格就会下跌；反之，一种商品的价格极为低廉时，自然很少有人愿意生产，这样将会导致市场上该商品逐渐出现供不应求的局面，势必引起价格的上涨。作为一个有远见的商人，在某一商品价格高涨时，应像粪土一样毫不吝惜地抛出，因为价格不久就要下跌了；而当一种商品价格极为低贱时，要立即如金玉般地收进，因为过不了多久就要涨价了。运用这个原则经营商业，可以利用前后的差价来获取利润。范蠡的“贵出贱取”理论强调了正确认识商机的能力与果断把握商机的气度，蕴含有深刻的道理。

第三，快速畅达的资本流通。

商业资本为了赚取利润，必须能快速畅达地流通，即能够不断地买进货物、卖出货物，与之相应，货币也不停地流动，形成良性的互动循环。为此，范蠡特别强调商人在经营活动中必须保证商品

① 《史记》卷一二九《货殖列传》。
② 《史记》卷一二九《货殖列传》。

质量,加速资金周转。范蠡说:“积著之理,务完物,无息币。以物相贸,易腐败而食之货勿留,无敢居贵。……财币欲其行如流水。”[①]“务完物”是说所经营的商品要保证质量,容易腐败变质的食物类商品不能一味地贪图高价而惜售储存,否则一旦变质就失去交换价值;“无息币”指手里不要有太多的闲置资金,不要让货币资本停息,商品货物应该快进快出,加速商品流通,迅速周转资金,使它像川流不息的水一样。“务完物”、“无息币”实际上是分别从商人资本的实物形态和货币形态两方面提出了资本在流通过程必须恪守的原则。只有做到这些,商业经营才能较快地获利。

第四,灵活多样的综合经营。

范蠡致富之术,还体现于他能采用灵活多样的综合经营。范蠡弃官浮海来到齐地后,“耕于海畔”[②],迁居陶地之后,“复约要父子耕蓄”[③],这些记载说明范蠡从事过农业生产,还从事过畜牧业的经营。另外,范蠡还特别重视水产养殖业,他在繁忙的政务、商贸活动之余,还撰写过《养鱼经》传世,《隋书·经籍志》和新、旧《唐书》均著录过此书。这是迄今发现的世界最早的养鱼文献,是范蠡长期实践、细心探察的经验结晶,是范蠡从事水产养殖的理论总结。在《养鱼经》中,范蠡把水产业的地位摆得很高:“夫治生之法有五,水畜第一。水畜,所谓鱼池也。”[④]范蠡对水产鱼类的品种、习性也比较了解,“所以养鲤者,鲤不相食,易长又贵也”[⑤]。鲤鱼饵谱广泛,属杂食性鱼类,易于养殖,至今仍然为淡水鱼中较好的品

① 《史记》卷一二九《货殖列传》。
② 《史记》卷四一《越王句践世家》。
③ 《史记》卷四一《越王句践世家》。
④ 贾思勰《齐民要术》卷六《养鱼》。
⑤ 贾思勰《齐民要术》卷六《养鱼》。

种。范蠡通过农业耕作、畜牧养殖与水产养殖等多种产业经营的长期实践,不仅赚得了丰厚的收益,而且累积了丰富的经验。据《养鱼经》记载,范蠡曾经利用自己水产养殖的经验积极指导齐国国君在后苑治池养鱼,取得很好的经济效益,一年得钱三十余万。

三、善于择地而商,择人善任

范蠡的传奇一生有三次非常关键的迁居活动:第一次自楚徙越,后两次分别是自越"浮海出齐"与自齐"止于陶"。古语有云"良禽择木而栖,贤臣择主而侍",是说聪明的禽鸟会选择安全的林木作为自己栖息的理想家园,而优秀的人才也当选择能发挥自己才干的好去处而建功立业。范蠡本是楚国宛地三户人,年青的时候,结识了身为宛地地方长官的文种,两人很快成为知己,范蠡在细心考察四方诸侯、权衡利弊之后,毅然作出了离开楚国、远赴越国发展的抉择,并劝文种同往。事实证明范蠡的选择是大胆而英明的。虽然当时的越国在众多诸侯国中实力并不十分强大,但作为后起之秀,发展潜力足,并且越国君主的确心有大志,有奋发图强的强烈愿望,在此用人之际,越国对各方人才大加延揽,真才实学者能够受到重用,成功的把握大。而楚国虽为南方最大的诸侯,但旧制度的弊端积重难返,守旧势力十分强大,"任人唯亲"现象普遍,非楚王族之外的人士很难有大的作为;近邻吴国虽然发展势头良好,但由于伍子胥先已赴吴,并受到吴王亲重,他们想在吴国谋求发展,难有较大空间,深思熟虑后的范蠡最终选定越国。范蠡、文种来到越国后,受到越国君主的重视并逐渐得到重用。在他们的辅佐下,越国走向强大,并最终打败劲敌吴国。范蠡也借越国这个政治舞台成就了自己的功名,实现了建功立业的抱负,被封为"上将军"。

范蠡不仅能择国而仕,更能够择地而商。范蠡从事商业经营不会盲目出击，而是精心选择地点，充分利用自然环境的优势，以求最好的经济效益。他“出齐”、“止陶”的两次迁居皆是他商业生涯中的重大抉择，因为能否有适宜的商业环境对经营的成功与否影响甚大。北方广大，范蠡为何钟情于齐地呢？主要是因为齐地有十分优越的自然环境，三面环海，膏壤千里，具有从事生产的良好条件；齐地还富有鱼盐之利，并且自太公立国以来孕育形成的商业氛围十分浓厚，商品经济向来发达，这些为范蠡经商致富奠定了基础；后来他为了躲避做官，又迁居陶地，陶地处“天下之中”，是当时东方地区商品货物的重要集散地之一。《史记·货殖列传》称“陶、睢阳亦一都会也”，这里可以东接齐鲁，西行秦晋，北出赵燕，南通楚越，是畅达四方诸侯之地，交通便捷，十分适合商业经营的开展。从范蠡一生三次重要的迁居活动来看，无论是从政，还是经商，范蠡对区域地点的选择都是做过精心比较和周详考虑的，迁居齐、陶显然是范蠡为了利于商业经营而审慎考量后作出的明智抉择。

范蠡不仅善择营商环境，而且能择人善任，他深知人才的适当选拔和任用对于商业经营的成功意义重大，为此，他提出了“择人”与“不责于人”的用人原则。所谓“择人”，是指能在经商活动中注意发现人才并选择适当人才承担相应工作；“不责于人”是指对所选择和任用的人要用其所长而不求全责备，只要他能够很好地胜任所负担的工作，就充分给以信任，至于他身上的其他缺点不必过多地计较；一味求全责备，不仅难以找到合适的人才，而且还会造成已有人才的流失。司马迁称赞范蠡是“善治生者，能择人而任时”①，能够做到“与时逐而不责于人”②，范蠡的择人善任突出表现

① 《史记》卷一二九《货殖列传》。

② 《史记》卷一二九《货殖列传》。

在“千金救子”这件事情上。

《史记·越王句践世家》记述了范蠡“千金救子”的故事:范蠡共有三个儿子,次子因为在楚国杀了人,被楚国囚禁起来,按律当斩。身为父亲的范蠡决定不惜千金派人前去楚国设法营救,他本来打算派自己的小儿子前往,但长子执意要去,被陶朱公拒绝后,长子就以死相逼,认为自己身为长子,本有为家分忧解难的责任,现在父亲不派自己去,而让小弟代替前往,是置自己于不肖的处境,再也无颜见人,只有选择自杀。其母不忍次子未救、长子又死,就劝范蠡答应长子的请求。范蠡没有办法,只得让长子前去,并在临行前一再嘱咐他要把千金的钱财和自己的亲笔信交给楚国的庄生,一切听从庄生的安排,切勿和他发生争执。

范蠡长子来到楚国,找到了生活穷困的庄生,他依父亲所言,将千金和书信交给了庄生,庄生答应设法营救,并要求他尽快回去,不要留在楚国。后来庄生以星象对楚国不利应该施行仁义为由,劝楚王大赦天下。楚王听从了庄生的建议,将要大赦天下。这时候,不听庄生建议而私自留在楚国的范蠡长子从别人那里获取了这个消息,但他不知是庄生的努力使然,想当然地以为楚王大赦,弟弟自然会得救,送给庄生的那些重金实在可惜,于是再次来到庄生家中,明为告辞,实为索取千金。庄生看出了他的意思,让他将千金取回。庄生本廉直之人,无意获取千金,本打算事成之后将其归还给范蠡,但范蠡长子亲来索金的这一举动使庄生感到了莫大的侮辱,于是转而劝说楚王先杀范蠡次子再大赦天下。范蠡长子最后带着弟弟的灵柩回到家中,母亲和乡邻们都感到十分悲痛。而范蠡早已料到此事会有这样的结果而独自惨笑,并道出了其中的缘由:长子年幼就受过各种苦难,知道为生的艰辛,所以把钱财看得很重,不肯轻易花钱;而小儿子出生之时家里已经十分富有,并在这样的富有环境中生活长大，所以把钱财看得极轻，对钱财使用毫不吝惜。正是因为长子不能弃财，所以最终害了自己的弟弟。

范蠡“千金救子”的计划尽管功败垂成，但事件本身反映出范蠡出色的识人、择人、用人的智慧。单从个人的整体能力而言，长子的生活经验和阅历决定了他会胜出少子一筹，但救人的计划却被长子搞砸；少子是个膏粱子弟，不知稼穑艰难，整日里乘坚策肥，看起来缺点很多，但就这个计划而言，他确实是更适合的人选。范蠡当初决断的英明正是他善于识人择人、不求全责备的用人智慧的展现。

范蠡之所以能在商业经营中取得如此的成就，单靠他一人之力是不可能做到的，他吸纳了一批素质高、能力强、善于营商获利的专门人才，正是通过这一批人的共同努力，才最终铸就名垂青史的商业神话。

四、高尚的道德品格

范蠡的一生践行着传统的伦理美德，前期事越以忠，尽智竭力，为质于吴，不失君臣之礼；后期经商治产，勤劳致富，以德为教，义利兼顾。

首先，在治国上，范蠡为政于越国，提倡以仁义主治，体现出爱民济民的宽厚胸怀。一方面，从政治上积极营造宽松、清明的社会环境，为此他和文种一起曾向越王提出了“十年生聚，十年教训”的二十年灭吴战略，积极建议越王颁布了奖励生育、减免赋税、发展生产等一系列富民强国的法令，并要求越王内修其德、外布其道，“厚遇宾客，振贫吊死，与百姓同其劳”[1]；另一方面，极力主张蓄粮

① 《史记》卷四一《越王句践世家》。

于民，农商兼营，农末两利，从经济上将爱民济民落到实处。范蠡曰：“天地之间，人最为贵”，“物之生，谷为贵。”[1]天地之间，人是最尊贵的；万物之中，粮食是最珍贵的。“人得谷即不死，谷能生人，能杀人。”[2]既如此，蓄粮于民，贮谷以备不患，对于安定社稷就显得十分重要。另外，范蠡用计然之策，向越王进言：“夫粜，二十病农，九十病末。末病则财不出，农病则草不辟矣。上不过八十，下不减三十，则农末俱利，平粜齐物，关市不乏，治国之道也。”[3]粮食是传统农业社会最重要、最基础的物质资料，将粮食价格限定在一个合理的范围内，对于农、工、商各行业的良性发展具有重要的作用。否则，粮价过低则“病农”，妨害土地的开垦；粮价过高则“病末”，导致财税无所出。越国在文种、范蠡等人的苦心经营下，以“农末兼营”的立国思想为指导，其农业、手工业和商业都已具规模化经营，逐渐奠定了灭吴的物质基础。

范蠡身仕越国，可谓竭尽忠智，体现出为人臣者的大义气节。范蠡在越王句践败军亡国的危急时刻勇挑重担，巧计存君，冒死跟随句践入吴为奴。面对吴王夫差的劝降利诱，范蠡始终不离不弃，与越王相依为命，其忠贞之心殊为难得。据《吴越春秋·勾践入臣外传》[4]记载：

> 吴王召越王入见。越王伏于前，范蠡立于后。吴王谓范蠡曰：“寡人闻：贞妇不嫁破亡之家，仁贤不官绝灭之国。今越王无道，国已将亡，社稷坏崩，身死世绝，为天下笑。而子及主

① 《越绝书》卷一三《越绝外传枕中第十六》。

② 《越绝书》卷一三《越绝外传枕中第十六》。

③ 《史记》卷一二九《货殖列传》。

④ 勾践，即句践，《史记》、《汉书》、《国语》、《越绝书》等多数古籍将其写作“句践”，而《吴越春秋》则写作“勾践”，引文依从古籍的写法，特此说明。

俱为奴仆,来归于吴,岂不鄙乎!吾欲赦子之罪,子能改心自新,弃越归吴乎?"范蠡对曰:"臣闻:亡国之臣不敢语政,败军之将不敢语勇。臣在越,不忠不信。今越王不奉大王命号,用兵与大王相持,至今获罪,君臣俱降。蒙大王鸿恩,得君臣相保,愿得入备扫除,出给趋走,臣之愿也。"此时越王伏地流涕,自谓遂失范蠡矣。吴王知范蠡不可得为臣,谓曰:"子既不移其志,吾复置子于石室之中。"范蠡曰:"臣请如命。"吴王起,入宫中,越王、范蠡趋入石室。

范蠡虽为败军之将、亡国之臣,但凭着自己的能力才学完全可以转投他主,效力吴王,这样不仅能使自己免受牢狱之苦,还可能在吴王的赏识下飞黄腾达。但范蠡选择了拒绝,不改初衷,不移其志,坦然接受石室之囚,忠心耿耿地追随越王。非但如此,范蠡对身为阶下之囚、每日为吴王挑水扫地、养马除粪的句践,未有任何轻慢之意,依然持守着君臣礼节。

越王服犊鼻,着樵头。夫人衣无缘之裳,施左关之襦。夫斫剉养马,妻给水、除粪、洒扫。三年不愠怒,面无恨色。吴王登远台,望见越王及夫人、范蠡坐于马粪之旁,君臣之礼存,夫妇之仪具。王顾谓太宰嚭曰:"彼越王者,一节之人。范蠡,一介之士。虽在穷厄之地,不失君臣之礼,寡人伤之。"①

这种于患难之时依然相依为命、不离不弃、谨守礼节的忠肝义胆,在范蠡身上体现得淋漓尽致,连吴王夫差也被他打动,古今中外殊为难得。

其次,在对待个人名位的态度上,范蠡在实现抱负后能够急流勇退,两辞尊荣,表现出一位政治家审时度势的英明智慧和不恋名

① 《吴越春秋》卷七《勾践入臣外传》。

位的高尚品德。

范蠡辅助越王灭吴雪耻、观兵中国以成霸业，可谓居功至伟，被越王封为上将军，他深感“大名之下，难以久居”①，决定急流勇退，主动向句践辞行并秘密出走。《史记·越王句践世家》记载：

(范蠡)为书辞句践曰：“臣闻主忧臣劳，主辱臣死。昔者君王辱于会稽，所以不死，为此事也。今既以雪耻，臣请从会稽之诛。”句践曰：“孤将与子分国而有之。不然，将加诛于子。”范蠡曰：“君行令，臣行意。”乃装其轻宝珠玉，自与其私徒属乘舟浮海以行，终不反。

范蠡不惜越国上将军的尊荣，毅然弃官远遁，是审时度势后的明智抉择。他与越王长期相伴共处，逐渐认清了越王的性情，句践是一个可以同患难、难以共安乐的人，政治经验丰富的范蠡深知“蜚鸟尽，良弓藏；狡兔死，走狗烹”②的道理，果断地作出了功成身退、浮海出齐的选择。出于朋友道义，范蠡还写信劝谏文种尽早离开越王，文种犹豫不定，终遭越王屠戮；而范蠡则以其敏锐的眼光、高明的智慧、坚定的决心、果断的行动，安然避开了人生的一次危局，保全自己和家人，并来到齐地开创了一番新事业。

来到齐国的范蠡，带领家人，“耕于海畔”、“父子治产”，充分发挥自己的经商才能，再次取得事业上的成功，“居无几何，致产数十万”③，受到齐国朝野的重视，推举他当上了齐国的相。在齐国的范蠡因经商成功走上相位，这是他第二次身居高位，面对荣华富贵，范蠡没有利令智昏，而是保持着清醒的头脑和深深的忧患意识。范蠡深有感触地说：“居家则致千金，居官则至卿相，此布衣之

① 《史记》卷四一《越王句践世家》。

② 《史记》卷四一《越王句践世家》。

③ 《史记》卷四一《越王句践世家》。

极也。久受尊名,不祥。"[1]于是,范蠡"归相印,尽散其财,以分与知友乡党,而怀其重宝,间行以去,止于陶,以为此天下之中,交易有无之路通,为生可以致富矣"[2]。范蠡再一次选择辞归,辗转至陶地经商去了。

范蠡先后两次坚辞高官厚禄,不贪慕名位诱惑,彰显了这位布衣出身的政治家难得的操守。春秋之际,诸侯争霸,诸子蜂起,时代环境鼓舞着当时的知识分子,即所谓的"士"阶层,要以出仕为正途,通过效力一方诸侯,求得重用以实现抱负,因此,高官厚禄就成为许多布衣之士孜孜以求的事业。面对业已到手的尊荣,范蠡则显得十分超然,主动归印而去,这一切没有高明的智慧、过人的胆识、良好的操守是难以做到的。

再次,在经商治产上,范蠡当然是一位成功的实业家和致富能手,但这样的情况代不乏人,所以真正让其扬名百代、为后世所尊崇的则是他于经商之中、致富之后所践行坚守的美德。他用自己传奇的商业人生为我们演绎出一位商业巨子的风范与追求,为后世商人树立了一座"富而仁"的道德丰碑。

在经商过程中,范蠡不慕厚利,坚持奉行薄利多销的经营原则。战国秦汉时期,当时从事商业经营的平均年利润率,或者说资本的回报率,大约为百分之二十。《史记·苏秦列传》说:"周人之俗,治产业,力工商,逐什二以为务。"《史记·货殖列传》记载:"庶民农工商贾,率亦岁万息二千,百万之家则二十万,而更徭租赋出其中,衣食之欲,恣所好美矣。"《汉书·贡禹传》载:"商贾求利,东西南北各用智巧,好衣美食,岁有十二之利,而不出租税。"达不到

① 《史记》卷四一《越王句践世家》。
② 《史记》卷四一《越王句践世家》。

这个利润率的行业是谁也不愿意去经营的，所谓“佗杂业不中什二，则非吾财也”①。可见十分之二的利润率是当时的通行标准。据此，司马迁就曾提出过“廉贾”与“贪贾”的概念。② 两者的区别在于前者是只赚取平均利润的商人，后者则是想赚到平均利润以上的商人。《史记·越王句践世家》记载范蠡“候时转物，逐什一之利”，范蠡只追求十分之一的利润，远低于当时的通行标准，这说明他经商不图厚利，体现出商人的美德。虽说薄利是促销的手段，但他与那些“贪贾”的不同之处在于出不抬价、进不压价，“无敢居贵”③，不在扩大商品的利润率上费心机，而是当买即买、当卖即卖，加快资本的流转运营，因而能够做到“居无何，则致赀累巨万”④。这样做的另一好处是能在一定程度上调节某种商品的市场供求，可以平抑过快上涨的物价，有利于民生国计。

范蠡经商有道，致富有方，对于这些致富之术和从商经验，范蠡并非秘而不宣、只保守地传之子孙，而是肯慷慨地教授给那些慕名而来、虚心求教的人。《史记·货殖列传》记载了鲁之穷士猗顿，在发家之前，饥贫交迫，于是他奔走至陶地，向陶朱公范蠡求教致富之路，“闻朱公富，往而问术焉”。范蠡不吝传授他营商致富的宝贵经验，为其商业经营指点迷津，劝其从事畜牧养殖业，为其指明了致富之路，猗顿于十年之中遂至巨富，驰名天下。范蠡“授人以渔”，坦诚相告，践行着“己欲立而立人，己欲达而达人”⑤的儒家理想。

---

① 《史记》卷一二九《货殖列传》。

② 《史记》卷一二九《货殖列传》。

③ 《史记》卷一二九《货殖列传》。

④ 《史记》卷四一《越王句践世家》。

⑤ 《论语·雍也》。

范蠡作为一代商圣，勇担社会责任，赈济孤贫，印证着司马迁“君子富，好行其德”[①]的伟大风范。经商者唯利是图、为富不仁的例子史不绝书，而范蠡不同，作为商人，他虽然也迫切追求财富和利润，在某种程度上却能够超越商人的身份局限，不把经济利益作为追求的唯一目标。他“三致千金”，却能尽散家财于“知友乡党”、“贫交疏昆弟”，慷慨襄助他人，回报社会，体现着“富行其德”的高尚品格，这些正体现出范蠡作为一代商祖“怀德行仁”的君子人格。在范蠡看来，富是德的基础，德是富的升华，所谓“仓廪实则知礼节，衣食足则知荣辱”，行德济众才是其真正的人生意义之所在。

范蠡一生上则富国、下则富家，惠及乡邻、泽被齐鲁，其人生价值的实践，为后人树立了光辉的典范。范蠡丰富的商业思想和成功的经营实践是我们中华民族宝贵的文化遗产，即使对于今天的市场经济活动也不乏借鉴意义。

第五节　“兵之法，商之用”：古齐兵家谋略与商业经营管理艺术

古齐兵法，是中国灿烂的古代文化中的一份珍贵遗产，是世界军事宝库中的一颗明珠，其所阐述的谋略思想和哲学思想，被广泛地运用于军事、政治、经济等各领域中，对后世影响极大。古齐兵法文献，主要包括《孙子兵法》、《孙膑兵法》、《六韬》、《司马法》以及《管子》等文献中的某些篇章。对这些兵法文献的非军事研究，以经济领域的应用为最早，亦最有成就。

① 《史记》卷一二九《货殖列传》。

中国是最早将兵法用于商业经营的国家,《史记》里记述的范蠡就是这样一位成功典型,但由于传统社会长期奉行重农抑商的政策,导致古齐兵法的经营学研究一直滞后。倒是近邻日本,积极从中国的兵法谋略中汲取营养,运用兵法谋略来进行商业竞争或从事企业内部经营管理的改进,并形成相关的理论研究成果。据学者考证,日本的兵法经营学研究呈现 W 形的发展态势,即 20 世纪初、20 世纪 30 年代和 60 年代分别有三次研究高峰,据统计,截止到 2008 年年底,日本已经出版的兵法经营学相关著作多达 300 余种。[①] 同样,古齐兵法在西方欧美国家也极受青睐,欧美国家在这方面的研究起步虽亦较晚,但近年来相关著述逐渐增多,大有后来居上之势,尤其是美国表现不俗,走在了前列,陆续出版了几部既有理论深度又有广泛影响的畅销书,如美国退役军人马克·麦克内利(Mark McNeilly)于 1996 出版《孙子兵法与商业艺术》;1999 年美国行销专家杰拉尔德·A·麦克尔森(Gerald A. Michaelson)出版《孙子兵法与现代商战谋略》,2003 年,他还与斯蒂芬·W·麦克尔森(Steven W. Michaelson)合著出版《孙子兵法的销售智慧》等,这些成果均获得普遍好评,并有多种译本发行各国。美国哈佛大学与哥伦比亚大学的商业管理学院还把《孙子兵法》融入高级管理战略课程中。

20 世纪 80 年代以来,国内改革开放逐步推进,在近邻日本兵法经营学研究成果的影响以及西方现代管理思潮的启发下,中国本土的兵法经营学研究提上日程。贺克毅、陈炳富先生于 1984 年分别发表《〈孙子兵法〉与管理科学》、《从〈孙子兵法〉说到中国管理史》两文,揭开了中国兵法经营学研究的序幕。此后,探讨兵法

① 参见苏桂亮《〈孙子兵法〉研究在日本》,载《滨州学院学报》2005 年第 5 期。

图6－7 明绘孙武像（采自谢祥皓主编《孙子志》，山东人民出版社2009年版）

改进企业管理和商业经营的研究文章陆续见诸各类报刊。目前，国内相关研究已经取得了丰硕的成果，出版相关著作近200部，文章近600篇。另外，研究阵容不断扩大，改变了起步阶段研究者“游兵散卒”的状态，不仅有全国性的研究组织“中国孙子兵法研究会”，而且还有山东广饶的孙子研究中心、山东惠民的孙子文化书院、山东滨州的孙子兵法学院等地方性的研究机构。学术交流得到加强，一批有学术价值的兵法经营学研究成果不断问世。目前，海内外关于孙子或其他各家的兵法经营学研究方兴未艾，笔者在借鉴诸位前贤时俊研究成果的基础上，对古齐兵法的商用智慧进行深入探讨和总结，以期为这方面的研究略尽绵薄之力，并求教于方家。

古齐兵法理论的字里行间充满了智慧的光芒，不仅揭示了战争的客观规律，提出了各种克敌制胜的军事技巧，而且其蕴含的谋略思想还能对今天的商业经营管理提供十分重要的启发。从整体上讲，兵法谋略的商用价值主要表现在决策智慧、营销手段、管理原则等几大方面。

一、兵法谋略与商业决策

想法决定活法，思路决定出路，决策的正确与否直接关系商战全局的成败。在这方面，古齐兵法为我们解读了决策智慧，可资借鉴。《孙子兵法·谋攻篇》云:“故上兵伐谋,其次伐交,其次伐兵,其下攻城。”在兵家看来,用兵的上策是以谋略制胜,“不战而屈人之兵”①,既能最大限度地减少自身消耗,又能让敌国完整地降服于自己,这样才能达到最佳战果;那种依靠攻城略地、武力取胜的谋略,并不是最高明的选择,并且一味迷恋军事武力很可能带来极为惨重的后果。其实历史已经在这方面给我们展示了太多的教训,比如能征善战的项羽,为何能在反秦起义中取得成功,却在楚汉战争中败给军事才能不如己的刘邦呢?项羽起自陇亩之中,在群雄逐鹿、豪杰蜂起的秦末乱世,凭借自己卓越的军事才能,从各路反秦义军中脱颖而出,成为傲视群雄的联军统帅,并最终战胜强大秦军,扭转天下大局,成为秦亡以后号令天下的第一人。这位“力能扛鼎,气压万夫”的猛士之所以能成就其反秦起义中的地位,显然是他军事武力斗争的结果,但真正考验他的时刻是在之后的楚汉战争过程中。这是因为在“天下苦秦久矣”②的秦末乱世,秦朝的灭亡已是大势所趋,不是一个秦少府出身的章邯能够力挽狂澜的,在反秦的诸豪杰中,谁能取得军事斗争的胜利,谁就能拔得头筹。当秦王朝灭亡,反秦联盟的共同敌人消失后,当时宰制天下的一号人物正是楚霸王项羽,可惜他没有从“上兵伐谋”的战略角度正确审视天下形势,错误地推行已被秦王朝废除了的分封制度,裂土封建十八路诸侯,加上利益分配不均等多种因素,导致战火再起,并逐渐形成以刘邦为首的汉王集团和以项羽为首的楚王集团。楚汉对抗之初,楚王集团占有绝对优势,而且有万夫莫当之勇的项羽几乎是逢战必胜,而刘邦则常吃败仗,在彭城之战中,项羽曾自领三

① 《孙子兵法·谋攻篇》。
② 《史记》卷四八《陈涉世家》。

万之兵，打得汉王刘邦率领的五十六万大军丢盔弃甲，狼狈而逃。可楚汉相争的形势却对楚王集团愈发不利，项羽可以说是越打越被动，笔者认为其根本原因，就在于项羽一味迷信武力，没有适时地做好身份转变，仍然停留在军事统帅而非政治家的立场去思考问题，缺乏战略眼光，不知道战争是政治斗争的手段和延伸，错误估计了天下形势，导致自己垓下被围，在四面楚歌声中，项羽最后逃到了寒风瑟瑟的乌江边自刎而死，成为历史上一位功败垂成的悲情英雄。项羽以生命的代价印证着“天下虽大，好战必亡；国家虽安，忘战必危”的道理。

历史的经验告诉我们，军事上要反对有勇无谋的将领，政治上要反对缺乏大局意识和战略眼光的领导人。古齐兵法的字里行间亦始终贯穿着战略制胜的观点，它不仅适用于政治军事的需要，在现代市场经济环境中，企业的生存竞争和商业经营同样需要这种“上兵伐谋”的战略眼光。对于企业而言，所谓战略，是指企业的最高领导人和决策参与者要在充分的市场调查的基础上，正确预测市场的前景和远景，要从全局和宏观的层面上进行整体的布局和谋划，制定准确的战略计划。战略计划一经制定通过，就要充分调动各方面资源，保证其执行实施的有效性、长期性和灵活性。现代的市场竞争日趋激烈，竞争形势日趋复杂，没有战略思考或战略失误的企业在商业竞争中必然失败。众所周知，以石英钟表起家、靠石英钟辉煌，有着“石英钟鼻祖”之称的康巴丝钟表公司，一度名扬国内，家喻户晓，曾连续 8 年作为中央电视台元旦、春节标准报时钟。但进入 20 世纪 90 年代后，康巴丝陷入了低潮，并濒临企业破产和品牌流失的边缘。为什么提醒人们准时的“康巴丝”自己在经济大潮中“误了点”？其关键之一就在于企业的决策者们在辉煌的胜利面前，有些迷失自我，误以为单凭品牌的力量就足可以在相当长的一段时期内为企业带来丰厚利润。[1] 殊不知随着石英钟表技术的成熟,行业竞争日趋激烈,石英钟表利润与销售空间越来越小,康巴丝被迅速崛起的同类企业冲得七零八落。康巴丝的沉默为企业的决策者们敲响了警钟:缺乏远见的发展战略,只会使企业丧失有利的发展空间;企业的决策者应当时刻保持强烈的危机感和忧患意识,密切关注市场动向,准确定位企业发展方向。

决策者的角色如此重要,那应当怎么做才能保证决策准确呢?古齐兵法的智慧同样可为我们指点迷津。

首先,坚持"慎战"原则,肩负责任使命。孙子认为:"兵者,国之大事,死生之地,存亡之道,不可不察也。"[2]战争关系国家的生死存亡,意义重大,故不得不谨慎行事,"非利不动,非得不用,非危不战。主不可以怒而兴师,将不可以愠而致战"[3]。战与不战的选择依据,要看战争是否有利于实现"安国保民"目的,凡是有利于这一价值目标实现的,就为之;反之则否。"慎战"原则的伦理实质在于强调君王和将帅必须对国家命运负有高度的责任感,切忌凭一时的好恶冲动贸然发动战争。据《三国志》、《资治通鉴》等史籍记载,公元221年吴蜀彝陵之战的爆发,起因于关羽失守荆州,为东吴所擒杀。与关羽情同手足的刘备,悲愤交加,一心复仇,不听诸葛亮、赵云等人的劝谏,置联吴抗曹大计于不顾,倾全国之兵东讨孙吴,结果惨败而归,不仅丢失了数十万蜀军将士的性命,自己也忧愤成疾,于"白帝城托孤"后凄凄离世。吴蜀彝陵之战的教训告诫决策者应坚持"慎战"原则,切忌感情用事、愤而忘谋,否则就容易滑入歧途,铸成大错。"慎战"原则同样适用于企业的决策者,他

① 参见周剑舞《康巴丝的教训》,载《企业销售》1995年第7期。

② 《孙子兵法·计篇》。

③ 《孙子兵法·火攻篇》。

们在制定战略规划、实施战略行动时，也要有这样的审慎心理，不可感情用事。未经充分论证、深思熟虑和谨慎推敲就草率推行的战略决策，不仅会给企业自身的发展带来毁灭性的严重后果，而且对企业的员工、股东乃至整个社会而言，这样的行为也是不负责任的表现。

其次，“知己知彼”，有备而战。古齐兵法认为，统帅和将领要想在战争中立于不败之地，就必须在战前充分了解敌我双方的情况，并对这些情况进行认真深入的分析，掌握彼此的优势和弱势，这样才能在一个客观的基础上得出准确的判断，制定出合适的作战方案，正所谓“知己知彼者，百战不殆”[①]。《孙子兵法·形篇》记载：“故善战者，立于不败之地，而不失敌之败也。是故胜兵先胜而后求战，败兵先战而后求胜。”意思是说那些善于用兵打仗的人，总是先立于不败之地，然后不放过任何一个可以打败敌人的机会，取得胜利，所以胜利之师总是先具备胜利条件然后再去和敌人交战；而失败之师则是先同敌人交战，然后期求从苦战中侥幸取胜。古齐兵法在这里强调的就是要有备而战才能赢得胜利。我们的企业想在激烈的市场竞争中立于不败之地，就要保证战略规划制定的准确性，为此就必须充分了解市场动向，掌握同行业主要竞争对手的情况，做好周密而详细的事前准备，有备而战；在没有取胜的把握之时，不可贸然进攻，而应当养精蓄锐、寻找机会。

如何掌握竞争对手的情况、做到“知己知彼”呢？古齐兵法认为，应该通过各种行之有效的手段和方法，尽可能地获知双方可靠完备的信息。对于“己方”，我们可以通过正常渠道，如机要往来、上命下达、下情上报、部门内部调查等方式，全面清晰地了解自身

① 《孙子兵法·谋攻篇》。

情况。而对于“知彼”，则难以通过正常渠道获知对方可靠准确的信息，因此《孙子兵法》提出“用间”，即依靠间谍来刺探对方情报，以了解敌情。孙子重“间”，在其兵法中专设《用间篇》，精辟地论述了“间”道的意义、方法、种类及原则等。孙子认为，战争的消耗巨大，如果能使用间谍及时、准确地掌握敌人的军情，就可以快速打败敌人，甚至“不战而屈人之兵”①，因此，用爵禄和金钱的代价重用间谍是必要和值得的。当今的市场环境，商业竞争日趋激烈，商业间谍大行其道，刺探对方的商业情报是当前商业竞争过程中存在的客观事实，从某种角度讲，也是一种必要手段。在信息化时代的今天，情报和技术讯息具有极高的商业价值，利用商业间谍搜集这类商业情报确实可以让我们用较小的代价在竞争中经常以“先知”而胜过对手。日本经济在二战以后的迅速发展和腾飞，其制胜法宝之一就在于他们热衷于商业情报的搜集和研究。由于历史的原因，二战后作为战败国的日本虽未被允许设立任何传统意义上的谍报机构，却能在发展经济的掩护下建立起一个全球性的经济情报搜集网路。无论是日本政府，还是国内的各大财团都十分重视商业情报，注重通过对截取情报的研究，了解对方决策机密与核心技术，从而为己方商业战略规划提供直接有效的精准定位，并对己方参与竞争的同类产品提升技术竞争力和挤占市场发挥重大作用。

当然，我们对商业竞争中使用间谍手段要保持一种审慎的态度，一方面，我们要认识到利用商业间谍搜集情报并非都是不正当竞争，在美国，多数的大公司和许多小公司都设有专人和资源用于分析关于其竞争对手的信息，比如位于美国弗吉尼亚州亚历山大

① 《孙子兵法·谋攻篇》。

市的竞争情报职业者协会(SCIP)就因此而生意火爆。另一方面,我们要保证商业间谍活动不干扰和违背市场经济环境下的法制规则。正如孙子强调的“非圣智不能用间,非仁义不能使间”①,使用间谍也要有自觉的道德底线和法制规则的约束。另外,从兵法“用间”的谋略中,我们还要学会保护自己的商业机密不外泄。

二、兵法谋略与市场营销

根据现代市场经济理论,企业是市场的主体,具有独立的经济利益,具有商品生产和经营的自主权。无论企业的生产环节如何严密、产品质量如何上乘,企业最终必须将自己生产的产品销售出去,才能获取利润,实现企业生产的目的,因此营销成为现代企业经营管理的关键一环。古齐兵法所蕴含的丰富智慧,对于提高现代企业的营销管理水平具有重要的启发意义。

(一)借“势”发力,做好产品宣传

在中国的传统社会中,一直流行着“酒香不怕巷子深”的俗语,意思是说只要自己的东西做得好、产品质量过硬,就不怕没有顾客上门。这种说法体现的是以产品为导向的市场营销思想。简单说就是不管市场需求,不理会个性化,忽略消费者的意见和看法,仅仅把注意力放在自己生产的产品上。由于现代市场竞争的不断升级,以产品为导向的卖方市场时期已经过去了,进入了以市场为主导的买方市场时期,因此这种传统营销理念已经不能完全适应现代市场的要求了。现代企业在搞好产品质量的同时,也应该走出“深巷”,打破区域市场的局限,开拓更广阔的市场空间,通过各种切实而灵活的营销手段把生产的产品提供给需要的客户或消费

① 《孙子兵法·用间篇》。

者，唯有如此，我们的企业才能不断成长，走向强大。

古齐兵法特别重视“势”的作用，何谓“势”？在兵法中可解释为形势、气势、乘势、任势、造势等。《六韬·龙韬》篇设有《军势》的专章，提出了“进攻之要在于乘势握机”[①]的观点；《孙子兵法》中有《势篇》，其核心思想是“择人而任势”，所谓任势，就是将帅应根据战场环境诸要素分析具体情况，营造或利用有利的外部条件，捕捉有利战机，战胜敌人；古齐兵家的另一位代表——孙膑，更有“贵势”、“尚势”的特点[②]，他根据不同的敌情、地形、气候、阵法等各方面的条件，机动灵活，善于创造有利于己而不利于敌的形势。可以说，“贵势”体现了古齐兵家共同的务实特征。

兵家谋“势”取胜的智慧同样可以给企业经营者带来启发，产品宣传、商品营销也可以借“势”发力，取得更好效果。这里的“借势”，是指企业及时抓住广受关注的社会新闻、事件以及人物的明星效应等，结合企业或产品的宣传目的而展开的一系列相关活动。借势营销的具体手段灵活多样，既可以借助强大的电视、网络媒体力量进行常规宣传，以求提高企业或产品的知名度、美誉度，树立良好的品牌形象，又可以兵出奇谋，利用民众关心的一些重大的政治活动、重要的会展会议等借机进行全方位宣传。杜康酒业在这方面提供了一个成功的案例。河南的杜康酒是我国白酒业的知名品牌，20 世纪 70 年代初，河南伊川杜康酒厂经过反复研制，开发出新一代的杜康酒，经过专家鉴定，该酒香甜醇美。1976 年，当时的冶金部派代表出访日本时，把这种酒送给了日本前首相田中角荣，并赠诗说：“田中原首相，和好利家邦。献上杜康酒，周公古义长。”

① 徐培根注译《太公六韬今注今译》第三篇《龙韬·军势》，台湾商务印书馆 1976 年版，第 126 页。

② 《吕氏春秋》卷五《审分览·不二》。

这酒是通过代表团某成员日籍华裔的弟弟转送的，转送者在转送时也写了一首诗："美酒古来唯杜康，河南一饮三年香。诺言生死无更改，七载做成献寿长。"并把诗文写成甲骨文刻写在龟板上，一并送给田中。酒传到日本后很快引起轰动，掀起了一股杜康热。[①] 杜康酒业凭借这次出访的借势发力，很顺利地打入了国际市场，取得了事半功倍的效果。

（二）兵贵神速，抢占市场先机

孙子提出了一个重要的军事思想，即"兵贵胜，不贵久"[②]，他深知任何一场战争都是交战双方军事实力的较量，而军事实力所依赖的则是综合国力。如果军队长期作战，必然导致国家财力枯竭，长期消耗，必败无疑。另外，长期作战会使军队的锐气受挫，官兵产生厌战心理，并会使国内民众产生强烈的反战情绪，从而丧失民众的支持，故孙子特别强调用兵之道在于速战速决。这对于现代的市场竞争具有重大的指导意义，其思想核心可总结为"时间就是金钱，效率就是生命"。

时间、速度在军事战争中至关重要，对于商战而言，同样如此。我们的企业参与竞争时，要首选能最快使现金流入大于流出并赢利的有效方案，任何不利于"速胜"的方案，都会导致企业消耗更多的人力、物力、财力等资源，付出"贵久"的多余成本，并由此可能导致企业陷入困境。因此，企业经营者要牢记孙子的忠告："兵贵胜，不贵久。"

对于企业经营者而言，要做到兵贵神速，就必须要有敏锐的眼光，善于捕捉商机，大胆出击。在激烈的现代市场竞争中，商机瞬

① 参见杨先举《孙子管理学》，中国人民大学出版社 2005 年版，第 318 页。

② 《孙子兵法·作战篇》。

息万变,不允许企业经营者有更多的琢磨时间。《孙子兵法·虚实篇》说:“凡先处战地而待敌者佚,后处战地而趋战者劳。”这是在启示企业经营者要善于利用时间差抢占市场先机,获得竞争的主动性。既然商机稍纵即逝,企业如果没有及时抓住,那么只能与成功擦肩而过。1989 年 9 月,饮誉全球的德国“能达普”摩托车企业因经营失误而被迫出售。正在德国考察的中国企业家立即向该厂表示购买的意向,并火速回国商量。就在此时,伊朗商人抢先一步与该厂签订了购厂合同。但由于伊方未能按时交款,中方又及时与该厂签订合同,从伊朗手中抢回“能达普”摩托车生产线,出价比伊朗人还低。① 中方在此次并购行动中善于捕捉商机,并充分发挥了竞争的主动性,利用时间差,兵贵神速,取得成功。

随着科技水平的迅猛发展和消费需求的不断增强,各类新产品的研发速度都大大加快,新产品层出不穷,因此每一种新产品的“青春期”就变得越来越短。在这种新形势下,企业如果不能紧跟市场动向,及时更新产品系列,就必然会被市场无情淘汰。依据“兵贵神速”的原则,企业在新产品的开发和引进上也一定学会“抢先一步”。李文斌初任四川省军区绵阳方向机厂厂长时,正逢该厂生死关头。恰好此时从北京传来了北京吉普有限公司拟以安全、可靠、灵活的新转向器替代 212 吉普车的旧转向器的消息。李厂长闻讯立刻飞往北京,与北京吉普有限公司签订了开发这种新产品的协议,并且连夜通知该厂着手改造生产线,筹措资金,调集精兵强将,昼夜攻关,将全厂 8 小时工作制改为 12 小时,抢在浙江、京郊两家方向机厂前面完成了这次开发新产品的任务,终于占

① 参见葛荣晋《“兵贵神速”与企业“快半拍”:〈孙子兵法〉与企业经营谋略》,载《石油政工研究》2000 年第 4 期。

领了新的市场,使该厂产值、利润、固定资产直线上升。[①]

另外,兵法上的兵贵神速,用在具体商品销售上也能显示其重要的作用。商家如果能够迅速卖出商品,就能加快资金周转的速度,从而在单位时间内提高效率,获利更多。反之,商品滞销积压,不仅增加了库存成本,而且会导致资金周转不灵,使企业陷入困境。

(三)巧用诡道,获得营销佳绩

用兵作战特别重视机动灵活、知变善变,讲究战略战术,故孙子云:“兵者,诡道也。”[②]这里的“诡道”,不能仅仅理解为单纯的欺诈行为,它实质上是一种内涵丰富的对敌斗争的艺术,即巧妙地运用各种伪装手段来误导敌人,使对方得出错误判断,然后出其不意地打败对方。具体而言可包括“能而示之不能,用而示之不用,近而示之远,远而示之近;利而诱之,乱而取之,实而备之,强而避之,怒而挠之,卑而骄之,佚而劳之,亲而离之。攻其无备,出其不意”[③]。意思是说我方能打,装做不能打;要打,装做不要打。要向近处,装做要向远处;要向远处,装做要向近处。给敌人以小利,去引诱它;迫使敌人混乱,然后攻取它。敌人力量充实,就要防备它;敌人兵力强大,就要避免决战。用挑逗的方法去激怒敌人,使其失去理智;用谦卑的言辞表示自己的弱小,使敌人骄傲。敌人休整得好,要搅得它不得安生,使其疲劳;敌人内部和睦,要设法离间它。攻击敌人无备的地方,采取出乎敌人意料的行动。

孙子的这一军事思想为百余年后的齐地兵家孙膑所继承。

---

① 参见葛荣晋《“兵贵神速”与企业“快半拍”:〈孙子兵法〉与企业经营谋略》,载《石油政工研究》2000 年第 4 期。

② 《孙子兵法·计篇》。

③ 《孙子兵法·计篇》。

《史记·孙子吴起列传》传神地记载了“孙膑赌马”的故事。当时的齐将田忌经常设重金赌注和齐王的公子们赌马，孙膑发现他们的马脚力都差不多，可分为上、中、下三等。于是孙膑对田忌说，你可下重金与齐王以及公子们赌马，我保证能让你赢。临到比赛开始时，孙膑说：“现在用您的下等马对付他们的上等马，拿您的上等马对付他们的中等马，拿您的中等马对付他们的下等马。”三场比赛完后，田忌一场不胜而两场胜，最终赢得齐王的千金赌注。孙膑在这里正是巧用诡道，帮助齐将田忌赢得了比赛。

在现代市场的商业竞争中，我们如果能巧用诡道，也可以取得良好的效果。香港企业家李嘉诚就是商界中巧用诡道的佼佼者。1977 年，香港地铁部门要在中区闹市的遮打站和金钟站盖房招标。素有中区地头蛇之称的“置地产业公司”，是英资财团控制下的“地产股王”，它首先参与争夺兴建权，志在必得之势可想而知。其他众多财团亦奋起逐鹿。但李嘉诚胸有成竹，他经过认真分析，了解到地铁部门急需资金，切望资金回笼快，以减轻负债，便抓住这一点大做文章，提出兴建优质商业大厦以高价出售，而不像以往那样提出供出租用的设计方案，并将工期安排与地铁工期同步，以便通车之日亦是大厦完工出售套现之时，由此地铁部门即可收得巨额资金。如此设计正中地铁部门下怀，李嘉诚一举战胜“置地产业公司”而夺标，一时间新闻界为之轰动。李嘉诚的成功并非投机取巧，而是真正懂得灵活正确地使用“诡道”。[①]

古齐兵法的“诡道”智慧，是诞生在军事斗争的背景下，虽可以取其所长，运用于商业竞争中，但商场毕竟不是战场，我们在运用

① 参见刘学军等《论企业管理中的“诚信”与兵法中的诡道》，载《湘潭工学院学报》2003 年第 3 期。

诡道谋略时,切不可狭隘地理解它、误用它。作为一种营销技巧的“诡道”,是建立在诚信经营的前提下,绝非短斤少两、弄虚作假、招摇撞骗。企业经营中的“诡道”,应当从以下几方面来理解它:首先是不拘旧法,贵乎用“新”。即根据今昔情势的不同,灵活地改变营销方案,而非刻板地套用旧方法。其次是不拘一法,贵乎用“活”。即一事预设多种解决方案,可以左右逢源、进退自如。再次是不拘常法,贵乎用“奇”。孙子云:“凡战者,以正合,以奇胜。”[①]是说优秀的军事谋略家既能以常法指挥战斗,还要能破常法,出奇兵制胜。那么,优秀的企业家和营销人员也要能做到不死守常法,要善出奇招。[②] 在把握商业经营中“诡道”涵义的基础上,我们的企业营销人员应当充分发挥“诡道”智慧的灵活性,调动一切积极因素,大胆创新,巧用奇招,赢得佳绩。

三、兵法谋略与商业管理

军事行动可以说是人类最早的大规模管理实践,而指导军事行动的兵法,正是在长期军事实践中形成的关于战争经验和智慧的结晶,它一方面精炼总结出了种种对敌斗争的策略,另一方面也必然包含如何组织军队、凝聚军心、协调军将等治军之道,因此兵法在管理学方面有很高的价值。古语云“治产如治兵”,从某种意义上说,兵法里的治军之道所蕴含的丰富组织管理思想可以为那些在商业大潮中搏击奋发的企业提供内部管理上的启示和借鉴。在国外,用治军之法管理企业不乏先例,如美国著名的管理学家泰罗就曾借鉴以高效著称的普鲁士军队总参谋部的建制,对企业进

① 《孙子兵法·势篇》。

② 参见刘学军等《论企业管理中的“诚信”与兵法中的诡道》,载《湘潭工学院学报》2003 年第 3 期。

行职能管理的改革；日本近年来已经较普遍地将兵法运用于企业管理中。[①] 中国古代系统的军事理论最早发端于齐地，古齐兵法代表了先秦军事思想的主体和最高成就，给我们留下了内容丰富的治军之道，是现代商业企业可资分享的一笔重要的文化遗产。

（一）“莫贵于人”与企业的人才战略管理

在国际竞争日趋白热化的今天，人才越来越成为竞争的核心，可以说21世纪就是人才竞争的世纪，大到国家，小到企业，皆是如此。我们的兵家先哲对于人才的价值有充分的认知。《孙膑兵法·月战》曰：“间于天地之间，莫贵于人。”《黄石公三略·上略》曰：“夫为国之道，恃贤与民。”毛泽东同志在其著名的《论持久战》一文中也指出：“战争的伟力之最深厚的根源，存在于民众之中。”[②]强调兵民是胜利之本。楚汉战争中定天下、决雌雄的胜出者——刘邦，曾总结过自己取天下的原因：“夫运筹策帷帐之中，决胜于千里之外，吾不如子房。镇国家，抚百姓，给馈饷，不绝粮道，吾不如萧何。连百万之军，战必胜，攻必取，吾不如韩信。此三者，皆人杰也，吾能用之，此吾所以取天下也。”[③]汉高祖刘邦称赞的“汉初三杰”，其中有两位，即张良（字子房）和韩信，原来均事于项王集团，却未被重用，后来转投汉王刘邦，助其成就天下伟业。因此，从某种意义上说，人才战略的成功与否直接关系到政权的安危存亡。

对于企业而言，人才的重要性同样如此，归根到底，企业的竞争是人才的竞争。美国、英国、法国、德国以及日本，是世界经济体的五强，根据他们在亚洲地区所做的投资调查，提出在中国投资的

① 参见杨承辉《〈孙子兵法〉与企业管理》，载《北京工商大学学报》1984年第1期。
② 《毛泽东选集》第2卷，人民出版社1991年版，第511页。
③ 《史记》卷八《高祖本纪》。

最大难题是用人。对于现代企业而言,如何引进优秀人才、留住人才并能人尽其才,成为企业管理工作的头等大事。古齐兵法的治军之道可以为企业的人才管理提供借鉴。

首先,人才的选拔。《孙子兵法·谋攻篇》曰:“夫将者,国之辅也。辅周则国必强,辅隙则国必弱。”孙子把国家比作战车,把将领比作车体两边起固定和牵引作用的辅木,辅木与车体结合越周密,整个战车越牢固。反之,则容易散架。孙子在这里突出了将领的重要性,“故知兵之将,生民之司命,国家安危之主也”[①]。作为国家利益的捍卫者,将领上辅君王,下率卒士,处在层级关系中的关键环节。国君想要牢固地掌控军队、管好军队,是需要通过选拔治军有方的得力将领来实现的。既如此,如何选拔得力将领呢?古齐兵法提出了将的选拔标准,即“五德”。所谓“五德”,是指成为优秀将领的五种基本素养,分别是“智、信、仁、勇、严”。[②]“智”,是指多谋善断,为五德之首。信,即赏罚有信,令行禁止。“仁”,指爱兵抚士,“视卒如婴儿,故可与之赴深溪;视卒如爱子,故可与之俱死。”[③]如此可得士卒死力。“勇”,指勇敢果决。一名优秀的将领,既要有谋,又要有勇,勇使人敬。“严”指明法审令,这是保证军队战斗力的重要手段。

管理企业同治理军队有异曲同工之妙,“存亡之道,命在于将”[④],将领在军中的作用相当于职业经理人或企业家在企业中的作用,他们代替企业所有者成为企业最有权的角色,他们是企业价

① 《孙子兵法·作战篇》。
② 《孙子兵法·计篇》。
③ 《孙子兵法·地形篇》。
④ 徐培根注译《太公六韬今注今译》第三篇《龙韬·论将》,台湾商务印书馆1976年版,第110页。

值观念的体现者、企业行为的指导者、企业员工的管理者。[①] 在选拔现代企业职业经理人或企业家的过程中，我们可以从为将的“五德”中获得启示，从这五大方面来考察企业管理者的素养，从中选拔堪当大任的杰出人才。优秀的职业经理人或企业家，也当具备“智、信、仁、勇、严”等综合素质。

其次，人才的使用。企业在选拔出优秀人才的基础上，还要做到因能授职、人尽其才。合理地使用人才，发挥人才的各自优势，才能为企业真正带来效益；人才使用不当，不仅耗费人力资源，而且会给企业发展带来极为严重的后果。因此，人才的使用是一门非常关键的学问。古齐兵法在这方面有值得借鉴的地方。《六韬·龙韬·王翼》篇记载：“凡举兵师，以将为命。命在通达，不守一术。因能授职，各取所长，随时变化，以为纲纪。”意思是说：凡领兵打仗都以将帅作为军队的主宰。将帅想要主宰好军队，最重要的是通晓和了解各方面情况，而不在于专精某项技能。将帅应该能做到量才录用各种人才，用其所长，灵活掌握，并使其成为一项制度。

领兵打仗的将领需要延揽各种人才，做到因能授职，各用其长；对于奋战于商海的现代企业而言，则必须首先用好企业中的“将”，即企业中的高级管理者阶层，他们是企业的舵手，带领着企业乘风破浪、扬帆远航。对于这些人才，我们应当充分了解他们的特点，扬长避短，择人任势而不可以求全责备，战国时期的大商人范蠡在这一点上就已经为我们作出很好的榜样了。

企业家在使用人才时，要有精准的眼光和宏大的气魄，能放手

① 参见赵曙明、张燕《〈孙子兵法〉中的用人思想与企业人力资源管理之比较》，载《江苏社会科学》1995年第4期。

任用,并为优秀人才提供越级提拔的绿色通道。《孙子兵法·谋攻篇》曰:“君之所以患于军者三:不知军之不可以进而谓之进,不知军之不可以退而谓之退,是谓縻军。不知三军之事而同三军之政者,则军士惑矣。不知三军之权而同三军之任,则军士疑矣。三军既惑且疑,则诸侯之难至矣,是谓乱军引胜。”孙子在这里指出了国君干涉将领、危害军队的三种常见表现。将帅形同木偶,一举一动都受制于中枢,将领缺乏战场上机动灵活的指挥权和决策力,最终难以有所作为。历史上隋炀帝征高丽行动的失败、宋辽对抗中宋方的频频失利等教训,深刻说明了僵化教条的“将从中御”的治军方略有很大局限性,出征将领往往因此自缚手脚,丧失战机,而难有作为。古齐兵家要求国君对将领实施灵活管理,在特殊情况下要允许将领“君命有所不受”。同样,企业家用人也要避免犯类似的错误,用人不疑,不能管得太死、限得太严,要给他们适度的自主权,从而充分调动他们工作的积极性和创造性。另外,企业用人还要做到越级提拔优秀人才。举一个例子,1981 年,太原电解铜厂硅车间因经营不善,严重亏损,到了濒临倒闭的境地,该厂领导四处寻访聘请外地老师傅前来帮助也无济于事,最后起用了本厂的一名毛遂自荐的临时工——出身于农民的武吉龙来管事,他大胆革新,采用承包形式搞活经营,使得这个车间起死回生。[①] 作为一名最基层的员工,武吉龙正是凭借这次越级使用的难得机会,发挥才智,施展才能,迅速扭转了车间的生产经营状况,并成长为一名明星企业家。

再次,人才队伍的稳定。现代市场经济环境下,尽管人才的流动十分普遍,但对于具体企业而言,上到决策层,下到普通员工,他

① 参见杨先举《孙子管理学》,中国人民大学出版社 2005 年版,第 65 页。

们都是企业正常运行时不可或缺的部分，因此，稳定已有的人才队伍对企业而言十分关键，它是现代企业管理的重要内容。古齐兵法中蕴含的人本主义的管理思想对于现代企业的人才队伍稳定有着重要的启发意义。

要实现人才队伍的稳定，现代企业必须树立人本管理的思想。所谓人本管理，指的是以促进人的自身自由、全面发展为根本目的的管理理念和管理模式。据相关研究，西方的管理理论在经历了近百年的发展后，才过渡到人本管理的阶段。[①] 而在中国，成书于2500多年前的《孙子兵法》则已蕴含着朴素的人本管理思想了，这集中体现在对士卒的管理上。《孙子兵法·地形篇》曰："视卒如婴儿，故可与之赴深溪；视卒如爱子，故可与之俱死。"意思是说，将领如果把自己的士兵视为婴儿一样去照顾、视为爱子一般去关爱，就能够得士卒死力，在关键时刻发挥他们拼死效力的积极性，做到生死以共。这里强调将领治军要能将恩惠与信义施予士卒，结纳官兵之心，凝聚军队的战斗力。企业家管理企业，对待员工也要有这种人本关怀的意识。只有关爱员工，了解员工疾苦，关心员工生活，力所能及地为他们解决一些实际困难，在企业中营造出和谐大家庭的良好气氛，才能真正得到员工心悦诚服的爱戴，员工才能真正对企业产生认同感和归属感。这样做既能稳定人才队伍，又能营造出"上下同欲"[②]的风气，在企业发展的关键时期大家齐心协力，克服困难，赢得胜利。

（二）"令必素行"与企业的组织运营管理

军队的管理必须有一套行之有效的法令法规。《孙子·形篇》

---

① 参见胡滨《〈孙子兵法〉蕴含的人本管理精神》，载《滨州学院学报》2007年第5期。

② 《孙子兵法·谋攻篇》。

曰:“善用兵者,修道而保法,故能为胜败之政。”意思是说:善于用兵的人,要确保必胜的法度,以保证取得决定胜败的大权。“修道保法”的思想是孙子针对当时列国兼并、相互劫夺的社会现实,向统治者提出的一条基本的政治原则。具体而言,“道者,令民于上同意也,故可以与之死,可以与之生,而不畏危也”①。因此“修道”的实质就是要通过统治者一些仁政和关爱民众的措施来赢得人心,使国君和政府能获得民众信任和拥戴,从而使各项政令得以推行,行动取得胜利。这与《孙子·谋攻篇》提到的“上下同欲者胜”的意思相呼应。实现“修道”的具体手段之一,就是“保法”。“法者,曲制、官道、主用也。”②所谓“曲制”,就是军队中的各项编制和军事制度;所谓“官道”,就是官员的任免、区分职责和隶属关系等的官吏制度;所谓“主用”,就是军费、粮秣、车马、器械等军需物资的管理和军队开支的财务制度。由此可见“保法”涵盖军队管理中的组织结构、责权划分、人员编制、管理制度、资源保障、物资调配等多方面内容,体现着军队管理制度的系统化。

孙子提出的这种“修道保法”思想同样适用于现代企业。它启示我们的企业要明晰部门之间的隶属关系和责权范围,协调处理好内部员工的职责划分;塑造良好的企业文化,凝聚企业向心力,让企业的各部门、各方面的积极性充分调动起来;要完善企业内部的经济核算制度,使企业各部门都认真关心自己的生产经营状况等。一个企业只有将这些制度健全起来,推行下去,才有可能把企业管理得有条不紊、秩序井然。

《孙子·势篇》说:“凡治众如治寡,分数是也。”意思是说管理

① 《孙子兵法·计篇》。
② 《孙子兵法·计篇》。

人数众多的军队与管理人数很少的军队一样,依靠的是严密的组织编制。对于"分数"作何理解,历代注家给出了自己的解释。如,曹操作注说:"部曲为分,什伍为数。"杜牧作注说:"分者,分别也;数者,人数也。言部曲行伍(各级编制),皆分别其人数多少,各任偏裨长伍(各级官员),训练升降,皆责成之,故我所治者寡也。"唐陈皞、梁孟氏也作了上述类似解释,但又有新的释词。陈皞说:"使之训齐决断"、"授以方略";孟氏说:"分数多少,制置先定。"①"分数"实质上讲的是军队必须具备的严密的组织功能。

只有组织严密、编制合理的军队,规章制度才能有效地对他们发挥作用,军队的整体战斗力才能真正提高。《吴子·治兵》曰:"教战之令,短者持矛戟,长者持弓弩,强者持旌旗,勇者持金鼓,弱者给厮养,智者为谋主。"意思是说,要根据士卒本身的条件来合理地分派差使:身材矮小的让他使用矛和戟;身材高大的让他使用弓和弩;身强力壮的让他举旌旗;勇敢无畏的让他敲金鼓;身材瘦弱的让他当勤杂兵;有智慧的让他出谋划策。这些体现出吴子治军强调的人与人、物与物以及人与物之间的恰当组合原则。《孙膑兵法》专辟《八阵》篇,讲到排兵布阵的学问,反映的也是军队内部的组织编制问题。治军过程中的这些组织思想对于今天的现代企业管理而言有着特别的意义。

按照现代管理理论,组织是为了完成特定工作,把分散的人或事物按一定的关系,有秩序地组合在一起,把企业内部各个人员、各个部门合理地组织起来,以利于统一指挥、全面领导和分级管理,从而使部门效能和个人能力的发挥最优化。在市场经济条件下,现代企业,尤其是我们的国有企业,要根据自身的规模大小、集

① 参见杨先举《孙子管理学》,中国人民大学出版社2005年版,第184~185页。

中分散程度、生产经营特色等情况，建立合理的管理层级、区分明确的管理权限，形成有效的部门协调，从而使企业里共同劳动的全体员工都能各负其责、各尽其才，各种资源都能得到合理的调度和利用。

古齐兵家对于依法治军，特别重视“法令孰行”，其重点是如何行“法”，即在“有法可依”的条件下，须能做到“执法必严”。《孙子兵法·行军篇》曰：“令素行以教其民，则民服；令不素行以教其民，则民不服。令素行者，与众相得也。”意思是说：命令若能够一贯地严格执行，用来训练民众，民众就会服从；反之，民众就不会信服。严格地坚持执行命令还能够融洽将士之间的关系，增强彼此间的信任。

孙子在这里提出“令必素行”的治军原则，即要严肃军队的纪律、法令与规章制度，军令既出，就必须严格遵照执行，决不可朝令夕改、因人而异，否则就会导致军令缺乏权威性与约束力，而流于形式。南宋中兴四将之一的岳飞，组建一支战斗力极强的岳家军。“冻死不拆屋，饿死不掳掠”[①]是岳家军的口号，反映了其治军甚严、令出如山。正是这些铁的纪律，塑造了岳家军非比寻常的战斗力，连金人也感叹“撼山易，撼岳家军难”[②]。岳家军的抗金斗争为南宋政权的草创发挥了极为重要的作用。

“令行必素”的原则在企业管理中同样适用。我们在管理企业、教育员工的过程中，特别注意在执行制度问题上绝不能因人而异、朝令夕改，必须做到有轨必遵、有章必循，以维护制度的权威性，在公司上下形成秩序井然、管理规范的严谨氛围。值得一提的

① 毕沅《续资治通鉴》卷一二四《宋纪一百二十四》。

② 《宋史》卷三六五《岳飞传》。

是，前文在阐述人才稳定方面，指出孙子管理军队注重结纳官兵之心，仁爱士卒；企业家对待员工要有人本关怀的意识，做到关爱员工，凝聚企业向心力。这与“令行必素”的原则是对立统一的。关爱决不等于溺爱和骄纵。“厚而不能使，爱而不能令，乱而不能治，譬若骄子，不可用也。”①孙子辩证地指出厚爱士兵的同时还应严肃法令。实际上，在战场上严肃军令也是对士兵的一种爱护，唯有如此，才可能以最小的伤亡换取最大的胜利，这本身就是对士兵生命的关爱。同样，企业在对员工施行人本关怀的同时，也要按照企业规章制度明确责权义务，赏罚有据。

（三）“宽严相济”与企业领导者的领导艺术

上文阐释了企业管理中的组织职能和组织原则。但如何让企业的组织功能真正发挥起来，还需要通过管理上的领导职能来配合。在这里先得弄清楚领导与管理的关系，不能将他们笼统地混为一谈。一方面，两者存在密切的联系：从行为方式上看，领导与管理都是一种在组织内部通过影响他人的协调活动，实现组织目标的过程；从权力构成上看，两者都与组织层级的岗位设置有关。另一方面，领导不能等同于管理。两者的差异表现为：管理者的本质是依赖于上级任命而拥有相应职能所赋予的合法权力来进行管理；领导者的本质不是取决于他身处的职位，而在于他的影响力，即取决于他的追随者服从与忠诚的意愿。浅白一点地说，领导者思考如何“做正确的事”，而管理者思考如何“正确地做事”，前者重在“剖析、开发”，后者重在“执行、维护”。

由上可知，企业领导工作的优劣，直接关系企业发展的大局，优秀的企业领导者必须具备良好的领导艺术，领导艺术的最核心

① 《孙子兵法·地形篇》。

内容是对人的领导，即充分地发挥他的指挥、协调与激励三大方面的作用。这一点，古齐兵法同样可以给我们很多借鉴。

首先，“将能而君不御”①与相宜授权。《孙子兵法·谋功篇》指出国君可能贻害军队的情况有三种：不了解军队能否进退而强令军队为之，就会导致军队受到牵制；不了解军队内部事务，而干涉军队的治理，就会导致将士感到迷惑；不知道军队中的职权分配，而干涉军队的指挥，就会导致将士产生疑虑。军队既迷惑又疑虑，各诸侯国乘隙进攻的灾难就临头了。……因此，将帅能力强而国君不加干预的，就会取胜。这就是孙子提出的“将能而君不御者胜”的著名命题，它从本质上反映出“相宜授权”的问题，体现的是一种授权的领导艺术。授权是指上级授予下属一定的权力和责任，使其在一定监督之下，处理事务有相当的自主权。适当有效的授权是一项重要的管理技巧和领导艺术，它可以充分调动下属的积极性，发挥他们的主观能动性，更好地完成组织目标。

战国时期，魏文侯曾派大将乐羊攻打中山国。正巧乐羊之子乐舒在中山国做官。两国交战，中山国利用乐羊之子，想迫使魏国退兵，因此，魏国朝中的不少大臣认为乐羊不会倾力出战。乐羊依据敌情采取对中山国围而不攻的策略，几个月按兵不动。消息传到魏国，一些官员纷纷向魏文侯告状，弹劾乐羊之所以对中山国围而不攻，是出于私心、为了袒护儿子。但魏文侯本着“君不御将”的原则和用人不疑的气魄，不为所动，继续信任并支持乐羊，不插手阵前军务，最终乐羊攻下了中山国，为魏国赢得胜利。魏文侯如果听信大臣的弹劾言论，强令乐羊在战机不成熟的情况下攻城，或者干脆临阵换帅，极可能导致惨败下场。

① 《孙子兵法·谋攻篇》。

对于商业运作和企业管理而言,“将能君不御”的原则同样适用。大型商业机构或现代企业的领导者,不可能事无巨细都去管,而应当把部分权力下放,让有能力者来分级负责管理,而且要放手让他们去做,这既能锻炼下属能力,又能充分调动他们的积极性。授权是领导者最有效的分身术,事必躬亲,就会涣散精力,失控大局,导致失败。从表面上看,“君不御将”要求君主不要直接干预军事指挥,插手具体事务,因为有才能的大将才是真正的军事指挥专家。但实质上,这里恰恰体现出领导艺术的指挥作用。高明的领导者不会去做局部指挥的事务,而是把精力放在用人决策、主管全局的大事指挥上。《史记·淮阴侯列传》记载韩信与刘邦在建立汉帝国后,曾多次讨论过将帅的优劣。韩信提到自己善于带兵,而高祖则不善带兵,却善于带将。这实质上反映的也是领导者的领导艺术,刘邦不是杰出的军事指挥家,却是善于驾驭人才的指挥家,他有非凡的把控指挥大局的能力,这正是他取胜的秘诀所在。

“将能君不御”要能真正做到成功有效还必须与相宜授权结合起来。在这里,相宜授权主要指保证适当授权的几个条件,对于“将能君不御”的原则而言,就是如何摆正君将的关系问题。一方面,君要善于择将而任、视能而授,拒绝感情用事。孙武指出“君不御”的前提是“将能”。领导授权要视其“能”,就是看他是否有完成任务方面的专长和能力。如果领导者对候选者的才能没有体察清楚而盲目任用,且又用之不疑的话,必然造成严重结果。即便是有才能,也应当将之安排到合适的职位上,不可根据一己之喜好而妄加处置。诸葛亮是以善于用人而著称于世的,但也有失误之时,比如,他对很有能力的魏延就成见太深,疑之过甚;而对于马谡则是爱之太切,信之过甚了,均招致了严重的后果,在这一点上诸葛亮显然有些感情用事了。另一方面,君任用将领还要授权留责,监督控制，不可听之任之。“将能君不御”不是说君主对将完全放任自流、不加约束。英明的君主应该知道什么时候该“御”，什么情况不该“御”。君主必须认清自己的职责，不去插手“将”工作范围内的事，让“将”有被信任感、安全感、责任感和认同感，从而充分发挥其主动性、积极性和创造性。同时，君主对于所任用的将领不能完全听之任之不闻不问。授权以后，将领在工作中出现了小问题，君主应勇于承担责任，要帮助将领、支持他们改进工作，并运用必要的监控手段，以避免将领出现偏离目标方向或滥用权力的现象。这种相宜授权的原则在现代企业管理中显然是十分必要的，它是领导艺术的重要内容。

其次，“令之以文，齐之以武”与宽严相济的领导艺术。《孙子兵法·行军篇》曰：“故令之以文，齐之以武，是谓必取。”意思是说，要用“文”的手段即用政治道义教育士卒，用“武”的方法即用军纪法令来统一步调，这样的军队打起仗来就必定胜利。用政治道义教育士卒，可以提高士卒觉悟，激发其斗志，鼓舞士气；用军纪法令来约束士卒，可以整肃队伍，清正士风，设禁齐众。《礼记·杂记下》曰：“一张一弛，文、武之道也。”是说宽严相济，有劳有逸，张弛有度，才是文王、武王的治国经验。孙武说到的“令之以文，齐之以武”和这里的“文武之道”是相通的，强调的是宽严相济、文武兼施、德威并重的治军思想和治军原则。这一思想和原则也同样适用于管理企业，尤其是企业领导人在发挥领导功能、展现领导艺术时值得借鉴。孙子所讲的“文”、“武”之道，可以理解为现代企业的“软性”管理和“硬性”管理。前者以“人”为中心，以激发员工士气、调动他们的主观能动性为目的，可依据员工的思想特性，晓之以理，动之以情，在思想情感层面上进行人性化的柔性管理，在这个过程中可以充分发挥领导人的协调作用；后者是以“事”为中心，以实现组织目标、达成组织绩效为目的，依靠企业的职责体系、规章制度、行政法纪，进行规范化、有序化的强制管理，触犯制度者，都要受到处罚。两者相辅相成，缺一不可。

具体而言，企业的领导人如何将“令之以文”这一治军思想灵活运用到企业管理中呢？笔者认为，领导人在企业中扮演好教育者、沟通者角色，发挥好协调作用是践行这一管理原则的最紧要所在。“令之以文”，强调战事过程中做好思想教育工作的重要性。军事斗争不仅仅是双方实力的对决，也是双方士气的较量，所谓“狭路相逢，勇者胜”。《左传》里记载了曹刿论战的故事，曹刿总结齐师败绩的原因时说：“夫战，勇气也。一鼓作气，再而衰，三而竭。彼竭我盈，故克之。”[①]《孙膑兵法》专辟《延气》篇，阐述激发士卒斗志、鼓舞士气的重要性。而士气的振作与鼓动离不开思想教育的力量。“令之以文”的思想原则，运用于企业管理中，表现在企业领导人对企业员工进行的思想教育上，领导人有责任激励公司上下形成强大的战斗力，敢于共同面对企业发展过程中遭遇的挫折和困难，在残酷的市场竞争中，能够凝聚一心，共迎挑战。

企业领导人在对员工做思想工作时，需要注意沟通的方式方法，可以动之以情、晓之以理，尤其是在情感层面上感化员工，这是“令之以文”的基本要求。沟通本身需要有一个诚实互信、平等交流的环境，作为优势方的领导人要放低姿态，平等地与员工交换意见，开展谈心活动，切忌居高临下；真正用爱心去关爱员工，培养他们情感上的归属感，所谓“视卒如婴儿，故可与之赴深溪；视卒如爱子，故可与之俱死”[②]，说的就是这个道理。领导人只有扮演好沟通

① 《左传·庄公十年》。

② 《孙子兵法·地形篇》。

者角色，才能有效发挥协调作用，实现管理的人性化。

“齐之以武”则是企业领导人发挥领导职能的另一方面的重要内容。治理好军队，仅仅依靠教育和关爱是不够的，还需要建立一套约束机制。所谓不以规矩不能成方圆，指的就是这个道理。因此，既要“令之以文”，也要“齐之以武”。对于企业领导人而言，“齐之以武”，就是约束员工严格按照企业的制度规章、组织原则去办事、去尽责，一旦出现触犯制度纪律的行为，则坚决惩治，决不姑息。通过对少数违纪违法员工的处罚来警醒全体员工，维护制度的权威与公正，维护企业的整体利益不受侵犯。

如果把“令之以文”看做是通过情感精神层面去关爱、沟通和教育，即“治心”；那么“齐之以武”则可看做是通过身体行为层面去约束、规范和惩处，即“治行”。前者重在启发人的自觉，是自律，手段是疏导，属于软约束；后者重在制约人的行为，是他律，手段是堵截，属于硬约束。两者相互配合、宽严相济、软硬兼施，对于企业领导人发挥领导职能具有特别重要的指导意义。

再次，“赏罚必明”与考核激励的领导艺术。赏罚奖惩历来是治军的法宝，古齐兵家大多持有这样的认识。如《孙子兵法·计篇》就明确提出“赏罚孰明”作为谋众的一项重要内容；《孙膑兵法·威王问》也说：“赏者，所以喜众，令士忘死也。罚者，所以正乱，令民畏上也。”通过奖赏鼓励先进，运用惩罚警示落后，从而起到激励全军的效果。古齐兵家对于赏罚手段的使用提出了具体的要求，比如，赏罚的施行要选择好适当的时机。《司马法·天子之义》提出：“赏不逾时，欲民速得为善之利也；罚不迁列，欲民速睹为不善之害也。”意思是说：施行赏罚要就地执行，不要逾时，使民众迅速得知做好事的益处与做坏事的害处，它强调及时赏罚以便取得立竿见影的效果。士卒征战有功，而国君却大捷不赏，极可能引发严重后果。北宋太平兴国四年(公元979年)五月,宋太宗扫灭五代十国时期的最后一支割据势力——北汉,控制了中原腹地,却未对三军将士施行封赏,意欲乘此战胜之余威发兵攻辽,收复燕云,结果遭遇高粱河决战的惨败。宋军这次北伐失利的重要原因之一就是取得灭北汉之大捷的宋军将士未能得到及时的封赏,致使三军了无斗志,酿成失败。

赏罚的关键在于"明",即公正性、透明性。公生威,明生力,赏罚的标准要明,即赏罚的依据要公正、统一;执行要明,即赏罚的操作要公开、透明。赏罚最忌讳徇私情、感情用事,喜之不可以纵有罪,恶之不可以戮无辜,国君不可以把赏罚大权作为泄私愤、徇私情的手段。公正明白的赏罚才能真正发挥它的激励效果。《吴子·励士》记载魏武侯接纳吴起的建议在祖庙中设宴款待将士,立有上等功劳的人坐在前排,上丰盛的酒菜,用贵重的器皿,并陈列牛、羊、猪等三牲;立有次等功劳的坐在中排,也上丰盛的酒菜,但所用的器皿要稍微差一些;没有立下军功的人坐在后排,虽有酒菜,却不用贵重器皿。魏武侯这样的"差别对待"是为了让赏罚有据,公正明白,以期激励全体将士。

"赏罚必明"的治军原则可以和现代企业管理的奖惩激励很好地契合起来,企业领导人运用好赏罚奖惩的手段,可以取得良好的激励教育效果。我们知道企业的发展离不开员工才能的发挥,而激励是员工努力工作的动力源泉,能让他们保持旺盛的士气、高昂的热情,因此做好对员工的激励教育是企业领导人的重要职责。企业领导人对员工的奖惩激励必须符合"赏罚必明"的原则,即公正、透明。奖惩的方式涵盖物质和精神两方面。物质上的奖励主要表现为进一步提升改善员工的薪资酬劳、奖金红利以及衣、食、住、行等其他方面的福利待遇等;物质上的惩处可以通过经济制裁、克扣奖金、减少甚至免除某些方面的福利待遇等方式来实现。

人是“社会人”，而不仅仅是简单的“经济动物”，因此人的需求层次是多方面的，除了物质上的奖惩激励外，我们还可以通过精神上的奖惩达到激励效果。美国社会心理学家亚伯拉罕·马斯洛就曾提出，每个人其实都有五个层次的需求，即生理的需要、安全的需要、社交的需要、尊重的需要以及自我实现的需要。前两者属于较低级的需要，后三者为较高级的需要。从这些需求层次的划分上，我们可以明显看出人是有精神层面的高级需要的。在现代社会，人在物质需要得到基本满足的情况下，精神需要往往显得更加突出，因此精神上的奖惩就更能激发他们的荣誉感或耻辱感，达到精神激励的目的。世界名企——日本丰田公司奉行“事业在于人”的经营宗旨，认为高工资、高福利等的物质激励手段的作用是有限的，只有当员工觉得自己的能力得以发挥、自己的想法和工作成果得到认可时，才会有更大的干劲。于是，丰田公司特别注重从精神层面上激励员工，为此设立了申报制度和建议制度。申报制度是让每位员工每年年初申报本年度的工作指标，年终向上级汇报指标完成情况及自己能否适应现在的工作岗位。上级会派出代表对员工工作业绩进行鉴定，以充分挖掘发挥他们的工作潜力。建议制度是鼓励员工提建议，并规定建议一经被采纳，便支付奖金。① 丰田公司这些做法便于充分发挥公司员工的主观能动性，为公司的发展壮大提供了不竭的动力。

企业领导人在实际工作中实施奖惩激励时，需要精神和物质并用，建立一套精神和物质相结合的激励机制，并注重奖惩激励的针对性、层次性、时效性和多样性等原则，真正把奖惩激励的效果

① 参见宗和《世界名企员工激励成功案例》，载《中国乡镇企业》2004 年第 3 期。

发挥到极致,实实在在地打动员工,促其改过自新、发奋进取。

古齐兵法是两千多年前先人的智慧结晶,但“周虽旧邦,其命维新”①,至今长葆有旺盛的生命力,对于今人仍有重要的启发意义。我们应该用辩证的历史唯物主义眼光,继承其思想精华,古为今用,为我们现代的企业经营和商业活动提供理论支持。

第六节　桑弘羊与秦汉齐学诸子的商业思想

齐学,在这里指广义上的齐国学术文化传统,它源起于先秦时期的齐地,具有应时权变、崇尚功利、兼容并蓄的特征,与西邻的鲁国学术传统在内容和风格上形成较大反差。秦及汉初,齐学盛极一时,突出表现为黄老学和阴阳五行学的流行。西汉武帝罢百家,尊儒术,使得两汉经学兴起,齐学又在经学内部成为与“鲁学”对立斗争的一大流派。秦汉之际,齐学的兴盛造就了一大批服膺齐学的知识分子,他们未必是齐人,但都在某种程度上继承了齐地源远流长的文化传统,在社会政治经济生活中表现出对商业发展的重视和变革思想的传承。西汉中期的著名理财家桑弘羊就是其中杰出的一位。

桑弘羊的理财思想是当时齐学诸子商业思想的代表,集中体现于《盐铁论》里。《盐铁论》是西汉时期汝南桓宽依据汉昭帝始元六年(公元前81年)的“盐铁会议”纪录编撰而成的一部政论文集,中心议题是讨论汉武帝以来推行的政治经济政策,尤其是盐铁官营、酒类专卖及均输、平准、统一铸币等一系列重大财经政策。

① 《诗经·大雅·文王》。

会议的议题触及了当时社会的深层问题，深刻地反映了汉代中期政治经济的变化和社会的现实矛盾。这次会议的论辩双方分别是代表朝廷的御史大夫桑弘羊与来自民间的代表贤良文学之士。

桑弘羊（约公元前152年～前80年），洛阳人，出身商人家庭。十三岁进入宫廷担任侍中，因善于理财，深得汉武帝赏识提拔，先后参与筹划中央财政经济政策并主管中央财政工作，期间与齐地的大盐商出身的东郭咸阳共事多年。公元前87年，担任御史大夫，位列三公。桑弘羊的思想驳杂，不可简单地归结为法家人物[①]，当然也绝非一位醇儒学士，倒是其思想主张，尤其是商业思想，与齐文化传统有会心之处。桑弘羊的商业思想主要体现在以下几方面。

第一，在继承《管子》的商业思想和理财观念的基础上，结合汉代的现实条件，立定工商富国的决心，大胆进行相关的财经改革。管仲佐齐采用的通商富国的治国经验对桑弘羊及其同僚产生过深刻影响。《盐铁论·轻重》篇曰："管仲相桓公，袭先君之业，行轻重之变，南服强楚而霸诸侯。"桑弘羊在总结历史经验的基础上，以更加开阔的视野，树立起工商富国的信心。与贤良、文学的态度不同，桑弘羊否定立国富国只有本农的传统观点，认为"富国何必用本农，足民何必井田也？"[②]"圣贤治家非一宝，富国非一道。……使治家养生必于农，则舜不甄陶而伊尹不为庖。故善为国者，天下之下我高，天下之轻我重"[③]。在桑弘羊看来，治国富国有多种途径，工商业同农业一样是社会运行不可或缺的重要产业。"古之立

① 参见徐复观《两汉思想史》第3卷，华东师范大学出版社2001年版，第116～125页。

② 《盐铁论》卷一《力耕》。

③ 《盐铁论》卷一《力耕》。

国家者，开本末之途，通有无之用。市朝以一其求，致士民，聚万货，农商工师，各得其欲，交易而退。”①

桑弘羊针对当时社会普遍重农轻商的风气，从利农的角度反证发展工商业的必要性和重要性。“故工不出，则农用乖；商不出，则宝货绝。农用乏，则谷不殖；宝货绝，则财用匮。”②“无末利，则本业无所出”，“农商交易，以利本末”。③ 即工商业的发展不仅能为百姓带来必需的农业生产资料，而且还能把农业生产的剩余产品运销各地，从而促进农业的发展。

桑弘羊突出强调工商业对发展经济、调节多寡、繁荣市场的重要性。“以末易其本，以虚荡其实”④。“天地之利无不赡，而山海之货无不富也；然百姓匮乏，财用不足，多寡不调，而天下财不散也。”⑤在对工商业社会功能的深刻认知的基础上，桑弘羊从致富的角度进一步提出了工商富国论。桑弘羊从直观的社会现实出发，指出最便于富国富家的手段并非农业，而是商业。“自京师东西南北，历山川，经郡国，诸殷富大都，无非街衢五通，商贾之所凑，万物之所殖者。……故乃商贾之富，或累万金，追利乘羡之所致也。”⑥这些大都市的经济繁荣主要得益于它自处的区位优势和相应发达的商品交流，而不是依靠传统的农业。

第二，在商业管理上，主张国家干预经济，进行宏观调控，稳定市场。这主要表现在桑弘羊竭力推行平准法与均输政策，调控物资比例，稳定市场经济。应当讲，桑弘羊推行的均输平准法是受益

① 《盐铁论》卷一《本议》。
② 《盐铁论》卷一《本议》。
③ 《盐铁论》卷一《通有》。
④ 《盐铁论》卷一《力耕》。
⑤ 《盐铁论》卷一《通有》。
⑥ 《盐铁论》卷一《力耕》。

于范蠡价格论、《管子》轻重论等的启发。《管子》通过对商品流通过程的仔细观察，较早地认识到商品之间及商品与货币之间，均在一定条件下，处于某种轻重之势，而这种状况又随着某些条件的变化而变化，由此说明了主要商品粮食和特殊商品货币与其他商品的轻重关系，从而揭示了流通领域事物变化的规律和这种规律的运行所应具备的条件，这为桑弘羊的均输平准法提供了基本理论依据。

桑弘羊首先从解决贡物运输上的浪费问题着手，在一些地区试办均输平准，对贡物进行短距离转输。即下令郡国把应缴纳的贡赋都按照当地价格缴纳收笼，然后由各地的均输官组织运输，依据当时各地的物资供需情况，就近运往缺乏该项物资的地区，或运往京师，这就使贡物征运过程中的损耗浪费现象大为改观。由于这一措施得当，初见成效，很快得以推行全国，自京师建立起自上而下、遍及郡国的均输机构，委派均输官管理。均输平准政策的推行，既可以方便政府通过贱卖贵卖赢得利润，又可以调节市场供求，平抑物价。桑弘羊还运用行政手段推行“算缗”“告缗”，打击偷税漏税行为，保护国家商业税源。

第三，强调发展国营工商业，抑制私营商业。先秦时期，首先明确地提出由国家垄断控制山林川泽之利的是管仲，即其“官山海”理论，这是商业管理中的专卖政策的开端。至汉代，桑弘羊站在维护汉帝国财政的立场上，竭力主张发展国营工商业，对事关国计民生的特殊商品，如盐、铁等，实行国家专卖，控制流通，这与管子的“官山海”理论有相通之处。盐铁是人们生活、生产的必需品，是维持社会正常经济生活不可缺少的物资，因此盐铁的流通蕴藏着巨大的商机和利润。

在西汉初年，民生凋敝，政府为刺激恢复经济，放任民间商人从事盐铁的生产销售，至武帝即位前，民间社会出现了一批盐铁大商人，他们操纵盐铁市场，垄断物价，“上争王者之利，下锢齐民之业”①，侵害百姓和国家的利益。在这样的背景下，桑弘羊建议汉武帝实行盐铁专卖政策，利用国家商业资本垄断盐铁的生产与流通，这样既可以防止富商巨贾垄断盐铁、扰乱市场、牟取暴利，同时又能增加中央财政收入，充实国库，应付汉帝国庞大的军费开支。发展国营工商业，抑制私营商业，并非仅仅出于增加政府财政收入的考虑，这实际上也有利于贯彻重本抑末的政策，“令意总一盐、铁，非独为利入也，将以建本抑末，离朋党，禁淫侈，绝并兼之路也”②。

第四，重视消费对生产的促进作用，反对过分俭约的消费观念，提倡扩大消费以拉动商业发展。

自西周以来，崇尚节俭一直是国人的传统，然而出身于商人家庭的桑弘羊，反对过分崇俭，他本人及其家庭的生活相当豪奢。面对贤良们的指责，他一方面指出一味要求为政者节俭对于治国救世并无助益。他以公孙弘、兒宽为例，“故公孙弘布被，兒宽练袍，衣若仆妾，食若庸夫。淮南逆于内，蛮、夷暴于外，盗贼不为禁，奢侈不为节”③；另一方面，他认为崇俭必然会限制消费，限制消费就会影响到商业与农业、手工业的发展，人们都不消费或者限制消费，社会就会无末利可言，这必然反过来影响到本业，“无末利，则本业无所出”④。此外这还会导致自然资源难以开发利用，限制了生产发展及其规模的扩大。天下财物“若各居其处，食其食，则是

① 《汉书》卷九一《货殖传》。
② 《盐铁论》卷一《复古》。
③ 《盐铁论》卷六《救匮》。
④ 《盐铁论》卷一《通有》。

橘柚不鬻，朐卤之盐不出，旃罽不市，而吴唐之材不用也”①。反过来他极力主张以扩大消费为手段来刺激农工商业的发展。消费的扩张能增加对消费品的需求，加速商品的流通，使得富人聚敛的财富资源向社会下层流动，对社会财富的合理分配起到积极作用。

桑弘羊是我国古代历史上一位著名的理财家，其商业思想对先秦时期改革家的思想，尤其是《管子》所阐述的思想进行了继承与发扬，其“务权利”的行政风范带有浓厚的齐学特征。桑弘羊的重商观念在农耕文明控制下的汉帝国显得尤为可贵，他充分认识到工商业发展对于繁荣经济、富国富民的重要意义，他主张推行的盐铁专卖与均输平准政策，为汉王朝的财政带来了巨额的收益，使得武帝度过了因征伐战争造成的财政危机。作为一位封建时代的理财家，桑弘羊也必然受到时代、阶级的局限，他对社会财富增殖的来源认识不清，漠视基础的物质生产对创造社会财富的主体作用；在推行宏观的经济调控和工商业官营过程中，仅注重流通领域内的物资调节、贵卖贱卖，而未能处理好官营商品生产领域内的管理，导致后来官营产品质量下滑，给人们的生产生活带来不便。

综上所论，先秦秦汉时期齐鲁商贾在长期的经营活动中，通过对市场运行变化规律的初步认识，积累起一定的营商经验，形成了一整套的商业运营策略，主要表现在不拘一格的驭人之道、以奇制胜的商战策略、多元并存的经营类型三大方面；他们的经营实践活动反映着他们的经营文化，深蕴着他们的伦理品格和价值追求，外化为他们的精神气质，共同构成齐鲁商业的文化传统。他们身上折射出持义逐利的道义关怀、勤苦勇进的开拓精神、诚信敬业的正道经营、富行其德的社会道义等优良品格和精神风貌。齐鲁之地

① 《盐铁论》卷一《通有》。

涌现出一批足鉴后世商贾的光辉典范；齐鲁商贾作为当时社会的一支重要的经济力量，在当时社会的世俗生活中产生了不小的影响，求利风潮、奢侈习尚与市井文化等都间接或直接地与他们的活动密切相连。从总体上讲，齐鲁商贾文化的积淀经历了一个长期的过程，是在齐鲁文化传统基础上诞生的新兴的商业文化。

另外，齐鲁诸子作为当时最为杰出的思想家，其商业思想代表着各自时代所达到的最高的商业认识水平。基于不同的时代背景和不同的阶级立场，他们的商业思想存在着诸多不同。如儒墨两家在消费观上虽然都极力反对奢侈，但早期儒家主要从奢侈僭越礼制的角度进行批判，而墨家则从功利主义的角度出发，批判奢侈会造成国贫民寡的严重后果；在义利关系上，早期儒家主张见利思义、重义轻利，而墨家则义利并举相统，贵义重利。角度的不同、立场的差异等多重原因造成了齐鲁诸子商业思想的纷纭复杂；但从历史的纵向上考察，诸子间的商业思想又存在着彼此的融通之处和继承性关联。他们大多都承认和重视社会分工与商业存在的客观性，提出过不少惠商政策，在经济伦理的角度上，大多关注过义利之辨等。

齐鲁诸子作为当时影响甚广的政治活动家，他们的商业思想主张在某种程度上能够左右商贾的命运，通过他们的政治实践、经济决策和管理措施，对商业发展能够发挥至关重要的影响。如鲁哀公正是听取了孔子的建议，才“废山泽之禁”，许可一般工商业者开采山泽资源来取利；孔子主政于鲁国，积极整顿市场，使得沈犹氏不敢于售前过饮其羊，而鬻牛马者不得豫其贾，规范了市场秩序，净化了经营环境；齐国执政管仲推行的盐铁政策及通诸侯、引商贾的惠商措施极大地繁荣了齐国商业。这些都说明齐鲁诸子的商业思想在现实社会生活中对商业发展所具有的巨大影响力。同时，他们的商业思想还从侧面反映出当时社会商人阶层的生活状况与精神风貌，是我们研究这一时期齐鲁商贾文化的重要资料。

*　　*　　*　　*　　*

先秦秦汉时期是我国古代社会发展的一个重要阶段，历经原始社会、奴隶社会直到封建社会三种社会发展形态的前后更迭转型。作为典型的区域文明下的东方齐鲁之地，在这些大的社会转型中历尽沧桑巨变，其中区域文明主体之一的齐鲁商贾作为一个独立的社会阶层从无到有，从弱到强，逐渐发展壮大起来。他们的命运契合着各个时代下政治、经济和文化的发展水平，大体经历了漫长的起源形成期、顺利的发展期与曲折的发展期三个阶段。齐鲁商品经济的繁荣与商贾阶层的崛起，对区域社会结构的变迁发挥了重大影响，加速了在政治变革基础上的社会阶层的重新分化与整合；齐鲁商贾群体成为经济体制变迁的参与者与推动者；在文化上，他们的出现及其创造的物质文明成就促进了私学的兴起；随着两汉社会的转轨与儒学教育的发达，部分商贾开始与经学结缘，凭借地缘宗法优势、政治特权与货殖化庄园经济实力三位一体的发展模式，逐渐形成累世贵盛的豪族大家，为魏晋以后山东境内士族的出现准备了条件。

商品经济的发展与繁荣必然引起思想领域的震动与回应，先秦秦汉时期齐鲁商品经济的大发展为各种商业经济思潮的产生提供了可能，他们集中地通过齐鲁诸子的商业思想表达出来。无论是管晏之论、儒墨之见，还是朱公韬略、兵家智慧，它们都是我国古代经济文化中的一份宝贵遗产，代表了当时人们对商业所达到的认知水平，对后世的经济思想乃至我国古代商业本身的发展，都发挥着不可低估的影响。

先秦秦汉时期是齐鲁商贾逐渐奠定区域商业文化与形成齐鲁商贾传统的重要时期。齐鲁商贾在长期的商业经营活动中，在继承前人丰富的经商经验、治生之学的基础上，不断摸索，积极进取，逐渐形成了富有特色的经营文化，集中体现在其不拘一格的用人之道、以奇制胜的商战策略及多元并存的经营类型等方面。这些行之有效的经营方法、灵活多样的管理模式，不仅为当世和后世的人们从事商业经营活动提供了参照和指导，而且还客观反映出当时我国商业经营理论的发展水平，并为后世经营理论的进一步成熟完善奠定了基础。透过齐鲁商贾多样化的经营行为，我们还能探析出齐鲁商贾阶层背后深蕴着的价值取向、伦理品格与精神气质。从整体上讲，先秦秦汉时期的齐鲁商贾，尽管不乏贪财轻义、欺诈经营之徒，但在儒风习染和齐文化熏陶下，他们身上更普遍地体现出持义逐利的价值取向、勤苦勇进的开拓精神、诚信敬业的伦理品格、富行其德的道义关怀等。这些不仅是齐鲁商贾身上闪耀着的光辉，也是我国古代商业文化传统的珍贵财富，对我们今天净化市场环境、构建合法有序的经营环境都有着可资借鉴的意义。

齐鲁商贾的经营行为与社会活动成为当时社会文化生活的一道景观，发挥着移风易俗的影响，构成我国古代商业文化的重要组成部分。先秦秦汉时期正是齐鲁世风积淀形成的重要时期，这一时期齐鲁商品经济的兴起繁荣对齐鲁世风形成较大冲击，齐鲁商风贾俗为齐鲁世风注入了新的内容，使得社会生活上求利风潮、奢侈习尚、市井文化等大行其道。在两汉经学之风的盛行引导下，齐鲁商贾崇儒读经的现象明显增多，这些情况都汇融为先秦秦汉时代纷繁复杂的社会文化生活的重要内容。值得一提的是，齐与鲁的世风除了存在不少共性外，基于齐、鲁不同的文化背景，尤其是在商业文化传统上的差异，两者之间存在一些微妙的区别：齐俗好奢侈，鲁俗好俭啬，齐人阔达而鲁人龌龊等。我们不可简单以齐富鲁贫来归结齐、鲁民俗差异的原因，因为在更深层面上讲，这是齐国长久以来的商业精神传统在齐民社会生活上的表征，商业精神内蕴的夸富斗富心理业已渗透并融为齐人的普遍品格；而鲁人素来重农，故好蓄藏，即使有如曹邴氏这样营商暴富的大商人，仍一时无法摆脱纤俭吝啬的内在秉性，此为气质使然。

通过前文对先秦秦汉时期齐鲁商贾传统的论述，我们还可形成以下三方面的思考：

第一，齐鲁商贾的发展转型与儒学的兴起独尊，在周秦两汉时代不期而遇，面对这样的社会历史背景，我们就应当去思考儒与商之间究竟发生过怎样的碰撞、交流与融通。纵览这一历史时期的相关史料，除了子贡，我们似乎找不到更加典型的个案事例来论述这一问题。子贡一生经历颇丰，先贾而后儒，儒而兼商，商而济儒，成而后仕，并以儒学虔诚的信仰者和捍卫者的形象昭示后人，他的人生轨迹可谓完美而典型地演绎了儒与商的恰当关联。不仅仅是他“亿则屡中”的经营行为本身，甚至他卓越的外交实践，都无不折射出一个商人的精明智慧；而另一面，他又遵从儒家的伦理道德来规范自己的行为，这其中也包括他的商业经营行为。因此，这一切无不为我们刻画出一个为后世“儒商”所学习的典范。尽管“儒商”这一名词起源很晚，是在明清时期商品经济大潮涌动的环境下才广泛流行的。“儒”作为传统伦理道德的符号，“商”作为“为富不仁”的象征，两个意义貌似对立的文字，却在子贡身上近乎完美地结合在一起，这正反映出周秦两汉时代儒家伦理品格向商品经济领域的渗透，由此我们可以得出这样的结论，即后世儒商的源头可以远溯至此。

儒家伦理与商品经济在周秦两汉时期的齐鲁社会存在着双向

互动,一方面,如上所述,诞生于鲁地的儒家伦理向着商品经济领域渗透;另一方面,商品经济的大发展也吸引着诵习儒术的士子弃学从贾,西汉前期的邹、鲁去文学而趋利者正是例证。儒家伦理与商品经济的双向互动是通过士商互动体现出来的,这在一定程度上可以视为齐、鲁文化传统交融共存的一个标示。

第二,在对齐鲁商贾的系统研究中,我们无法回避这样一个事实:齐、鲁两国立国之初皆为百里之封的诸侯,且鲁国的基础和条件在某些方面还要胜过齐国,但纵观齐、鲁八百年历史风云,齐强鲁弱何以成为基本格局呢?在某种程度上讲,商贾传统,尤其是它的精神气质乃是造成这种局面的内在规定性因素,是我们认识齐、鲁不同发展命运的"隐线索",重商传统乃是齐国长葆旺盛生命力的根源之一。在东夷部族社会生活的基础上诞生了齐地商业传统的源头;之后周初太公推行的通工商、便渔盐、极技巧的立国方针,在接引本地商业传统的基础上,进一步积淀强固了商业文化精神的根基;春秋前期,管仲相齐,利用政权力量大力扶植商业贸易,继续抬升商业文明传统在齐国社会生活中的影响;春秋战国之交,无论是出任齐相的晏婴,还是取代姜齐的田氏,都继承了齐国的商业传统,希图发展商业,施惠于民,巩固统治。可以说,在每一次重大的社会转型期,政治的动荡始终没有阻断齐地商业精神传统的传承发展,"商"的精神以顽强的生命力融入到齐文化血液之中,成为齐国社会须臾不可离之"道"。而商业精神与生俱来的灵活变通、开拓进取、尚功崇利等特性,自然积淀为齐文化的重要品格,从而在政治生活和国家命运上发挥作用,深深影响到她的发展道路,成为支撑齐为大国的文化基因和精神动力。

鲁国则一直缺乏这种传承不绝的商业精神。伯禽治鲁,强力推行有着重农传统的周文化,革除阻断了在商奄旧地基础上形成的商业传统的源头，而其因循固守周文化的做法又极不利于新的商业精神在自身体制下孕育涵养，因而鲁国始终没能走出周文化的窠臼和羁绊。尽管为了图存，后来的鲁国统治者采取了一系列有利于商业发展的政策，但由于缺乏商业精神传统的根基，均无法取得显明的效果，其经济发展与齐国不可同日而语，并且在齐国业已强大的情势下，作为地域邻邦的鲁国失去了发展的先机，只能屈居卑弱地位了。

齐、鲁不同的商业传统塑造出两者不同的精神气质，最终铸成了齐、鲁不同的历史命运，这正揭示了不同文化气质同特定社会的经济伦理、经济秩序之攫能性的内在关系。“秩序就意味着攫能性；而伦理是这种用来组织社会成员秩序结构的制度。特定文明的伦理和价值取向产生于其所处的特定自然环境，而基于这种伦理和价值观所形成的社会秩序就蕴涵着这个社会所可能输出的社会能，以及相应的攫能性。”[①]齐、鲁两种不同的伦理观念所孕育出的不同的经济精神，决定了两区域社会不同的攫能性，也就内在地决定了两个区域社会的历史命运的差异。这是至今值得我们思考和探讨的重要问题。

第三，在对先秦秦汉时期齐鲁商贾发展历程进行回顾与总结过程中，我们不难发现这里始终存在一个政治干预的指挥棒。不同时期这种政治干预的力度也不同，或缓或急，或轻或重，造成了齐鲁民间商品经济与国家经济的矛盾运动：在商业经济领域内极易形成私商与官商的对立；反映在政治层面上又表现出经济基础与上层建筑的矛盾。齐鲁商贾的风雨历程让我们深切地感受到在

① 姜生、汤伟侠主编《中国道教科学技术史（汉魏两晋卷）》导论，科学出版社 2002 年版，第 67 页。

传统的社会格局下政治对经济的巨大反作用，尤其在政权盲目干预的情况下，商贾的命运可谓惨淡一生，始皇的徙民、武帝的告缗、王莽的改制使多少齐鲁商贾家破业坏。但同时，我们又看到商贾势力的崛起与商品经济的肆意发展，对传统的社会结构带来了重大的冲击，甚至是威胁。爆发于景帝时期的“七国之乱”，与东齐之地的商品经济不正是有着千丝万缕的联系吗！因此政治干预并非完全乏善可陈，在特定的历史条件下，可以集中经济力量完成浩大工程、创造人间奇迹、助饷军事对决、维护政治稳定等。适度的干预还可以有效地组织经济运行、调控市场管理等。从总体上讲，先秦秦汉时期，政治干预与齐鲁商品经济的发展之间形成了一种既对立又统一的内在关联。如何处理好国家干预与经济自由发展之间的关系不仅是一个古老的话题，也是今天我们的经济建设需要审慎考量的重要课题。

主要参考文献

一、基本史料

尸佼著、汪继培辑、朱海雷撰《尸子译注》,上海古籍出版社2006年版

司马迁《史记》,中华书局1959年版

荀悦、袁宏《两汉纪》,中华书局2002年版

班固《汉书》,中华书局1962年版

许慎《说文解字》,中华书局1978年版

赵岐撰、挚虞注《三辅决录》,《丛书集成初编》本

宋衷注、秦嘉谟等辑《世本八种》,商务印书馆1957年版

刘珍等撰、吴树平校注《东观汉记校注》,中华书局2008年版

袁康、吴平辑录,乐祖谋点校《越绝书》,上海古籍出版社1985年版

王符著,汪继培笺、彭铎校正《潜夫论笺校正》,中华书局1985年版

贾谊撰,阎振益、钟夏注《新书校注》,中华书局2000年版

刘向编著、石光瑛校释、陈新整理《新序校释》,中华书局2001年版

刘向撰、向宗鲁校证《说苑校证》,中华书局 1987 年版
史游《急就篇》,《古逸丛书》本
王肃《孔子家语》,上海古籍出版社 1990 年版
范晔《后汉书》,中华书局 1965 年版
陈寿《三国志》,中华书局 1982 年版
干宝撰、汪绍楹校注《搜神记校注》,中华书局 1979 年版
杜佑撰、王文锦等点校《通典》,中华书局 1988 年版
郑樵《通志》,中华书局 1987 年版
李昉《太平御览》,中华书局 1960 年版
徐天麟《西汉会要》,中华书局 1955 年版
徐天麟《东汉会要》,中华书局 1955 年版
司马光著、胡三省音注《资治通鉴》,中华书局 1956 年版
朱熹《四书章句集注》,中华书局 1983 年版
于钦《齐乘》,《宋元方志丛刊》第 1 册,中华书局 1990 年版
马端临《文献通考》,中华书局 1986 年版
顾栋高辑,吴树平、李解民点校《春秋大事表》,中华书局 1993 年版
侯康《后汉书补注续》,《丛书集成初编》本
刘宝楠《论语正义》,中华书局 1982 年版
焦循撰、沈文倬点校《孟子正义》,中华书局 1987 年版
王先谦《荀子集解》,中华书局 1988 年版
孙诒让《墨子间诂》,中华书局 1986 年版
孙诒让撰,王文锦、陈玉霞点校《周礼正义》,中华书局 1987 年版
郭茂倩《乐府诗集》,中华书局 1979 年版
王夫之《读通鉴论》,中华书局 1975 年版

袁珂《山海经校译》,上海古籍出版社 1985 年版
黄怀信《逸周书校补注释》,西北大学出版社 1996 年版
王先谦撰、吴格点校《诗三家义集疏》,中华书局 1987 年版
王先谦《韩非子集解》,中华书局 1998 年版
孙星衍《周易集解》,中华书局 1985 年版
苏舆撰、钟哲点校《春秋繁露义证》,中华书局 1992 年版
马骕《绎史》,中华书局 2002 年版
严可均辑《全上古三代秦汉三国六朝文》,商务印书馆 1999 年版
王聘珍撰、王文锦点校《大戴礼记解诂》,中华书局 1983 年版
吴则虞《晏子春秋集释》,中华书局 1962 年版
马非百《管子轻重篇新诠》,中华书局 1979 年版
高亨《诗经今注》,上海古籍出版社 1980 年版
周振甫《诗经译注》,中华书局 2002 年版
缪启愉《四民月令辑释》,农业出版社 1981 年版
缪启愉《齐民要术校释》,中国农业出版社 1998 年版
闻人军《考工记译注》,上海古籍出版社 1993 年版
王利器《风俗通义校注》,中华书局 1981 年版
沈玉成《左传译文》,中华书局 1981 年版
缪文远《战国策新校注》,巴蜀书社 1987 年版
杨伯峻《春秋左传注》(修订本),中华书局 2009 年版
黄晖《论衡校释》,中华书局 1990 年版
何建章《战国策注释》,中华书局 1990 年版
张涛《列女传译注》,山东大学出版社 1990 年版
王利器《盐铁论校注》,中华书局 1992 年版
何清谷《三辅黄图校注》,三秦出版社 1995 年版

何宁《淮南子集释》，中华书局1998年版
阮元校刻《十三经注疏》，中华书局1980年版
来可泓《国语直解》，复旦大学出版社2000年版
徐元诰撰，王树民、沈长云点校《国语集解》，中华书局2002年版
徐湘霖《中论校注》，巴蜀书社2000年版
陈奇猷《吕氏春秋新校释》，上海古籍出版社2002年版
李民、王健《尚书译注》，上海古籍出版社2004年版
吴毓江撰、孙启治点校《墨子校注》，中华书局2006年版
中国人民解放军军事科学院战争理论研究部《孙子》注释小组《孙子兵法新注》，中华书局1977年版
程素红编《中国历代兵书集成》，团结出版社1999年版
黎翔凤撰、梁运华整理《管子校注》，中华书局2004年版

二、近人论著

甘乃光《先秦经济思想史》，商务印书馆1926年版
唐庆增《中国经济思想史》(上卷)，商务印书馆1936年版
张政烺《五千年来的中朝友好关系》，开明书店1951年版
侯仁之主编《中国古代地理名著选读》第1辑，科学出版社1959年版
胡寄窗《中国经济思想史》，上海人民出版社1962年版
史念海《河山集》，三联书店1963年版
童书业《中国手工业发展史》，齐鲁书社1981年版
李发林《山东汉画像石研究》，齐鲁书社1982年版
中国社会科学院历史研究所编《甲骨文合集》，中华书局1979～1982年版

曾兆祥《中国封建社会的轻商思想与抑商政策》,中国商业出版社 1983 年版

苏秉琦《苏秉琦考古学论述选集》,文物出版社 1984 年版

李浚源、任遒文《中国商业史》,中央广播电视大学出版社 1985 年版

梁启超《先秦政治思想史》,中华书局 1986 年版

汪向荣《古代中日关系史话》,时事出版社 1986 年版

余鑫炎《中国商业史》,中国商业出版社 1987 年版

张鸿雁《春秋战国城市经济发展史论》,辽宁大学出版社 1988 年版

中国科学院历史研究所经济史组编《中国社会经济史论著目录》,齐鲁书社 1988 年版

郑昌淦《明清农村商品经济》,中国人民大学出版社 1989 年版

上海社科院经济研究所编《秦汉经济思想史》,中华书局 1989 年版

董书城《中国商品经济史》,安徽教育出版社 1990 年版

蒋建平等《中国商业经济思想史》,中国财政经济出版社 1990 年版

卢云《汉晋文化地理》,陕西人民教育出版社 1991 年版

曲英杰《先秦都城复原研究》,黑龙江人民出版社 1991 年版

刘秀生《清代商品经济与商业资本》,中国商业出版社 1993 年版

安作璋主编《山东通史》,山东人民出版社 1993 ~ 1995 年版

杨宽《中国古代都城制度史研究》,上海古籍出版社 1993 年版

王迅《东夷文化与淮夷文化研究》,北京大学出版社 1994 年版

冷鹏飞《中国秦汉经济史》,人民出版社 1994 年版

郭克煜等《鲁国史》,人民出版社 1994 年版
宋镇豪《夏商社会生活史》,中国社会科学出版社 1994 年版
邵鸿《商品经济与战国社会变迁》,江西人民出版社 1995 年版
逄振镐《东夷文化史》,中国社会科学出版社 1995 年版
朱亚非《古代山东与海外关系史》,齐鲁书社 1995 年版
栾丰实《东夷考古》,山东大学出版社 1996 年版
陈大康《明代商贾与世风》,上海文艺出版社 1996 年版
田昌五等主编《中国封建社会经济史》第 1 卷,齐鲁书社、文津出版社 1996 年版
逄振镐《先齐文化源流》,《齐文化丛书》第 13 册,齐鲁书社 1997 年版
李英森等《齐国经济史》,《齐文化丛书》第 14 册,齐鲁书社 1997 年版
王德敏、庄春波《齐文化与中国传统文化》,《齐文化丛书》第 20 册,齐鲁书社 1997 年版
李新泰《齐文化与现代化》,《齐文化丛书》第 20 册,齐鲁书社 1997 年版
郭正忠主编《中国盐业史》(古代编),人民出版社 1997 年版
张静芬《中国古代的造船与航海》,商务印书馆 1997 年版
金秋鹏《中国古代的造船与航海》,中国青年出版社 1997 年版
黄仁宇《中国大历史》,三联书店 1997 年版
田兆元、田亮《商贾史》,上海文艺出版社 1997 年版
马新《两汉乡村社会史》,齐鲁书社 1997 年版
龙登高《中国传统市场发展史》,人民出版社 1997 年版
张正明《晋商与经营文化》,上海世界图书出版公司 1998 年版
王子今《秦汉区域文化研究》,四川人民出版社 1998 年版

周晓光、李琳琦《徽商与经营文化》，上海世界图书出版公司1998年版

许檀《明清时期山东商品经济的发展》，中国社会科学出版社1998年版

陈冬生、王赛时主编《山东经济史》（古代卷），济南出版社1998年版

赵靖主编《中国经济思想通史》，北京大学出版社1998年版

蒋非非、王小甫等《中韩关系史》（古代卷），社会科学文献出版社1998年版

林甘泉主编《中国经济通史》（秦汉经济卷），经济日报出版社1999年版

蔡凤书《中日交流的考古研究》，齐鲁书社1999年版

高广仁《海岱区先秦考古论集》，科学出版社2000年版

于振波《秦汉法律与社会》，湖南人民出版社2000年版

蔡德贵、侯拱辰《道统文化新编》，山东大学出版社2000年版

俞伟超主编《中国画像石全集·山东汉画像石》，山东美术出版社2000年版

黄锡全《先秦货币通论》，紫禁城出版社2001年版

周长山《汉代城市研究》，人民出版社2001年版

徐复观《两汉思想史》第3卷，华东师范大学出版社2001年版

孟祥才、胡新生《齐鲁思想文化史》（先秦秦汉卷），山东大学出版社2002年版

马克斯·韦伯著，彭强、黄晓京译《新教伦理与资本主义精神》，陕西师范大学出版社2002年版

姜生、汤伟侠《中国道教科学技术史》（汉魏两晋卷），科学出版社2002年版

冷鹏飞《中国古代社会商品经济形态研究》,中华书局2002年版

赵海涛《试论岳石文化与周围同时期文化的关系》,中国社会科学院研究生院硕士学位论文,2002年

张弘《战国秦汉时期商人和商业资本研究》,齐鲁书社2003年版

中国社会科学院考古研究所编《中国考古学·两周卷》,中国社会科学出版社2003年版

叶世昌《古代中国经济思想史》,复旦大学出版社2003年版

中国历史博物馆保管部编《中国历代名人画像谱》,海峡文艺出版社2003年版

方辉《岳石文化》,山东文艺出版社2004年版

杨爱国《山东汉画像石》,山东文艺出版社2004年版

邱绍雄《中国商贾小说史》,北京大学出版社2004年版

余英时《儒家伦理与商人精神》,广西师范大学出版社2004年版

梁方健《鲁国史话》,山东文艺出版社2004年版

张富祥《东夷古史传说》,山东文艺出版社2004年版

吴慧《中国商业通史》第1卷,中国财政经济出版社2004年版

唐凯麟、陈科华《中国古代经济伦理思想史》,人民出版社2004年版

烟台市文物管理委员会、烟台市博物馆编《胶东考古研究文集》,齐鲁书社2004年版

余英时《汉代贸易与扩张》,上海古籍出版社2005年版

李剑农《中国古代经济史稿》第1卷,武汉大学出版社2005年版

黄今言《秦汉商品经济研究》，人民出版社2005年版

蔡德贵《稷下之风流》，香港中国评论学术出版社2005年版

邵毅平《中国文学中的商人世界》，复旦大学出版社2005年版

山东省文物考古研究所编《山东20世纪的考古发现和研究》，科学出版社2005年版

杨先举《孙子管理学》，中国人民大学出版社2005年版

刘凤鸣《山东半岛与东方海上丝绸之路》，人民出版社2007年版

曲英杰《史记都城考》，商务印书馆2007年版

逄振镐《东夷文化研究》，齐鲁书社2007年版

山东省博物馆编《山东金文集成》，齐鲁书社2007年版

中国社会科学院考古研究所编《殷周金文集成》（修订增补版），中华书局2007年版

陈隆文《先秦货币地理研究》，科学出版社2008年版

华玉冰《中国东北地区石棚研究》，吉林大学博士学位论文，2008年

谭景玉、张晓波编《古代鲁商文化史料汇编》，山东人民出版社2010年版

［日］加藤繁著、吴杰译《中国经济史考证》，商务印书馆1959年版

［日］井上清著、天津历史研究所校译《日本历史》，天津人民出版社1974年版

［日］木宫泰彦著、胡锡年译《日中文化交流史》，商务印书馆1980年版

后　记

山东是个很独特的地方。历史上，齐、鲁是古代中国最重要的经济和思想中心之一。汉代纬书《诗含神雾》曰："齐地处孟春之位、海岱之间，土地污泥，流之所归，利之所聚。"《史记·货殖列传》说："齐带山海，膏壤千里，宜桑麻，人民多文彩布帛鱼盐。"《史记·苏秦列传》："临菑之涂，车毂击，人肩摩，连衽成帷，举袂成幕，挥汗成雨，家殷人足，志高气扬。"齐人善经营，长技艺而好巫鬼，崇武尚勇，故称强国而为"利之所聚"。

鲁朴、鲁笨、鲁钝、鲁莽，这些描述人之天性的词汇，何得象之以鲁，是否与鲁人身材高大[①]有关？《史记·孔子世家》说："孔子长九尺有六寸，人皆谓之'长人'而异之。"《释名·释州国》曰："鲁，鲁钝也，国多山水，民性朴鲁也。"然而高大岂必笨拙？鲁地生产的一种白色生绢，便以薄细著称。《淮南子·说山训》曰："矢之于十步贯兕甲，于三百步不能入鲁缟。"若没有精细的手和恬静的心，焉得精湛至此？

质鲁、淳鲁、粗鲁，这些描述人之气质的词汇，何以譬之以鲁？

① 山东人身高体强，至今如此。参见吴金鼎《山东人体质之研究》，中央研究院历史语言研究所1931年版。

是否可稽之于鲁人的天性？孔门弟子子路，确以性伉直、粗鲁莽撞著称，以至孔子斥其“野哉！”但鲁是道德圣地，人性淳朴，故能出现孔、孟这样的思想家，总结表达鲁之传统，蔚为华夏道德之基。至今仍可直观感受，山东人厚性朴，社会治安、经济发展都是全国最好的地区之一。

这里面一定有地方文化气质的根源。本研究项目即产生于对这种文化气质的探察。今呈之读者，恳请批评指正。

《齐鲁商贾传统》的研究工作，是在基地负责人朱正昌同志领导下，由首席专家姜生教授具体指导，历时近十年而成。本项成果的问世，凝聚着课题组全体成员谭景玉、李金山、宋志东和胡广洲长期不懈的辛勤努力。值此付梓之际，特记之。

山东省东方文化研究基地

2012年2月9日

图书在版编目(CIP)数据

齐鲁商贾传统·先秦秦汉卷/朱正昌主编;李金山著.—济南:齐鲁书社,2014.3
ISBN 978-7-5333-2822-1

Ⅰ.①齐… Ⅱ.①朱… ②李… Ⅲ.①商业史—山东省—先秦时代②商业史—山东省—秦汉时代 Ⅳ.①F729

中国版本图书馆CIP数据核字(2013)第302715号

齐鲁商贾传统·先秦秦汉卷

朱正昌 主编

李金山 著

主管单位	山东出版传媒股份有限公司
出版发行	齊魯書社
社　　址	济南市英雄山路189号
邮　　编	250002
网　　址	www.qlss.com.cn
电子邮箱	qilupress@126.com
营销中心	(0531)82098521　82098519
印　　刷	山东新华印务有限责任公司
开　　本	720mm×1020mm　1/16
印　　张	26.5
插　　页	3
字　　数	332千
版　　次	2014年3月第1版
印　　次	2014年3月第1次印刷
标准书号	ISBN 978-7-5333-2822-1
定　　价	**98.00元**